U0749186

中 国 教 育 发 展 出 版 工 程

上海市纪念改革开放40年研究丛书

全国高校出版社主题出版

教育现代化的中国之路

纪念教育改革开放40年丛书

丛书总主编　袁振国

40

EDUCATION

China's Path to Education Modernization

从有益补充到共同发展

——民办教育改革发展之路

董圣足等　著

华东师范大学出版社

上海市哲学社会科学学术话语体系建设办公室
上 海 市 哲 学 社 会 科 学 规 划 办 公 室
资助出版

全面深化改革，加快实现教育现代化

——“教育现代化的中国之路”丛书总序

1978 年 12 月，中国共产党十一届三中全会确立了解放思想、实事求是的思想路线，作出了改革开放的重大决策。改革开放以来，中国经济 40 年持续增长，人均 GDP 从世界第 171 名跃升到第 70 名①，GDP 总量从第 9 名跃升到第 2 名②，对世界经济的贡献率从 1978 年的 3.05%提高到 2016 年的 31.53%③。这在中国历史上是一个奇迹，在世界史上也是一个奇迹。

中国教育是这个奇迹的重要组成部分，也是创造这个奇迹的重要动力。中国学前教育毛入学率从 1981 年的 12.62%提高到 2016 年的 77.4%，超过中高收入国家平均水平 5 个百分点；2016 年九年义务教育巩固率达到 93.4%，超过高收入国家平均水平；高中教育毛入学率从 1981 年的 39.56%提高到 2016 年的 87.5%，高于中高收入国家平均水平 5 个百分点；高等教育毛入学率从 1981 年 1.6%提高到 2016 年的 42.7%，超过中高收入国家平均水平 6 个百分点。与此同时，中国的 PISA 成绩和大学的发展都有不俗的表现，显示了中国教育质量的大幅提升。

教育的发展促进中国的人力资源结构发生了重大变化。16—59 岁人口的平均受教育年限从 1981 年的不到 5 年上升到 2016 年的 10.35 年，大专以上文化程度的人口比例由 1982 年的 0.58%上升到 2015 年的 12.44%④。中国在 1990 年的预期受教育

---

① 数据来源：联合国统计署(https://unstats.un.org)。统计口径为人均 GDP(现价美元)，其中 1978 年统计的国家为 187 个；2016 年统计的国家为 212 个。本文有关中国的数据不包括中国香港特别行政区、中国澳门特别行政区和中国台湾地区的数据，除非另作说明。

② 数据来源：联合国统计署(https://unstats.un.org)。统计口径为 GDP(现价美元)，其中 1978 年统计的国家为 187 个，2016 年统计的国家为 212 个。

③ 数据来源：世界银行数据库(https://data.worldbank.org.cn/indicator)。统计口径为 GDP(2010 年美元不变价)，按照“中国对世界经济增长的贡献率 = 中国 GDP 增量/世界 GDP 增量×100%”计算。

④ 数据来源：中华人民共和国国家统计局关于一九八二年人口普查主要数字的公报(http://www.stats.gov.cn/tjsj/tjgb/rkpcgb/qgrkpcgb/200204/t20020404_30318.html)、2015 年全国 1%人口抽样调查主要数据公报(http://www.stats.gov.cn/tjsj/zxfb/201604/t20160420_1346151.html)。

年限为8.8年，世界排名第119名；2015年预期受教育年限提高到13.5年，世界排名上升到第83名。[①] 中国从一个人口大国转变成为一个人力资源大国，并日益向人力资源强国迈进。

揭示中国改革开放的成功经验和原因，是学术界越来越浓厚的兴趣，更是中国学者的责任所在。美国著名中国研究学者费正清(John King Fairbank，1907—1991)70年前出版了《美国与中国》(*The United States and China*)一书，这是西方学者第一次把中国和美国进行对比研究的专著。在这本书中，费正清说中国正在发生一场现代化运动，这场现代化运动最基本的特征是决定放弃自己国家所有的传统和制度，然后把西方所有的文明和制度包括语言作为一个对应体，所以中国的现代化就是西方不断冲击中国，中国不断作出反应的过程。在很长时间里面，"冲击—反应模式"是西方学者对中国即将开展的现代化道路的一种共识。[②] 可是，1991年他在临终前两天出版的《中国新史》(*China：A New History*)一书中说："经过50年的阅历和观察，我发现中国的现代化发展，很可能不是一个冲击—反应的结果，而是一个自身内在基因变革和内在发展冲动的结果。"[③]

诺贝尔经济学奖得主罗纳德·科斯(Ronald H. Coase，1910—2013)在他102岁的时候，出版了一本与其助手王宁合著的叫《变革中国：市场经济的中国之路》(*How China Became Capitalist*)的书，书中说："中国很成功，她的发展还会得到延续，但是，中国的经济发展，不能用传统的西方经济学来解释。中国改革的成功，是人类行为的意外后果。"[④]

世界是一个多元的世界，现代化不是只有一条道路，更没有一条标准的道路，中国及其教育现代化的成功实践，证明了现代化存在多种通道和实现形式，充分彰显了中国现代化成功的世界意义。

---

① 数据来源：联合国开发计划署有关教育预计学历(年)http://hdr.undp.org/en/data#；1990年数据统计的国家数为172个；2015年数据统计的国家数为191个。

② 费正清：《美国与中国》(第四版)，世界知识出版社2000年版，第132—134；451页。

③ 费正清著，薛绚译：《费正清论中国：中国新史》，正中书局2001年版，第492—493页。

④ 罗纳德·哈里·科斯，王宁著，徐尧，李哲民译：《变革中国：市场经济的中国之路》，中信出版社2013年版，第1，206—210页。

教育现代化是中国教育改革开放的一贯主题

实践表明，改革开放以来中国教育的改革发展史，就是一部教育现代化的探索史、奋斗史，是一部中国特色社会主义教育现代化的跃进史。

1983 年邓小平为北京景山学校题词，“教育要面向现代化，面向世界，面向未来”。这集中反映了中国人民对教育发展的憧憬和决心，为中国教育的改革发展确立了思想基础和战略方向。

1985 年《中共中央关于教育体制改革的决定》明确了社会主义教育现代化建设的宏伟任务：“不但必须放手使用和努力提高现有的人才，而且必须极大地提高全党对教育工作的认识，面向现代化、面向世界、面向未来，为九十年代以至下世纪初叶我国经济和社会的发展，大规模地准备新的能够坚持社会主义方向的各级各类合格人才。”

1993 年中共中央、国务院印发了《中国教育改革和发展纲要》，进一步明确了我国教育改革发展的目标：“再经过几十年的努力，建立起比较成熟和完善的社会主义教育体系，实现教育的现代化。”

2010 年 7 月，《国家中长期教育改革和发展规划纲要(2010—2020 年)》明确提出：“到 2020 年，基本实现教育现代化，基本形成学习型社会，进入人力资源强国行列。”该纲要要求为国家基本实现现代化提前做好人力资源准备。

2017 年中共第十九次代表大会再次强调：“建设教育强国是中华民族伟大复兴的基础工程，必须把教育事业放在优先位置，加快教育现代化，办好人民满意的教育。”中共十九大报告进一步强调了实现教育现代化的紧迫感。

总而言之，教育现代化始终是中国教育改革发展的一贯主题和鲜明旗帜，已经成为凝聚全国各方面的力量优先发展教育的理想追求和精神动力，其不仅为实现工业、农业、国防、科学技术的现代化提供了人才保障和智力支持，而且对建设富强民主文明和谐美丽的社会主义现代化国家具有决定性意义。

改革开放持续深化是教育现代化的强大动力

中国教育的现代化始终是和改革开放相伴随行的。教育现代化为教育改革发展确立了总体方向，改革开放既为教育现代化的实现提供了强大动力，也为中国教育现代化迅速推进指明了基本路径。

1977 年恢复高考制度，派遣留学生出国，吹响了中国改革开放的号角。此后，教育改革在整个国家改革开放的背景下逐步展开并不断深化，经过 1977—1985 年的拨乱反正，1985—1993 年的全面启动，1993—2010 年的全面深化，2010 年以来教育综合改革的深入推进，开创了具有中国特色社会主义教育现代化的崭新局面。

1977—1985 年解放思想、拨乱反正。从 20 世纪 50 年代后期开始，由于全党工作重点一直没有转移到经济建设上来，同时因受到"以阶级斗争为纲"的"左"的思想的影响，教育事业不但长期没有被放到应有的重要地位，而且在历次政治运动中遭到频繁冲击。"文化大革命"更使这种"左"的错误走到否定知识、取消教育的极端，从而使教育事业遭到严重破坏，广大教育工作者遭受严重摧残，不仅耽误了整整一代青少年的成长，而且使我国教育事业同世界发达国家之间在许多方面本已缩小的差距又被拉大了。中共十一届三中全会以后，经过指导思想的拨乱反正，党中央对教育工作做出了一系列新的论断和决策，我国教育事业才得以恢复，重新走上蓬勃发展的道路。

1985—1993 年教育改革全面启动。冰冻三尺非一日之寒。改革开放初期，轻视教育、轻视知识、轻视人才的错误观念还广泛存在，教育战线"左"的影响仍没有完全克服，教育工作不适应社会主义现代化建设需要的局面短期内还没有根本扭转。面对我国对外开放、对内搞活，以及经济体制改革全面展开和世界范围新技术革命正在兴起的形势，我国教育事业的落后和教育体制的弊端就显得更加突出。特别是在教育事业管理权限的划分上，政府有关部门对学校尤其是对高等学校管得过多、统得过死，导致各级各类学校缺乏应有活力；而政府应该加以管理的事情，又没有很好地管起来。在教育结构上，基础教育薄弱，学校数量不足、质量不高，合格的师资和必要的设备严重缺乏；经济建设大量急需的职业和技术教育没有得到应有发展；高等教育内部的学科、专业结构及办学层次比例失调。与此同时，各级各类学校都普遍存在课程内容陈旧，教学方法死板，教学手段单一，以及实践环节被严重忽视等状况，不同程度脱离了经济和社会发展的需要，落后于当代科学文化的发展。为此，《中共中央关于教育体制改革的决定》明确指出："要从根本上改变这种状况，必须从教育体制入手，有系统地进行改革。"该决定也确立了"教育为社会主义建设服务，社会主义建设依靠教育"的基本方针，那就是要从教育体制改革入手，以简政放权、扩大学校的办学自主权为核心，相应地改革劳动人事制度，使各级各类教育主动适应经济和社会发展的多方面需要的意识和能力得到显著提高。

1993—2010年教育改革全面深化。这一时期，经过拨乱反正和各项教育改革的逐步展开，九年义务教育开始有计划、分阶段地实施，职业和技术教育得到相当程度的发展，高等教育发展较快，初步形成了多种层次、多种形式、学科门类基本齐全的体系；形式多样的成人教育和民族教育也得到很大发展；农村基础教育实行地方负责、分级管理的体制取得了明显效果。但是，我国教育在总体上还比较落后，尚不适应加快改革开放和现代化建设的需要；教育的战略地位在实践中还没有完全落实；教育投入不足，教师待遇偏低，办学条件较差；教育思想、教学内容和教学方法不同程度脱离实际；学校思想政治工作存在明显薄弱环节；教育管理体制及运行机制显得还比较僵化。为此，中国共产党第十四次全国代表大会明确提出，"必须把教育摆在优先发展的战略地位，努力提高全民族的思想道德和科学文化水平，这是实现我国现代化的根本大计"。为了落实这一重大战略部署，中共中央、国务院印发了《中国教育改革和发展纲要》，首次提出"国家财政性教育经费支出（包括：各级财政对教育的拨款，城乡教育费附加，企业用于举办中小学的经费，校办产业减免税部分）占国民生产总值的比例，本世纪末达到百分之四"；同时决定"教育体制改革要采取综合配套、分步推进的方针，加快步伐，改革包得过多、统得过死的体制，初步建立起与社会主义市场经济体制和政治体制、科技体制改革相适应的教育新体制"。这一纲领性文件的颁行，促进了中国教育迈上了国际化、终身化、多元化办学的新台阶。

2010年以来教育进入综合改革新阶段。经过30多年的艰苦奋斗，我国教育体制逐步完善，办学水平不断提高。21世纪第一个十年，城乡免费义务教育全面实现，职业教育快速发展，高等教育进入大众化阶段，教育公平迈出重大步伐。但是，面对经济全球化深入发展，科技进步日新月异，人才竞争日趋激烈的新形势，以及面对经济升级和社会转型对教育提出的新要求，中国教育还面临一系列重大挑战，存在诸多深层矛盾。主要表现在：教育观念相对落后，内容方法比较陈旧，中小学生课业负担过重，素质教育推进困难；学生适应社会和就业创业能力不强，创新型、实用型、复合型人才极其紧缺；教育体制机制不完善，学校办学活力不足；教育结构和布局不尽合理，城乡、区域教育发展不平衡，贫困地区、民族地区教育发展相对滞后；教育投入不足，教育优先发展的战略地位尚未得到全面落实。为此，需要通过深化教育综合改革，特别是重点领域和关键环节的改革，以立德树人为根本任务，以改革创新为强大动力，以促进公平和提高质量为战略重点，以推进考试招生制度改革和深入推进管办评分离为重要抓手，着力培养创新型、复合型、实践型和国际性人才。对此，2010年由中共中央、国务院颁布的《国家中长期教育改革和发展规划纲要（2010—2020年）》作出了全面部署，也由此开启了从教育大国迈向教育强国、实现内涵式发展的新征程。

新时代为教育现代化开辟了更加广阔的前景

2017年中国共产党第十九次全国代表大会胜利召开，开启了中国特色社会主义新时代。大会作出了我国社会主要矛盾已经转化为人民日益增长的美好生活需要和不平衡不充分的发展之间的矛盾的历史判断，提出了分两个阶段的奋斗目标：即从2020年到2035年，在全面建成小康社会的基础上，再奋斗十五年，基本实现社会主义现代化；从2035年到本世纪中叶，在基本实现现代化的基础上，再奋斗十五年，把我国建成富强民主文明和谐美丽的社会主义现代化强国。

中国未来发展、中华民族伟大复兴，关键靠人才，基础在教育。强国必先强教，中共十九大报告明确提出，建设教育强国是中华民族伟大复兴的基础工程，强调要把教育事业放在优先发展位置，加快教育现代化，办好人民满意的教育。这为新时代中国教育改革发展确立了新方位，提出了新目标，指明了新路径。面向2035乃至2050年，教育必须坚持全面深化改革，坚决破除一切不合时宜的思想观念和体制机制弊端，突破利益固化的藩篱，吸收人类文明有益成果，尊重教育规律和人才成长规律，在教育结构和教育布局优化上作出更大努力，在教育公平和教育质量提升上迈出更大步伐，在激发教育活力上采取更有力的措施，系统创新人才培养模式，全面提高个性化、多样化、高质量教育服务的供给能力，坚持中国特色社会主义教育道路，不断推进教育治理体系和治理能力的现代化。

总结经验，面向未来，走向世界

改革开放 40 年来中国教育发生的巨大变化，提高了全民素质，增强了综合国力，造福于亿万人民。回顾中国教育改革开放的历史进程，分析各重要历史阶段面对各种复杂问题的解决之道，总结教育破浪前进的成功经验，深刻认识蕴藏于现象后的规律性特征，对丰富和发展中国特色社会主义教育理论体系，坚定中国特色社会主义教育道路自信具有不可替代的重要意义。为此，我们组织编写了这套“教育现代化的中国之路——纪念教育改革开放 40 年”丛书，并列为上海社科“改革开放 40 年”研究系列项目重点课题。丛书以中国特色社会主义教育现代化为价值引领，以历史进程为经，以重大事件为纬，分为 10 卷，为总结各级各类教育理论创新、制度创新、政策创新和教育事业跨越式发展的成就和经验进行系统尝试，为构建具有中国特色的教育理论体系和话语体系作应有的努力。

理论研究的任务不仅是为了认识世界，更是为了改造世界。认识规律的最终目的是为了引领实践。中国教育已经完成了从教育弱国向教育大国的转变，如何从教育大国向教育强国迈进，任务更艰巨，事业更伟大。面对信息化、网络化、数据化的扑面而来，面对充满了不确定的未来，加深对教育规律的认识，加强对人才成长成才规律的认识，才能够继往开来，加快教育现代化步伐，办更加公平、更高质量、更具活力的教育，沿着中国特色社会主义的正确道路不断前进。

中国教育的成就不仅造福于中国人民，而且为世界的教育创新作出了自己的贡献。实现教育现代化没有可以照抄照搬的路径和模式。中国教育改革开放 40 年来，我们坚持积极学习借鉴世界先进理念和成功经验，坚持尊重教育规律，坚持扎根中国大地办教育，成功地开辟了一条在一个人口众多、发展不平衡、整体发展水平很低的国家，跨越式发展实现教育现代化的道路。总结 40 年教育改革开放的历程，可以为世界实现教育现代化提供中国经验和中国智慧，也可以为加快我国教育现代化，日益走近世界舞台中央、不断为人类作出更大贡献添薪助力。

丛书总主编袁振国
2018 年 5 月

序 言

党的十九大报告提出，要支持和规范社会力量办学。改革开放 40 年来，在党和国家的高度重视和大力推动下，作为社会力量办学的主体部分——我国民办教育走过了一条从作为公办教育“有益补充”（useful supplement）到与公办教育“共同发展”（common development）的演进之路，并最终成为社会主义教育事业的重要组成部分、教育事业发展的重要增长点和促进教育改革的重要力量，被认为是“新时期改革开放的一项标志性成果”。

作为“教育现代化的中国之路——纪念教育改革开放 40 年”丛书之一，本书旨在全面反映改革开放以来我国民办教育兴起的背景、变革的历程、成长的特点及发展的状态，并从历史和现实维度，用事实和数据说话，多方展示 40 年来民办教育在宏观与微观两个层面所进行的改革实验、实践探索以及所取得的重要成绩和宝贵经验。

40 年来的实践表明，作为我国教育体制改革的产物和结晶，我国民办教育的兴起和发展，推动了中国教育现代化进程，促进了整体教育事业的发展。其主要贡献包括但不限于以下几个方面：扩大了教育有效供给，满足了多元教育需求，丰富了办学形态模式，推动了学习型社会建设，促进了教育投融资体制改革，拉动了教育投资消费。40 年来，民办教育从“有益补充”到“共同发展”的改革发展之路，正是教育现代化中国之路的重要内容和生动体现。

以重大事件的发生和重要文献的颁布为依据，改革开放 40 年来我国民办教育大致经历了四个发展阶段。第一阶段，初创恢复期（1978—1992 年）：在党的十一届三中全会精神鼓舞下，随着 1982 年《宪法》、1985 年《中共中央关于教育体制改革的决定》和 1986 年《义务教育法》的相继颁布，特别是 1987 年《关于社会力量办学的若干暂行规定》的出台，以非学历教育为主体的各类民办教育机构纷纷恢复和兴起。第二阶段，稳步增长期（1992—2002 年）：以 1992 年邓小平“南巡”讲话发表和党的十四大召开为契机，各类民办教育得以迅速崛起，进入非学历教育与学历教育并重发展的阶段。特别是1997年《社会力量办学条例》的颁布，以行政法规形式正式确立了"积极鼓励、大力支持、正确引导、加强管理"十六字方针，较好促进了民办学历教育的发展。第三阶段，快速发展期(2002—2010年)：以2002年底《民办教育促进法》和2013年《民办教育促进法实施条例》的颁布为标志，我国民办教育进入制度化、法制化发展轨道，特别是在《民办教育促进法》允许出资者从办学结余中获取合理回报等有关规定激励下，民间资金进入教育领域大大加速，民办教育尤其是民办高等教育异军突起，获得快速发展。第四阶段，调整规范期(2010年至今)：以2010年《国家中长期教育改革和发展规划纲要(2010—2020年)》的颁布为起点，以2016年《民办教育促进法》的修订和《国务院关于鼓励社会力量兴办教育　促进民办教育健康发展的若干意见》等新政的出台实施为标志，各级各类民办学校进入了非营利性与营利性分类管理、分类扶持、分类规范的新时期。

为了更好地描绘40年来民办教育改革发展的壮丽图景，本书在内容安排和结构布局上分为七大篇章，试图从不同维度阐述并透析我国民办教育的历史、现状和未来。这七大部分分别是：一、导语；二、我国民办教育的发展背景、历程与成就；三、各级各类民办教育的发展及其特点；四、民办教育地方层面的实践与探索；五、民办教育学校层面的定位与治理；六、民办教育发展的机遇与挑战；七、民办教育宏观政策走向及其应对。

新时代、新征程、新使命，面对中国教育现代化2035乃至2050的崭新命题，我国民办教育的改革发展，也站在了一个新的历史起点上。随着宏观制度调整和外部环境变化，未来我国民办教育的改革发展，既面临难得机遇，也面临艰巨挑战。推动和实现民办教育健康永续发展，需要多管齐下，多措并举，多头并进，多方发力。作为一部纪念改革开放40年的献礼之作，本书的推出，旨在为新时期我国民办教育的改革发展献计献策、添砖加瓦，推动各级各类民办教育在推进教育现代化和建设教育强国的伟大实践中，发挥新的更大作用，作出新的更大贡献。

本书作为"教育现代化的中国之路——纪念教育改革开放40年"丛书的一部，是大家共同努力的智慧结晶。丛书总主编袁振国教授对书稿的写作方向和总体思路进行了把关指导。作为本书负责人，上海教科院民办教育研究所所长董圣足研究员负责拟定了本书框架及提纲，具体推动了写作进程并领衔完成了全书统稿工作。上海教科院原副院长忻福良教授不辞辛苦，仔细审阅了全部书稿，并提出宝贵修改意见；浙江树人大学王一涛教授、广东省教育研究院民办教育研究中心副主任李文章博士、浙江师范大学章露红博士、华东师范大学黄河博士、云南省民办教育协会专职副秘书长訾鸣先生、无锡太湖学院高教所所长阙明坤博士，以及上海教科院民办教育研究所的潘奇、公彦霏、刘荣飞老师，都参与了本书稿相关章节的写作，并按要求多次对书稿进行了修改、润饰。在书稿即将付梓之际，谨向全体撰稿者的辛勤付出和各方面的支持帮助表示衷心感谢！书中疏漏和错误，在所难免，多请方家匡正。

目 录

第二章

各级各类民办教育的发展及其特点 / 55

第三章

民办教育地方层面的实践与探索 / 109

导语：从有益补充走向共同发展

我国民办教育历史悠久，私学传统源远流长。从春秋“孔子讲学”到战国“稷下学宫”再到宋代书院，直到近代教会学校，千百年来，民间办学为培育人才、普及知识、弘扬道德、传承文明作出了重要贡献。特别是近代，还涌现出震旦公学、南开中学、厦门大学等一批享誉中外的私立学校，造就了马相伯、张伯苓、陈嘉庚等一批彪炳史册的教育家，谱写了我国近现代教育史上的绚丽篇章。建国后，随着社会主义“三大改造”的进行，我国民办（私立）教育也被收编为国有或公办，一度从制度层面退出历史舞台，直到中共十一届三中全会召开后才得以逐步复苏。

改革开放40年来，在党和国家大政方针指引下，我国民办教育宏观制度环境不断完善。1982年《宪法》规定，社会力量可依照法律规定举办各种教育事业；1993年《中国教育改革发展纲要》强调，要“改变政府包揽办学的格局，逐步建立以政府办学为主体、社会各界共同办学的体制”；1997年《社会力量办学条例》明确，国家对于社会力量办学实行“积极鼓励，大力支持，正确引导，加强管理”十六字方针；1999年《中共中央国务院关于深化教育改革，全面推进素质教育的决定》提出，“积极鼓励和支持社会力量以多种形式办学，满足人民群众日益增长的教育需求，形成以政府办学为主体、公办学校和民办学校共同发展的格局”。上述一系列法规政策的演进和变革，有力推动了我国民办教育的兴起和发展。进入新世纪以来，随着《民办教育促进法》及其实施条例以及相关行政规章的相继颁布实施，我国民办教育发展进入了法制化、制度化、规范化轨道，各项事业取得新的重要进展。

改革开放40年来，我国民办教育从无到有、从小到大、从少到多、从弱到强，走过了一条从“国家办学的补充”①到与公办教育共同发展的道路，已经成为“社会主义教

---

① 国家教委：“关于社会力量办学的若干暂行规定”，http://www.chinalawedu.com/falvfagui/fg22598/20625.shtml（检索日期：2018年1月15日）。

育事业的重要组成部分"①、教育事业发展的重要增长点和促进教育改革的重要力量②。截至 2016 年底，全国共有各级各类民办学校 17.1 万所，在校学生达到 4 825 万人，分别超过全国学校数的三分之一和在校生数的六分之一。其中，民办幼儿园在园儿童已超过全国在园儿童总数的一半，民办小学、初中、中职在校生数各占十分之一左右，民办高中占五分之一，民办高校在校生已近四分之一。此外，还有民办培训机构 2 万多所，每年近千万人次接受培训。可以毫不夸张地说，经过 40 年的改革发展，我国民办教育与公办教育共同发展、相互促进的格局，已基本形成并不断巩固。

40 年来，民办教育的兴起与发展，是我国教育体制改革的直接产物和重要结晶，被认为是"新时期改革开放的一项标志性成果"③。改革开放以来的实践表明，民办教育事业快速发展，为推动教育现代化、促进经济社会发展作出了积极贡献。一是缓解了财政压力。民办教育拓宽了教育投融资渠道，弥补了财政性教育经费的不足，促使大量社会资本转化为教育资源，显著扩大了教育有效供给，大大加快了基础教育普及化和高等教育大众化进程。二是丰富了教育生态。民办学校在投融资体制、现代学校制度、人才培养模式等方面所进行的诸多富有成效的改革探索，为公办学校深化办学体制、管理体制和育人机制改革积累了经验，提供了借鉴。三是满足了多元需求。不少城市中各类特色民办学校异军突起，日益成为优质教育的代名词，较好满足了老百姓多样化选择性教育需求；大量城乡普惠型民办学校的发展，有力保障了弱势群体公平接受教育的机会。四是促进了教育消费。各级各类民办教育的发展，拉动了教育投资消费，创造了大量就业岗位，形成了不少教育新产业、新业态、新产品和新的商业模式。

可以说，40 年来我国民办教育的发展成就，是党和国家不断解放思想、求真务实的重要产物，是教育系统不断深化改革、锐意创新的重要成果，是社会力量不断服务人民、服务社会的重要体现。

历经 40 年的改革发展，我国民办教育事业已进入一个崭新的阶段，正站在一个新

---

① 国务院："关于鼓励社会力量兴办教育　促进民办教育健康发展的若干意见"，http://www.gov.cn/zhengce/content/2017-01/18/content_5160828.htm（检索日期：2018 年 1 月 15 日）。

② 中共中央、国务院："国家中长期教育改革和发展规划纲要（2010—2020 年）"，http://www.gov.cn/jrzg/2010-07/29/content_1667143.htm(检索日期：2018 年 1 月 15 日）。

③ 袁贵仁："在中国民办教育协会成立大会上的讲话"，《中国教育报》，2008 年 6 月 26 日，第 3 版。

的起点上。在取得重要成就及经验的同时，必须清醒地看到，各级各类民办教育在改革发展中，还有许多不适应的地方，面临不少矛盾和挑战。表现在：一些民办学校办学定位不准、办学特色不明，教育教学质量有待进一步提升；部分民办学校办学理念存在偏差，法人制度有待完善，办学行为需要进一步规范；有的地方对于发展民办教育重要意义的认识不够到位，相关部门协同推进民办教育发展的政策措施有待进一步落实；不同阶层对民办教育的存在价值还没有形成广泛共识，全社会共同支持民办教育发展的环境氛围有待进一步营造。

当前，我国民办教育的改革发展也步入了深水区和攻坚期。研究表明，只有按照举办者是否取得办学收益，将民办学校在立法上划分为非营利性法人和营利性法人两大类型，并在行政管理上实行不同规制措施，采取有差别的扶持政策，才能从根本上破解各种瓶颈制约，营造公平政策环境，规范和促进民办教育又好又快发展。为此，按照党中央的决策部署，2015 年 12 月，全国人大常委会审议通过《教育法》、《高等教育法》修正案，取消了对举办营利性民办教育（高等教育）的禁止性规定。2016 年 11 月，全国人大常委会又作出关于修改民办教育促进法的决定，确立了对民办学校实施分类管理的法律构架。随后，国务院出台的《关于鼓励社会力量兴办教育　促进民办教育健康发展的若干意见》和教育部会同有关部门联合颁布的《民办学校分类登记实施细则》以及《营利性民办学校监督管理实施细则》，则在操作层面就如何推进民办学校分类管理改革，作了更加具体而细致的规定。这样一些重要改革举措，必将对未来一个时期民办教育的发展产生极其广泛而深远的影响。

以中共十九大胜利召开为标志，中国特色社会主义伟大事业进入了新时代。新时代背景下，我国社会主要矛盾已经转化为人民日益增长的美好生活需要和不平衡不充分的发展之间的矛盾。这一主要矛盾在教育领域的表现，就是人民日益增长的对于优质教育的多元需求与教育发展不平衡不充分之间的矛盾。未来一个时期，在推进教育现代化和建设教育强国的伟大实践中，无论是从加快普及有质量的各级各类教育角度，还是从更好促进教育共享发展和公平发展角度，民办教育不仅不能缺位，还要发挥新的更大作用。面向 2035 乃至 2050 年，各级政府务必大胆创新、锐意进取，按照分类管理、分类扶持的原则，采取更加灵活有效的措施，促进和规范民办教育健康发展。

第一，在发展战略上，确立鼓励社会力量办学是长远大计。坚持“两条腿”走路，公办与民办教育一起抓、两手硬，充分发挥民办教育体制机制优势，努力办好人民满意的教育，更好满足人民群众不断增长的教育需求。

第二，在发展思路上，坚持公益导向与市场驱动相结合。既要大力倡导公益性办学，重点扶持非营利性教育优先发展；又要正确看待并公平对待营利性教育，为其留足必要的发展空间。

第三，在发展手段上，更加注重运用法治思维和经济杠杆。进一步深化“放管服”改革，推进清单管理，全面落实民办学校办学自主权，依法管理和有序规范民办学校的办学行为。

第四，在发展重点上，分类引导民办学校提高质量，办出特色。采取基于公平而有差别的扶持政策，扶需、扶特、扶优、扶强，鼓励和支持两类学校根据各自不同定位，办出特色、办出水平。

第五，在发展路径上，大力推进多元办学和公私合作办学。除义务教育学段外，在各级各类公办学校及民办学校中，积极探索转制试验、委托管理、公私合作、混合所有制办学等形式，优化教育资源配置，提高办学效率效益。

随着民办学校分类管理改革的深入推进，以及各项扶持政策和规范措施的逐步落实，我国民办教育发展的制度环境必将得到进一步优化和改善。今后一个时期，就各级各类民办学校而言，务必要在国家民办教育新法新政的规制和区域民办教育整体规划的指导下，做到合理布局、准确定位，实现错位竞争、科学发展。广大民办学校举办者和办学者要顺应环境变化和形势发展，摒弃传统外延扩张模式和低水平重复建设路子，真正将学校发展重心转移到内涵建设上来，切实加大办学经费投入，大力改善各项基础设施，不断加强师资队伍建设，逐步深化教育教学改革，从而提升质量、凝练特色、办出水平，更好满足人民群众日益增长的多样化选择性教育需求。只有这样，才能在激烈的市场竞争中立于不败之地，实现健康、协调、永续发展。

执笔人：董圣足

第一章

我国民办教育的发展背景、历程与成就

改革开放40年来，作为社会力量兴办教育主要形式的民办教育逐渐恢复并不断发展壮大，形成了从学前教育到高等教育、从学历教育到非学历教育，层次类型多样、充满生机活力的发展局面，有效增加了教育服务供给，为推动教育现代化、促进经济社会发展作出了积极贡献，已经成为社会主义教育事业的重要组成部分。国家在赋予民办教育“教育事业发展的重要增长点和促进教育改革的重要力量”光荣历史重任的同时，还明确要求“各级政府要把发展民办教育作为重要工作职责，鼓励出资、捐资办学，促进社会力量以独立举办、共同举办等多种形式兴办教育”。[①] 正是在党和国家的大力支持下，大批民办教育工作者筚路蓝缕、风餐露宿，勇于开拓、甘于奉献，共同铸就了民办教育事业的辉煌。40年来，民办学校数量规模迅速增加，办学层次不断提高，教育质量稳步提升，基本形成了公办教育和民办教育共同发展的良好格局。尤其是中共十八大以来，在以习近平同志为核心的党中央坚强领导、高度重视和大力推动下，我国教育改革发展取得重大进展和伟大成就，其中民办教育事业也获得了又好又快的发展。中共十九大报告中再次强调，“必须把教育事业放在优先位置”，并提出“支持和规范社会力量办学”，这为新时代民办教育的改革发展注入了新的强大动力。

第一节　我国民办教育的发展背景

改革开放40年来，我国民办教育的恢复与发展，是在中国特色社会主义理论指导下，顺应改革开放大势和适应社会主义市场经济发展需要的历史产物，也是我国经济、社会、文化、教育等多种因素综合影响所形成的重要成果；全面体现了党和国家对教育改革发展的高度重视，集中反映了民间力量办学兴教的高昂热情，充分显示了广大人

---

① 中共中央、国务院：“国家中长期教育改革和发展规划纲要（2010—2020年）”，http://www.gov.cn/jrzg/2010-07/29/content_1667143.htm（检索日期：2017年12月16日）。

民群众对教育事业的美好期盼。

一、党的教育兴国方略催动民办教育复兴

1978年召开的中共十一届三中全会，从根本上冲破了长期以来“左”倾错误的严重束缚，重新确立了马克思主义的思想路线、政治路线和组织路线，成为新的历史时期的开端。我国教育事业也从此进入了历史性的转折时期。民办教育在改革开放政策激励下逐渐恢复，并随着经济社会的持续发展和教育体制改革的不断深化而发展壮大。自1982年《宪法》肯定了社会力量办学的作用以来，国家不断提高民办教育的作用和地位，不断通过政策、法规鼓励和规范民办教育发展。进入21世纪以来，在《民办教育促进法》的支持和规范下，民办教育迅速发展，成为社会主义教育事业的重要组成部分、重要增长点和促进教育改革的重要力量。中共十八大以来，全面深化改革的治国理政方略，则引领民办教育走上了以提高质量为中心的优质特色发展道路。

（一）解放思想奠定民办教育恢复发展的思想基础

解放思想为民办教育恢复发展提供了历史契机。1978年5月，《光明日报》发表评论员文章《实践是检验真理的唯一标准》，引发了全国关于真理标准的大讨论。中共十一届三中全会高度评价了这场讨论，确定了解放思想、实事求是的基本路线。教育界在解放思想、实事求是思想路线的指导下，展开了教育思想与理论大讨论，破除了思想束缚，深化了对教育本质与功能的认识。在此背景下，面对社会日益强烈的知识和文化需求，社会力量办学开始以文化补习和业余培训的形式在北京等大中城市恢复。

落实知识分子政策激发了社会力量兴办教育的热情。1977年邓小平复出后，首先从科学和教育两条战线上开始拨乱反正，先后在全国科学大会和全国教育工作会议上发表了一系列重要讲话，正确评价了“文革”前17年的教育工作，明确了知识分子是工人阶级的一部分，采取了尊重知识、尊重人才和充分调动知识分子积极性的有效措施，作出了恢复高考制度的重大决定。这些政策极大地激发了社会力量兴办教育的热情，大批离退休知识分子积极发挥余热，各种形式的文化补习班和业余技术培训机构悄然兴起，由此奠定了我国民办教育恢复发展的雏形。

专栏 1－1

落实知识分子政策　各行各业都要来支持教育事业

在社会主义社会里，无产阶级自己培养的脑力劳动者，与历史上的剥削社会中的知识分子不同了。在我国社会主义改造的过程中，毛主席曾经指出过，从旧社会过来的知识分子，有一个依附在哪张“皮”上的问题。在整个社会主义历史时期中，始终存在着阶级矛盾和阶级斗争，在知识分子面前，始终需要注意解决依附在哪张“皮”上、是否坚持无产阶级立场的问题。但总的说来，他们的绝大多数已经是无产阶级自己的一部分。他们与体力劳动者的区别，只是社会分工的不同。从事体力劳动的，从事脑力劳动的，都是社会主义社会的劳动者。

……

科学技术人才的培养，基础在教育。我们要全面地正确地执行党的教育方针，端正方向，真正搞好教育革命，使教育事业有一个大的发展，大的提高。教育事业，决不只是教育部门的事，各级党委要认真地作为大事来抓。各行各业都要来支持教育事业，大力兴办教育事业。人民教师是培养革命后代的园丁。他们的创造性劳动，应当受到党和人民的尊重。要确实保证教师的教学活动时间，要关心他们的政治生活、工作条件和业务学习。对于在教学工作中作出突出贡献的教师，应当给以表扬和奖励。

——1978 年 3 月 18 日邓小平《在全国科学大会开幕式上的讲话》

（来源：《人民日报》1978 年 3 月 22 日第 1 版）

明确教育发展方向进一步调动了社会力量参与教育事业的热情。为正确处理教育与经济的关系，使教育在经济建设中发挥应有的作用，十一届三中全会后，中共中央发布了一系列指示，教育部贯彻中共中央提出的“调整、改革、整顿、提高”方针，整顿教育秩序，调整教育结构，提高教育质量。1983 年国庆节前夕，邓小平给北京景山学校题词“教育要面向现代化，面向世界，面向未来”，为新时期中国教育事业的发展指明了方向。以高等教育自考助学为主要形式的民办教育开始出现并迅速发展。

确立教育优先发展战略地位掀起了社会力量办学热潮。从1979年至1985年初，教育体制改革开始在普及小学教育，开展勤工俭学，改革中等教育结构，分层次、多种形式、有计划、按比例发展高等教育，大规模开展成人教育，逐步明确农村教育改革指导思想等方面起步。随着中共中央关于教育战略地位一系列指示和决策的落实，各级党委和政府重视发展教育事业，努力增加教育投入，使教育经费有了较大幅度的提高。1980年2月，中共十一届五中全会提出要“确立适合国民经济发展需要的教育计划和教育体制”。人民群众大力支持教育，捐资助学、出资办学的资金不断增加，从1981年到1991年，为改善中小学办学条件，通过社会集资、捐资等各种渠道筹措的教育经费累计达708亿元。① 这其中包括了不少民办教育机构以学杂费等形式筹集的办学经费。

（二）科教兴国战略推动民办教育发展壮大

民办教育的地位和作用在恢复发展中不断得到明确。1982年的《宪法》第十九条规定：“国家鼓励集体经济组织、国家企业事业组织和其他社会力量依照法律规定举办各种教育事业”，以国家基本法的形式明确了社会力量办学的法律地位，并确立了“两条腿”走路的方针。国家教育行政部门在下发的文件中多次明确“社会力量办学是我国教育事业的组成部分，是国家办学的补充”。1995年颁布的《中共中央、国务院关于加速科学技术进步的决定》，首次提出实施“科教兴国”战略。中共十四大报告提出“要鼓励多渠道、多形式社会集资办学和民间办学，改变国家包办教育的做法”。随后，八届人大政府报告中提出：“要积极探索以政府办学为主体，社会各界共同办学的新体制和多种办学模式。”1993年《中国教育改革和发展纲要》提出，要“逐步建立以政府办学为主体、社会各界共同办学的体制”，进一步明确了社会力量办学在国家教育事业改革和发展中的作用和地位。

专栏1－2

实施科教兴国战略

社会主义市场经济体制的确立，将为科技进步创造更为有利的环境和条件，

① 何东昌主编：《当代中国教育》，当代中国出版社1996年版，第122页。

也将对科技进步提出新的、更高的要求。实现国民经济持续、快速、健康发展，必须依靠科技进步。解决好产业结构不合理、技术水平落后、劳动生产率低、经济增长质量不高等问题。面对国际经济、科技竞争的严峻挑战和人口多、底子薄、人均资源相对短缺的国情，加速国民经济增长从外延型向效益型的战略转变已迫在眉睫。实现这一战略转变必须依靠科技进步，大力解放和发展第一生产力，加速科技成果向现实生产力的转化，切实把经济建设转移到依靠科技进步和提高劳动者素质的轨道上来。为此，中共中央、国务院决定，坚定不移地实施科教兴国的战略。

（3）科教兴国，是指全面落实科学技术是第一生产力的思想，坚持教育为本，把科技和教育摆在经济、社会发展的重要位置，增强国家的科技实力及向现实生产力转化的能力，提高全民族的科技文化素质，把经济建设转移到依靠科技进步和提高劳动者素质的轨道上来，加速实现国家的繁荣强盛。

实施科教兴国战略，是全面落实科学技术是第一生产力思想的战略决策，是保证国民经济持续、快速、健康发展的根本措施，是实现社会主义现代化宏伟目标的必然抉择，也是中华民族振兴的必由之路。十一届三中全会以后，党的工作重点转为以经济建设为中心，实施科教兴国战略，是这一转移的进一步演化和向更高阶段的发展，必将使生产力产生新的飞跃。

——1995 年 5 月 6 日《中共中央、国务院关于加速科学技术进步的决定》

（来源：科技部门户网站 www. most. gov. cn）

民办教育法律制度和管理体系在发展中逐步形成和完善。1987 年，国家教委发布《关于社会力量办学的若干规定》，开始将民办教育纳入依法管理体系；1997 年，国务院发布《社会力量办学条例》，对民办教育进行了基本规范；1999 年《中共中央国务院关于深化教育改革，全面推进素质教育的决定》提出要“进一步解放思想、转变观念，积极鼓励和支持社会力量以多种形式办学，满足人民群众日益增长的教育需求，形成以政府办学为主体、公办学校和民办学校共同发展的格局”。同时明确指出“各级人民政府要加强对民办教育的管理、引导和监督，国家要加快民办教育的立法，促进民办教育的健康发展。各级各类民办学校都要依法办学，不断提高办学水平”。2002 年和 2004 年，国家出台了《民办教育促进法》及其《实施条例》，规范和促进民办教育发展，地方政府和教育行政部门也结合本地区实际情况制定出台了相应的法规和政策，民办教育正式进入了法制化发展阶段。

二、经济改革为民办教育发展夯实物质基础

改革开放以来，我国经济体制发生了巨大而深刻的变化，以公有制为主体、多种经济成分并存的社会主义市场经济体制建立并不断完善。经济体制的深层次变革，对社会各方面产生了广泛而深刻的影响，也为民办教育的恢复和发展提供了难得的机遇和条件。经济的快速持续增长和人民物质生活水平的不断提高，一方面为民办教育筹集更多资金办学创造了物质条件，另一方面也增强了家庭对教育消费的支付能力。供需两方面的共同作用和相互促进，助推了民办教育的快速恢复和持续发展。

（一）所有制结构性变革为民办教育恢复夯实基础

中共十一届三中全会召开后，党和国家工作中心发生了历史性转移。“以经济建设为中心”的改革开放政策，极大地解放和发展了社会生产力，使我国的经济总量在短短 40 年时间里跃居世界第二位，人民群众的物质文化生活得到极大丰富。经济的快速发展，为民办教育恢复发展提供了物质保证。

所有制结构变革为民办教育恢复发展创造了条件。改革开放以来，党和国家对生产资料所有制结构进行了重大调整，以公有制为主体、多种经济成分共同发展的多元所有制结构，为民办教育的发展提供了所有制基础。以公办教育为主的多元化办学体制，是社会主义初级阶段基本经济制度在教育领域的直接表现。社会主义市场经济体制的逐步建立和完善，经济的持续高速增长，大大提高了人民群众的教育支付能力，进一步为社会力量兴办教育创造了条件。中共十八届三中全会进一步强调发挥市场在资源配置中的决定性作用，资源配置方式的变革，促进了各类非公有制经济进一步发展壮大，民办教育发展的物质基础也由此得到充实和巩固。

社会主义市场经济最根本的特征之一，就是允许各类社会组织和个人根据自己对市场的判断来提供市场所需要的产品和服务。作为社会服务的重要内容之一，民办教育随着经济体制改革的深化而逐渐萌芽。改革开放之前和改革开放之初的教育很大

程度上是由国家包办的教育，是计划经济的产物。在政治和经济体制发生显著变化的背景下，这种办学体制越来越无法适应新的时代要求，也严重制约着经济与社会的发展。旧的办学体制与新经济体制的矛盾越来越突出，它已成为经济发展的重大障碍。[①] 大一统的、单一的教育体制和办学模式，弱化了教育的丰富性和多样性，无法敏锐地反映市场需要，缺乏主动适应经济和社会发展变化压力的能力和活力。在社会主义市场经济体制下和知识经济时代，中国迫切需要一种新的与多元化经济体制相适应的多元办学体制。经济体制改革取得的成果急迫地推动着民办教育的快速兴起与发展。随着以经济建设为中心的改革开放政策的深入实施，各级政府开始积极谋求经济发展，允许多种经济成分共同发展，民间资金得以逐步壮大，为民办学校创办和发展提供了物质基础。

（二）经济持续快速增长强力支撑了民办教育发展

经济持续发展为举办者筹集办学经费提供了更多可能。早期租用场地办学的民办学校，在经济社会快速发展过程中依靠“滚动发展”的形式，逐渐积累了一定的经费等办学资源，为了扩大办学规模，提高办学质量，部分民办学校开始探索租地或征地自建校舍，为民办学校的长期发展打下了良好基础。同时，人民群众的经济收入也不断增加，也为民办学校筹集办学经费提供了可能。

民营企业投资（出资）办学促进了民办教育升级换代。改革开放以来，作为社会主义经济有益补充和组成部分的民营企业得到了极大发展，并成为许多地区加快经济发展的新的增长点，有的已经成为区域经济中的主力军。民营企业凭借机制灵活的优势曾创造了辉煌的业绩，积累了规模可观的资金。大量的闲置资金急于寻求新的投资方向和投资渠道。一部分人士敏锐地观察到教育市场的巨大潜力和教育产业的发展前景，纷纷投资于教育领域，或私人独资办学，或私人股份制的形式办学，或公私合资办学，有力地推动了民办教育的发展。

家庭支付能力提高为民办教育发展提供了经济基础。民间办学的资金来源是社会资金，社会经济发展不到一定程度，民间办学的资金便无法足够筹集。如 1988 年，

① 胡卫等：《民办教育的发展与规范》，教育科学出版社 2000 年版，第 3 页。

中国 GDP 为 15 042.8 亿元，人均 GDP 仅为 638.04 元①，百姓刚解决温饱，大部分老百姓的选择"要么是公办学校要么是辍学"。(如图 1-1，图 1-2)随着改革开放不断深化、

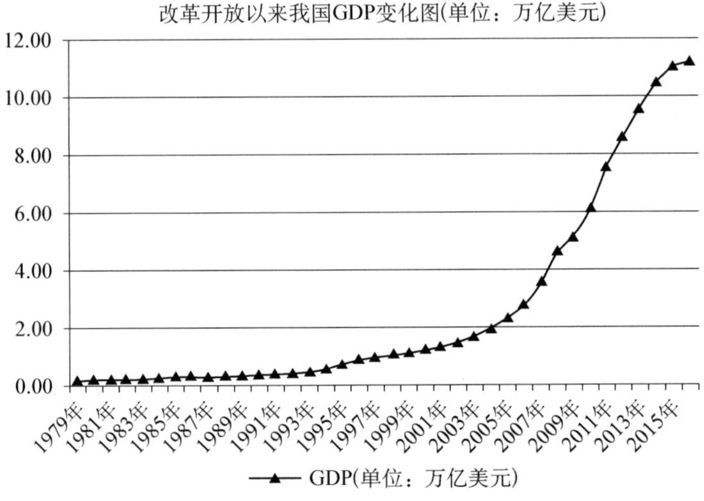

图 1-1 改革开放以来我国 GDP 变化图

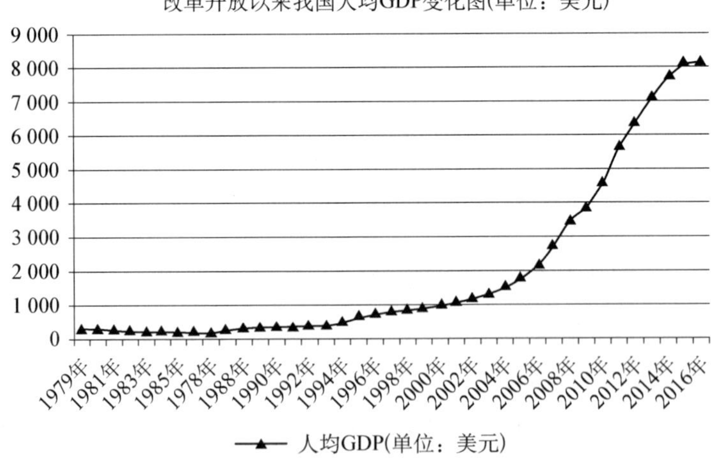

图 1-2 改革开放以来我国人均 GDP 变化图

① 中华人民共和国国家统计局："关于 1988 年国民经济和社会发展的统计公报"，http://www.stats.gov.cn/statsinfo/auto2074/201311/t20131105_455929.html(检索日期：2018 年 1 月 10 日)。

经济持续增长以及分配政策不断向个人倾斜，到 1997 年我国国内生产总值达到 74 772亿元，城乡居民个人投资 3 427 亿元；全国居民储蓄额达 4.9 万亿元，加上手持现金和其他有价证券，全国居民金融资产超过 5 万亿元，社会与个人已经有了一定的投资能力和消费能力。① 因此，进入 90 年代之后，社会有了办学的经济条件，民办教育开始迅速发展。社会和经济的发展对家庭收入的提升使社会和家庭的学费承受力增强，民办学校的招生目标群体愈发庞大，促进了民办学校的良性循环。

三、人民群众的教育需求促进民办教育繁荣

民办教育发展是社会需求不断推动的结果。我国自古以来就有悠久的民间办学传统，改革开放以来，尤其是随着知识经济时代的到来，教育的作用得到了个人、社会以及政府前所未有的重视，民办教育大发展成为时代发展的必然。城镇化进程加快，流动人口数量迅速增加为民办教育提供了生源基础。多样化教育选择需求的不断增加进一步拓展了民办教育的发展空间，为民办教育提供高质量、多样化、选择性、有特色的教育服务提供了条件和可能。

（一）日益增长的教育刚需拓展了民办教育发展空间

改革开放早期，人民群众对教育的旺盛需求与公办教育无法满足这种需求的矛盾为民办教育的复兴提供了直接动力。社会经济发展不仅改善了人民的物质生活条件，也提高了人们对文化教育的需求，“科学技术是第一生产力”的观念逐渐深入人心，人们意识到教育也是一项重要投资，可以给自己带来经济利益和社会利益，“知识就是财富”、“学好数理化，走遍天下都不怕”等成为改革开放之后人们的普遍思想理念，但是公办教育所提供的教育机会远远不能满足人民群众的需要。国家办学能力非常有限，众多学校校舍陈旧，教育设施落后，师资力量不足，教育质量低下。据 1982 年的人口普查统计，全国文盲和半文盲达两亿三千多万，占全国总人口数的近四分之一②，严重影响到全民族文化素质的提高和现代化事业的发展。国家百业待兴，各方面都需要资

① 中华人民共和国国家统计局：“关于 1997 年国民经济和社会发展的统计公报”，http://www.stats.gov.cn/statsinfo/auto2074/201311/t20131104_455222.html（检索日期：2017 年 12 月 11 日）。

② 中华人民共和国国家统计局：“第三次全国人口普查公报”，http://www.stats.gov.cn/tjsj/tjgb/rkpcgb/qgrkpcgb/200204/t20020404_30318.html（检索日期：2017 年 12 月 13 日）。

金，在教育上的有限投资难以满足大量学子对教育的渴望，每年都有上千万的学生无法升入更高一级学校继续学习，能够进入高校学习的高中生少之又少。1978 年高中在校生有 1 553 万人，而 1978 年普通高校招生仅仅 27.3 万人，录取率不到 2%，庞大的高中毕业生群体一年一年地在社会上积累起来。①

民办教育早期的办学形式就是对人民群众不断增长的教育需求的直接回应。无法进入高校的青年渴望文化知识，迫切需要学到一技之长，希望用知识技能创造财富，从而改变自己的人生。一些私人办的实用技术培训班便应运而生，如 1979 年徐行方创办的向前会计职业学校，1989 年谢可滔创办的广州白云应用技术学校等。早年成立的民办学校中，有一些已经终止办学，也有一些已成为具有重要影响力的民办高校，如由广东白云应用技术学校升格而来的广东白云学院。

留学人员的快速增加促进了外语培训类民办教育机构的发展。1978 年的改革开放，拉开了留学潮的序幕。1978 年邓小平明确支持留学生工作，激发了全国留学的热潮。1984 年，国务院出台《关于自费出国留学的暂行规定》，打开了自费出国留学的大门，自费留学人数直线上升。2003 年底经教育部批准，国家留学基金管理委员会设立了“国家优秀自费留学生奖学金”，开始对优秀自费出国留学人员进行鼓励和奖励②，一系列政策促进了国内学子走出国门。数据显示，从 2003 到 2013 年间，我国出国留学人数逐年递增，特别是从 2008 年以来，上升速度突然加快。2008 年我国有 18 万人选择留学，到 2013 年增加至 41.39 万人。在留学大潮中，自费留学比例基本保持在 90%以上。③ 据教育部统计，2012 年，我国自费留学人数达到 37.45 万人，成为世界第一留学大国。2016 年 3 月，教育部发布的《中国留学回国就业蓝皮书 2015》显示，2015 年出国留学人数已达 52.37 万人，1978 年至 2015 年间，我国累计出国留学人数为 404.21 万，年均增长率 19.06%。出国留学的最基本前提是掌握留学目标国的语言，所以，伴随着出国热潮，大量的外语培训机构和培训班遍地开花，成为民办教育的一股新生力量。如 1993 年成立的以英语培训为主要业务的北京新东方学校，已于 2006 年

---

① 刘莉莉：《中国民办高等教育发展的研究》，吉林人民出版社 2002 年版，第 2 页。

② 刘扬，孔繁盛，钟宇平：《我国高中生自费出国留学意愿调查研究——基于 7 个城市的抽样调查数据》，《教育研究》2012 年第 10 期。

③ 潘昆峰，蒋承：《我国大学生留学选择的影响因素分析》，《中国高教研究》2015 年第 3 期。

9 月在美国纳斯达克上市。

流动人口子女就学需求推动了民办基础教育的发展。由于我国城乡之间和东中西部之间的经济发展水平和就业机会存在巨大差异，大量中西部地区的农村人口到沿海地区城市寻找就业机会，大量进城务工人员在两个方面直接促进了民办教育的发展。第一，中西部地区设立在县城的民办学校迅速扩张。这些民办学校的教育质量高于设立在农村乡镇的公办中小学，且可以提供较好的寄宿环境，因此，大量外出务工者选择将子女送到这些学校读书。在某些地区，这类学校的存在使得公办教育和民办教育格局发生重大改变。第二，设立在东部城市的农民工子弟学校快速发展。许多外来务工者希望将子女带在身边，结束子女（留守儿童）和父母长期分离的状态，但是城市的公办学校难以满足增长如此之快、规模如此之大的外来务工人员子女的入学需求。由于财政资金投入有限、学籍管理制度不完善、公办学校数量有限以及教师缺编等原因，公办学校并不能完全接纳流动儿童入校，也不能真正解决所有流动儿童的义务教育问题。① 招收外来务工者子女的民办学校应运而生。这类学校在相当长的时间内解决了北京、上海、浙江、广东等沿海发达地区"流动儿童"的教育问题，为国家义务教育的普及和提高作出了贡献。②

社会需求直接推动民办高等教育的兴起和发展。改革开放之初，只有少数人能够进入大学校门，高等教育处于精英教育阶段，因此有识之士举办了民办高等教育机构，为青年学子提供接受高等教育的机会。比如乐天宇创办湖南九嶷山专修学院，于陆琳创办中华社会大学，浙江省原政协主席王家扬创办浙江树人大学等。1982 年高等教育自学考试制度的建立，为广大学子开辟了继续求学和进入高等学府的新途径，更多的社会助学机构相继诞生。由于越来越多的高考学子希望接受本科教育，从 1999 年开始，由社会力量与公办高校合作建设的独立学院开始出现并迅速发展成为我国民办高等教育的一股重要力量。截至 2017 年 5 月，我国共有民办高校 735 所，其中独立学院 265 所。③ 我国民办高等教育的发展壮大，在我国高等教育从精英化阶段跨入普及化、

① 赵静：《农民工子弟学校的现状分析及发展建议》，《现代教育科学》2008 年第 10 期。

② 赵树凯：《农民的政治》，商务印书馆 2011 年版，第 48 页。

③ 中华人民共和国教育部："2017 年全国高等学校名单"，http://www.moe.edu.cn/srcsite/A03/moe_634/201706/t20170614_306900.html（检索日期：2017 年 12 月 14 日）。

大众化阶段，成为世界高等教育大国的过程中发挥了重要作用。

（二）个性化教育需求推动民办教育多样化发展

随着改革开放的深入，国家的经济实力迅速增强，人民群众的生活水平逐步提高，人们在经济上已经有一定的教育支付能力，部分群体不再满足于“有学可上”的现状，而是希望子女能够接受更高质量的教育。由于公办教育主要满足基本需求，提供的是普惠性公共教育服务，所以高质量、有特色的民办学校成为许多家庭的选择。

日益多元的选择性教育需求，催生了越来越多的优质特色民办中小学校。这些高质量民办学校的兴起从某种程度上说得益于公办学校的就近入学制度。20 世纪 80 年代，在普及小学教育的过程中，为给学生提供便利，减轻小学生过重的学业负担和精神压力，国家主张取消初中招生考试，准许取得毕业资格的小学生免试就近入学，开始推行就近入学制度。[①] 相比公办学校就近入学的规定，《民办教育促进法》赋予民办学校自主招生的权利，《国务院关于鼓励社会力量兴办教育　促进民办教育健康发展的若干意见》（国发〔2016〕81 号）指出“各地不得对民办学校跨区域招生设置障碍”。由于民办学校招生不受地域限制，民办中小学校具备挑选生源的优势。因此，全国很多城市中最好的中小学是民办中小学。这些高水平的民办中小学中，一部分是“转制学校”，即由公办学校转制而来的民办学校，另外一部分则是依靠举办者卓越的办学理念和优秀师资及办学质量而在竞争中脱颖而出的“纯”民办中小学校。

拥有国际教育资源的民办学校，近年来发展迅速，异军突起。由于海外留学的教育收益率较高[②]，为提升留学回国就业的“含金量”，越来越多的家长将目光转向国外的名校。为了在申请名校的竞争中占据优势，不少家长将留学准备期提前，纷纷把孩子送到国外读中学，出国留学从以大学本科和研究生为主趋于低龄化，中学生逐渐成为留学的主流群体。中国学生在高中甚至初中阶段出国留学的数量逐渐增多，并快速增长。[③] 一方面，为了能让孩子提前适应国外的语言、思维和文化，家长们开始寻求具有国际化视野和环境的中小学校，让孩子在国内完成国家之间差异的过渡。为了满足

---

① 孙绵涛，康翠萍，朱晓黎：《改革开放以来中国就近入学政策的内容分析》，《教育理论与实践》2009 年第 9 期。

② 许家云，刘廷华，李平：《海外留学经历是否提高了个人收入？》，《经济科学》2014 年第 1 期。

③ 丁艳丽：《留学低龄化何以来势汹汹》，《中国人才》2013 年第 3 期。

越来越多低龄学子留学前过渡的需求，相应的国际化学校亦顺势产生。另一方面，随着社会的发展，中国高考制度下的教育弊端频现，越来越多的家长开始送子女到国际化学校就读。他们希望自己的孩子能够在国内接受国际化教育，借鉴和采用西方教学模式的民办中小学应运而生。

在高等教育领域中，少量带有民办性质的精英型高教机构开始崭露头角。民办高校不仅可以满足受教育者更多的高等教育需求，还可以满足受教育者对更高质量的高等教育的需求。中外合作办学从法律上来讲是民办教育的组成部分。中外合作办学一般模仿外国合作方的办学模式和教学方法，采用国外教材和考核方式，采取外语授课，逐渐具备了较好的教育质量和社会声誉。目前，国内共有宁波诺丁汉大学、苏州西交利物浦大学、上海纽约大学和温州肯恩大学等 8 所独立建制的中外合作办学高等教育机构。除此之外，近期我国独立创办的少数高水平民办高校也开始崛起。2017 年，民办研究型大学"西湖大学"的前身"浙江西湖高等研究院"开始招生，这所高校受到了国家领导人和社会各界的高度关注，是国家进行高等教育办学体制改革的新尝试，也是实施民办学校分类管理之后国内出现的首家高水平非营利性民办高校，其未来的发展前景值得期待。

四、教育事业的发展呼唤民办教育多元参与

改革开放后，经济社会的发展对教育事业发展及人才培养工作提出了更高的要求，但"国家对教育的投资毕竟要受经济发展水平的制约，当前办学经费困难和教师待遇较低的状况只能逐步改善"。[①] 对国家来说，由于财力有限，在短时间内不可能将大量资金投入教育，无法有效解决教育经费短缺问题。要想突破教育困境，加速教育发展，需要民间力量参与办学。此外，随着教育改革的深入推进，旧有教育体制缺乏主动适应经济社会发展变化的压力和动力，也迫切需要引入与经济体制改革相适应的多元化办学体制，以激发教育活力。

---

① 中共中央："中共中央关于教育体制改革的决定"，http://old.moe.gov.cn/publicfiles/business/htmlfiles/moe/moe_177/200407/2482.html（检索日期：2018 年 1 月 11 日）。

（一）教育规模增长需要加快发展民办教育

改革开放政策的深入实施以及经济建设的全面开展，离不开人才支撑和智力支持，而要培养更多更好的人才，就必须大力发展教育事业，将教育摆在优先发展的战略地位。所以，1985年《中共中央关于教育体制改革的决定》中明确指出，“……事情成败的一个重要关键在于人才，而要解决人才问题，就必须使教育事业在经济发展的基础上有一个大的发展”。

发展教育培养人才需要巨大的经费投入，但我国长期处于社会主义初级阶段，庞大的教育需求与有限的政府供给能力的矛盾长期以来严重制约着教育事业的发展。按照1996年全国教育经费统计数据，培养一个小学生全国平均每年需开支470元，而国家财政拨款只能提供300元，缺170元；培养一个初中生全国平均每年需开支840元，而国家财政拨款只能提供550元，缺290元；培养一个高中生全国平均每年需开支1 800元，而国家财政拨款只能提供1 100元，缺700元；培养一个大学生全国平均每年需开支10 000元，而国家财政拨款只能提供6 000元，缺4 000元。[①] 我国拥有世界上最庞大的教育系统，教育经费十分紧张，仅用占世界1.5%的教育经费支撑占世界20%的教育人口。[②] 尽管国家每年对教育的投入都有所增长，但全部由政府包揽，实现“普九”已经非常艰难，远远满足不了大幅增长的教育人口的需要。

教育经费投入不足严重制约着教育的发展速度，造成教育资源配置不公，学校办学条件差异悬殊，教育公平受到严重影响。对国家来说，由于财力有限，不可能将大量资金投入教育，教育经费短缺问题很难在短时间内得到解决。在此背景下，发展民办教育成为加速教育发展、增加群众教育选择、增进教育公平的现实选择。国家因势利导，积极实行多元化办学，借助民间力量办学增加教育资源、扩大教育供给，满足群众日益增长的教育需求。教育发展战略的改变，使民办教育获得了发展机会和空间，并成为我国教育不可或缺的重要组成部分。

---

① 尹文剑，任一明：《复兴中国民办教育事业——从历史的角度审视建国六十年中国民办教育的发展》，《科教文汇》2009年第5期。

② 顾建民，叶宏：《中国民办高等教育发展战略研究》，浙江大学出版社2004年版，第45页。

（二）教育体制改革释放民办教育发展空间

当教育的普及率得到提高以后，提高办学质量对教育体制改革提出了相应的要求。1985 年 5 月 27 日，中共中央颁布了《关于教育体制改革的决定》，强调指出“教育工作不适应社会主义现代化建设需要的局面还没有根本扭转”，同时指出了公办教育的弊端在于国家对教育事业“包得过多，统得过死”，缺乏主动适应经济和社会发展的活力，教育质量日益下降，无法达到国家期望的人才培养要求。“中央认为，要从根本上改变这种状况，必须从教育体制入手，有系统地进行改革。”①中央鼓励国有企业、社会团体和个人办学，鼓励各民主党派、人民团体、社会组织、离退休干部和知识分子、集体经济单位和个人采取多种形式和办法，积极自愿地为发展教育事业贡献力量。对地方办学、社会力量办学给予积极鼓励，在国家层面肯定了民办教育的作用。

随着社会的进步，教育体制在教育平等和教育效率方面的局限性引起了国家的重视。公办教育存在的各种弊端，如教育质量下降，在新的市场形势下无法及时准确地对经济市场做出反应，缺乏主动适应经济和社会发展的活力，无法达到国家期望的人才培养要求等开始得到正视和重视。社会迫切需要一种能与多元化经济体系相适应的竞争性的多元教育体系，以促进公立学校的教育、教学改革。通过多年的探索和实践，民办教育被证明是促进教育体制改革的重要推动力量。

专栏 1－3

确立发展民办教育的“十六字方针”

改革办学体制。改变政府包揽办学的格局，逐步建立以政府办学为主体、社会各界共同办学的体制。在现阶段，基础教育应以地方政府办学为主；高等教育要逐步形成以中央、省（自治区、直辖市）两级政府办学为主、社会各界参与办学的新格局。职业技术教育和成人教育主要依靠行业、企业、事业单位办学和社会各方面联合办学。

---

① 中共中央：“中共中央关于教育体制改革的决定”，http://old.moe.gov.cn/publicfiles/business/htmlfiles/moe/moe_177/200407/2482.html（检索日期：2018 年 1 月 20 日）。

> 国家对社会团体和公民个人依法办学，采取积极鼓励、大力支持、正确引导、加强管理的方针。国家欢迎港、澳、台同胞，海外侨胞和外国友好人士捐资助学。在国家有关法律和法规的范围内进行国际合作办学。举办具有颁发国家承认的学历文凭资格的各类学校，应按国家有关规定办理审批手续。
>
> ——1993 年 2 月《中国教育改革和发展纲要》
>
> （来源：教育部网站）

"民办教育相比公办教育，具有先天的优势。"[①]民办教育由于其灵活的办学机制，可以有效促进教师素质能力的提高，并使其全心全意地教书；有利于管理者踏实工作，进行精细化管理；有利于学校积极探索，大力实施课程改革……这些优势成就了民办教育，也让民办教育在区域教育环境之中站稳脚跟，从而步入发展的快车道。民办学校的人力、物力、财力，都不再依附政府，学校在政策法规规范下享有较大的办学自主权、教育资源配置权。在人员招聘方面，它可以面向全国甚至世界选聘所需人才，并通过合理协调整合进行优化，形成高素质、高水平、多方位的学校管理队伍和教师队伍，形成人才结构复合优势，发挥互补效应和整体效应。就发展动力来看，民办学校不仅要面对众多公立学校的竞争压力，接受政府教育主管部门的评估检查，还必须接受社会和学生家长的监督。因此，民办体制促使办学人员具有强烈的进取心态，他们只有汲取先进的教育观念和办学思想，不断完善自身发展机制，重视在办学中抓管理效率，抓教学质量，抓科研发展，产出高水平的教学成果，才能得到认可，才能立足和发展。民办学校由于自身的优势，形成了强大的竞争力，对公办学校造成巨大的压力，很大程度上促进了公办学校的内部改革，激发了公办学校的活力，促使公办学校做出改进和改革。从这个意义上说，民办教育的发展，直接促进了公办学校乃至整个教育体系的改革。

民办教育的诞生和兴起，打破了原有高度集中统一的单一教育体制和格局，促使整个教育系统在办学体制、运行机制、经费统筹、管理模式、人员聘任、专业设置、教学内容、教学方法、后勤管理、招生就业等全方位发生了变革，改变了过去体制单一、机制

① 潘懋元，罗先锋：《民办高校机制优势研究》，《浙江树人大学学报（人文社会科学版）》2014 年第 9 期。

僵化、教学内容滞后、人员不能流动、经费来源单靠政府拨款的状况。今天公办高校实行的收费上学、毕业不包分配、教师聘任制、后勤社会化等政策，早期都借鉴了民办高校的做法。原教育部副部长周远清指出，民办高等教育的发展，对于我国高等教育办学体制、宏观管理体制、经费筹措体制、招生就业体制、内部管理体制这五大体制改革都具有突破和创新意义。①

第二节　我国民办教育的发展历程

改革开放40年来，民办教育顺应经济社会发展需求，重新在神州大地上勃兴并发展壮大，从无到有，从小到大，从规模数量外延扩张到质量特色内涵提升，业已形成从学前教育到高等教育、从非学历教育到学历教育，层次类型多样，充满生机与活力的民办教育体系。本世纪以来，在“积极鼓励，大力支持，正确引导，加强管理”十六字方针的指引和系列政策措施的推动下，民办教育快速发展，规模稳步扩大、质量持续提高、特色不断彰显，在国家教育体系中的地位和作用也成功实现了从“有益补充”到“共同发展”的历史性转变。以重大事件的发生和重要文献的颁布为依据，改革开放40年来，我国民办教育大致经历了以下四个发展阶段。

一、初创恢复期(1978—1992年)

中共十一届三中全会召开后，随着实事求是思想路线的确立以及党和国家工作中心的转移，如火如荼般的经济建设和社会发展对各类人才的需求十分急切，“人才断层”现象异常严重。在此背景下，一些热心教育事业的社会人士和离退休教育工作者，包括不少离退休老干部，在知识分子政策得到落实的前提下和强烈使命感、责任感的驱使下，利用闲置教育资源，发挥自身专长，自发从事文化补习和职业技术培训活动，由此拉开了当代中国民办教育恢复发展的大幕。

(一) 国家鼓励群众自筹经费办学

1980年，中共中央、国务院在《关于普及小学教育若干问题的决定》中提出，“教育

---

① 涂端午，魏巍：《什么是好的教育政策》，《教育研究》2014年第1期。

事业在四化建设中具有重要作用”,“过去受到‘左’倾思想的影响和小生产观念的束缚,教育长期被忽视”,“与经济的比例不相适应,使我国长期处于文化落后、人才缺乏的状态”。为了实现普及小学教育的发展目标,该决定提出“必须坚持‘两条腿走路’的方针,以国家办学为主体,充分调动社会集体、厂矿企业等各方面办学的积极性。还要鼓励群众自筹经费办学”。党和国家意识到了国家普及教育的巨大财政压力,社会力量办学成了时代的需要。

1982 年的《宪法》,被视为我国当代民办教育恢复发展的“公认”起点。宪法中关于“国家鼓励集体经济组织、国家企业事业组织和其他社会力量依照法律规定举办各种教育事业”的规定,为民办教育提供了发展的法律依据。社会力量办学①的合法地位得到正式认可,民办学校开始不断涌现。1982 年,经原北京市成人教育局批准,于陆琳、聂真等创办了中华社会大学。据统计,1982—1985 年,民办高等教育机构发展到 170 余所。

专栏 1-4

采取多种形式和依靠广大群众来举办教育事业

教育的发展,一方面要努力普及,一方面要努力提高,以促进工人、农民的知识化和干部队伍的知识化,扩大知识分子队伍,培养各种专业人才。这不仅是整个科学文化发展的基础和人民群众思想觉悟提高的条件,而且是物质文明发展的不可缺少的前提。接受教育,是公民应享的权利,也是公民应尽的义务,包括适龄儿童接受初等教育的义务,还包括成年劳动者接受适当形式的政治、文化、科学、技术、业务教育的义务,以及就业前的公民接受劳动就业训练的义务。我国文化比较落后,为了较快地发展教育,既要靠正规的学校教育,又要靠各种形式的业

① 考虑到民众普遍认同私人办学需要经历一个认识转化的过程,故当时的“其他社会力量”并未明确将“私人或者私人团体”包含在内,因此,事实上,真正“私人”办学的合法性确认,是在 1986 年国务院办公厅转发的《关于实施〈义务教育法〉若干问题的意见》中,其中出现了“个人依法办学可以进行试办”的官方正式表述。

> 余教育。国家一定要用足够的力量举办教育事业，同时又要发动各种社会力量，包括集体经济组织、国家企业事业组织、其他社会组织以至经国家批准的私人办学者，采取多种形式和依靠广大群众来举办教育事业。
>
> ——宪法修改委员会副主任委员彭真1982年11月26日在第五届全国人民代表大会第五次会议上《关于中华人民共和国宪法修改草案的报告》
>
> （来源：中国人大网）

民办教育的突破性进展出现在1984年。当年3月，在得风气之先的首都，诞生了第一所国家承认学历的民办公助体制的北京海淀走读大学①。该校的出现，鼓舞了更多社会力量兴办教育的积极性，示范效应巨大，引发了社会力量举办民办高等教育机构的热潮。中央领导同志亲自出面支持民间办学，如邓小平和彭真分别为北京自修大学和中华社会大学题写校名，此举在民办教育领域产生了巨大的鼓励作用。此后，以自考助学为主要形式的民办高等教育机构迅速发展，到1985年，全国已经发展到了170所，在读学生超过100万人。同年，全国政协教科文卫委员会与教育部联合开展了社会力量办学情况调查，发现了办学实践中的不少问题并提出了针对性建议，其中"尽快制定社会力量管理条例"等建议对于社会力量办学的法规体系建设起到了积极的推动作用。

1985年，中共中央颁布了《关于教育体制改革的决定》，提出"地方要鼓励和指导国营企业、社会团体和个人办学"、"鼓励各民主党派、人民团体、社会组织、离休退休干部和知识分子、集体经济单位和个人，遵照党和政府的方针政策，采取多种形式和办法，积极地自愿地为发展教育贡献力量"，对地方办学、社会力量办学给予积极鼓励。但此后，随着民办学校特别是民办高等教育机构数量的快速增加，招生秩序乱、办学条件差、办学质量低、过度追求经济效益等一系列问题逐渐引起了中央有关部门的注意，而且在教育主管部门的部分领导中也产生了不同看法。

① 周桃茂，雷培梁：《论我国民办高职教育发展历程、趋势与对策》，《职业技术教育》2011年第28期。

专栏 1－5

调动各方面力量兴办教育事业

……现在的问题就是如何在有限的财力物力条件下，把教育搞上去，满足社会主义现代化建设的迫切需要。这就要求我们通过改革来更好地调动各级政府、广大师生员工和社会各方面的积极性，团结一致，同心同德，多想办法，发挥各方面的潜力，使教育事业一年比一年更好地向前发展。

地方要鼓励和指导国营企业、社会团体和个人办学，并在自愿的基础上，鼓励单位、集体和个人捐资助学，但不得强迫摊派。同时严格控制各方面向学校征收费用，减轻学校的经济负担。

——《中共中央关于教育体制改革的决定》(1985 年 5 月 27 日发布)

(来源：教育部网站)

1986 年颁布的《义务教育法》重申“国家鼓励企业、事业单位和其他社会力量，在当地人民政府统一管理下，按照国家规定的基本要求举办本法律规定的各类学校”。1986 年国务院办公厅转发《关于实施〈义务教育法〉若干问题的意见》，第十七条提出：“小学、初级中等学校除国家举办外，鼓励集体经济组织、国家企事业单位、其他社会力量举办学校；对于个人依法举办学校，目前各地可进行试办。”国家对社会力量和私人办学的肯定，形成了强烈的舆论导向，再次引发社会的高度关注，全国掀起了民办教育的兴办热潮。1984—1986 年，全国新办的民办高等教育机构多达 250 所，出现了一次民办教育发展的小高潮。浙江树人大学(1984)、西安培华学院(1984)、福建华南女子职业学院(1984)、广西邕江大学(1985，现改名为南宁学院)等民办高校都在这一时期相继成立。

(二) 民办教育在规范中得以恢复性发展

1987 年 7 月，针对民办教育在恢复起步过程中存在的管理及办学问题，国家教委发布了《关于社会力量办学的若干暂行规定》，这是我国第一个关于社会力量办学的部门规章，标志着国家正式将民办教育纳入正规教育管理体系，对于调动、保护和发挥社会力量办学的积极性，具有十分重要的意义。该暂行规定把社会力量办学的主体界定为“具有法人资格的国家企业事业组织、民主党派、人民团体、集体经济组织、社会团体、学术团体，以及经国家批准的私人办学者”，私人办学从“可以进行试办”到首次被明确为社会力量办学的一部分，这是我国民办教育发展历史上一个非常重要的规定。

该暂行规定要求各省、自治区、直辖市教育行政部门进一步加强对社会力量办学的领导和管理，对本地区民办学校进行一次认真的清理，以肯定成绩、总结经验、理顺关系，促进社会力量办学健康发展。据此，各省级政府和教育部门也制定了相关的行政规章，加强了对民办教育的管理和领导，撤销了一批不合格的民办学校，使我国社会力量办学沿着健康的轨道发展。据 1989 年的统计资料显示，仅京津沪等十几个城市，经教育行政部门批准的各类民办学校已有 2 000 多所，在校学生达到 300 多万人。截至 1991 年底，全国民办中小学已有 1 199 所，其中中学 544 所，小学 655 所，民办高等教育机构已达 450 所，初步形成了多类型、多层次、多学科的民办教育体系。[①] 此后，1989 年到 1991 年间，鉴于乱办学、滥发文凭等混乱现象的出现，国家教委及有关部门又相继发布了《关于跨省、自治区、直辖市办学招生广告审批权限的通知》、《不得擅自颁发毕业证书的通知》以及《社会力量办学印章管理暂行办法》等文件。

总的来看，这一阶段，社会力量办学在短期培训、自考助学等领域发展迅速，在经济发达地区的基础教育领域也得到了一定的恢复和发展，但高等教育仍主要表现为自考助学活动。民办学校也大多以租用校舍、聘请兼职教师、依靠收取学费滚动发展。尤其值得指出的是，早期的民办教育工作者大都以离退休知识分子为主，他们大都胸怀教育报国、实现教育理想之志，很少考虑获得经济回报。这一阶段，国家的民办教育政策主要解决“要不要办”、“能不能办”的问题，而对“怎么办”的问题涉及较少。在民办教育复兴的萌芽阶段，一方面，国家缺乏监管民办教育的经验；另一方面，当时民办教育占我国教育总量的比例较小，政府的行政力量更多地用于管理公办学校和其他公共事业，民办教育基本上是满足社会需求和市场需要的产物，所以，政府对民办教育的监管是粗线条浓笔墨的。由于国家政策对民办教育的直接监管较少，该时期我国民办教育呈现出发展速度快、办学类型多样、内部管理模式不一、水平参差不齐的

① 胡卫等：《民办教育的发展与规范》，教育科学出版社 2000 年版，第 9 页。

特征。

专栏1-6

规范民办学校办学行为

目前，比较突出的问题是：相当一部分学校缺乏必要的办学条件，教育质量难以保证；一些学校办学的指导思想不端正，在招生、收费、颁发证书等方面违反国家规定，造成不良的社会影响；一些学校内部管理混乱，缺乏规章制度，特别是在财务管理方面账目不清，少数学校的举办者转移、挪用甚至侵吞学校财产；一些地方教育行政部门对于社会力量办学管理工作重视不够，管理力量薄弱，管理不力。这些问题，影响到社会力量办学的健康发展，已经引起各方面的普遍关注。各级教育行政部门应予以重视，采取措施，抓紧解决。

——1996年3月《国家教育委员会关于加强社会力量办学管理工作的通知》

（来源：北大法宝网站 http://www.pkulaw.cn）

二、稳步增长期(1992—2002年)

在民办教育恢复发展的早期阶段，大部分民办学校以非学历教育为主，在国家的整体教育格局中处于补充性和辅助性地位。随着改革开放步伐的加快，特别是邓小平“视察南方谈话”发表后，办学体制改革的力度不断加大，民办教育也得以在基础教育阶段逐步崛起，开始进入非学历教育与学历教育并重发展和稳定增长的阶段。随着1997年国务院《社会力量办学条例》的颁布和实施，在相关扶持和规范措施的共同作用下，民办学校的教育质量和社会声誉也不断提高。

(一) 教育改革助力民办教育发展

1992年，以邓小平“视察南方谈话”为契机，中国民办教育迎来了空前的繁荣时期。当年9月，国家教委在《关于加快教育改革和发展的若干意见》中提出“鼓励、支持社会力量兴办以职业技术教育、基础教育、继续教育、社会文化生活教育和助学性质的高等教育为主的各类学校”。同时，该意见强调对社会力量办学过程中出现的问题要

“正确引导，加强管理”。同年10月，中共十四大报告首次提出“要改变国家包办教育的局面，支持和鼓励民间办学”。其后，在八届全国人大一次会议上，政府工作报告明确提出要“积极探索建立以政府办学为主体，社会各界共同办学的新体制”。《光明日报》、《中国教育报》等主流媒体均以前所未有的热情对民办教育进行了大篇幅报道，为掀起民办教育发展热潮推波助澜。到1992年底，全国民办学校总数已经超过了20 000所，其中包括民办幼儿园3 800所，民办中小学1 600所，民办高等学历教育学校10所以及大量的非学历培训机构。有调查显示，1992年邓小平“视察南方谈话”以后，北京市当年就举办民办学校500余所，辽宁省当年就筹办民办高等学校11所，全国各地要求设置民办高校50所以上。在不到一年间，民办幼儿园增加14.2%，在园幼儿增加39.27%；民办小学增加31.9%，在校学生增加108%；民办中学增加23.7%，在校生增加49.33%。将1993年的数据和1992年的数据比较显示，1993年民办小学比1992年增加3.66倍，民办小学在校生比1992年增加10.75%。①

1993年2月，中共中央、国务院颁布《中国教育改革和发展纲要》，提出要“改变政府包揽办学的格局，逐步建立以政府办学为主体、社会各界共同办学的体制”，明确了发展民办教育的大政方针。社会力量办学的开放度越来越大，几乎可以参与从学前教育到高等教育所有层次的办学，民办学校数量增长迅速。该纲要规定，国家对社会团体和公民个人办学采取“积极鼓励，大力支持，正确引导，加强管理”的方针，这十六字方针被1997年《社会力量办学条例》、1998年《面向21世纪教育振兴行动计划》和2002年《民办教育促进法》等重要法律、文件多次引述使用。

1993年，为了积极鼓励、正确引导兴办民办高等学校，维护民办高等学校的合法权益，完善对民办高等学校的管理，国家教委出台了《民办高等学校设置暂行规定》。该规定明确了民办高校的设置标准、审批程序和国家监管职责，大大促进了民办高等教育的快速发展。1994年2月，国家教委首次受理和审批了民办黄河科技学院、上海杉达学院等6所全日制民办高校。到1996年底，全国具有颁发学历文凭资格的民办学校21所，在校生1.4万人；高等教育学历文凭考试试点机构89所，在读学生5.1万

① 陈桂生：《中国民办教育问题》，教育科学出版社2001年版，第15—16页。

人；其他不具有颁发学历文凭资格的民办高等教育机构 1 109 所，在读学生 108 万人。①

专栏 1－7

基本形成公办学校和民办学校共同发展的办学体制

39. 认真贯彻国务院对于社会力量办学实行“积极鼓励，大力支持，正确引导，加强管理”的方针，今后 3～5 年，基本形成以政府办学为主体、社会各界共同参与、公办学校和民办学校共同发展的办学体制。

要制定有利于吸纳社会资金办教育和民办学校发展的优惠政策。民办学校的教师和学生，在评定职称、业务培训、升学考试、社会活动等方面享有与公办学校教师、学生的同等待遇。国家设立社会力量办学表彰奖励基金，对有突出贡献的集体和个人给予表彰。

40. 社会力量办学要纳入依法办学、依法管理的轨道。社会力量办学不以营利为目的，鼓励滚动发展。要完善法规建设，充实学校设置标准，健全管理体制，加强校容管理，严格财务审计，不断提高教育和管理水平，鼓励现有学校发挥规模效益。

要保证社会力量举办的教育机构自主办学的法人地位，高等教育机构可面向社会自主招生，依法自行颁发非学历教育学生的结业证书，也可组织学生参加国家举办的自学考试或学历文凭考试，取得国家承认的学历证书。

——教育部 1998 年 12 月《面向 21 世纪教育振兴行动计划》

（来源：教育部网站）

1995 年的《教育法》继续鼓励社会力量（包括个人）办学，较为明确地指出了我国民办教育的性质、地位，提出了我国民办教育的总政策和一些基本政策。《教育法》也注意到民办教育机构普遍存在的营利性行为，所以再次强调了民办教育的非营利性原

① 尹文剑，任一明：《复兴中国民办教育事业——从历史的角度审视建国六十年中国民办教育的发展》，《科教文汇》2009 年第 5 期。

则。1996年，国家教委下发《关于加强社会力量办学管理工作的通知》，正式在全国建立了办学许可证制度。这一时期，民办教育发展突飞猛进，虽然其间也出现过一些混乱和无序现象，并引起了国家有关部门的高度重视，但民办教育在总体规模上保持了较快增长。截至1996年底，全国民办学校总数已达2.82万所，在校生超过229.32万人。

这一时期，教育"产业化"、"市场化"和"商业化"等概念成为我国教育实践和理论的热点。在经济体制改革不断推进和建立社会主义市场经济过程中，教育领域无论是公办学校还是民办学校，都普遍受到市场经济改革的影响和冲击。在各级各类教育事业大发展而国家财政投入不足的背景下，义务教育阶段的杂费和学前教育学杂费上涨迅猛，高中招生开始以分论价，基础教育阶段出现择校费、赞助费、学校转制，大学开始有了委培生、自费生等。教育甚至被视为暴利产业，成为资本寻利的热点。部分民办学校举办者更是雄心勃勃，通过教育储备金、集资、银行贷款及高额学杂费等方式迅速扩张。与教育实践相对应，这个时期学术界也围绕"教育产业化"等问题进行了激烈讨论，"教育产业化"一度成为教育研究的热点问题，众多学者都发表了对"教育产业化"的相关观点。潘懋元写道，产业化必然推动高等教育走向多样化，并日益融入学习社会之中。[①] 邬大光等提出，高等教育作为产业可以刺激中国的消费，扩大中国的内需，高等教育作为一种产业有利于减缓就业压力。[②] 袁振国也指出，仅靠国家所划拨的教育经费无法满足社会对教育的总需求，要不拘一格地进行大胆的制度创新，积极推进教育产业运行的进程，同时，也要不断加强对教育产业的规范管理。[③] 当然，也有很多学者对教育产业化持反对态度，比如，范先佐坚决反对将以营利为目的的各经济部门的经济联系方式简单地、原封不动地移植到教育中来推行教育产业化。他认为，完全由市场来调节难以解决教育供求矛盾。[④]

（二）民办教育逐步走上法治化轨道

民办教育规模越来越大，在国家教育体系中的地位越来越重要，各地也逐渐积累

---

① 潘懋元：《教育如何产业运作》，《光明日报》2002年12月5日，第3版。
② 邬大光，柯佑祥：《关于高等教育产业属性的理论思考》，《教育研究》2000年第6期。
③ 袁振国：《发展我国教育产业的观念创新与政策创新》，《教育研究》2002年第4期。
④ 曾新：《范先佐与教育经济学研究》，《华中师范大学学报(人文社会科学版)》2010年第6期。

了越来越多的管理民办教育的经验。1997 年，我国第一部专门规范民办教育发展的行政法规《社会力量办学条例》出台，把民办教育纳入了法制轨道，也为后来《民办教育促进法》的制定打下了坚实基础。

《社会力量办学条例》重申了“积极鼓励，大力支持，正确引导，加强管理”的十六字方针。该条例重申，民办学校不得以营利为目的，指出教育机构的积累只能用于增加教育投入和改善办学条件，不得用于分配，也不得用于校外投资。这个规定成为我国民办教育政策的基本原则之一，也是后来国家出台落实民办学校法人财产权的文件基础之一。该条例还指出，教育机构清算后的剩余财产，返还或者折价返还举办者的投入后，其余部分由审批机关统筹安排，用于发展社会力量办学事业。这个规定对于激发举办者的办学积极性、吸引社会资金投入民办教育起到了积极的作用，也为后来民办学校分类管理、允许营利性民办学校的发展埋下了伏笔。囿于当时对民办教育的认识和整体的教育发展环境，该条例对民办高等教育的发展严格限制，指出社会力量应当以举办实施职业教育、成人教育、高级中等教育和学前教育的教育机构为重点，国家严格控制社会力量举办高等教育机构。

1998 年教育部制定的《面向 21 世纪教育振兴行动计划》，是在贯彻落实《教育法》及《中国教育改革和发展纲要》的基础上提出的跨世纪教育改革和发展的施工蓝图。该计划指出，经过 3—5 年发展之后，要形成“以政府办学为主体、社会各界共同参与、公办学校和民办学校共同发展的办学体制”，为了达成这一目标，国家应该“设立社会力量办学表彰奖励基金，对有突出贡献的集体和个人给予表彰”，这是我国为数不多的提出在国家层面设立民办教育基金的文件。

1999 年，《中共中央国务院关于深化教育改革，全面推进素质教育的决定》发布，第三次全国教育工作会议召开，“积极鼓励和支持社会力量办学”，“形成以政府办学为主体、公办学校和民办学校共同发展的格局”等一系列关于发展民办教育的新定位、新主张，在大力提振社会力量办学积极性的同时，也为深化教育体制改革提供了契机和可能空间，民办教育促进教育体制改革的功能开始得到正视和关注。朱镕基总理在第三次全国教育工作会议讲话中明确提出“鼓励社会力量以各种方式举办高中阶段和高等职业教育，有条件的也可以举办民办普通高等学校”。这是中国高层领导人第一次对民办高等教育做出明确的肯定性表态。会议决定，在中国第十个五年计划期间，要基本形成以政府办学为主体，公办学校与民办学校共同发展的教育格局。该次会议为中国民办教育的发展重新确立了更为大胆和开放的定位，各级教育管理部门甚至开始直接给予部分民办学校以资金支持。

这一阶段，民办教育出现了改革开放后的第二个发展高峰。民办教育不仅办学范围扩展到学历教育，而且办学规模持续扩大。（截至 2001 年底，全国各级各类民办学校[不含非学历培训机构]已达 55 480 所，比 1996 年增加 27 321 所，在校学生达888.41万人，比 1996 年增加 659.09 万人。）①

专栏 1－8

在发展民办教育方面迈出更大步伐

12. 进一步解放思想、转变观念，积极鼓励和支持社会力量以多种形式办学，满足人民群众日益增长的教育需求，形成以政府办学为主体、公办学校和民办学校共同发展的格局。凡符合国家有关法律法规的办学形式，均可大胆试验。在发展民办教育方面迈出更大的步伐。鼓励社会力量以各种方式举办高中阶段和高等职业教育。经国家教育行政主管部门批准，可以举办民办普通高等学校。在保证适龄儿童、少年均能就近进入公办小学和初中的前提下，可允许设立少数民办小学和初中，在这个范围内提供择校机会，但不搞“一校两制”。积极发展以社区为依托的、公办与民办相结合的幼儿教育。要因地制宜地制定优惠政策（如土地优惠使用、免征配套费等），支持社会力量办学。

各级人民政府要加强对民办教育的管理、引导和监督，国家要加快民办教育的立法，促进民办教育的健康发展。各级各类民办学校都要依法办学，不断提高办学水平。

——1999 年 6 月《中共中央国务院关于深化教育改革，全面推进素质教育的决定》

（来源：教育部网站）

---

① 陶西平，王佐书主编：《中国民办教育》，教育科学出版社 2010 年版，第 451 页。

三、快速发展期(2002—2010年)

从1978年开始初创恢复到1990年代第一个十年的稳定增长，经过20多年发展以后，我国民办教育改革发展取得了显著成绩，但同时也积累了一些问题和矛盾。由于缺乏专门性法律，各部门政策文件的制定缺少上位依据，不仅政出多门而且随意性很大，且相关文件之间的协同度不高，相互冲突现象时有发生。这制约了我国民办教育在更大范围和更高层次上的发展。针对这一问题，2002年12月28日全国人大常委会审议通过了《中华人民共和国民办教育促进法》，就如何扶持和规范民办教育发展做出了系统规定，特别是允许出资者可以从办学结余中获取合理回报等激励性政策，大大激发了社会力量出资办学的积极性，民办教育尤其是民办高等教育异军突起，获得快速发展。

(一) 国家正式立法促进民办教育发展

2002年12月28日，第九届全国人大常委会第31次会议审议通过《中华人民共和国民办教育促进法》，这是中国民办教育全面进入法制化发展阶段的重要标志。该法继承了《社会力量办学条例》的基本精神，明确规定"民办教育事业属于公益性事业，是社会主义教育事业的组成部分"。在此基础上，为了鼓励社会力量办学，该法在民办教育举办者获取"合理回报"等问题上实现了突破，规定民办学校的举办者可以在满足一定条件之后，通过必要的程序从办学结余中获得"合理回报"。"合理回报"政策的出台，极大激发了民办学校举办者的办学积极性，民间资金进入教育领域的热情大大提高，民办教育发展也由此迅速加快。在这个时期，一批由公办高校与社会力量合作举办的独立学院，获得快速发展。同时，一些办学质量好、办学条件完善的民办高校开始提升办学层次，实施本科层次教育。2000年黄河科技大学升格为本科院校，上海杉达学院和南京三江学院于2002年升本，浙江树人大学等5所民办高校于2003年升本。一批民办高校办学层次得到提升，表明民办高校已经突破了原有发展空间。

2003年3月，国务院发布《中外合作办学条例》，指出中外合作办学"是中国教育事业的组成部分"，"国家对中外合作办学实行扩大开放、规范办学、依法管理、促进发展的方针"，"国家鼓励引进外国优质教育资源的中外合作办学"，"中外合作办学者、中外合作办学机构的合法权益，受中国法律保护”，“中外合作办学机构依法享受国家规定的优惠政策，依法自主开展教育教学活动”。这些规定使得民办教育领域中的中外合作办学有法可依。这是我国履行加入 WTO 的承诺，积极应对经济全球化对教育提出的更高要求的重要措施。该条例为中外合作举办的民办高校的发展奠定了基础。宁波诺丁汉大学（成立于 2004 年）、西交利物浦大学（成立于 2004 年）、北京师范大学—香港浸会大学联合国际学院（成立于 2005 年）等多所中外合作办学高校先后成立。

2004 年 2 月 25 日，国务院第 41 次常务会议审议通过了《中华人民共和国民办教育促进法实施条例》。该实施条例第二十七条规定：“民办学校享有与同级同类公办学校同等的招生权，可以自主确定招生的范围、标准和方式。”实施条例还规定，民办学校应当依法办理税务登记，以是否要求获得合理回报为标准把民办学校分为两类，并对要求获得合理回报的民办学校如何管理做出具体规定。捐资办学和不要求取得合理回报的民办学校，依法享受与公办学校同等的税收及其他优惠政策。

上述民办教育法律法规的一系列促进条款，大大推动了这一时期民办学历教育尤其是民办高等教育的快速发展。根据 2006 年国家教育事业统计，截至 2006 年底，全国独立设置的民办高等学校总数达到了 278 所，在校生 133.8 万人，比 2002 年增长了 318.4%。另外，还有公办高校参与举办的独立学院 318 所，在校生 146.7 万人。这两部分加起来，民办高校在校生总数已经超过 280 万人，占本专科在校生总数的 16.1%，占高等教育在校生总数的 11.2%，已经成为我国高等教育事业的重要组成部分，为加快我国高等教育大众化进程作出了显著贡献。

专栏 1－9

用法律来促进和规范民办教育的发展

改革开放以来，民办教育有较大发展，办学形式多样，教育质量逐步提高，办学条件不断改善，积累了不少好的经验，形成了一批办得好、质量高、有特色的民办学校，民办教育已具有了一定的规模……民办教育在满足人民群众对教育的各种不同需求，促进教育改革和发展方面发挥着重要作用，培养了大批国家需要的各类人才，已成为社会主义教育事业的组成部分。但是，民办教育的发展也面临着许多困难和问题：民办教育的地位和作用还没有得到应有的重视，扶持民办教育的措施不够有力；有些民办学校产权不清，管理不规范，办学条件较差，教师队伍不够稳定，教育教学质量有待进一步提高。从总体上看，民办教育在整个教育事业中所占比例仍然偏小。这些困难和问题已严重影响和制约了民办教育的进一步发展，引起社会广泛关注，纷纷要求用法律来规范和促进民办教育的发展。

——2002 年 6 月，全国人大科教文卫委员会在九届全国人大常委会第二十八次会议上《关于〈中华人民共和国民办教育促进法(草案)〉的说明》

(来源：全国人大教科文卫委员会教育室《民办教育促进法学习宣传讲话》，中国青年出版社，2003 年 3 月，第 19—20 页)

(二) 在促进中加强对民办学校的监管

这一时期，由于发展速度和规模扩张过快，加上行政监管跟不上，一些民办学校尤其部分民办高校受功利驱使，在招生、管理、教学等方面出现了不少问题，存在一定的混乱现象。少数民办高校举办者办学指导思想不端正，对坚持社会主义办学方向和教育事业的公益性原则存在认识上的偏差。一些民办高校的内部管理体制不健全，董事会、理事会，董事长、理事长、校长的职责不够明确，“家族式管理”、“出资人一人说了算”等情况比较普遍。一些民办高校的党团组织不健全，学生管理和思想政治工作队伍薄弱，对出现的问题或者是对问题发生之前的苗头，不能够及时发现并加以疏导，出现问题也不能及时控制。部分民办高校法人财产权不落实，办学存在风险。一些民办高校财务管理不规范，没有专门的机构和具有任职资格的专职财会人员，记账方式混乱，部分民办高校的财务甚至由举办者所在的公司管理。一些民办高校招生行为不规范，如招生宣传时，模糊校名、毕业证书类别、所提供教育的性质，或者是借用其他学校的校园进行虚假宣传，夸大办学实力，误导考生，以及利用中介机构违规招生，滥发录取通知书等。为了解决这些问题，国家先后出台数份文件对民办高校的办学行为进行规范。

2006 年国务院办公厅下发《关于加强民办高校规范管理引导民办高等教育健康

发展的通知》(国办发〔2006〕101 号)，指出“一些民办高校在招生、管理、教学等方面存在不少混乱现象和严重问题”，“这些问题如不引起高度重视并及时解决，势必影响民办高等教育的健康发展和社会稳定”。《通知》指出了加强民办高校规范管理的重要性和紧迫性，提出了依法规范民办高校办学行为和内部管理的一系列措施，从理论到实践加强了对民办高校管理的规范和引导，对民办高等教育健康发展起到了重要作用。

2007 年，由于个别地方的部分民办高校虚假宣传和违规招生在社会上引起了不良反应，教育部及时出台了《民办高等学校办学管理若干规定》(教育部令 25 号)，对民办高校的办学行为进行了规范，比如对民办高校进行年检、资产过户、选派督导专员等。地方严格按照 25 号令的要求规范管理民办高校，若民办高校不能按期进行资产过户，将受到减少招生指标等处罚。完善民办高校的法人财产权，是规范民办高校办学行为的重要举措，对于保障我国民办高等教育的健康发展具有非常重要的意义。

独立学院是这个阶段我国民办高等教育的重要制度创新。独立学院产生于 20 世纪 90 年代末期，当时，为扩大高等教育资源，国家鼓励公办本科院校结合社会资金，举办独立的二级学院。一般认为，独立学院产生于 1999 年，以浙江大学与杭州市人民政府联合创办浙江大学城市学院为标志。1999 年，中央做出扩大高校招生规模的决定，当年招生人数达到 159.68 万人，比 1998 年增加 51.32 万人，增幅达 47.4%；其后的三年中扩招幅度分别达到了 38.16%、21.61%和 19.46%。到 2002 年，高校招生 320 万人，本专科在校生达到 1 462.52 万人，高等教育毛入学率达到 15%，总规模一跃超过美国(1 420 万)而居世界第一位。高校扩招需要具备一定的基本条件，但按照当时国家的财政经费投入力度，高校持续扩招的能力明显不足。在这种背景下，普通高校以民办机制创立“二级学院”，成为部分高校扩大招生规模的普遍做法。从 1999 年到 2002 年四年大扩招时期，全国高校共举办二级学院 300 多所，承担了高校扩招的很大份额。

但是，独立学院的快速发展也带来了很多问题。对此，2008 年教育部颁布《独立学院设置与管理办法》(教育部令 26 号)，坚持对独立学院发展“积极支持、规范管理、改革创新”的指导思想，体现了独立学院的“优”、“独”、“民”原则。“优”，就是要更加强调优质教育资源参与举办独立学院，更加强调独立学院提高办学水平和教育质量；“独”，就是强调独立学院在法律和制度上的独立地位；“民”，就是进一步明确独立学院的民办属性，促进独立学院在运行机制和管理体制上改革创新。该办法对独立学院也提出了资产过户的要求。新设独立学院，其资产须于筹设期内过户到独立学院名下；已设独立学院资产未过户到学院名下的，自该办法下发之日起 1 年内完成过户工作。

这一时期，政府凸显规范管理职能。面对与民办教育发展大潮同时出现的各种不规范的办学行为，为了保障民办教育的正确发展方向，保护受教育者的合法权益，政府必须加大对民办学校的监管。对民办学校的监管措施包括规范内部治理、建立财务管理制度、强制资产过户、加强党组织建设等。这些监管措施在短期内可能对民办教育的发展造成某些影响，比如民办高校的资产过户加大了办学成本和融资难度，但是从长期来看，这些措施提高了民办学校抗击风险的能力，保证了民办学校的健康可持续发展。

在大力支持和有效监管双轮驱动下，这一时期民办教育获得了更大的成长空间。支持则使得民办学校的发展势头更快，空间更大，层次更高；监管使得民办学校的办学更加规范，发展更加稳健。很多民办学校成为高质量教育的代名词，上海、杭州等地最好的初中学校都是民办学校。在民办高等教育领域，民办本科高校越来越多，社会声誉越来越好。民办教育进入健康、良性发展的大好时期。

四、调整规范期(2010 年至今)

经过多年改革发展，我国民办教育取得了历史性成就，为推进基础教育普及化和高等教育大众化发挥了建设性作用。与此同时，在发展中，民办教育也面临着法人属性不清、产权制度缺失、优惠政策难以落实等一系列制度难题。为了破解这一系列瓶颈制约，只有也必须立足我国基本国情，借鉴他国成熟经验，按照举办者是否要求获得办学收益对民办学校实施非营利性和营利性分类管理，给予两类学校公平而有差异的扶持政策，并实施不同的行政规制措施。以 2010 年《国家中长期教育改革和发展规划纲要(2010—2020 年)》提出对民办学校实施分类管理改革试点为起点，以 2016 年最新修订的《民办教育促进法》确立非营利性和营利性民办学校法律构架为标志，以《国务院关于鼓励社会力量兴办教育促进民办教育健康发展的若干意见》(国发〔2016〕81号)以及教育部等五部委出台的《民办学校分类管理登记实施细则》和《营利性民办学校监督管理实施细则》等新政的出台实施为载体,我国各级各类民办学校进入了非营利与营利性分类管理、分类扶持、分类规范的新时期。

(一) 国家立法推进民办学校分类管理

2016 年 11 月 7 日以前的《民办教育促进法》规定,民办学校的举办者可以从办学结余中获得"合理回报"。这一规定曾经被视为《民办教育促进法》的最大亮点,因为其创造性地解决了民办学校的公益性和举办者谋求经济回报之间的矛盾。但是,《民办教育促进法》并没有说明应该如何实施"合理回报"。国务院随后颁布的《民办教育促进法实施条例》也没有对这一说法给出清晰的诠释。"回报"怎样才算是"合理"的呢?回报之"合理"与"不合理"的界线在哪里?对其界定和监督的主体是市场还是政府?显然,这些问题都是不容易回答的。最终的结果就是,在《民办教育促进法》颁布后的十几年时间里,"合理回报"条款形同虚设,几乎没有民办学校通过合理回报的制度设计来获得办学回报。① 为了解决合理回报的困境,分类管理的想法被提了出来。对民办教育进行分类管理的想法在《民办教育促进法》制定过程中就出现了。只是由于"合理回报"的提法占了上风而没有被采纳。② 从理论上看,将民办学校分成营利性和非营利性两类之后,非营利性民办学校可以得到财政扶持、税收优惠等优惠条件,营利性民办学校的举办者就可以堂堂正正地获得回报。此外,将私立高校分成非营利性和营利性两类进行分类管理,也是很多国家的惯常做法。

虽然对民办学校分类管理也存在不同意见,但是《国家中长期教育改革和发展规划纲要(2010—2020 年)》最终指出要"积极探索营利性和非营利性民办学校分类管理"。而随后发布的《国家教育事业发展第十二个五年规划》进一步明确,要"逐步建立民办学校分类管理制度",按照"学校自愿选择、政府分类管理"原则,开展营利性和非营利性民办学校分类管理试点,逐步建立分类管理制度和监管机制。与此同时,国家

---

① 阎凤桥,张莉娟,于洁,李虔:《民办教育在农村城市化进程中所扮演的教育供给者角色》,《北京社会科学》2013 年第 4 期。

② 阎凤桥:《民办教育政策推进为何缓慢?——基于组织行为决策视角的考察》,《华东师范大学学报(教育科学版)》2017 年第 6 期。

层面也在积极推动这一工作，2011 年初经国家教育体制改革领导小组批准，民办学校分类管理首先从浙江、上海、广东深圳和吉林华桥外国语学院等“三地一校”开始了试点。从此，我国民办教育开始了分类管理的探索和尝试。

2011 年初以来，配合营利性与非营利性民办学校分类管理改革试点的推进，国家有关部门启动了教育法律一揽子修订工作。几经周折和反复，2015 年 12 月 27 日召开的全国人大常委会第 18 次会议先期审议通过了《教育法》和《高等教育法》修订案，取消了对于举办营利性学校的禁止性规定。虽然《民办教育促进法》修订案（草案）由于各方面意见分歧较大而没能在这次会议上付诸表决，但这已为探索营利性与非营利性民办学校分类管理扫清了最大障碍。之后，2016 年 3 月十二届全国人大四次会议审议通过的《国民经济和社会发展第十三个五年规划纲要》也提出，“建立分类管理、差异化扶持的政策体系，鼓励社会力量和民间资本提供多样化教育服务”；2016 年 4 月 18 日中央深化改革领导小组第 23 次会议则审议通过了《民办学校分类登记实施细则》和《营利性民办学校监督管理实施细则》。据此，《教育部 2016 年工作要点》（教政法〔2016〕6 号）再次明确提出：“推进民办教育分类改革……有序实施民办学校分类管理。”几经波折，根据中共中央对民办学校实施分类管理改革的精神，十二届全国人大常委会第 24 次会议最终于 2016 年 11 月 7 日审议通过了《关于对〈中华人民共和国民办教育促进法〉进行修改的决定》，从法律层面明确了营利性与非营利性民办学校的分类标准，确立了两类学校各自适用的政策体系。随后，国务院于 2016 年 12 月 29 日印发《关于鼓励社会力量兴办教育促进民办教育健康发展的若干意见》。与新法及该意见相配套，2016 年 12 月 30 日，教育部等五部委颁布了《民办学校分类登记实施细则》和《营利性民办学校监督管理实施细则》。至此，国家层面对民办学校实施分类管理大局落定，方向更加明确，路径逐步清晰。

围绕着营利性和非营利性民办学校分类管理改革，根据国家层面的授权和要求，各地积极进行深入调查研究，研究、制定省级层面的实施意见及相关配套措施。可以预见，未来一个时期，随着宏观民办教育治理制度的日益完善，通过分类管理和分类扶持，我国民办教育必将在新的历史起点上开创新的发展空间。

专栏 1－10

大力支持并依法管理民办教育

第十四章　办学体制改革

（四十二）深化办学体制改革。坚持教育公益性原则，健全政府主导、社会参与、办学主体多元、办学形式多样、充满生机活力的办学体制，形成以政府办学为主体、全社会积极参与、公办教育和民办教育共同发展的格局。调动全社会参与的积极性，进一步激发教育活力，满足人民群众多层次、多样化的教育需求。

深化公办学校办学体制改革，积极鼓励行业、企业等社会力量参与公办学校办学，扶持薄弱学校发展，扩大优质教育资源，增强办学活力，提高办学效益。各地可从实际出发，开展公办学校联合办学、委托管理等试验，探索多种形式，提高办学水平。

改进非义务教育公共服务提供方式，完善优惠政策，鼓励公平竞争，引导社会资金以多种方式进入教育领域。

（四十三）大力支持民办教育。民办教育是教育事业发展的重要增长点和促进教育改革的重要力量。各级政府要把发展民办教育作为重要工作职责，鼓励出资、捐资办学，促进社会力量以独立举办、共同举办等多种形式兴办教育。完善独立学院管理和运行机制。支持民办学校创新体制机制和育人模式，提高质量，办出特色，办好一批高水平民办学校。

依法落实民办学校、学生、教师与公办学校、学生、教师平等的法律地位，保障民办学校办学自主权。清理并纠正对民办学校的各类歧视政策。制定完善促进民办教育发展的优惠政策。对具备学士、硕士和博士学位授予单位条件的民办学校，按规定程序予以审批。建立完善民办学校教师社会保险制度。

健全公共财政对民办教育的扶持政策。政府委托民办学校承担有关教育和培训任务，拨付相应教育经费。县级以上人民政府可以根据本行政区域的具体情况设立专项资金，用于资助民办学校。国家对发展民办教育作出突出贡献的组织、学校和个人给予奖励和表彰。

> （四十四）依法管理民办教育。教育行政部门要切实加强民办教育的统筹、规划和管理工作。积极探索营利性和非营利性民办学校分类管理。规范民办学校法人登记。完善民办学校法人治理结构。民办学校依法设立理事会或董事会，保障校长依法行使职权，逐步推进监事制度。积极发挥民办学校党组织的作用。完善民办高等学校督导专员制度。落实民办学校教职工参与民主管理、民主监督的权利。依法明确民办学校变更、退出机制。切实落实民办学校法人财产权。依法建立民办学校财务、会计和资产管理制度。任何组织和个人不得侵占学校资产、抽逃资金或者挪用办学经费。建立民办学校办学风险防范机制和信息公开制度。扩大社会参与民办学校的管理与监督。加强对民办教育的评估。
>
> ——《国家中长期教育改革和发展规划纲要（2010—2020年）》
>
> （来源：教育部网站）

（二）各级政府推进民办教育治理体系现代化

这一时期，民办教育"新法"、"新政"的出台和实施，标志着国家层面对民办教育新的顶层设计已基本完成，形成了法律和政策文件相互衔接配套、相对完整的有关民办教育分类管理改革的制度系统和治理体系，为下一阶段推进民办教育改革发展破除了法律障碍，提供了法律保障，是我国民办教育改革发展新的里程碑。按照涉及民办教育的相关法律法规、行政规章和政策文件的规定，未来一个时期，各级政府将着力推进民办教育治理体系和治理能力的现代化，突出抓好以下关键环节和重点工作，促进民办教育事业健康协调和可持续发展。

第一，加强了党对民办学校的领导。修订后的《民办教育促进法》（以下简称"新法"）第九条规定："民办学校中的中国共产党基层组织，按照中国共产党章程的规定开展党的活动，加强党的建设。"《关于加强民办学校党的建设工作的意见（试行）》（中办发〔2016〕78号）指出，要按照全面从严治党要求，坚持和加强党的领导，充分发挥民办学校党组织战斗堡垒作用和党员先锋模范作用，确保民办学校按照党的要求办学立校、教书育人，把培育和践行社会主义核心价值观贯穿学校教育全过程。坚持中国共产党的领导，是中国特色社会主义最大的政治优势和中国特色社会主义最本质的特征。“新法”、“新政”的出台将确保民办学校始终坚持党的领导，全面贯彻党的教育方针，坚持社会主义办学方向，确保民办学校党组织发挥政治核心作用。

第二，完善民办教育治理体系。“新法”在注册登记、内部管理、外部监督、学校财产财务管理、变更终止等方面均有明确规定，使民办教育有法可依，有章可循；确立了营利性与非营利性民办学校两种法人类型，明确了公办、民办教育共同发展格局的法源基础，在法律层面充分体现了完善民办教育治理体系的根本要求。实行分类管理，既能有针对性地制定政府扶持政策（如财政补助、税费减免等），避免“搭便车”现象，最大限度地保障非营利性民办学校的发展；又能从法律层面明确营利性民办学校的法律地位，完善相应的办法，依法保障和规范获取合理回报的行为；同时还能使潜在的捐赠者和出资者打消顾虑，激发他们为教育捐资和投资的积极性。

在分类管理的大框架之下，“新法”主要在收费管理、税收政策、土地政策、剩余财产等几个方面进行了阐述。在收费方面，第三十八条规定：“非营利性民办学校收费的具体办法，由省、自治区、直辖市人民政府制定；营利性民办学校的收费标准，实行市场调节，由学校自主决定。”在税收方面，第四十七条规定：“民办学校享受国家规定的税收优惠政策；其中，非营利性民办学校享受与公办学校同等的税收优惠政策。”在土地政策方面，第五十一条规定：“新建、扩建非营利性民办学校，人民政府应当按照与公办学校同等原则，以划拨等方式给予用地优惠。新建、扩建营利性民办学校，人民政府应当按照国家规定供给土地。”在剩余财产处理方面，第五十九条规定：“非营利性民办学校清偿上述债务后的剩余财产继续用于其他非营利性学校办学；营利性民办学校清偿上述债务后的剩余财产，依照公司法的有关规定处理。”

第三，切实保障举办者、教职工和受教育者的合法权益。修法前，由于相关法律法规中没有出台具体办法或细则，导致欲取得“合理回报”的举办者和出资人的意愿难以得到落实，部分举办者和出资人出于声誉等综合考虑，只得借助暗箱操作来取得利益回报。“新法”明确规定“民办学校的举办者根据学校章程规定的权限和程序参与学校的办学和管理”，并在附则中明确对现有民办学校举办者的财产权益实行特殊政策，允许在终止时给予出资者补偿或奖励。这些制度安排，切实保障了举办者的核心权益，对鼓励和引导举办者继续办学和长期办学具有积极作用。

专栏 1－11

保障举办者、教职工和受教育者的合法权益

本决定公布前设立的民办学校，选择登记为非营利性民办学校的，根据依照本决定修改后的学校章程继续办学，终止时，民办学校的财产依照本法规定进行清偿后有剩余的，根据出资者的申请，综合考虑在本决定施行前的出资、取得合理回报的情况以及办学效益等因素，给予出资者相应的补偿或者奖励，其余财产继续用于其他非营利性学校办学；选择登记为营利性民办学校的，应当进行财务清算，依法明确财产权属，并缴纳相关税费，重新登记，继续办学。具体办法由省、自治区、直辖市制定。

国务院及其教育行政等有关部门和各省、自治区、直辖市在依照本决定实施民办学校分类管理改革时，应当充分考虑有关历史和现实情况，保障民办学校受教育者、教职工和举办者的合法权益，确保民办学校分类管理改革平稳有序推进。

——2016 年 11 月《全国人大常委会关于修改〈中华人民共和国民办教育促进法〉的决定》

（来源：教育部网站）

“新法”强调民办学校要保障教师的各种合法权益，为教职工缴纳社会保险费，同时明确鼓励民办学校按照国家规定为教职工办理补充养老保险，以提高民办学校教师退休后的待遇。在保障学生权益的实现方式上，“新法”鼓励县级以上政府采取购买服务、助学贷款、奖助学金等措施保障民办学校学生与公办学校学生享受同等资助政策，向教师和受教育者的权益保障方向迈出一大步。此外，教职工参与学校管理的权利得到进一步保障，民办学校应当依法保障教职工的工资福利待遇和其他合法权益，并鼓励民办学校为教职工办理补充养老保险。

第四，进一步完善民办教育扶持体系。“新法”在分类管理的大框架下，对不同类型的学校给出了分类优惠制度，购买服务、税收优惠、财产权划分、对举办者的补偿和奖励等方面皆有政策。对于非营利性办学，更是在税收和土地政策上给予了几乎同公办学校一样的优惠，扶持力度极大，对民办学校的健康快速发展起到了重要的推进作用。“新法”第四十六条规定：“县级以上各级人民政府可以采取购买服务、助学贷款、奖助学金和出租、转让闲置的国有资产等措施对民办学校予以扶持；对非营利性民办学校还可以采取政府补贴、基金奖励、捐资激励等扶持措施。”这些规定比原来的规定更明确具体，进一步体现出了对民办学校的支持态度。

第五，建立健全对民办学校的监督机制。“新法”在加强党对民办学校的管理和创新机制体制、完善扶持制度、加快现代学校制度建设、提高教育教学质量等方面加大对民办教育鼓励扶持力度的同时，还着眼于提高民办教育管理和服务水平，强调依法健全民办教育监督管理机制。国务院《关于鼓励社会力量兴办教育促进民办教育健康发展的若干意见》中明确指出，要加强民办教育管理机构建设，强化民办教育督导，完善民办学校年度报告和年度检查制度。加强对新设立民办学校举办者的资格审查。完善民办学校财务会计制度、内部控制制度、审计监督制度，加强风险防范。推进民办教育信息公开，建立民办学校信息强制公开制度。建立违规失信惩戒机制，将违规办学的学校及其举办者和负责人纳入“黑名单”，规范学校办学行为。健全联合执法机制，加大对违法违规办学行为的查处力度。大力推进管办评分离，建立民办学校第三方质量认证和评估制度。民办学校行政管理部门根据评估结果，对办学质量不合格的民办学校予以警告、限期整改直至取消办学资格的处置。

总之，改革开放 40 年来，在党和国家的大力推动下，我国民办教育政策环境不断完善，民办教育治理体系日益健全，有力保障了民办教育事业健康发展。当然，在肯定成绩的同时，还应该看到，当前我国民办教育宏观制度特别是有关民办学校分类管理的制度设计仍存在不少薄弱环节，主要表现在：一是法律制度不完全配套。国家层面尚未完成《民办教育促进法实施条例》的修订工作，使得民办教育国家顶层设计缺少重要一环。二是地方性配套政策亟待完善。截至 2017 年 12 月 31 日，全国范围内只有安徽、辽宁、甘肃、天津、云南、湖北、上海等七省（市）出台了民办教育分类管理的配套政策。三是民办学校法人分类登记程序亟待理顺。非营利性民办学校登记为事业单位的政策条件和操作路径并不明确，且各地对政策的把握也不一致，导致了教育行政部门在制定分类登记的具体政策时常常感到无所适从。四是剩余资产奖励补偿标准有待明确。由于国家没有统一标准，各地对补偿或奖励的计算基数、具体标准和适用范围很难把握。五是存量民办学校转设路径需要明晰。民办学校必须在完成财务清算、确定财产权属、缴纳相关税费后，才能重新登记为营利性民办学校，地方在制定相关政策时，面临着财务清算谁来组织、如何组织、结果如何认定等一系列操作层面的问题。六是民办学校的税收优惠难以落实。目前国家关于教育的税收政策基本上是按照学历教育和非学历教育进行区分的，分类管理以后，两类民办学校特别是营利性民办学校可以享受的税收优惠，还有待于进一步明确。

诚然，发展性问题需要在发展过程中逐步解决，不可能一蹴而就。实践表明，渐进式、探索性并在不断试错中逐步调整完善的政策，一定能够推动我国民办教育稳步向前发展。继民办教育“新法”和系列“新政”颁布之后，中共十九大报告再次明确提出“支持和规范社会力量兴办教育”。随着各地配套制度全面出台实施，以及相关扶持规范措施逐步落地，有理由相信，我国民办教育政策环境将会得到进一步改善，各级各类民办教育将迎来更加美好的明天。

第三节 我国民办教育的历史贡献

经过 40 年的改革发展，当前我国民办教育无论是学校数量、学生规模，还是其所涵盖的类型、领域，都已远远超越了我国各个历史时期的私立教育，正呈现出勃勃生机，充满着巨大活力。40 年来，民办教育改革发展所取得的成就和所作出的贡献是多方面的，已经引起社会各界的广泛关注和认可，值得很好地进行总结和提炼。

一、显著扩大了教育有效供给

截至 2016 年底，全国共有民办幼儿园 15.42 万所，占全国幼儿园总数的 64.30%；在园幼儿 2 437.66 万人，占全国在园幼儿总数的 55.23%。2000—2016 年，全国民办幼儿园数量增长了 3.48 倍，民办幼儿园在园儿童数量增长了 8.58 倍。截至 2016 年底，全国共有民办普通小学 5 975 所，在校生 756.33 万人；民办初中和高中共计 7 872 所，在校生人数达 811.9 万。2 000—2016 年，全国民办小学数量增长了 1.38 倍，民办小学在校生数量增长了 5.82 倍；民办初中、高中数量增长了 2.37 倍，民办初中、高中在校生数量增长了 5.44 倍。2016 年，全国有民办中等职业学校 2 115 所，招生 73.64 万人，在校生 184.14 万人。截至 2016 年，全国共有民办高校 742 所（含独立学院 266

所)，占全国普通高校总数的 25.76%，民办高校在校生 634.06 万人，占全国普通高校在校生总数的 23.52%，其中，民办专科在校生 242.46 万人，民办本科在校生 391.52 万人。2003—2016 年，全国民办高校数量增长了 428.90%，民办高校在校生数量增长了 782.79%。[①] 民办高校数和在校生数都呈持续增长态势，校均规模明显扩大。民办高等教育(包括民办普通高校和独立学院)的发展，加快了我国高等教育大众化的进程，在为人民群众提供更多高等教育选择机会上发挥了重要作用。

国际上，有人将私立高等教育划分为精英型、宗教型和需求吸纳型三种类型[②]。我国没有宗教型民办高校，除了正在建设发展之中的西湖大学等极少数民办高校可归为精英型之外，绝大多数民办高校都可视为需求吸纳型。这种"需求吸纳型"民办教育为普通劳动者子女、流动人口等弱势群体提供了宝贵的教育机会。比如，东莞市民办教育占的比例非常高，2016—2017 学年，东莞市经批准开办的民办学校有 1 117 所，占全市学校总数的 69.2%；在校生 100.2 万人，占全市在校生总数的 64.4%，其中义务教育阶段中小学 266 所，在校生 61.5 万人，幼儿园 818 所，在校生 26 万人。这些民办学校和幼儿园满足了大量涌入的外来务工者子女的教育需求，解决了"入园难"和"入学难"问题，保障了当地经济发展所依赖的劳动力的稳定性。若没有这些民办学校，这些"流动儿童"将失去在现代化的城市接受教育的机会，他们将被迫回到家乡，成为与父母相隔千里的"留守儿童"，忍受对父母的相思之苦。民办学校不仅为"流动儿童"提供了在大城市接受基础教育的机会，也为留守在农村的"留守儿童"提供了相对位于乡镇的公办学校更好的教育服务(比如有较好的寄宿制条件)，从而吸引了大量的"留守儿童"，让外出务工的父母能够安心工作。

有研究表明，发展中国家私立教育的主要服务对象不是高收入群体，而是各种弱势群体。发展私立教育，能够增进社会弱势群体的幸福感和获得感。我国民办教育的发展也证明，民办教育为保障弱势群体的受教育机会和增加教育的选择性，都作出了重要贡献。

---

① 教育部："2016 年全国教育事业发展统计公报" http://www.moe.edu.cn/jyb_sjzl/sjzl_fztjgb/201707/t20170710_309042.html(检索日期：2017 年 12 月 12 日)

② Daniel C. Levy. *Higher Education and the State in Latin America — Private Challenges to Public Dominance*, Chicago: the University of Chicago Press, 1986. pp. 224.

二、较好满足了多元教育需求

从教育责任在公私立机构的分担来看，一种理想的模式和目标应该是，公办学校主要提供基本的公共教育服务，差异性、选择性的教育需求主要应该由私立学校来承担，这样才可以保证教育公平，因为以纳税人缴纳的税收为主要收入来源的公办教育不能保证每一所学校都是高质量的，否则会大幅度提高教育投入在国民支出中的比重，从而大幅度增加国民的税负。国民对高质量、精英型教育的需求，主要应该由私立学校来满足。①

在我国民办教育发展过程中已经涌现出一些可供中等以上收入家庭为其子女选择多样性、差异性教育机会的"精英"学校，这些优质民办学校满足了人民群众对高质量教育机会的需求，增加了人民群众的教育选择。比如北京的汇佳教育集团、上海的协和教育集团和广东的东华学校等，这类学校办学条件好、教学质量高，收费相对昂贵，满足了部分家庭对高质量教育的需求。目前全国很多城市中最好的中小学也是民办中小学。学前教育市场出现了多家有品牌影响力的民办幼儿教育集团，有的已成为集幼儿教育研究、幼儿教育发展、幼儿社区教育和幼教优质资源供给于一体的多功能服务平台。在中等职业教育领域，不少民办中职学校坚持产学研结合，已形成了集教、产、学、研、用于一体的教育产业实体。以广东为例，广东省东莞市 2008 年已有 20 所民办中小学被评为省、市一级学校，25 所民办幼儿园被评为省、市一级幼儿园。同年，广东佛山市顺德区还出现了"民校即名校"的两个"绝大部分"现象：一是顺德区民办学校的学生，仅仅占全区中小学生的 13%（多为高收费、选择性教育），但是绝大部分都是本地人；二是外来务工子弟就读于公办学校的达 5 万多人，占了外来工子弟的绝大部分。在民办高等教育领域，西湖大学已于 2017 年招收了首届博士生。西湖大学是一所新型的民办研究型大学，该校将借鉴美国加州理工大学的规模和斯坦福大学的办学理念，由国家"千人计划"专家或其他顶尖人才领衔组建相关院系，目标是建设世界一流大学。西湖大学的倡议得到了习近平主席的关注。

① 詹姆斯：《教育责任在公私之间的划分》，见 M·卡诺依主编：《教育经济学国际百科全书》，闵维方等译，高等教育出版社 2000 年版，第 579—585 页。

三、极大丰富了办学形态模式

实践中，不少民办学校在坚持教育公益属性的前提下，充分运用市场机制推进事业发展，以教育链对接产业链和创新链，大胆探索富有特色的教育产业，走上了集团化发展路子，并取得了良好成效。例如，希望教育集团举办了西南交通大学希望学院、贵州财经大学商务学院、山西医科大学晋祠学院、四川天一学院、四川希望汽车职业学院、四川文化传媒职业学院、贵州应用技术职业学院、四川希望汽车技师学院等高校。此外，还举办了成都五月花高级技工学校、成都郫县希望职业学校、资阳汽车科技职业学校等3所中职学校，2所国际化中小学和多个培训机构。在校学生达10万人，教师7 500余人。与此同时，各地也涌现了一批知名度较高且发展前景看好的教育集团。与国外一些教育产业集团主要从事“教育服务”主业不同，我国多数教育集团不仅拥有不同层次的民办学校，同时还参与商业、地产、房产以及二、三产业相关领域的投资或经营活动，有的还到海外投资办学。中国新高教集团、宇华教育、民生教育、成实外教育等教育集团已经通过VIE结构在海外上市。民办学校分类管理以后，部分教育集团旗下的民办高校可能会选择营利性发展道路，进一步丰富我国的教育产业生态。

在民办教育办学模式创新上，还有一个值得关注的现象就是国际交流与合作办学。近年来，已有不少学校（主要是民办中小学）注重提高办学的国际化水平，开展了多种形式的中外合作与交流活动。除了广泛开展各类国际夏令营、冬令营和形式多样的国外游学活动外，一些国内教育机构还同国外教育机构对接，联合开展了许多实质性的合作办学项目。上海视觉艺术学院与国际知名设计集团合作，开设了高水平人才培养实验班，实验班教师全部由世界级行业大师组成，中外合作为上海视觉艺术学院插上了腾飞的翅膀。根据2015年QS“世界大学学科排名”，上海视觉艺术学院的“艺术与设计”（art & design）学科已位居全球大学第51至100名段，这是迄今为止我国民办高校在学科建设中取得的最佳成绩。与此同时，不少国内的民办学校则开始招收国外留学生来华进修学习或接受学历教育。例如，在北京市汇佳双语学校现有的2 000名在校生中，就有来自14个国家的200多名外籍学生，占10%左右；而上海协和双语学校的学生来源更是多达30多个国家，外籍学生的占比将近五分之一。

四、有力推动了学习型社会建设

终身教育是人们在一生中所受到的各种培养、培训和学习的总和，终身教育开始于人的生命之初，终止于人的生命之末，包括人发展的各个阶段及各个方面所接受到的正规和非正规的教育活动。“终身教育”作为一种先进的教育理念，是学习型社会的基石。

我国民办教育的发展已经并正在发挥其所具有的大众化教育的本色，为建设全民学习、终身学习的学习型社会作出了积极贡献。民办教育不仅在学历教育方面为我国教育发展作出了贡献，更在亲子教育、学前教育、课外培训、职业技能培训和老年教育等领域做了不可替代的工作，推动了我国终身教育事业的发展和学习型社会的建设。

民办教育机构提供的亲子教育使得教育的范围向前延伸，促进了儿童的健康发展。2016 年 12 月中国教育学会发布的《中国辅导教育行业及辅导机构教师现状调查报告》显示：我国中小学课外辅导行业已经成长为一个体量巨大的市场，2016 年行业市场规模超过 8 000 亿元，参加学生规模超过 1.37 亿人次，辅导机构教师规模为 700 万至 850 万人，在一定程度上满足了受教育者和家长的多样化教育需求。①

民办教育是我国职业技能培训领域的主力军。有关资料显示，2008 年全国经人力资源和社会保障部门审批设立的职业技能类民办培训学校（培训机构）大约有 2 万至 3 万所，年培训总量将近 1 000 万人次，其中培训后实现就业者达数百万人次。其中，广东、江苏、四川、山东、河南、河北、湖北、辽宁、黑龙江等省的民办培训学校数均超过 1 000 所。在落后地区和流动人口居多的省市，民办培训学校的主要受教育对象就是缺少继续教育和终身学习机会的农村劳动者和下岗失业人员。在安徽、河北、四川、广西、湖南、浙江、江西、山西等八省区的民办培训领域，农村劳动者生源都超过了 40%，下岗失业人员是其中的第二大生源。这类培训的范围主要涉及第二、三产业；培训层次则涵盖国家职业资格各个等级以及其他适合就业的专项技能；培训对象包括下岗失业人员、劳动预备制人员、农村富余劳动力、企业在职人员等。许多民办培训学校扎根于平民之中，其课程周期有长有短，更加注重实务性内容和就业技能的提高，通过大量吸纳和培训转型期各类待业或待转业群体，促使和帮助他们更好地进入传统制造

① 胡浩：《2016 年我国中小学课外辅导“吸金”超八千亿》，《中国教育报》，2016 年 12 月 28 日，第 03 版。

业和传统服务业。

除此而外，民办教育在老年教育中也发挥了重要作用，为迎接老龄化社会的到来积累了丰富的教育和培训经验。2015 年中国 65 岁及以上人口为 14 434 万人，近十年 65 岁及以上人口逐年增加，我国人口老龄化的高峰即将到来，养老问题以及相伴随的银龄教育问题受到社会关注。公办老年大学一座难求，满足不了数量庞大的老年人群体的教育需求，所以很多民办教育机构抢占先机，在老年服务和教育领域开始了积极的探索和尝试，浙江树人大学等民办高校也开设了专门针对老年服务和教育的专业，为老年人的终身教育作出了积极贡献。

五、积极促进了教育投融资体制改革

改革开放 40 年来，民办教育领域先后出现了多种多样的投融资方式，包括学费滚动积累、合伙人集资、教育储备金、捐资办学、企业投资、股份制、混合所有制办学、海外融资、直接上市以及公私合作伙伴关系等，这就从根本上打破了延续几十年的国家对教育统一拨款、采取财政办学的单一模式。

以浙江为例，该省和全国其他地区一样，民办学校的经费都以学费为主，但是近几年该省民办学校的经费收入逐渐呈现多样化的趋势。首先，政府的资金投入在民办学校的经费收入中占有一定的比例，比如浙江树人大学每年都可以得到大约 1 亿元的财政资金投入，新校区建设的部分经费也来自政府财政投入。其次，社会捐赠的数额开始上升，西湖大学的经费收入中，来自捐赠的收入占据相当高的比例。再次，企业投资注入也占据相当大的比例，宁波大红鹰学院、杭州万向职业技术学院和吉利汽车职业技术学院分别得到了大红鹰集团、万向集团和吉利汽车集团的大量资金投入。

过去一段时间，鉴于国家有关政策法规尚不够健全和明朗，受“非营利性质”的束缚，民办教育尚难以在国内进行公开融资，有些教育机构则开始海外融资和在资本市场上市。2008 年一项统计显示，以新东方、诺亚舟、弘成教育等 6 家在海外上市的教育培训机构为例，共融资约 5 亿美元；当年，巨人学校、新世界教育、环球雅思、学大教育等 10 家教育机构所获得的国际风险投资总额超过 2 亿美元。目前，新东方、好未来各自在美国股市的市值均超过了 100 亿美元。受到 2016 年 11 月 7 日新修订的《中华人民共和国民办教育促进法》有关对民办学校实施分类管理的条款的利好因素影响，

迄今为止，在美国、新加坡、澳大利亚以及我国香港地区等境外股市上市的国内教育机构已超过20家。2017年上半年，以VIE架构曲线在香港H股上市的国内教育机构就达4家，其中三家为高等教育机构或具有高教业务板块的教育集团。此外，在新三板挂牌的教育机构已超过300家。

民办教育机构在海外资本市场直接融资给教育机构本身所带来的利弊，当下尚难以作出全面评估。从正面效应看，通过股市所募集到的大量资金，如果都能投向招股说明书所载明的用途，则有利于改善这些机构的办学条件，促进相关教育机构在国内业务的扩张和办学品质的提升。根据调查，某教育集团成功上市后，将募集的几亿资金投入旗下的民办高校，在短时间内改善了旗下民办高校的办学条件，提高了教学质量。

六、一定程度拉动了教育投资消费

投资驱动和资源驱动曾经是我国经济发展的主要驱动力量，我国经济进入新常态以后，经济发展的外生动力正在逐渐消退，我国未来的经济增长将更多依靠内需和消费动力。民办教育正是拉动内需和促进教育消费的重要载体。中国民办教育协会原副会长季明明曾估计，中国各类民办学校所积累的总资产在3 000亿元人民币左右。①《2014年全国教育经费统计年鉴》显示，2013年全国各级各类学校总投入28 268.7亿元，其中民办学校投入2 340.1亿元，占8.28%。各级各类民办学校的建设和发展，不仅创造了大量就业岗位，更是有效促进了教育投资和消费活动。据有关机构测算，目前整个教育培训行业市场规模已经达到1.7万亿元。与此同时，民办教育的发展还带动了近万亿基础设施建设，促进了众多周边产业发展，创造了大量就业岗位，形成了不少教育新产业、新业态、新产品和新的商业模式。

事实证明，民办教育是吸引投资和拉动内需的重要领域，在抵御金融危机影响、提振民间投资信心、促进社会经济发展等方面具有重要的意义。据2010年前后中国民办教育协会的一项粗略估算②，当年仅全国承担学历教育的民办学校加上广大幼儿园就直接吸纳了教职员工约300万人，而由其所带动的交通、通讯、邮电、信息、网络、电

---

① 阮煜琳："中国民办学校已达十万所每年吸纳学杂费超千亿"，http://edu.163.com/09/1121/07/5OKI5NVT00293L7F_mobile.html（检索日期：2018年1月19日）

② 陶西平，王佐书主编：《中国民办教育》，教育科学出版社2010年版，第11页。

力、建筑、建材、食品、餐饮、零售、加工、造纸、出版、印刷、服装、金融等行业，还容纳了间接就业人员约 400 万人。如按当时创造一个就业岗位约需 5 万元费用计算，单在安置就业上，民办教育就给国家增加了 3 500 亿元的投资。再如每人平均年收入按 2 万元计，则又增加了约 1 500 亿元消费的可能。可见，这样的投资和消费不仅对经济发展是直接的拉动，而且对促进社会和谐与民族素质的提高也具有极为重要的意义。

综上所述，改革开放以来，国家推行的办学体制改革和鼓励民办教育发展的政策，使我国的民办教育事业获得了长足发展，取得了举世瞩目的成就。[①] 民办教育从无到有、从小到大、从弱到强，是国家民办教育方针指引和系列政策法规不断推动的结果。民办教育的发展过程也是民办教育法规不断发展完善的过程。40 年来，中国民办教育宏观制度建设也从初期一片空白到现今法制体系基本完备，而且在发展中不断实践、研究、改进，日渐成熟和健全。总的来看，我国民办教育政策变得越来越友好，对民办教育的发展起到了越来越好的保障和促进作用。[②] 特别是民办教育分类管理的基本制度架构已经成型，为今后我国民办教育的发展奠定了更加坚实的制度基础。

中共十九大开启了我国教育强国建设的新时代新征程。当前，民办教育地方政策探索如火如荼，民办学校创新实践有声有色。随着一系列重要政策文件出台，国家确立了新的民办教育发展指导思想、基本原则和发展目标，并着力构建大力扶持、依法规范民办教育发展的制度构架和政策体系。可以预期，未来一个时期，随着中国特色社会主义发展全面进入新时代，民办教育必将在统筹推进"五位一体"总体布局和协调推进"四个全面"战略布局进程中，迎来更加广阔的发展空间。新时代要求民办教育适应新变化。各级各类民办教育一定要积极面对挑战，主动抓住机遇，充分发挥自身在集聚社会教育资源、完善国民教育体系、加快人力资源开发、促进教育内涵发展、推动教育制度创新、完善公共服务体系等方面的积极作用，从而在新的历史时期实现新发展，作出新成绩。

执笔人：訾鸣、王一涛

---

① 胡卫，谢锡美：《〈民办教育促进法〉对中国教育改革发展的影响》，《民主》2003 年第 9 期。

② 徐绪卿，王一涛：《论我国民办高等教育政策从"规范"向"扶持"的转型》，《高等教育研究》2013 年第 8 期。

第二章

各级各类民办教育的发展及其特点

习近平同志在十九大报告中强调，中国特色社会主义进入新时代，我国社会主要矛盾已经转化为人民日益增长的美好生活需要和不平衡不充分的发展之间的矛盾。新时代背景下，我国仍处于并将长期处于社会主义初级阶段的基本国情没有改变。特殊国情，决定了要解决教育领域人们日益增长的选择性多样化教育需要与教育事业发展不平衡不充分之间的矛盾，办好人民满意的教育，必须打破原有"一公独大"的办学体制，坚持走公办教育与民办教育共同发展的道路。改革开放以来，我国民办教育的恢复、兴起与壮大，是历史的必然。"民办学校作为一种社会文化现象，它的出现不是偶然的，而是我国经济体制以及教育、科技体制改革，特别是社会主义市场经济日益发展的必然产物。"①有为才有位。民办教育在我国经济社会发展尤其是教育事业发展中所扮演的角色与所拥有的地位不是固定不变的，也并非一朝一夕形成，而是民办学校历经艰苦创业日积月累发展起来的，是无数民办学校创业者不断摸索与创新的辛勤结晶。1978 年以来，随着经济社会的发展，特别是社会主义市场经济体制改革的推进以及国家民办教育政策的调整与变迁，我国民办教育整体上经历了一个从无到有、由小到大、由单一到丰富的艰难而曲折的嬗变历程。这些年来，伴随着民办教育数量规模扩大，办学条件改善，师资队伍结构优化，内涵建设推进，各级各类民办教育在整个教育系统中的角色与地位日渐凸显。

第一节　民办学前教育：从弱势地位到半壁江山

教育始于幼学。学前教育作为人类成长的启蒙阶段，与义务教育、高等教育等其他阶段相比，在我国教育发展中一直处于弱势地位，缺乏应有的财政经费支持。然而，也正是由于政府在学前教育投入方面的不足，为社会力量介入学前教育创造了大有可

① 朱开轩：《积极支持正确引导——关于民办学校的几个问题》，《人民教育》1993 年第 Z1 期。

为的发展空间。数据对比显示,民办学前教育在民办教育领域中发展尤为迅速,相对规模尤为庞大,影响也较为突出。

一、经历了三个发展阶段

我国民办学前教育,在新中国成立之初就已存在。1951 年,中央人民政府召开第一次全国初等教育会议,提出了幼儿教育的工作方针,并指出发展的重点首先应该放在工业地区的企业部门,其次是机关、学校及郊区农村,主要解决工农劳动妇女对孩子的教养问题;鼓励私人办幼儿园并加强领导,做到公私兼顾办园。[①] 1952 年开始,教育行政部门把接办的一部分私立幼儿园改为公立,对办得较好的私立幼稚园,则采取"保护维持、加强领导、逐步改造"的方针。民办学前教育受到 50 年代整个教育改造和六七十年代"文化大革命"的制约,直至改革开放后,我国民办学前教育才开始获得真正发展。其间,大致经历了三个阶段:

第一,恢复兴起阶段。1978 年,是我国历史发展进程中一个载入史册的重要转折年,中国共产党十一届三中全会的召开,标志着中国社会主义现代化建设进入了一个新的发展阶段。这次全会从根本上扭转了长期以来的"左"倾错误路线,重新确立了马克思主义的思想路线、政治路线和组织路线,成为新历史时期的开端。在十一届三中全会精神的指引下,我国经济领域开始走向市场化,随着市场经济中多种所有制的形成与兴起,教育领域同样开始形成了多元主体办学格局,社会力量办园获得了新生。1988 年国务院办公厅下发《关于加强幼儿教育工作的意见》,明确指出,学前教育不属于义务教育范畴,家长送子女入园需要负担一定的保育、教育费用;进一步将"动员和依靠社会各方面力量,通过多种渠道、多种形式发展幼儿教育事业"作为我国学前教育事业发展的方针。

整个 80 年代,相关政策的出台、相对灵活的办园模式以及教育行政管理,都促使民办幼儿教育机构逐渐复苏。据浙江温州市教育局 1984 年统计,家庭幼儿班占全市幼儿园总数的 24%;河北张家口地区,家庭幼儿班幼儿占全市入园幼儿总数的

① 唐淑,钟绍华主编:《中国学前教育史》,人民教育出版社 1993 年版,第 307 页。

26.9%；据安徽省1984年上半年统计，全省的个体幼儿园有99所。[①] 然而，由于80年代经济社会发展总体仍处于计划经济时代，市场经济发展刚刚起步，私有经济十分薄弱，人们的生活水平较低，社会对学前教育的重要性缺乏足够认识，对民办幼儿园更多是怀疑、观望，因此，90年代之前，我国民办学前教育并没有获得大规模发展。

第二，快速扩张阶段。1992年，是我国民办学前教育发展进程中一个新的起点。该年1月18日到2月21日，邓小平先后视察了武昌、深圳、珠海、上海等地并发表重要谈话，提出"要抓紧有利时机，加快改革开放步伐，力争国民经济更好地上一个新台阶"的要求，彻底回答了经济社会发展"姓资姓社"、"姓公姓私"的思想疑惑，为中国走上有中国特色社会主义市场经济发展道路奠定了思想基础。江泽民总书记在中共十四大报告中指出，"科技进步、经济繁荣和社会发展，从根本上说取决于提高劳动者的素质，培养大批人才"，并提出"鼓励多渠道、多形式社会集资办学和民间办学，改变国家包办教育的做法"。在十四大召开后的第八届全国人大一次会议上，李鹏总理代表新一届中国政府表示："积极探索建立以政府办学为主体，社会各界共同办学的新体制。"邓小平同志"视察南方谈话"和党政领导人的报告，为整个经济社会进入新的发展阶段消除了思想藩篱，提供了动力支撑。国家教育委员会制定的《全国教育事业十年规划和"八五"计划要点》中指出："学前教育以社会各界办学为主。"据不完全统计，至1997年，全国注册的民办幼儿园有24 643所，在园幼儿数达1 348 830人，分别占全国幼儿园总数的13.5%和在园幼儿数的5.4%。90年代，由于国企改革的推进，一些企事业单位通过停办或转制等方式，将自己主办的幼儿园推向市场，这给民办幼儿教育提供了恢复兴起阶段不可比拟的更大发展空间。

民办幼儿园数从1992年的1.38万所上升到2002年的4.84万所，增长了2.5倍；民办幼儿园占全国幼儿园总数的比例从1992年的8%增加到2002年的43.3%。同期，全国幼儿园总数则从17.25万所下降到2002年的11.18万所，这侧面反映了这一时期内公办幼儿园在不断萎缩和减少。相反，民办学前教育却日渐受到社会高度重视，发展民办幼儿园成为促进学前教育的重要途径。

---

① 孙爱月：《当代中国幼儿教育》，福建人民出版社1991年版，第96页。

表 2-1　1992—2002 年全国民办幼儿园数情况(单位：万所)

年份	1992	1994	1996	1998	2000	2002
民办幼儿园数	1.38	1.8	2.5	3.08	4.43	4.84
全国幼儿园数	17.3	17.5	18.7	18.1	17.6	11.18
占比	8%	10.3%	13.4%	17.0%	25.2%	43.3%

数据来源：《全国教育事业发展统计公报(1992—2002 年)》。

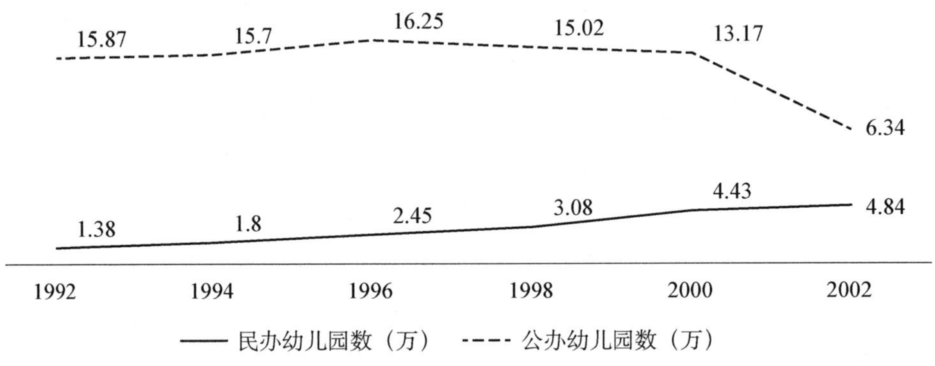

图 2-1　1992—2002 年全国民办、公办幼儿园数发展走势对比图

民办幼儿园在园幼儿数从 1992 年的 53.62 万人发展到 2002 年的 400.52 万人，增长了 6.5 倍。民办幼儿园在园幼儿数占全国在园幼儿总数的比例从 1992 年的 2.2%上升到 2002 年的 19.7%。民办幼儿园在园幼儿数的快速增长及比例的提升，反映了民办幼儿园在整个学前教育中的作用日益增大，地位日渐提高。

表 2-2　1992—2002 年全国民办幼儿园在园幼儿数情况(单位：万人)

年份	1992	1994	1996	1998	2000	2002
民办幼儿园在园幼儿数	53.62	/	130.4	170.8	284.3	400.52
全国幼儿园在园幼儿数	2 428.2	2 630.3	2 666.3	2 403.0	2 244.2	2 036.0
占比	2.2%	/	4.89%	7.1%	12.7%	19.7%

数据来源：《全国教育事业发展统计公报(1992—2002 年)》。

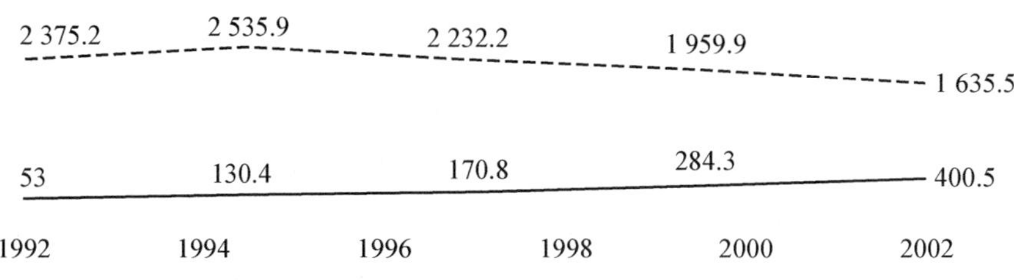

图 2－2　1992—2002 年全国民办、公办幼儿园在园幼儿数发展走势对比图

民办幼儿园教职工数从 1996 年的 7.2 万人发展到 2001 年的 25.7 万人，增长了 2.6 倍。其中，民办幼儿园专任教师数从 5.1 万人增加到 2001 年的 15.1 万人，增长了近 2 倍。

表 2－3　1996—2001 年全国民办幼儿园教职工情况(单位：万)

年份	1996	1997	1998	1999	2000	2001
教职工数	7.2	8.6	10.9	14.5	18.9	25.7
专任教师数	5.1	5.9	7.5	10.1	13.1	15.1
园长数	1.1	1.3	1.7	2.1	2.7	3.4

数据来源：中华人民共和国教育委员会计划建设司，中华人民共和国教育部发展规划司。引自：教育部发展规划司，上海教育科学研究院编著《2002 年中国民办教育绿皮书》，上海教育出版社 2003 年版。

第三，规范调整阶段。2002 年，我国颁布了民办教育领域中的第一个专门法律——《中华人民共和国民办教育促进法》，标志着民办教育发展进入了法制化时代。2003 年《国务院办公厅转发教育部等部门(单位)关于幼儿教育改革与发展指导意见的通知》提出："今后 5 年(2003—2007 年)幼儿教育改革的总目标是：形成以公办幼儿园为骨干和示范，以社会力量兴办幼儿园为主体，公办与民办、正规与非正规教育相结合的发展格局。"在此背景下，各地大力鼓励社会力量兴办幼儿园，民间资本举办学前教育的积极性高涨，民办幼儿园获得快速发展，毛入园率大幅提升，公办园发展则较为缓慢。

2004 年 8 月，财政部发布《民间非营利组织会计制度》，进一步规范民办教育机构的财务管理。2005 年 3 月，发改委公布了《民办教育收费管理暂行办法》，规范民办教育机构的收费行为，保障民办教育机构和受教育者的合法权益。这一时期，我国民办学前教育在规模上总体仍呈现增长态势，但增速有所下降；民办幼儿园在稳定办学规模的同时，日益重视内涵建设，提升保育保教质量。

2003 年至 2009 年底，民办幼儿园及在园儿童数分别从 2003 年的 5.55 万所和 480.23 万人上升到 2009 年的 8.9 万所和 1 134.17 万人，分别增长 60%和136.17%。2010 年，国务院出台了《关于当前发展学前教育的若干意见》，强调大力发展公办幼儿园，提供“广覆盖、保基本”的学前教育公共服务。加大政府投入，新建、改建、扩建一批安全、适用的幼儿园；不得用政府投入建设超标准、高收费的幼儿园；中小学布局调整后的富余教育资源和其他富余公共资源，优先改建成幼儿园；鼓励优质公办幼儿园举办分园或合作办园。制定优惠政策，支持街道、农村集体举办幼儿园。在这一政策引导下，全国各地都开始加强公办幼儿园的建设力度，兴办了一批公办幼儿园。这在一定程度上相对压缩了民办学前教育的规模空间，也促使民办幼儿园不断转变发展方式，从外延扩张转向内涵建设，不断改善办园条件，提升保育保教质量。

截至 2015 年底，全国有民办幼儿园 14.64 万所，比上年增加 7 094 所；入园儿童 998.19 万人，比上年增加 44.53 万人；在园儿童 2 302.44 万人，比上年增加177.06 万人。

二、撑起了幼教事业“半边天”

改革开放以来，随着人口、经济和家庭生活水平的增长和提升，社会对学前教育的需求更加迫切。在公办幼儿园规模扩张有限的情况下，民办学前教育获得了大量的发展空间，承担着满足学前教育需求的主力先锋角色。

（一）总体规模逐年扩大

“九五”期间，民办幼儿园进入高速发展时期，尤其是 1997 年至 2000 年增长极为迅速，增长了 1.8 倍。2002 年后民办幼儿园的增长幅度稍有所下降。

——民办幼儿园数占三分之二。从 2003 年至 2016 年，民办幼儿园数从 55 500 所发展到 15.42 万所，增加了 9.87 万所。与全国幼儿园的发展相比，民办幼儿园增长速度更快。全国幼儿园从 2003 年到 2016 年，增长比例为 114.49%，而同期民办幼儿园增长比例则为 177.84%。

表 2-4　2003—2016 年全国民办幼儿园数情况

年度	2003	2005	2007	2009	2011	2013	2015	2016
民办幼儿园数(所)	55 500	68 800	77 616	89 304	115 404	133 500	146 400	154 200
全国幼儿园数(万)	11. 18	12. 44	12. 91	13. 82	16. 68	19. 86	22. 37	23. 98

数据来源：全国教育事业发展统计公报(2003—2016 年)。

——民办幼儿园在园幼儿数超过半数。从 2003 年至 2016 年，民办幼儿园在园幼儿数从 480. 23 万人发展到 2 437. 66 万人，增长了 4. 08 倍，远远高于同期公办幼儿园增长速度。民办幼儿园平均在园幼儿规模从 2003 年的 87 人发展到 158 人。可见，这一阶段民办幼儿园的整体办学条件在不断改善，办学能力在不断提升。

表 2-5　2003—2016 年全国民办幼儿园数情况

年度	2003	2005	2007	2009	2011	2013	2015	2016
在园儿童数(万)	480. 23	668. 09	868. 75	1 134. 17	1 694. 21	1 990. 25	2 302. 44	2 437. 66
平均在园幼儿数(个)	87	99	97	118	147	149	157	158

数据来源：全国教育事业发展统计公报(2003—2016 年)。

民办幼儿园高速发展的原因主要包括：一是我国步入幼儿入园第二个高峰期，全国入园幼儿总数近年呈逐步增长趋势；二是与公办幼儿园的减少有关。随着我国适龄人口入学第一次高峰期的过去，一些地方撤销了一批空置的公办幼儿园。而面临第二个入园高峰期的到来，政府部门虽然积极举办一些新的幼儿园，但受各方面因素制约，特别是受城市土地建设规划的影响，新建公办幼儿园数难以满足适龄幼儿的入园需求，因此，民办幼儿园成为唯一的替代选择；三是与民办幼儿园的服务质量有关。近年来，尽管民办幼儿园在办学过程中出现一些不规范现象，但也涌现出一批高质量、有特色的民办幼儿园，这些民办幼儿园的出现，增强了其在社会中的影响力和吸引力。

(二) 成为学前教育办学主体

改革开放 40 年来，我国民办学前教育取得了显著进展，无论是幼儿园数还是在园幼儿数都有了成倍的增长。在整个学前教育体系中，全国民办学前教育的地位和作用在不断上升。1996 年至 2005 年，全国幼儿园由 18. 7 万所下降到 12. 4 万所，民办幼儿园则由 2. 4 万所上升到 6. 68 万所，占全国幼儿园的比例从 13%提高到 53. 87%。从

2004 年起，全国民办幼儿园数超过了公办幼儿园数。全国幼儿园在园儿童减少了近 500 万人，减少了 18%。民办幼儿园在园儿童则由 130 万上升到 668 万人，占全国幼儿园在园幼儿数的比例从 4.9%提高到 25.8%。2016 年全国共有民办幼儿园 15.42 万所，比上年增加 7 827 所，占全国幼儿园总数的 64.30%；在园幼儿 2 437.66 万人，比上年增加 135.22 万人，占全国在园幼儿总数的 55.23%。2000—2016 年，全国民办幼儿园数量增长了 3.48 倍，民办幼儿园在园儿童数量增长了 8.58 倍。由此可见，民办幼儿园已成为我国学前教育事业发展的主要力量，发挥着主导作用。

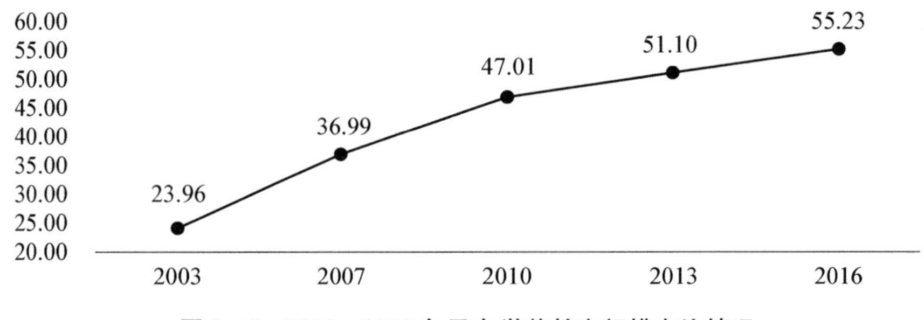

图 2-3 2003—2016 年民办学前教育规模占比情况

此外，在全国不少地区，民办学前教育在整个区域学前教育事业发展中占据着绝对主力地位。以安徽省芜湖市为例，2007 年该市公办幼儿园有 19 所，主要分布在市县中心，而民办幼儿园已达到 186 所，占幼儿园总数的 90%以上。又如广州市，2016 年该市有民办幼儿园 1 147 所，幼儿 29.62 万人，占在园幼儿总数的 66.52%，公办幼儿园在园幼儿数比例不到 34%。

（三）有效缓解了“入园难入园贵”

随着我国经济的高速发展，综合国力的日益增强，人民生活水平也有了很大改善，人民群众对学前教育的关注和期待也越来越高。尽管国家幼儿教育财政经费逐年增加，但仍然严重不足。“九五”期间，处于非义务教育阶段的幼儿教育经费，仅占教育经费总数的 1.3%左右。学前教育投入不足是我国学前教育发展薄弱的重要原因之一。目前，我国学前教育支出占 GDP 的比例平均为 0.06%，低于巴西、墨西哥、印度等发展中人口大国。数据显示，在全国教育经费总量之中，学前教育经费仅占 1.2%至 1.3%，十年来徘徊不前，而且主要用于少数城市的公办幼儿园。致命的问题是，一边是公共财政经费增长缓慢，另一边却是学前教育需求不断增长。近年来，随着我国城镇化进程的推进和计划生育政策二胎的放开，入园难、学前教育资源极其紧张的问题受到社会广泛关注，人们普遍认为“上个幼儿园比上大学还难”。中国青年报社会调查中心通过题客调查网，对全国 31 个省（区、市）10 400 人进行的一项调查显示（其中“80 后”占 56.7%，“70 后”占 28.6%），78.5%的人感觉周围存在幼儿园入园难的情况，其中 33.8%的人说这个情况“很普遍”。面对日益增加的学前教育需求与公共财政供给不足的矛盾，根本出路在于发挥社会力量，积极吸引民间资金开办幼儿园。民办幼儿园带来了幼儿园办园体制的变化，纠正了国家包办教育的弊端，大大缓解了国家公共财政的压力。民办幼儿园满足了社会对学前教育的不同诉求，不同类型、不同特色的民办幼儿园适应了家长多样化、多层次、个性化的教育需求。全国学前三年毛入园率从 2010 年的 50.9%提高到 2015 年的 75%，“入园难”、“入园贵”问题得到基本缓解。

三、呈现出四大发展特征

如前所述，经过 40 年发展和积累，在国家层面及各级地方政府层面诸多利好政策的鼓舞和推动下，我国民办学前教育事业取得了长足进步，面广量大的民办幼儿园无论是在外延上还是内涵上都有了明显的跃升。总体上，呈现出以下几个方面的发展特征：

（一）师资结构不断优化

随着民办幼儿园数量的快速增长和办学条件的不断改善，民办幼儿园教职工和专任教师数量在不断增长，师资结构得到了调整与优化。2008 年，民办学前教育的专任教师数增至 47.71 万人，民办幼儿园班级配备专任教师比为 1∶1.37，显著高于非民办幼儿园 1∶1.00 的班级配备专任教师比；民办幼儿园的师生比为 1∶20.5，显著高于非民办幼儿园的 1∶31.29 的师生比。2011 年，民办学前教育专任教师数增至 80.78 万人，民办幼儿园专任教师师生比为 1∶21.0。[①] 从上述数据变化可知，民办幼儿园在扩大办园规模的同时，也在不断加强教师队伍建设，日益重视规模与质量、外延与内涵并举的发展思路。

① 吴霓等：《中国民办教育发展报告》，教育科学出版社 2013 年版，第 46 页。

（二）保育质量日益提升

改革开放至今，我国民办学前教育整体发展呈现良好态势，为经济社会发展尤其是学前教育入园率的提升作出了重大贡献。然而，由于发展过快，不少幼儿园在办学过程中也存在不规范办学、办园质量不高、服务水平偏低等问题。近年来，随着国家对学前教育的规范管理，生源竞争程度的加剧，我国民办幼儿园纷纷加强办学条件建设，改善内部管理，提高教师待遇，全面提升保育保教质量。

有研究者对杭州市区18所民办幼儿园进行实地考察，问卷调查结果表明，94%的民办幼儿园对"教养并重"这一幼教工作原则有明确的认识。绝大部分幼儿园采用省编或部编教材进行教学。许多幼儿园还定期开展教研活动，并吸取公办园的先进经验，设立赏罚、评比制度等各项管理措施，其目标是向公办园靠拢、努力提高保教质量。①

（三）覆盖范围逐渐前伸

儿童0—9岁是发展的关键期。1981年11月，联合国教科文组织在法国巴黎召开的国际学前教育协商会议上，对学前教育概念进行专门厘定，其解释是"能够激起出生至进小学的儿童的学习愿望，给他们学习体验，且有助于他们整体发展的活动总和"。我国把学前教育定义为对出生至入学前儿童的教育，是涵盖儿童发育发展关键期的教育实践。② 1985年，由225个大公司领导人与大学校长组成的美国经济发展委员会提交的一份报告明确指出，如果国家让儿童早期失去受教育机会，以后的教育投资就不可能达到预期效果，如果美国孩子不能接受良好的早期教育，美国将无法在未来的全球市场竞争中取胜。现代脑科学、神经科学、心理学等学科研究表明，早期教育（从0岁开始）在人的一生中极为重要。目前，政府公共财政基本未涉猎0—3岁儿童的教育，绝大多数公办幼儿园未能承担这一使命。这一市场空白主要靠民办教育机构来承担。

（四）普惠性导向不断彰显

近年来，国家不仅越来越重视学前教育规模，而且越来越强调普惠性公益发展思路。2010年，《关于当前发展学前教育的若干意见》中强调：积极扶持民办幼儿园特别

---

① 杨敏：《杭州市民办幼儿园现状调查》，《学前教育研究》1998年第5期。

② 顾明远主编：《教育大辞典》，上海教育出版社，1998年版。

是面向大众、收费较低的普惠性民办幼儿园发展。采取政府购买服务、减免租金、以奖代补、派驻公办教师等方式，引导和支持民办幼儿园提供普惠性服务。民办幼儿园在审批登记、分类定级、评估指导、教师培训、职称评定、资格认定、表彰奖励等方面与公办幼儿园具有同等地位。2015 年，中共十八届五中全会提出：发展学前教育，鼓励普惠性幼儿园发展。2016 年，财政部、教育部印发《支持学前教育发展资金管理办法》，第七条第二点规定：通过政府购买服务、奖励等方式支持普惠性民办幼儿园发展。2017 年 1 月，《国家教育事业发展"十三五"规划》提出，继续扩大普惠性学前教育资源，基本解决"入园难"问题。以区县为单位实施学前教育行动计划及后续行动。支持企事业单位和集体办园，扩大公办学前教育资源。完善普惠性民办幼儿园扶持政策，鼓励地方通过政府购买服务、租金补贴、教师培训等方式，加快民办普惠性幼儿园发展。2017 年 4 月，教育部等部门联合印发了《关于实施第三期学前教育行动计划的意见》，在发展目标中提出：全国学前三年毛入园率达到 85%，普惠性幼儿园覆盖率（公办幼儿园和普惠性民办幼儿园在园幼儿数占在园幼儿总数的比例）达到 80%左右。由此可见，建立让多数普通老百姓上得起的幼儿园、保障基本保教质量的学前教育是今后我国教育政策的重要目标。

专栏 2－1

大力发展普惠性幼儿园是学前教育改革重中之重

2015 年 12 月 1 日，教育部在京召开第二期学前教育三年行动计划推进会，教育部副部长刘利民同志出席会议并讲话。

刘利民强调，学前教育进入了入园率中速增长、保障水平和保教质量全面提升的新阶段，各地要加大发展和改革力度，切实解决好资源、投入、教师、质量等方面问题。要坚定不移地把大力发展公办园放在扩大资源的首要位置，从规划、项目、用地、资金等各方面予以保障。把提高民办园中普惠性幼儿园的比例作为调结构的重要内容，完善认定办法，加大扶持力度。把小区配套幼儿园一律办成公办园或普惠性民办园。

刘利民要求，明年是“十三五”开局之年，也是第二期学前教育三年行动计划的收官之年，各地要按照中央和国务院要求，扎实推进各项工作，确保二期行动计划目标任务圆满完成。加强项目实施过程和使用效益的监测评估，重点评估项目安排和成效是否符合公益普惠的发展方向、是否符合老百姓的根本利益、是否有利于学前教育长远发展。

（来源：教育部网站）

第二节　民办义务教育：从逆势增长到有机力量

义务教育又称免费教育，是根据宪法和义务教育法规定，适龄儿童和青少年都必须接受，国家、社会、家庭必须予以保证的国民教育。义务教育的实质是国家依照法律规定对适龄儿童和青少年实施一定年限的强迫教育的制度。因此，义务教育又称强迫教育和免费义务教育，具有强制性、免费性、普及性的基本特点。在我国，义务教育主要由各级政府承担，公办中小学发挥着绝对的主体作用。伴随着我国社会主义市场经济体制的推进和教育办学体制的改革，我国义务教育阶段同样呈现出多元化办学特点。民办中小学的发展，对加快“普及九年义务教育”进程，提升我国义务教育整体发展水平起到了不可忽视的作用，成为许多地方优质教育的代名词，有效缓解了这一学段的“择校热”问题。

一、在强势公办教育下逆势增长(1978—2002年)

改革开放之初，在整个教育体系之中，民办小学和民办初中几乎没有踪影。直到1985年9月11日，国务院办公厅转发《关于实施义务教育法若干问题的意见》，添加了“个人依法办学可以进行试办”这一条，才实际上承认了私人办学的合法性，正式将私人办学权纳入规范体系。受宏观政策性影响，义务教育阶段的民办教育一直处在低位徘徊状态。直到1991年底，全国民办小学学校数也只有655所，在校学生数仅为2.65万人，仅占整个小学教育阶段在校生总数的0.02%；而民办中学(初中、高中)学校数

544所，在校学生数8.96万人，在校学生数仅占整个初中教育阶段在校生总数的0.19%。1992年，国家教委副主任柳斌在全国筹措教育经费改善办学条件河南现场会上的讲话中指出："在新的形势下，除了要继续搞好国家办的学校以外，各地要继续鼓励、支持各种社会力量，或集体，或个人举办中小学校。"①1997年7月，国务院发布《社会力量办学条例》，重申了"积极鼓励，大力支持，正确引导，加强管理"的十六字方针，鼓励"社会力量办学"，强调要"将社会力量办学事业纳入国民经济和社会发展规划"，规定"社会力量应当以举办实施职业教育、成人教育、高级中等教育和学前教育机构为重点。国家鼓励社会力量举办实施义务教育的教育机构作为国家实施义务教育的补充"。

1997年，国家教育委员会发布的《关于规范当前义务教育阶段办学行为的若干原则意见》指出："义务教育阶段公办学校不得招收'择校生'和变相'择校生'，要求尽量做到一步到位，社会上有择校需要的，各地应向民办学校引导"，"大力鼓励在广大农村、边远地区、民族地区、城镇流动人口较为集中的地区举办民办中小学校以补充国家办学之不足；同时，在大中城市为满足社会日益增长的对教育的需求，也应鼓励举办多种形式的民办中小学校"。

1998年6月，教育部发布《关于义务教育阶段办学体制改革试验工作的若干意见》，肯定了各地出现的"公办公助"、"民办民助"等不同形式的办学体制改革试验。1999年，《中共中央国务院关于深化教育改革，全面推进素质教育的决定》再次强调："在保证适龄儿童、少年均能就近进入公办小学和初中的前提下，可允许设立少数民办小学和初中，在这个范围内提供择校机会，但不搞'一校两制'。"由此也可以看出，国家对义务教育学校有着较为清晰的定位，义务教育阶段民办学校主要提供的是选择性教育。

这一时期，民办义务教育阶段的学校数得到较快增长。民办小学数从1992年的864所上升到2002年的5 112所，增长了4.9倍，呈现出与公办小学数量截然不同的发展状态。在民办小学每年保持稳定增加态势的10年间，全国小学数量却呈现逐年递减态势，这反映了此阶段全国公办小学在日渐减少。

---

① 柳斌：《依靠人民群众把教育事业推上一个新台阶》，《人民教育》1992年第11期。

表 2-6　1992—2002 年全国民办小学数情况

年份	1992	1994	1996	1998	2000	2002
民办小学数(所)	864	1 078	1 453	2 504	4 341	5 112
全国小学数(万所)	71.29	68.26	64.60	60.96	55.36	45.69
占比	0.12%	0.16%	0.22%	0.41%	0.78%	1.1%

数据来源:《全国教育事业发展统计公报(1992—2002 年)》。

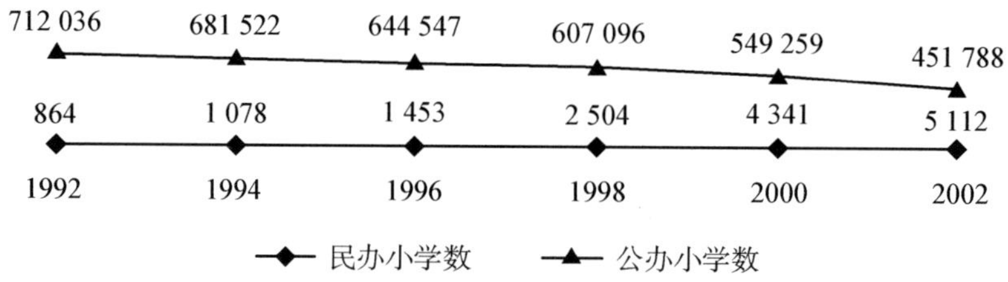

图 2-4　1992—2002 年全国民办、公办小学发展走势对比图

民办普通中学学校数从 1996 年的 1 467 所增加到 2002 年的 5 362 所,增长了近 2.7 倍。同期,全国普通中学则从 1996 年的 79 967 所下降到 2002 年的 65 600 所,减少了 14 367 所,而民办普通初级中学增加了 3 895 所。这说明了这一时期公办普通中学学校数在逐渐萎缩。

表 2-7　1 992—2002 年全国民办普通初级中学数情况(单位:所)

年份	1996	1997	1998	1999	2000	2001	2002
民办初中	1 467	1 702	2 146	2 593	3 316	3 764	5 362
全国普通初中	79 967	78 642	77 888	77 213	77 268	80 432	65 600
占比	1.83%	2.16%	2.76%	3.36%	4.29%	4.68%	8.17%

数据来源:《全国教育事业发展统计公报(1992—2002 年)》。

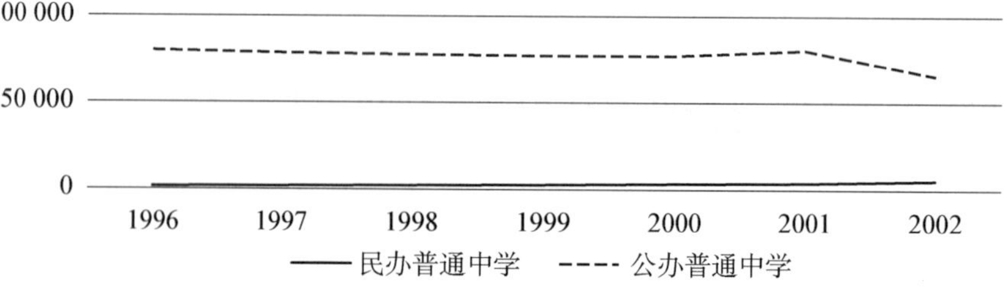

图 2-5　1996—2002 年全国民办、公办普通中学发展走势对比图

与此同时，这一时期民办义务教育阶段的在校生数占比也有所提高。民办小学在校生从1992年的5.52万人上升到2002年的222.14万人，增长了39倍。民办小学在整个小学教育阶段所占的比例在逐渐加大，从1992年的0.04%增长到2002年的1.83%。

表2-8　1992—2002年全国民办小学在校生数情况(单位：万人)

年份	1992	1994	1996	1998	2000	2002
民办小学在校生数	5.52	/	46.3	72.7	130.8	222.14
全国小学在校生数	12 201.2	12 822.6	13 615.0	13 995.4	13 013.3	12 156.7
占比	0.05%	/	0.34%	0.52%	1.01%	1.83%

数据来源：《全国教育事业发展统计公报(1992—2002年)》。

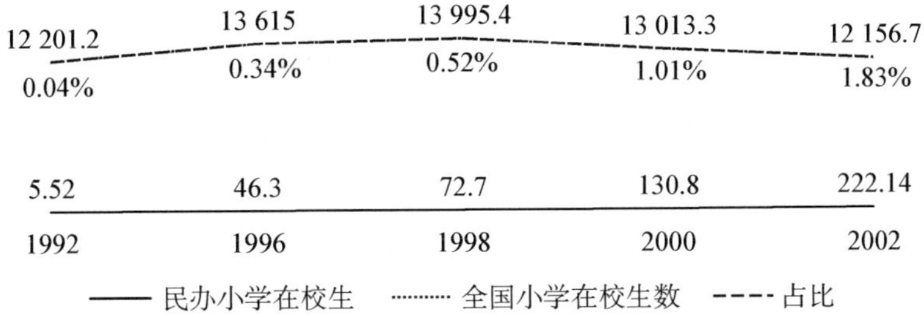

图2-6　1992—2002年全国民办、公办小学在校生数发展走势对比图

民办中学在校学生数从1996年的38.45万人发展到2002年的305.91万人，增长了近7倍，增长幅度远远大于同期全国普通中学在校生增长。随着民办普通中学在校生绝对规模的增长，其相对规模也在提升，占全国普通中学在校生的比例从1996年的0.67%提升到4.57%。

表2-9　1996—2002年全国民办普通中学在校生数情况(单位：万人)

年份	1996	1997	1998	1999	2000	2001	2002
民办普通中学在校生数	38.5	54.6	76.9	107.2	149.5	232.9	305.9
全国普通中学在校生数	5 739.7	6 017.9	6 310.0	6 771.3	7 368.9	7 836.0	6 687.4
占比	0.67%	0.91%	1.22%	1.58%	2.03%	2.97%	4.57%

数据来源：《全国教育事业发展统计公报(1996—2002年)》。

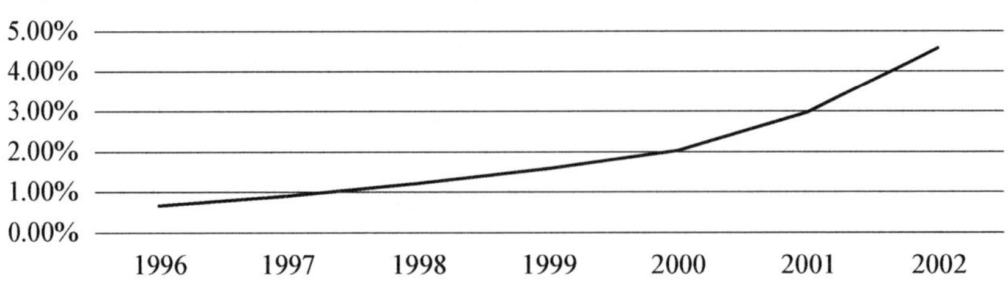

图 2－7 1996 年—2002 年全国民办普通中学在校生数占同比走势图

这一时期，与学校数及在校生数增长同步，民办义务教育阶段的教职工人数也增加较快，有力保障了这一时期民办中小学正常教育教学需要。据统计，民办小学教职工数从 1996 年的 29 383 人增加到 2001 年的 107 441 人，增加了 2. 66 倍；专任教师从 1996 年的 22 140 人增加到 2001 年的 76 122 人，增加了 2. 44 倍。

表 2－10 1992—2002 年全国民办小学教职工数情况（单位：人）

年份	1996	1997	1998	1999	2000	2001
民办小学教职工数	29 383	38 713	40 588	53 569	69 385	107 441
民办小学专任教师数	22 140	28 802	28 448	376 649	50 777	76 122

数据来源：教育部发展规划司，上海教育科学研究院编著《2002 年中国民办教育绿皮书》，上海教育出版社 2003 年版。

二、成为义务教育阶段的生力军（2003—2016 年）

自 2003 年《民办教育促进法》及其实施条例实施以来，随着各级政府对民办教育扶持力度的增强，以及社会各方面对民办教育观念认识上的转变，我国义务教育阶段的民办教育获得了跨越式发展，数量规模及特色质量都出现了历史性的变化。

（一）数量规模稳步增长

民办小学办学规模增长迅速。民办小学数及在校生数从 2003 年的 5 676 所和 274. 93 万人，增长为 2016 年的 5 975 所和 756. 33 万人。学校数增加了 299 所，增长率为 5. 3%；在校生数增加了 481. 4 万人，增长率为 175. 1%。由此可见，尽管民办学校数量增长不多，但在校生规模却大幅度增加，这说明民办小学办学能力得到了明显提高。

表 2-11　2003—2016 年全国小学及民办小学数和在校生数

年度	2003	2005	2007	2009	2011	2013	2015	2016
民办小学数(所)	5 676	6 242	5 798	5 496	5 186	5 407	5 859	5 975
民办小学在校生数(万人)	274.9	388.9	448.8	502.9	567.8	628.1	713.8	756.3
全国小学数(万所)	42.58	36.62	32.01	28.02	24.12	21.35	19.05	17.76
全国小学在校生数(万人)	11 689.7	10 864.1	10 564	10 071.5	9 926.4	9 360.6	9 692.2	9 913

数据来源:《全国教育事业发展统计公报(2003—2016 年)》。

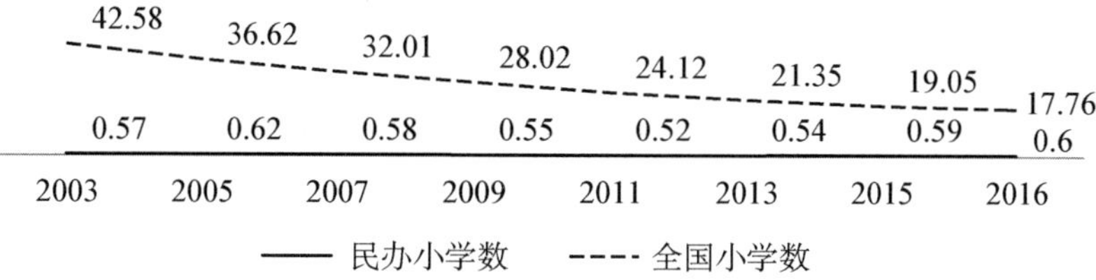

图 2-8　2003—2016 年全国小学及民办小学数发展走势对比图

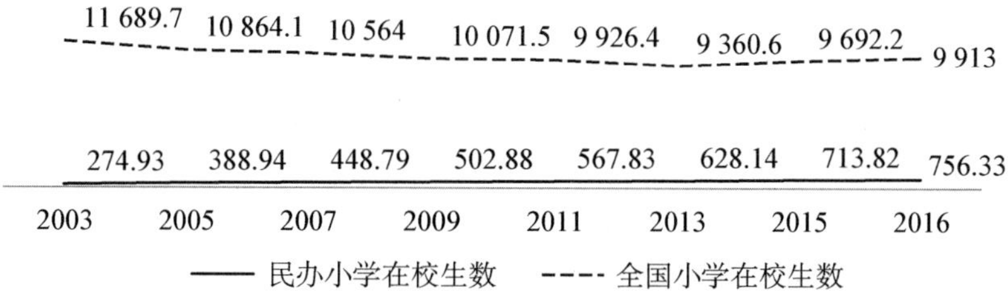

11 689.7　10 864.1　10 564　10 071.5　9 926.4　9 360.6　9 692.2　9 913

274.93　388.94　448.79　502.88　567.83　628.14　713.82　756.33

2003　2005　2007　2009　2011　2013　2015　2016

—— 民办小学在校生数　---- 全国小学在校生数

图 2-9　2003—2016 年全国小学及民办小学在校生数发展走势对比图

民办初中阶段平稳发展。2003 年,民办普通初中 3 651 所,在校生 256.57 万人;民办职业初中 53 所,在校生 2.28 万人。而到了 2016 年,民办普通初中 5 085 所,在校生 532.82 万人,其中民办职业初中数量逐年减少,已全部停办。总体上,初中阶段民办学校 14 年间规模占比增长了 8.44 个百分点。

表 2－12 2003—2016 年全国初中及民办初中数和在校生数(单位：万)

年度	2003	2005	2007	2009	2011	2013	2015	2016
民办初中数	0.37	0.46	0.45	0.43	0.43	0.45	0.49	0.51
民办初中在校生数	256.57	373.91	412.78	433.99	442.56	462.35	502.93	532.82
全国初中数	6.47	6.25	5.94	5.63	5.41	5.28	5.24	5.21
全国初中在校生数	6 690.8	6 214.9	5 736.2	5 440.9	5 066.8	4 440.1	4 311.9	4 329.4

数据来源：《全国教育事业发展统计公报(2003—2016 年)》。

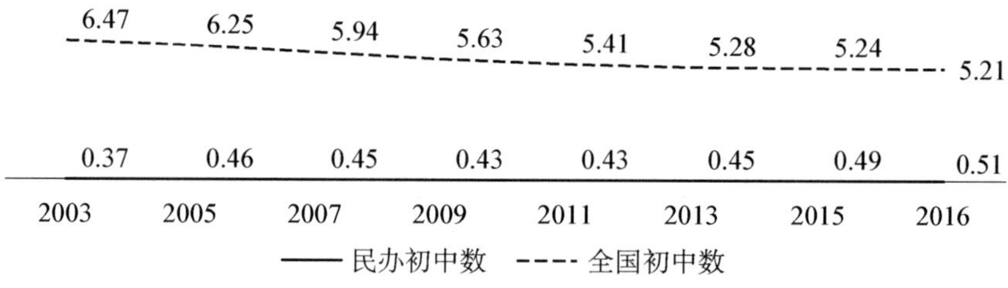

图 2－10 2003—2016 年全国初中及民办初中发展走势对比图

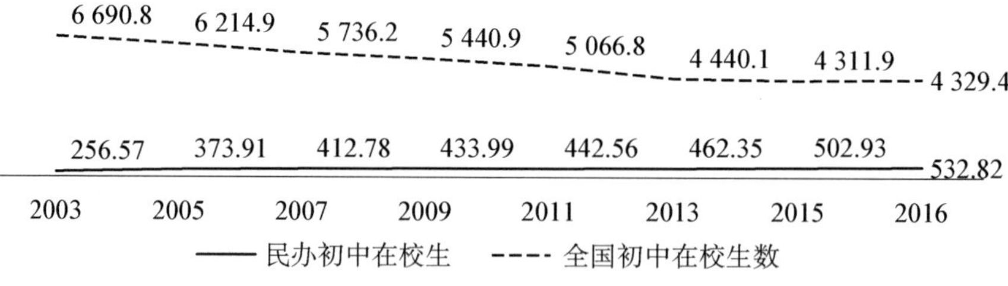

图 2－11 2003—2016 年全国初中及民办初中在校生数发展走势对比图

(二) 角色定位愈加重要

由于义务教育阶段的特性，国家实行免费义务教育。随着近年来政府对义务教育阶段公办学校不断加大经费投入，公办小学和初中逐步实现了均衡发展，整体办学质量也逐年提高。相比而言，政府加大公办学校投入后，民办学校的办学成本相对提高。总体上，义务教育阶段民办学校无论是学校数还是在校生数在全国总量中所占的比例相当有限。1998 年,全国有民办小学 2 504 所,占全国小学总数的 0.4%,在校学生 72.76 万人,占全国在校小学生总数的 0.5%。2003 年,民办小学所占比例只有 2%左右,而在校生则只占 5%左右;民办初中情况虽然好些,但学校所占比例仍仅为 7.5%左右,在校生所占比例只有 8%左右。由此可知,义务教育阶段民办教育总体偏弱,有益补充地位未变。

然而,从 2003 年至 2016 年数据变化中可以发现,义务教育阶段民办学校办学规模占比还是实现了稳中有涨。其中,民办小学数量由 2003 年的 5 676 所增长到 2016 年的 5 975 所,仅增长了 299 所,但民办小学办学规模占比在稳步提升,十年间增长了 5.28 个百分点(见图 2-12)。

图 2-12　2003—2016 年民办小学规模占比情况

与小学情况类似,初中阶段民办学校总体上也主要扮演着公办中学教育的补充角色,主要满足个性化、特色化教育需求。

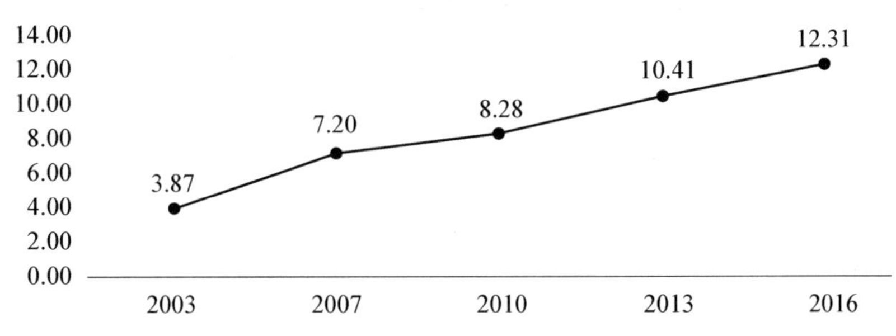

图 2-13　2003—2016 年民办初中阶段教育规模占比情况

（三）贡献作用日益彰显

民办义务教育阶段学校主要分为两种类型。一是为中等以上收入家庭子女提供多样性、选择性、差异性的教育资源，这类民办学校社会俗称为贵族型学校，具有三高特点——收费高、条件高、质量高。这类民办中小学总体数量不多，主要分布在发达地区和城镇。

除了满足高质量教育需求外，民办义务教育阶段学校还满足了大量贫困群体子女的就学需求，突出表现为外来务工子女的配套教育。流动人口子女教育反映了我国经济发展在教育发展中的一个重要问题。如何保障外来务工人员子女的教育，影响到区域经济发展人力资源的数量供给，影响到区域社会发展的稳定。原国家教育委员会、公安部于 1998 年联合下发了《流动儿童少年就学暂行办法》，第七条明确规定："流动儿童少年就学，以在流入地全日制公办中小学借读为主，也可入民办学校、全日制公办中小学附属教学班（组）以及专门招收流动儿童少年的简易学校接受义务教育。"然而，由于地方财政资金的有限性，部分流动人口基础大的地方政府很难有足够的公办资源提供给流动人口子女。事实上，许多地区的民办学校在安置农民工随迁或同住子女入学方面发挥了不可替代的重要作用。以广东省东莞市为例，2016—2017 学年，经批准开办的各类民办学校有 1 104 所（不含 1 所台商子弟学校和 3 所国际学校），占全市学校总数的 69.3％，在校生 918 573 人，占全市在校生总数的 64.6％，其中义务教育阶段民办学校在校生 61.5 万人，为全省地级以上市人数最多，民办教育的学校数、在校生数均已大幅超过公办。

三、基本教育公共服务均等化下的转型发展

民办义务教育作为公办教育的重要补充力量，在基本教育公共服务领域发挥着越来越突出的作用，其发展逐渐走向优质化、个性化、丰富化。

（一）办学质量明显提升

民间资金对民办中小学教育的投入总量不断增多。民办中小学租赁办学的现象大大减少，普遍拥有了独立的办学校园，生均占地面积大大扩大；建立了功能齐全的教学楼、实验楼、操场等，实验室和配套的教学仪器设备配置到位，住宿条件显著好转，学生的学习生活环境大大改善；功能室多媒体和现代信息技术网络布局逐渐加强，教学

手段和方式现代化水平提高。

经过40年的努力发展，我国各地均涌现出了一批注重办学质量、强化内涵建设和潜心打造品牌与特色的民办中小学，形成了与公办学校相互竞争、相互促进的优势，在社会上获得了良好的口碑和声誉。例如，2007年底，河北省先后评出各级各类民办明星校83所，对于推进民办教育整体水平的提高起到了积极作用。又如民办教育大省广东，仅东莞市就已有20所民办中小学被评为省、市一级学校，25所民办幼儿园被评为省、市一级幼儿园。

（二）教育教学改革不断深化

随着民办学校的发展壮大，质量意识逐步提高，学校开始加大对教学工作的经费投入，强化教学管理，坚持知识、能力和素质协调发展，深化人才培养模式、课程体系、教学内容和教学方法等方面的改革，实现从注重知识传授向更加重视能力和素质培养的转变，教育教学改革有了转变和成效。例如，福建西山学校推进教学改革，构建快乐优质课堂，根据全国课程改革及课堂教学改革的形势，提出了“构建快乐课堂，塑造美丽心灵”的教育理念，出台了《西山学校快乐教学课堂改革实施方案》，提出了以“快乐”为基调的符合西山自身特点的课堂模式。课堂改革中摸索出了“快乐实验法”、“快乐复习法”、“快乐大比拼”、“今天我当家”等教学方法。

上海市协和双语学校确立“东西文化融合”的办学理念，实施六大策略：中外校长共治、中外教师合作教学、中外课程互补、中外学生互动、中外环境互补、中外文化兼容并蓄。学校设置的面向本土学生的国际化课程致力于为本土学生提供优质的国际化教育及多元的升学通道，在基础学科方面，如语言（中英双语）、数学等，采用本土或国际权威的学科体系与教材；在艺体、科学和探究课程等领域，采用学校自主研发的校本双语课程；在德育方面，采用结合联合国教科文组织推荐的世界通行的美德与中华传统美德，进行主题式、实践性美德教育；除此之外，学校开设了大量的社团课程，以此满足学生个性、兴趣、特长等不同潜能发展领域与阶段的自主选择。从课程来源上来看，坚持多元规划、多元开发的理念，国家课程占该课程方案的40%，校本开发的课程占比达到30%—40%，外购课程占10%左右，另有5%左右的课程为其他社会资源性课程。

（三）学校发展重心逐步转变

目前，我国义务教育已实现免费性、普及性的基本目标。随着我国民办小学和初中规模的快速扩张，义务教育阶段的公平问题也得到了大大缓解，有学上的教育需求基本得到满足。2003 年，国务院在《关于进一步加强农村教育工作的决定》中明确指出："我国在人口众多、生产力发展水平不高的条件下，实现了基本普及九年义务教育和基本扫除青壮年文盲（以下简称"两基"）的历史性任务。"到 2005 年底，实现"两基"验收的县（市、区）总数达到 2 890 个（含其他县级行政区划单位 205 个），12 个省（直辖市）和新疆生产建设兵团按要求实现"两基"。随着全国范围内"两基"目标的基本实现和适龄入学人口的减少，义务教育阶段学校之间的生源竞争也在日渐加剧。不少民办学校开始从外延式扩张向内涵式发展转变，积极开展素质教育，提高教育教学质量。

（四）学校办学类型趋于多样

伴随着市场经济体制的深入，社会力量办学活力进一步释放，我国民办中小学发展模式、办学类型逐渐丰富化。从投资方式上看，有独资办学、合资办学、公有民办、民办公助等多种形式；从办学场地来说，有租用场地办学，有自征土地、自建校舍办学，目前主要向自征土地、自建校舍、独立土地产权的方向转变；从学段及学制上看，有单设小学或初中的，也有小学和初中一起办的，还有幼儿园、小学、初中、高中一体化的，九年一贯制和十二年一贯制的民办学校日渐增多。

专栏 2 - 2

广州华美英语实验学校：一所全日制寄宿制国际化学校

广州市华美英语实验学校成立于 1993 年 6 月，是全国唯一一所由归国留学生群体创办并直接管理，集幼儿园、小学、初中、普通高中、美国高中、中加双文凭高中于一体的全日制中英文寄宿学校，也是广东省最早的民办学校之一。

学校特色：学校秉承"兼融东西方教育文明、培育中华之现代精英"的办学宗旨，坚持"适应变化的未来，创造美好的世界"的核心价值观念，以"建精品名校，走国际化道路，树百年教育品牌"为发展战略，定位于建设优质、高端、特色的有中国根基的国际化精品名校，培养出了一大批视野超群、走向世界的精英人才。除国内普通教学班级外，还设有小学至初中的美国 GIA 系列课程、中小学德语班、中小学外籍留学生班。

学校所获荣誉：2011 年，华美小学部被评为广州市红领巾示范学校并通过复查。2013 年，广州市教育局授予华美英语实验学校“广州首批特色学校”称号。2014 年，该校正式成为中国内地首批获得剑桥官方授权的四所“剑桥英语学校”之一。2015 年，该校荣获广州市义务教育阶段特色学校称号。

——广州华美实验学校网站：http://www.hm163.com/index.php?

第三节　民办高中阶段教育：从起伏不定到稳中有进

民办高中阶段教育主要包括民办普通高中和民办中等职业学校两种类型。总体看，与其他阶段的民办教育发展特点不同，过往民办高中阶段教育的发展，一度呈现出起伏不定的特征，到现今总体上保持稳中有进的发展态势，实现了螺旋式上升。这与国家政策导向以及民办学校自身办学水平密切相关。

一、发展初期以民办中职教育为主体

在穷国办大教育的国情下，在一些财政力量暂时支持不足的领域，社会力量扮演着重要角色，其中民办职业教育首先发展起来。1992 年，国家教育委员会《全国教育事业十年规划和“八五”计划要点》提出：“为满足社会对教育日益增长的需要，要逐步建立以政府办学为主体的社会各界共同办学体制，这种办学体制大体设想为：学前教育以社会各界办学为主，中小学教育以地方政府办学为主；职业技术教育和成人教育，除部分骨干学校由政府办学外，在当地政府统筹、支持下，城市主要由行业、企业、事业单位办学和各方面联合办学，农村由多方集资办学；高等教育以中央和省、自治区、直辖市两级政府办学为主。”对于学前教育、职业技术教育和成人教育首次明确提出要以社会各界办学为主，这就意味着把学前教育、职业技术教育和成人教育的大部

分办学权下放到地方，民办学校成为其主力。而到 1993 年 2 月，中共中央、国务院印发的《中国教育改革和发展纲要》在办学体制设想上提出："在现阶段，基础教育应以地方政府办学为主；高等教育要逐步形成以中央、省（自治区、直辖市）两级政府办学为主、社会各界参与办学的新格局。职业技术教育和成人教育主要依靠行业、企业、事业单位办学和社会各方面联合办学。"

相对而言，在 2003 年《民办教育促进法》实施以前，民办高中阶段学校发展速度很快。其中，民办普通中学学校数从 1996 年的 1 467 所增加到 2002 年的 5 362 所，增长了近 2.7 倍。同期，全国普通中学则从 1996 年的 79 967 所下降到 2002 年的 65 600 所，减少了 14 367 所，而民办普通中学增加了 3 895 所。这说明了这一时期公办普通中学学校数在逐渐萎缩。

表 2－13　1992—2002 年全国民办普通中学学校数情况（单位：所）

年份	1996	1997	1998	1999	2000	2001	2002
民办中学	1 467	1 702	2 146	2 593	3 316	3 764	5 362
全国普通中学	79 967	78 642	77 888	77 213	77 268	80 432	65 600
占比	1.83%	2.16%	2.76%	3.36%	4.29%	4.68%	8.17%

数据来源：《全国教育事业发展统计公报（1992—2002 年）》。

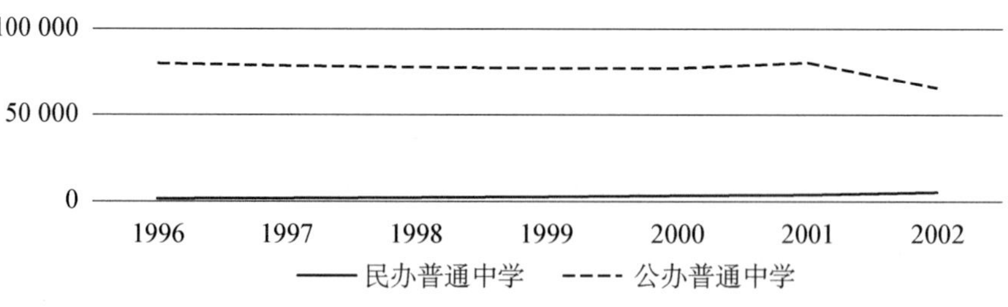

图 2－14　1996—2002 年全国民办、公办普通中学发展走势对比图

民办中学在校学生数从 1996 年的 38.45 万人发展到 2002 年的 305.91 万人，增长了近 7 倍，增长幅度远远大于同期全国普通中学在校生增长。随着民办普通中学在校生绝对规模的增长，民办学校相对规模也在提升，占全国普通中学在校生的比例从 1996 年的 0.67%提升到 4.57%。

表 2-14　1996—2002 年全国民办普通中学在校生数情况(单位：万人)

年份	1996	1997	1998	1999	2000	2001	2002
民办普通中学在校生数	38.5	54.6	76.9	107.2	149.5	232.9	305.9
全国普通中学在校生数	5 739.7	6 017.9	6 310.0	6 771.3	7 368.9	7 836.0	6 687.4
占比	0.67%	0.91%	1.22%	1.58%	2.03%	2.97%	4.57%

数据来源：《全国教育事业发展统计公报(1996—2002 年)》。

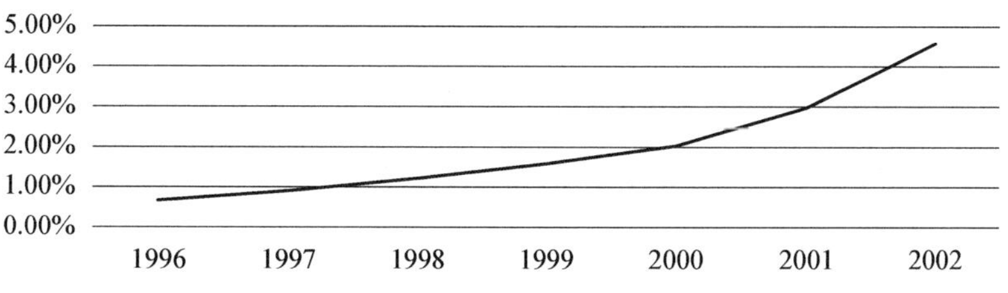

图 2-15　1996—2002 年全国民办普通中学在校生数占比走势图

与此同时，民办中等职业学校发展更为迅速。民办中等职业学校数从 1996 年的 568 所上升到 2002 年的 1 085 所，增长了 91%。占全国中等职业学校数的比例从 1996 年的 5.65%上升到 2002 年的 11.6%，呈现出较为平稳的增长态势。

表 2-15　1992—2002 年全国民办中等职业学校情况(单位：所)

年份	1996	1997	1998	1999	2000	2001	2002
民办中等职业学校数	568	689	899	950	999	1 040	1 085
全国中等职业学校数	10 049	10 047	10 074	9 636	8 849	7 802	9 353
占比	5.65%	6.86%	8.92%	9.86%	11.29%	13.33%	11.60%

数据来源：《全国教育事业发展统计公报(1992—2002 年)》。

图 2-16　1996—2002 年全国民办、公办中等职业学校发展走势对比图

民办职业中学在校生数从1996年的12.9万人增加到2002年的47.1万人，增长了2.65倍。民办中等职业学校在校生占全国职业中等学校在校生数比例从2.73%提升到10.32%，这反映了民办职业中学的影响力有所增强。

表2-16 1992—2002年全国民办中等职业学校在校生数情况(单位：万人)

年份	1996	1997	1998	1999	2000	2001	2002
民办职业中等学校在校生数	12.9	18.4	24.5	27.3	30.3	37.7	47.1
全国职业中等学校在校生数	473.2	511.9	541.6	533.9	503.2	466.4	456.4
占比	2.73%	3.59%	4.52%	5.11%	6.02%	8.08%	10.32%

数据来源：《全国教育事业发展统计公报(1996—2002年)》。

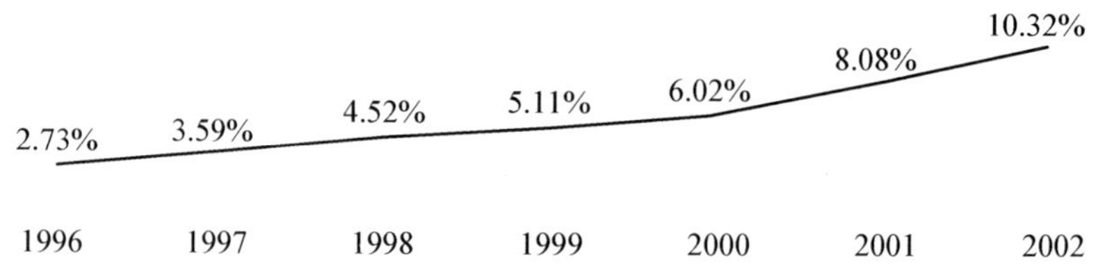

图2-17 1996—2002年全国民办中等职业学校发展占比走势图

2001年的数据显示，全国民办职业中学中，城乡分布差距较大。在民办职业高中阶段，农村地区的学校占据主导地位，高达近80%，远远超过城市和县镇的民办职业高中学校数量。而在民办职业初中阶段，农村地区的比例则相对较低，城市的民办职业初中占据多数。由此看出，在不同民办职业类型中，城市与农村形成了较为鲜明的对比。

表2-17 2001年全国民办职业中学区域分布比例表

区域	民办职业高中		民办职业初中	
	学校数占比	在校生数占比	学校数占比	在校生数占比
城市	3%	3%	63%	43%
县镇	18%	19%	10%	35%
农村	79%	78%	27%	22%

数据来源：教育部发展规划司，上海市教育科学研究院编著《2002年中国民办教育绿皮书》，上海教育出版社2003年版，第17页。

二、进入新世纪民办高中教育稳中有进

进入21世纪后，高中阶段民办教育的占比在不同年份也有所起伏，但总体上呈稳中有进态势，实现了螺旋式上升。总的来看，高中阶段民办教育在校生规模的占比仍然逐年增长。其中，全国民办普通高中学校数及在校生人数分别由2003年的2 679所和141.37万人，变化为2009年的2 670所和230.13万人，学校数虽基本持平，但在校生人数及校均在校生规模分别增长了62.79%和63.35%。到2016年，民办普通高中达2 787所，在校生279.08万人。十四年间，民办普通高中办学规模增长比例达到94.66%，占全国普通高中的比例增长了4.59个百分点(见图2-18)。然而，在2007—2013年，其办学规模占比存在一个稳定调整时期，这一时期民办普通高中数量在全国总量中所占的比例都在18%左右，而在校生所占的比例也只有9.5%左右。此时，民办普通高中招生之所以遇到一定困难，是因为在大中等城市，政府不断推进示范性公办高中建设，示范性高中数量逐年增加，而且办学质量优于民办高中；在小城镇，推行的则是扩大重点高中的招生规模，五六千人甚至更大规模的优质公办高中不断涌现。在生源逐年减少的背景下，民办高中在校生自然就呈减少趋势。此后，随着办学质量不断提升，民办普通高中的占比又逐渐提升。

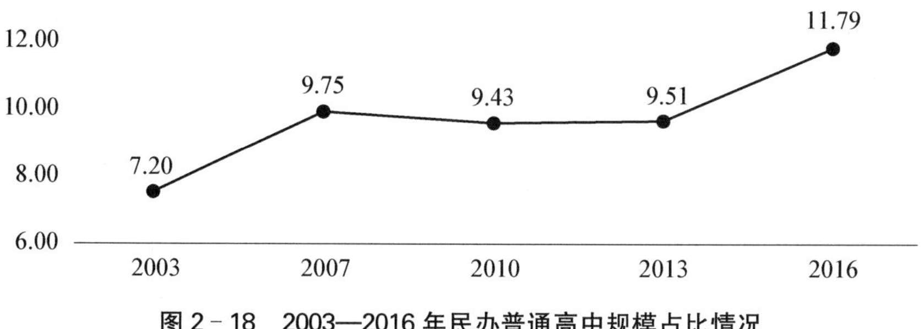

图2-18　2003—2016年民办普通高中规模占比情况

而民办中等职业学校则呈现出不同的发展态势。随着国家鼓励民办中等职业学校政策的推动，民办中等职业学校曾有一个发展黄金期，全国民办中等职业学校及其在校生人数分别由2003年的1 377所和79.31万人，发展到2009年的3 198所和318.1万人，分别增长了132.24%和301.08%，是所有教育类型中增长最快的。然而从2010年后，随着就读公办中职院校免费政策的实施及就业形势恶化、升学渠道不畅

等因素影响，加之办学资金短缺、教师流失严重等，导致此后全国民办中等职业教育形势不容乐观，发展空间受到挤压。到 2016 年，民办中等职业学校 2 115 所，在校生 184.14 万人，相比 2003 年，民办中等职业学校数和在校生数增长比例分别仅为 53.04%、131.9%，相对以前增速明显变缓。当前，民办中等职业学校办学规模占比进入一个稳定期(见图 2-19)，总体上十四年间民办中等职业学校办学规模占比仅增加了 5.2 个百分点。

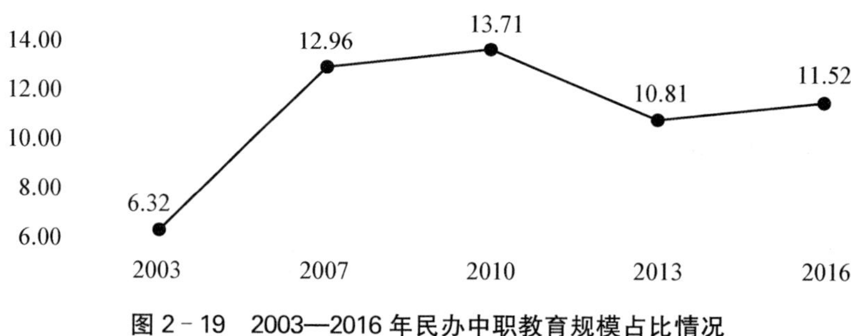

图 2-19　2003—2016 年民办中职教育规模占比情况

三、高中教育普及化驱动下的特色发展

随着我国高中教育的普及化，民办高中教育所承担的角色与发挥的作用在不断转变，加快建设优质、多样化、国际化的民办高中成为发展的重要特征。

(一) 发展模式逐步多样化

受不同区域、不同经济发展特点等因素的影响，我国民办高中教育发展模式具有明显的区域多样化特点。如，上海市民办普通高中创建与发展的特点是“政府资助力度较大”，主要包括两种类型：一是由个人、企业或团体筹集一定的启动资金，向政府教育部门或其他部门租赁、借用一定的校舍、场地而开办的民办高中；二是由政府拿出一部分公立高中(主要是办学条件较差的学校和城乡接合部的新建学校)，交给指定的个人或团体承办。这两种类型占上海市民办高中的 90%以上，政府都给予了实质性的有力资助。又如，浙江省民办高中的办学特点是“社会集资办学”，其办学经费主要来自学生家长、社会、乡(镇)、村集资、借贷、融资以及学费等。如乐清兴乐高级中学，当时由 10 名办学者集资 500 万元、借贷 456 万元、家长捐资 256 万元，共筹资

1 212 万元，建成了占地 40 亩、校舍面积 1.3 万平方米、教育设施齐全的千人规模高级中学。再如，天津市民办高中的特点是“借鸡生蛋”，即以公办重点为依托举办民办高中。1994 年，天津有四所公立重点中学举办了四所民办中学，这些民办中学有独立校名、独立账户、独立组织和独立法人，但创办初期没有独立的师资队伍与教育设施，而是与公立重点中学共用师资和设施。20 世纪 90 年代末，天津市政府提出了“政府投入为主，盘活现有资源，争取社会支持，科学利用贷款”的投资机制，建成了一批高标准的高中学校，其基础和建设思路与“借鸡生蛋”的民办高中发展有着密切关系。①

（二）国际化办学开始崭露头角

这一时期，民办高中学校总体上进入稳定发展阶段，地位基本确立，其存在已经不是公办教育的有益补充，亦不是为了弥补国家教育经费不足，因此，关注特色、满足老百姓对中小学教育的选择性要求成为民办高中学校的发展思路。学校需要对每一个学生负责等已经成为办学的主流观念，部分学校已经能做到主动关心学生，满足学生和家长的教育服务需求。学校管理方面，随着经营理念的引入，校长的办学行为也发生了很大变化，追求办学质量和特色、面向市场办学、积极应对生源市场变化，已成为办学者的自觉意识和行为。

在未来多元开放的教育新格局中，国际化办学将是民办高中学校特色发展的重要一环。民办高中学校应利用其体制机制优势在公办学校不擅长或不能为的领域取得探索突破，如高中阶段的国际课程引进等。目前在这方面已经取得一些成绩，民办普通高中引进的国际课程体系已近 20 种，如国际文凭大学预科课程（IBDP）、美国高中课程、英国高中课程、加拿大高中课程（BC 省课程或安大略省课程）、澳洲课程、日本等国家课程。而且，他们通过 IBO、CITA、WASC 等国际教育认证机构的认证，教学质量被国际认可，提升了我国民办学校在国际上的知名度，还为未来教育服务输出打好了坚实基础。此外，很多民办高中与外国学校结成姐妹校关系，通过参加国际竞赛、参与国际项目、海外游学等途径，促进师生交流互访，交换学习。

---

① 教育部发展规划司，上海教育科学研究院编著：《2002 年中国民办教育绿皮书》，上海教育出版社 2003 年版，第 72 页。

(三) 特色发展日益成为主流趋势

在民办高中教育发展初期，尤其在应试教育大环境下，出色的考试成绩就是学校最大的"特色"。这种办学切入点和模式的趋同性，为民办高中的持续发展造成了不良影响。比如，一些高中阶段民办中职学校依靠规模扩张完成原始资本积累，但随着适龄人口数量的减少或者国家免费中职政策的实施，这些学校面临招生困难、办学经费短缺等问题，甚至最终倒闭，归根到底是单一的规模发展模式导致学校的核心竞争力不强。另一方面，在经济社会转型的新时期，由于社会利益群体和社会价值取向的不同，教育需求也呈现出多元化的特征。民众的教育需求既包括基本、普惠、公共的教育需求，也包括额外、差异性的教育需求。理论和实践都证明，相对标准、单一的教育服务远不能满足家长多元化、个性化的教育需求。这也就意味着，在未来，民办高中学校单单靠升学成绩并不能满足人们的多元化教育需求。总体来说，民办高中阶段学校应该树立对每一个学生负责的办学观念，主动关心学生和满足学生的教育服务需求，如重视学生艺术素养、社会交往及国际视野等全方位的发展；在学校管理与运营方面，随着经营理念的引入，学校决策层应该树立特色发展、错位竞争的理念，面向市场办学，积极应对生源市场变化，以质量提升和品牌建设作为学校发展的核心竞争力。

专栏 2-3

上海世界外国语中学走本土国际教育之路，育具中国心的"世界人"

上海世界外国语中学自编英语教学大纲，引进原版教材，采用小班化教学，积极营造外语氛围，连续数年在市初中英语竞赛中获得佳绩，成为上海市一流的外语特色学校。其办学目标是建成一流的外语特色的国际化学校，是国际和跨地区鉴证委员会(CITA)及美国北中部学校联盟—学校改进和认证委员会(NCACASI)正式校，是全国外语教研工作示范学校，也是上海本地学校中唯一一所同时拥有国际文凭初中(MYP)和国际文凭大学预科课程(DP)的 IB 成员校。

世外中学为了满足学生的多元需求，开设了国家课程、多元课程和国际文凭课程三大系列。这三大系列均经过了校本化建设，只是校本化的侧重与方法各异。

其中，国家课程重在校本实施。基础课程中包括中考考试科目和非考试科目。对于语数外、综合理科等考试学科，学校以增效减负为基本原则，围绕课标，在既有教学改革进度下进行了深化与创新。而非考试科目也以国家课程要求为核心进行全面重构，开发成校本创新课程。艺体课则借鉴了IB课程理念，在评价方案上做变革；地理、科学则在实施国家标准基础上，增加语言难度，编订双语教材与练习册，并进行了双语课堂的有效性研究。

学校的多元课程是世外独有的，其目的在于帮助学生拓展并探究多元文化，增进多元理解。它包含二外、通识、活动、特色四大板块。“二外”强化了学校的外语教学特色，德、日、法、西等多语种特色得到充分展示；“世外星空”的通识教育能够更好地适应学生个体兴趣，实现学习效益的最大化；活动课程指世外传统的四大节日、学科活动，活动课程的目的是给予学生更宽广、更综合的实践创意平台，让学生通过多种形式的项目策划、艺能展示来实践在基础、创新和其他多元课程中习得的知识和能力。而特色课程则指棋牌特色班与世外常规的各学科竞赛特色班。

至于国际课程系列，则指IBMYP（11—15岁学生）、IBDP（16—18岁学生）系列。学生可以根据自己的学习情况，从MYP连续读到DP，也可以选读其中一种。其中IBMYP课程重在引导学生进行整体化和综合性学习。世外在保持IB课程要求前提下，对部分课程也进行了本土化改造，要求全体MYP学生在完成9年级课程时能达到国内初三学生优良水平。此外，世外MYP课程为学生提供了丰富多彩的课外拓展课程。IBDP课程由六学科组和三门核心课程构成。学生从每组课程中选读1门，第六组可不选，而从前五组中再多选1门。要求6门课程中至少3门选高级水平。

然而“国际化”课程融合任重而道远。学校境内课程、双语课程和IB课程的发展定位和相互融合有待进一步研究。在国际化教育背景下，如何深入理解学校国际课程建设，促进学校本土课程质的提升，进一步改善教育理念、改进教学方法、提高教与学的效益，是世外今后的努力方向。

资料来源：李宣海，高德毅，胡卫等主编《上海民办教育发展的实践探索与理论思考》，科学出版社2015年，第141—146页。

第四节 民办高等教育：从外延扩张到内涵发展

在民办教育的双峰结构中，民办高等教育承担着重要一端。我国民办高等教育的快速发展，迅速扩大了高等教育资源总量，为实现高等教育大众化发挥了重要作用。经过多年改革发展，已经涌现出一批办学理念端正、专业富有特色、教育质量过硬的民办高等学校，较好满足了人民大众多元化的高等教育需求。总的来看，随着高等教育适龄人口的变化，我国民办高等教育从 20 世纪 90 年代初中期的缓慢发展，到 1999 年第三次全教会召开后的"井喷式"跃进，到目前已从过往的外延扩张型发展转向内涵提高式发展。

一、依托后发优势快速崛起

高等教育自学考试制度的确立，为我国民办普通高等学校的创建提供了制度激励。1982 年 3 月，由老一辈革命家和教育家聂真、范若愚等创办的中华社会大学经原北京市成人教育局批准成立。1982 年 12 月，全国人大五次会议通过的《宪法》第十九条第四款规定："国家鼓励集体经济组织、国家企事业组织和其他社会力量依照法律规定举办各种教育事业。"这为我国民办教育的发展奠定了合法性根基。此后，全国各地先后出现了一批以自学考试、文化补习和职业培训为主要办学形式的非学历教育机构。

1984 年 3 月，在北京诞生了全国第一所国家承认学历的民办高校——北京海淀走读大学。同年，邓小平同志为北京自修大学题写校名，彭真同志为中华社会大学题写校名。中央高层领导人的非正式支持和参与，极大鼓舞和振奋了民间兴办教育机构的热情，产生了积极的号召作用。例如，1984 年成立的北京人文函授大学，曾经在 1987 年创下一个专业年招生 25 万学员的纪录。① 据统计，2000 年在 37 所具有颁发学历文凭资格的民办高校中，有 11 所创办于 1984—1985 年，包括北京海淀大学、邕江大

---

① 王文源：《中国民办教育：在理想与现实之间》，北京出版社 2007 年版，第 2 页。

学、梁山大学、中原职业学院、黄河学院、湖北函授大学、天津联合业余大学等。[①]

1986年通过的《义务教育法》规定："国家鼓励企业、事业单位和其他社会力量，在当地人民政府统一管理下，按照国家规定的基本要求，举办本法规定的各类学校。"1987年，国家教委颁布《关于社会力量办学的若干暂行规定》，指出："社会力量办学是我国教育事业的组成部分，是国家办学的补充。各级人民政府及教育行政部门应鼓励和支持社会力量举办各种教育事业，维护学校正当权益，保护办学积极性，在条件允许的情况下，尽力帮助解决办学中存在的困难，对办学成绩卓著者给予表彰和奖励。"从1987年到1991年底，全国民办高等学校及民办高等教育机构数量从370所增加到450余所。

到了20世纪80年代末，民办学校在整个教育体系中已达到一定的规模。据1989年有关资料统计，京、津、沪等十几个城市，经教育行政部门批准的各种民办学校已有2 000多所，在校学生达300多万人。[②] 与中学后非学历教育阶段的民办学校发展相比，这一时期其他阶段学历教育的民办学校发展相对较为缓慢，学校数量不多。截至1991年底，全国有民办小学学校数655所，在校生数仅占整个小学教育阶段在校生总数(2 072.74万人)的0.02%；民办中学(初中、高中)学校数544所，在校学生数仅占整个初中教育阶段在校生总数(3 960.65万人)的0.19%；民办幼儿园数12 091所，在全国幼儿园总数中只占7.35%，在园幼儿数占全国幼儿园在园幼儿总数(2 209.29万人)的1.7%。这些数据表明，在学历教育阶段，民办学校所提供的学位资源相对有限，在整个学历教育阶段所占的比例极低。

1993年，国家教委出台《民办高等学校设置暂行规定》，指出"民办高校是我国高等教育事业的组成部分"。该规定明确指出，民办高等学校及其教师和学生享有与国家举办的高等学校及其教师和学生平等的法律地位。民办高等学校招收接受学历教育的学生，纳入高等教育招生计划。学生毕业后可自主择业，国家承认学历。1997年7月，国务院发布《社会力量办学条例》，规定："国家严格控制社会力量举办高等教育机构。"这是我国民办教育的第一个行政法规，它适当控制了1992年以来民办高等

① 刘莉莉：《中国民办高等教育发展的研究》，吉林人民出版社2002年版，第29页。
② 胡卫等：《民办教育的发展与规范》，教育科学出版社2000年版，第13页。

教育过于迅速的发展态势，标志着民办高等教育进入了依法规范的新阶段。此条例的颁布实施，为规范社会力量办学、依法治教，提供了可操作的法规依据。

然而，1998年《高等教育法》第三十九条则规定："社会力量举办的高等学校的内部管理体制按照国家有关社会力量办学的规定确定。"这以法律形式确认了民办高等学校的地位，排除了对民办教育办学范围的不合理限制，鼓励社会力量依法举办高等学校。1999年1月，国务院批转教育部《面向21世纪教育振兴行动计划》，首次提出要"转变把教育投资作为消费性投资的观念，要切实把发展教育作为基础设施建设，把教育投资作为一种基础性的投资"。该计划中第三十条提出"鼓励和支持社会力量办学"，这说明国家已认识到教育在经济增长中所起的越来越重要的基础作用和推动作用，以及在扩大内需和延缓就业等方面的重要作用。

2002年，全国民办高等教育机构共有1 335所，其中，民办普通高等学校数从1992年的6所发展到2002年的133所，增加了21倍，尤其是2000年后，增速明显。究其缘由，一是1999年我国开始实施的高等教育扩招政策。在公办高等教育资源容量有限的情况下，急剧增加的高等教育入学人数为民办高等学校的扩张提供了难得的发展机遇和空间。随着民办普通高校数量的增加，其在全国普通高校总数中占的比重也越来越大，从1992年的0.57%上升到2002年的9.53%。

表2-18 1992—2002年全国民办普通高校数情况(单位：所)

年份	1992	1994	1996	1998	2000	2002
民办普通高校数	6	16	21	22	42	133
全国普通高校数	1 053	1 080	1 032	1 022	1 041	1 396
占比	0.57%	1.48%	2.03%	2.15%	4.03%	9.53%

数据来源：《全国教育事业发展统计公报(1992—2002年)》。

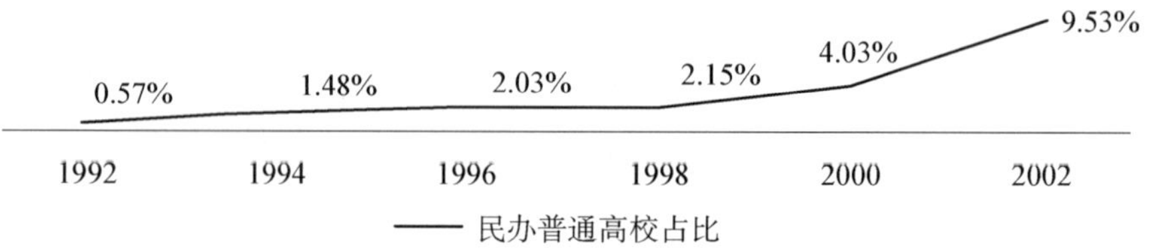

图2-20 1992—2002年全国民办高校数占比走势图

1996 年至 2002 年，民办普通高校在校生数呈逐年增长态势，尤其是 2000 年后，在校生总规模成倍增长，其增长速度远远超过同期全国普通高校的在校生规模增长幅度。民办普通高校在校生占全国普通高校在校生的比例从 1996 年的 0.4%增长到 2002 年的 3.54%。

表 2－19　1996—2002 年全国民办普通高校在校生数情况（单位：万人）

年份	1996	1997	1998	1999	2000	2001	2002
民办普通高校在校生	1.21	1.61	2.22	4.02	6.83	14.03	31.98
全国普通高校在校生	302.1	317.4	340.9	413.4	556.1	719.1	903.4
占比	0.40%	0.51%	0.65%	0.97%	1.23%	1.95%	3.54%

数据来源：《全国教育事业发展统计公报（1996—2002 年）》。

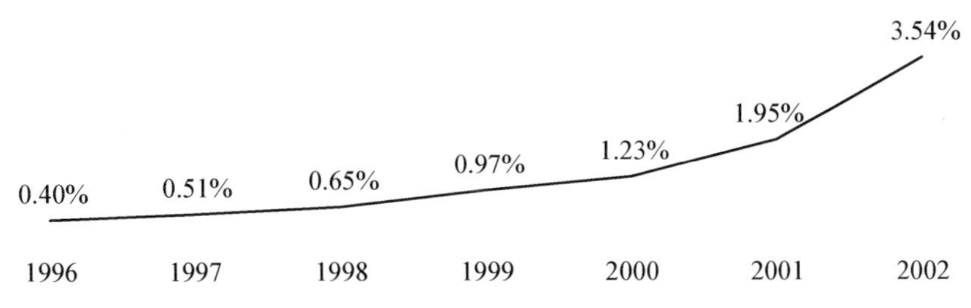

图 2－21　1996—2002 年全国民办高校在校生数占比走势图

数据显示，全国民办普通高校专任教师数从 1996 年的 887 人增加到了 2001 年的 12 172 人，增加了近 13 倍。其中，教授从 1996 年的 106 人增加到 2001 年的 1 898 人，增长了 1 690.6%；副教授从 1996 年的 356 人增加到 2002 年的 3 186 人，增长了 794.9%。在年龄上，与 1996 年相比，30 岁以下的教职工所占比例增加了 10%，60 岁以上的教职工所占比例减少了 8%，这说明民办高校的教职工队伍年龄结构、职称结构有所优化。

表 2－20　1996—2001 年全国民办高等学校专任教师情况（单位：人）

年份	合计	教授	副教授	中级	初级	无职称
1996	887	106	356	237	155	33
1997	988	111	394	266	159	58
1998	1 369	161	481	417	249	61

续 表

年份	合计	教授	副教授	中级	初级	无职称
1999	3 354	372	1 051	1 064	630	237
2000	5 895	668	1 702	1 743	1 215	567
2001	12 172	1 898	3 186	3 264	2 661	1 163

数据来源：教育部发展规划司，上海市教育科学研究院编著《2002 年中国民办教育绿皮书》，上海教育出版社 2003 年版，第 19 页。

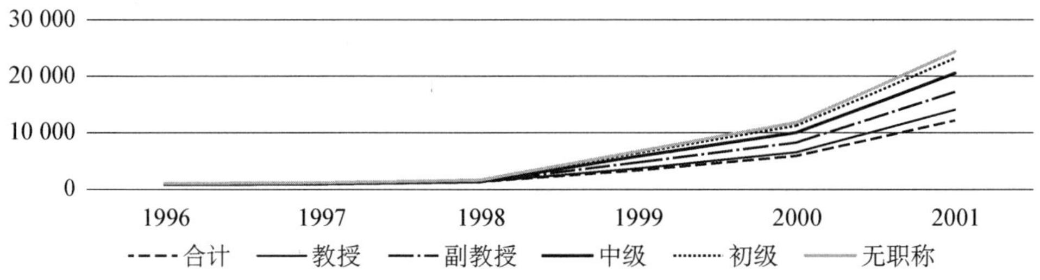

图 2－22　1996—2001 年全国民办普通高等学校专任教师职称情况变化趋势

二、大众化进程中的蓬勃发展

进入 21 世纪后，受高等教育扩招政策的影响，我国民办高等教育呈现蓬勃发展态势，取得了相当大的发展成就。全国民办普通高等学校及其在校生人数分别由 2003 年的 175 所和 81 万人，发展到 2009 年的 336 所和 204. 77 万人，分别增长了 92％和 152. 8％；到 2016 年，全国民办高校有 742 所（含独立学院 266 所），在校生 634. 06 万人。十四年间，民办高校办学规模增长了 682. 8％，占比增长了 16. 21 个百分点（见图 2－23）。

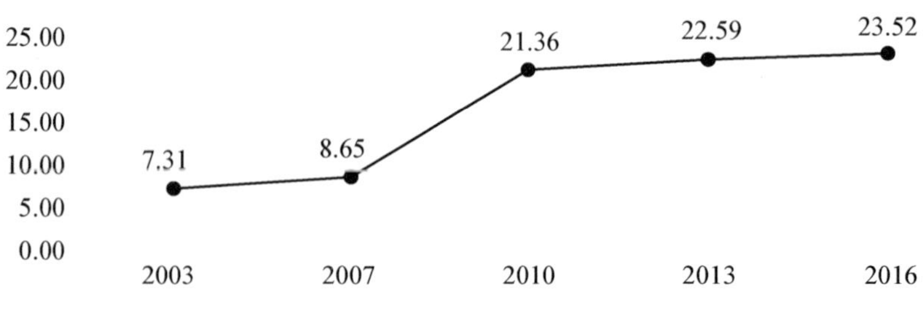

图 2－23　2003—2016 年民办高校办学规模（本专科）占比情况

民办高校蓬勃发展的主要原因有三个方面：一是随着经济的进一步全球化，人才特别是创新型人才在一个国家发展中起着决定性作用。我国作为一个人口大国，要实现经济持续稳定发展，必须向人力资源强国迈进。高等教育在推进我国由人口大国向人力资源强国转变的过程中具有决定性的作用，这对于高校教育来说，是一个重要的历史机遇。二是近年来，不少地方政府加大了对民办高校的财政资助力度，如陕西省还专门出台了相关政策文件。三是广大民众对教育特别是高等教育有着旺盛需求，在公办高校招生门槛相对较高的背景下，民办高校成为相对次优的选择。

民办高校获得硕士研究生招生资格意味着民办学历教育涵盖从基础教育到研究生教育的所有教育层级。2011 年 10 月，北京城市学院、西京学院、吉林华桥外国语学院、河北传媒学院、黑龙江东方学院 5 所民办高校通过教育部审批，正式获得研究生招生资格，标志着民办高校办学层次进一步提升，打破了过去研究生招生由公办高校、科研院所垄断的单一格局。2012 年秋季，155 名首批硕士研究生入学，2014 年，硕士研究生在校生达到 408 人。此外，办学层次的提高还体现在民办本科院校数量的持续增长，到 2015 年 5 月，民办本科院校达到 416 所，六年间增长比例为 12.13%。

三、从高速增长迈向高质量发展

2016 年，我国各类高等教育在校人数总规模达到 3 699 万人，高等教育毛入学率达到 42.7%。根据美国高等教育专家马丁・特罗的三阶段理论，我国高等教育已经进入后大众化阶段，处于大众化向普及化过渡时期。随着高等教育大众化的推进，尤其是经济社会的快速发展以及人们对高等教育需求的不断高移，加强内涵建设、提升高等教育质量成为我国高等教育发展的主旋律。对民办高等教育来说，外延式扩张的规模发展已成为过去式，提升民办高等教育质量和特色迫在眉睫。

（一）在规范化治理中提升办学层次

规模发展与规范办学是我国民办高等教育发展的两条主线。我国民办高等教育的办学规模实现了大突破，同时，民办高校在规范办学上不断进步，经历了从不规范到逐步规范、从个人资本治理到共同治理、从单一治理模式向多元治理模式、从学校一级治理到校院二级治理等方面的转变，基本形成了与举办者相适应的内部治理架构和董事会制定决策、校长执行决策、教师和学生代表监督执行为基本特征的内部治理格局。

具体而言，集中体现在：一是董（理）事会制度逐步得到建立。绝大多数民办高校都按照《民办教育促进法》的要求设置了董（理）事会制度，且通过学校官网向社会公开董（理）事会成员基本信息。董（理）事会多数都能正常运行，其宏观决策职能得到强化，而且董（理）事长与校长之间的关系基本明晰，董（理）事长兼任校长的现象逐步消失，校长职业化程度和自主办学权均有所提高。二是权力制衡机制逐步显现，在制约董（理）事会尤其是董（理）事长揽权方面，有些民办高校设立了监事机构，专门负责监督董（理）事会正确行使职权，做到不独权、不越权。在制约校长行使权力方面，有些民办高校除了设立党委机构外，还专门设立了监察委，设置总校监和副总校监等岗位；有些民办高校设立了校务委员会。在制约行政权力方面，有些民办高校成立了学术委员会、学位评审委员会和教学委员会等学术权力机构。有些民办高校在机构设置方面，还充分体现了行政权力与学术权力之间的平衡，分别按照行政服务和学术服务两个体系来布局。三是教职工和学生的权益开始得到重视，大部分民办高校都设置了教代会、学代会等民主管理机构履行师生建言献策职责。教师逐步在学科专业建设及资源配置领域掌握了更大的发言权，部分高校形成一定的制度来保障学校教师行使学术权力，尤其是提高普通教师在学校管理与建设中的参与度，要把其作为学校增强竞争力、凝聚力的重要手段，部分学校还能够在教代会之外，设立更多的通道和途径，让教师参与学校建设的各类决策与建议。

民办高校的规范化、专业化管理还体现在对职业校长的大力引进。一些高校探索具有民办特色的校长遴选机制，通过制定民办特色的校长准入制度吸纳了更多有才能的专业人士进入民办高等教育领域，并制定以能力为基准的任期制，保障职业校长实现办学抱负和理想，如西安外事学院通过全球公开招聘，招聘了历任印第安纳州立大学文理学院教授委员会主席、中国旅美社会科学教授学会常务副会长、中国留美经济学会学术出版委员会主席、中国留美经济学会会长、四川大学副校长、四川大学锦江学院院长、四川大学经济发展研究院院长等职的陈爱民担任校长。一些民办高校注重对校长的大力培养，如刘林成长为一名优秀的职业校长离不开北京城市大学的大力培养，在学校有意识的培养下，刘林担任校长前在学校重要岗位进行轮岗锻炼，先后任高等职业技术学部副主任、主任，信息学部主任，校长助理兼招生就业办主任，副校长兼大学城校区主任，党委副书记，常务副校长兼本科筹办办公室主任等职务。

进入21世纪后，为更好促进和规范民办高等教育的发展，按照党和国家的工作部署，教育部会同有关部门出台了不少政策文件，实施了一系列重要举措。比如为贯彻落实《国务院关于鼓励和引导民间投资健康发展的若干意见》（国发〔2010〕13号）和《国家中长期教育改革和发展规划纲要（2010—2020年）》精神，教育部于2012年上半年出台了《关于鼓励和引导民间资金进入教育领域促进民办教育健康发展的实施意见》（教发〔2012〕10号），明确提出了包括完善民办学校办学许可制度、清理并纠正对民办学校的各类歧视政策以及支持高水平有特色民办学校建设等一系列政策措施。受惠于此政策，一批民办高职得以升格为本科院校，5所民办高校获得专业硕士学位教育举办权。

（二）在转型发展中提高教育质量

进入21世纪头十年以来，民办高等教育资源总量出现阶段性过剩，部分民办高校因招生不足面临生存难题。由于受人口出生规律影响，近阶段我国高等教育适龄人口连年持续下降，已从2009年的峰值11 736万人，下降到2016年的9 691万人，七年间减少了2 045万人，而且这一下降趋势预计直到2024年才会探底。受此牵累，最近几年无论是本专科生还是研究生，都遇到了严重的招生困难，甚至连河南、广东、山东等人口大省的民办高校都无法完成招生计划，而其中最突出的就是民办高职高专院校。当前，部分民办高校因生源锐减，正面临严峻的生存挑战。可以预见，随着我国高等教育毛入学率的继续增长，民办高校的生源危机还将持续发酵。由于办学资金主要依赖学费收入，招生不足必然导致部分民办高校教学有效投入不足，影响了教育质量的提高。在此情况下，民办高校的存量调整和增量增长，都必须也只能走内涵式发展道路，也即要从过去"圈地皮、跑码头"式的外延扩张和规模增长，转向注重内涵建设和质量提高上来。如《中共中央关于全面深化改革若干重大问题的决定》和《现代职业教育体系建设规划（2014—2020年）》都明确提出，"引导一批普通本科高等学校向应用技术类型高等学校转型，重点举办本科职业教育。独立学院转设为独立设置高等学校时，鼓励其定位为应用技术类型高等学校。"

对此，不少民办高校克服"等靠要"思想，将"眼睛向下，苦练内功"作为民办高校提升办学质量的重要抓手，核心举措体现在：一是不断提升师资水平，双师型队伍建设成效初显。专兼结合是民办高校师资队伍的重要特征，通过引进高学历、年轻的教师，一定程度上改善了民办高校专职教师的年龄结构、学历结构、职称结构、能力水平，而且不断加强自有年轻教师的培养力度，通过教师行业职业资格标准制定、校企合作项目、企业培训任务承担、参与或者指导学生参与行业竞赛及教师绩效制度设计等举措，激励年轻教师前往企业学习，不断加快年轻教师的成长速度。此外，不少民办高校广泛地从企业招聘兼职教师，通过开展校企联合招生、联合培养，吸收企业工程技术人员、高技能人才担任专兼职教师，部分学校还将具有一定职业等级证书和工作年资的教师聘为校内教授，在课酬方面和其他教师享受同等待遇；也有学校尝试与行业企业共建共管二级学院，校企共同治理，让企业工厂直接成为教学场所，企业专业技术人员成为学校教师，彻底畅通企业人员兼任教师的通道。二是各类民办高校不断推动人才培养模式的创新。人才培养模式初步实现了以学术要求为中心向以岗位能力要求为中心的转变，集中体现在人才培养方向与行业需求的对接、人才培养规格与工作岗位要求（职业标准）的对接、教学过程与生产过程的对接、毕业证书和职业资格证书的对接。在一些高水平的民办高校，应用能力已成为构建学生知识、能力、素质结构与培养方案的主线，而且在人才培养过程中注重校企合作，工学交替，突出实践教学，考核方式上体现能力本位的导向。三是不断根据市场需求调整专业，提高了人才培养的适配性。民办院校在社会急需专业、紧缺人才专业的培养上作出了贡献，通过不断调整专业设置服务区域经济社会发展，并提高了毕业生的专业对口就业率。比如有的学校根据城市老龄化显著的特点，布局养老服务等相关学科；有的学校关注小微企业的需求，培养了懂技术、懂英语，动手能力强，能在一线工作的复合型人才。未来，民办高校要集中力量办好一批与区域经济结构匹配度较高的应用技术型重点学科和特色专业，建设若干有一定办学优势和特色的、具有良好发展前景和产生显著社会经济效益的专业群，促进学科专业交叉融合，实现专业群与区域产业链的整合。

（三）在错位竞争中注重特色培育

错位竞争是民办高校必然的战略选择，而核心竞争力培育则主要依靠民办高校体制机制创新，形成自己的特色发展道路。特色办学理念是一种软资源、软实力，是民办高校办学的灵魂和指南针，决定了民办高校的发展定位和战略选择价值导向。总体来说，各类民办高校都非常注重在校训、校风、校规、校歌、办学宗旨、培养目标、学风建设、校园文化等方面凝练办学特色。与传统公办院校不同，民办高校的办学宗旨逐步淡化科学研究的职能，紧紧围绕人才培养的核心功能展开，并辅以服务社会的职责，在人才培养基础上强化公益办学，以学生为本，注重学生的德育教育。

各校特色创建取得了相应的成效，很多学校将特色的专业群建设作为学校特色定位的一个重要抓手，作为从趋同化办学向特色化办学转变的关键。很多民办高校都形成了颇具特色的专业，举例而言，如高职办学层次的四川标榜国际学院坚持“大美与大健康教育”理念创新，设置了“人物形象设计”、“医学美容技术”等专业，赋予了各专业特色鲜明的产业价值和时代感，使其独具竞争力；杭州是我国著名的旅游城市，也是阿里巴巴和淘宝的总部，因此浙江树人大学设置了“茶文化”的专科专业，在旅游管理本科专业设置为“休闲与餐饮管理方向”，新闻传播本科专业设置为“网络传播方向”；宁波财经学院（原宁波大红鹰学院）面向新兴海洋经济产业设立大宗商品商学院，培养大宗商品行业专业人才，面向民营企业财富管理与传承，培养创业人才、中小企业管理人才和家族财富管理人才，面向互联网新业态，培养社交网络与应用、移动电子商务等“微领域”人才。

未来，民办高校的特色发展还应在混合所有制办学、产学合作等方面有所突破。其中，混合所有制办学将是民办高校办学体制创新的重要突破点。十八届三中全会指出：“必须毫不动摇地鼓励、支持、引导非公有制经济发展”，“要完善产权保护制度，积极发展混合所有制经济”。2014 年 4 月国家出台的《现代职业教育体系建设规划（2014—2020 年）》明确提出混合所有制办学的探索方向，其中规定：“创新民办职业教育办学模式。积极支持各类办学主体通过独资、合资、合作等多种形式举办民办职业教育，探索发展股份制、混合所有制职业院校。开展社会力量参与公办职业院校改革建立混合所有制职业院校试点，允许社会力量通过购买、承租、委托管理等方式改造办学活力不足的公办职业院校。鼓励民间资本与公办优质教育资源嫁接合作在经济欠发达地区扩大优质职业教育资源。鼓励企业和公办职业院校合作举办混合所有制性质的二级学院。允许社会力量以资本、知识、技术、管理等要素参与办学并享有相应权利，探索在民办职业院校实行职工持股。鼓励专业技术人才、高技能人才在职业院校建设股份合作制的工作室。”可以预见，在未来一段时间混合所有制办学将是民办高等教育改革创新的探索重点之一。

专栏 2－4

2030 年战略：让民办高等教育更具活力、吸引力和创造力

未来民办高等教育作为上海高等教育体系的重要组成部分，将以其灵活的体制机制优势、优质的办学质量、多样的办学特色成为推动高等教育体系改革发展的“催化剂”。到 2030 年，上海民办高等教育仍将呈现补充型、边缘型的特征，但民办高等教育更具多样化发展的生态特征，民办高校更加有特色，更加贴近市场的需求。

系统发展与多样化发展。世界高等教育越来越呈现出多样化发展的特征，高等教育资源提供的多样性，学习项目和学习方式的多样化，财政资源来源的多样性等。在未来很长一段时间内，上海民办高等教育体系以满足上海社会经济发展、产业结构调整的多样化应用型学院为主。有一些民办高校办学理念先进，教育教学有鲜明特色，注重学生人格、素养和能力的塑造，在社会中已拥有良好的声誉，正在向一流民办高校迈进；有一些民办高校在专业教育和技能培养方面独树一帜，与企业行业合作办学，能适应产业升级、技术变革的需要，成为有鲜明特色的培养知识型技术技能人才的高校；还有一些民办高校虽然继续承担基本的普及型高等职业教育任务，满足一些学生接受高等教育的需求，但这些学校能够将职业技能教育与提高学生自信心有机地结合起来，善于挖掘和激发学生的潜力，培养脚踏实地和敬业工作的一线技能人才。

教育规律与市场需求之间的发展张力。民办高校兼具教育属性和市场属性。未来民办高等教育的发展要正确处理民办高等教育教育规律与市场需求之间的发展张力，在不同的发展环境下寻找教育规律与市场需求之间的黄金分割点，才能促进上海民办高校的健康可持续发展。如何寻找到民办高校发展过程中教育规律与市场需求之间的共存点，使民办高校的教育属性和市场属性统一起来，相互依存，成为未来上海民办高等教育发展过程中始终需要破解和面对的问题。政府要以发展的眼光看待民办高校的双重属性，通过政策设计，建立政府民众的公

共利益与民办高校举办者的经济利益之间的结合点、共生点，实现社会效益与经济效益的统一，使政府、民办学校、社会之间相互依赖，在互动的过程中寻找双方目标的融合、平衡与统一。

统筹协调与分类指导。不同类型的民办高校定位不同、需求不同，所需的政策环境也不相同。因此应对不同定位、不同类型的民办高校实施不同的扶持与指导策略。对于营利性民办高校而言，为其提供公平有序的市场规则与环境才能引导和促进营利性民办高校在市场中找准办学定位，参与市场竞争；对于非营利性民办高校而言，政府应加大税收、校舍租赁、师资培养培训等扶持力度，扶持非营利性民办高校的持续发展。对于一所新建民办高校而言，完善学校的各项规章制度、加强师资的培养培训成为其阶段性的主要任务；而对于一所处于特色发展阶段的学校而言，加大对学校专业建设、特色学科、教育科研的扶持与引导，则是重中之重。在对不同类型的民办高校进行分类指导的过程中，应注意统筹协调。

错位发展与特色发展。差异化战略和目标集聚战略对于民办高校增强市场竞争力同样具有借鉴意义。民办高校在发展过程中应明确办学定位，确立科学的阶段性发展目标，并集聚有限的人、财、物等资源重点突破，实现某个目标的“精”与“优”，即民办高校要实现特色发展。对于上海市的民办高等教育体系而言，每一所民办高校不仅要注重特色发展，更要以上海市产业结构调整的需要为依据，探索民办高校之间的错位发展。民办高校的特色发展首先是基于学校的历史沿革、现状反思，对学校的院校特色、专业特色、文化特色有清晰的定位，既要符合社区发展的需要、学校发展的实际，同时对学科、专业发展方面的定位要精准；其次，特色发展是一种内涵式的发展，不在于追求学校规模的扩张和学生数量的增多，而在于走一条适切于民办高校本身的特色发展之路。

资料来源：董圣足等《民办高校特色发展与机制创新：理论、实践及上海探索》，科学出版社 2018 年版，第 200—230 页。

第五节 民办非学历教育：从野蛮生长到规范发展

1978 年改革开放之初，我国民办教育的恢复性发展首先起始于非学历中学后教育。40 年来，民办培训教育在国家民办教育法规政策的推动下，在社会各界参与和广大办学者的共同努力下，取得了令人瞩目的成就。办学规模不断扩大，办学条件明显改善，培训内容形式多样，不仅为各层次、各年龄段民众转换职业、拓展知识、提高素质提供了学习的环境和条件，而且在迈向学习型社会和逐步建立终身教育体系的进程中发挥了积极作用，涌现出一批优秀的培训教育机构和举办者，民办培训教育市场也从法律法规不健全甚至滞后状态走向了逐步规范和法制化阶段。

一、在市场驱动下"野蛮生长"

1977 年全国 570 万人参加高考，录取率仅为 4.7%，1978 年 615 万人报考，录取率为 6.5%，仍不足 10%，高等教育明显供不应求[①]。为广开学路，提高广大职工和知识青年学习科学文化知识的积极性，1981 年经国务院批准，对自学者设置以学历考试为主的高等教育国家考试。以上海为例，1982 年上海高等教育自学考试报考人数达 6 770人，合格率为 48.2%[②]。在高考录取率比较低的情况下，大量高考落榜生期望借助辅导或者培训，通过自学考试取得学历证书，使得大量自学考试和高考升学服务的助考培训机构应运而生。

湖南、北京、上海、天津等地起步较早，走在全国民办教育改革发展的前面。1978 年 10 月，湖南长沙开办了全国第一个高考文化课补习班，后发展为湖南长沙中山业余大学(湖南中山进修大学)，不少研究者认为它是改革开放后我国民办高等教育的雏形。1979 年 2 月，湖南开办了一个会计培训机构，后来发展更名为湖南中山财经进修学院。1980 年 10 月，北京市在全国率先作出"关于建立高等教育自学考核制度的决定"。1981 年，北京市公布了中文、法律、工业经济、商业经济、金融、数学、英语、档案

① 李维民：《中国民办高等教育回顾与展望》，《西安欧亚学院学报》2009 年第 4 期。

② 中国民办教育协会培训教育专业委员会，上海市教科院民办教育研究所编著：《中国民办培训教育概论》，外语教学与研究出版社 2016 年版，第 22 页。

管理等 8 个专业的考试计划，进行了哲学、语文、高等数学、英语、俄语、日语、公共课政治经济学和财经类政治经济学等 8 门课程的统一考试。参加考试的有 9 577 人次，合格的有 3 948 人次，合格率达 41.6%。

1981 年，国务院批转下发了教育部制定的《高等教育自学考试试行办法》，并决定在北京、上海、天津和辽宁省四省市试行。1985 年 5 月 27 日，中共中央发布的《中共中央关于教育体制改革的决定》提出，地方要鼓励和指导国家企业、社会团体和个人办学，并在自愿基础上，鼓励单位、集体和私立捐资办学，但不得强迫摊派。到 1985 年底，全国有 29 个省（自治区、直辖市）开展了高等教育自学考试工作。同年，原国家教委决定开展中等专业教育自学考试。1988 年 3 月 3 日，国家教育委员会总结了各地试点办学的经验，报国务院批准颁布了《高等教育自学考试暂行条例》，对自学考试制度的性质、任务、地位、考试机构、开考专业、考试办法、毕业生使用等，以国家行政立法的形式作出了明确规定，使我国高等教育自学考试事业走上了法制化轨道。民办培训教育机构亦如星火燎原之势逐渐发展壮大。截至 1990 年，仅北京市的培训机构就达 669 所，年培训人次达 30 余万①。值得一提的是，20 世纪 90 年代建立的诸多民办高校在 80 年代都是以培训起家的，如西安翻译学院、西安欧亚学院、西安外事学院、黄河科技学院、北京城市学院、宁波万里学院等。创始人通过培训筹集资金，积累办学经验，进而为他们创办民办大学的梦想铺就了道路。

1992 年 1 月至 2 月，邓小平视察武昌、深圳、珠海、上海等地并发表重要谈话，指出“革命是解放生产力，改革也是解放生产力。计划多一点还是市场多一点，不是社会主义与资本主义的本质区别”。1992 年 10 月，党的十四大确立了市场经济体制改革目标，社会主义经济发展的思想得到了解放，也给民营经济的发展开拓了更加广阔的舞台。中国经济开始走向世界，融入世界大环境中，对外贸易的发展和外资企业的引进都需要大量掌握外语的人才。同时为了学习西方先进的科学技术，希望出国深造的年轻人越来越多，这就出现了“出国留学潮”，我国外语培训发展进入“黄金期”。各种各类以外语培训为主要培训内容的机构乘势兴起，许多著名的外语培训机构就是在这个

---

① 教育部发展规划司，上海市教育科学研究院编著：《2002 年中国民办教育绿皮书》，上海教育出版社 2003 年版，第 80 页。

阶段形成品牌产生影响的。

90年代初电脑逐步进入千家万户，电脑及计算机知识的普及以及90年代中期互联网开始快速发展，使得掌握计算机基本操作和办公软件、网页制作、多媒体制作等使用技能为主的电脑培训热席卷全国，参加培训的人员多是银行、税务、海关等单位的工作人员。上海在全国率先试点进行计算机能力考试，并将“上海市计算机应用能力考核”项目纳入“90年代上海紧缺人才培训工程”，上海电视大学承担该项目。1993年下半年培训工作启动，当年年底，第一次报考人数达16 266人，随后，上海掀起了一股电脑培训热潮。1993年后，每年参加培训和考核的人员达几十万，社会上的培训点有几百个。到1996年，全市参考人数达70万①。此时在电脑培训机构中开始出现直营培训教育机构，如新华电脑培训学校、北大青鸟集团。

1993年，国家进行第二轮深化国企改革，意在通过兼并重组、下岗分流和债转股等措施，提高国企发展能力，建立现代企业经营管理制度。这一轮改革造成大规模人员下岗、转岗。《中国统计年鉴》资料显示，我国原有国有企业职工1.1亿人，截至1998年，国有企业职工人数锐减为5 200万人，而原4 000万人的集体企业职工，更是锐减为1 000多万人。这减少的8 000多万人是原国有企业和集体企业的职工，他们中除一部分直接转到非公有制企业外，大部分人均失业或待业。从1995年起，我国在建筑、医药、法律等近20种行业中实行了执业资格制度，因此，为了能拥有一技之长重新就业，参加职业技能培训就成为人们的选择，职业技能培训机构有了发展的土壤。1995年，全国职业技术培训机构结业人数达7 698.2万人，注册人数达5 329.2万人②。此外，这段时期我国正从计划经济向市场经济过渡，当时受“下海热”影响，许多在职干部、国企职工下海经商，从而催生了大量的财经、商贸类培训，如“企业管理”、“外贸实务”、“财务会计”、“营销”等专业的培训。

在民办培训机构发展早期，培训机构主要是为了满足部分青年进入国家统考高校和干部职工补习技术文化知识的需要。社会上出现的各类夜校、函授学校、函授班、高

---

① 中国民办教育协会培训教育专业委员会，上海市教科院民办教育研究所编著：《中国民办培训教育概论》，外语教学与研究出版社2016年版，第23页。

② 王虹：《民办高等教育的现状分析及发展对策研究》，天津大学2003年学术论文。

考辅导班、自考辅导班及学生课外辅导补习班等培训教育机构，都是利用自身资源提供辅导和培训而获得收益的零散小规模机构，还没有形成较大规模，也没有形成成熟的经营和市场推广模式，运作方式传统且原始，培训内容主要是文化补习和基础知识学习。但也有一些社会人士审时度势，立足于社会需求办学，培训内容从单一的文化补习、考前辅导发展到外语培训、技能训练等。西安翻译学院最早挂名为西安外国语联合培训部，1987 年，它的创始人丁祖诒先生通过大量社会调查，将当时的培训目标定位为培养懂外语的涉外人才，包括旅游、翻译、经营管理等人才。

二、在快速发展中“大浪淘沙”

随着经济体制和市场运行机制改革的深入推进，我国开始进入产业结构调整与优化阶段，不断从劳动密集型向知识技术型转变。产业机构的优化升级对就业人员的专业技术技能提出了新的要求。现代工业化生产，不仅需要从业人员必要的体力劳动，更需要从业人员的内在知识和技术技能，及其不断在职学习新知识、转化新技能、接受新培训的能力。知识经济社会，知识淘汰更新加快，必然要求广大社会就业人员不断学习、持续学习、终身学习。

在此背景下，民办非学历教育获得了进一步发展，办学形式更加多样化，学校类型更加丰富。从初期的初等、中等文化补习和技术培训，发展到学前教育、基础教育、职业教育、成人教育、高等教育和社会文化生活教育等各个教育领域；从待业青年的职业培训，发展到在职人员的职务进修；从零至六岁的学前教育，发展到退休离职的老年教育；从短期培训发展到全日制培训，以及利用函授、广播、电视、网络、多媒体等多种教学形式；从单一的补习文化、技能训练，发展到考前辅导、外语培训、高等教育学历文凭考试和第三产业需要的各类专业教育等。①

2006 年，某教育集团在纽约交易所上市，揭开了培训机构对接风险投资和上市的序幕，仅 2008 年和 2009 年，就有不少于 5 亿美元的风险投资流向了培训教育行业②。随着国内外民间资本开始进入培训教育行业，助推了机构间的兼并与整合，培训教育

---

① 教育部发展规划司，上海市教育科学研究院编：《2002 年中国民办教育绿皮书》，上海教育出版社 2003 年版，第 100 页。

② 陶西平：《民办培训教育：繁荣背后隐忧尚存》，《人民政协报》2011 年 11 月 30 日版。

机构间市场优胜劣汰的竞争加剧，市场竞争更加激烈，近乎残酷。2010 年 7 月中共中央和国务院联合印发了《国家中长期教育改革和发展纲要（2010—2020 年）》，以很大篇幅阐明了建立完备的终身教育体系的重要性。该纲要除目录之外，涉及推进终身教育的政策竟达五项之多，其坚定的态度立场亦可见一斑。国家对终身教育体系的全面推进给民办培训行业带来了新的发展契机，职业培训得到前所未有的重视和关注，针对学前儿童和老年人的培训如雨后春笋般兴起。

在剧烈动荡和激烈竞争的市场中，民办培训机构面临重新洗牌、大浪淘沙、优胜劣汰的重要转折期，由快速扩张转向内涵建设，民办培训教育的发展速度逐步放缓。这个阶段的主要特点是大量中小培训教育机构与大机构并存，大机构扩张速度越来越快，中小机构竞争激烈，生存压力加大。出现了一批经营管理手段先进、产品研发力强、生存状态良好的大型培训教育集团，同时也出现了一批规模逐渐萎缩甚至关闭转让的机构。2006—2010 年，培训机构由 2.35 万所减少到 1.83 万所，这在很大程度上是由培训机构之间的整合、并购、优胜劣汰所导致的。2016 年，全国民办培训机构约 1.95 万所，846.40 万人接受各类培训，民办非学历高等教育机构 813 所，注册学生 75.56万人。

三、在改革创新中焕发活力

民办非学历教育是民办教育领域中最具活力和创新力的领域，与市场、科学技术、资本等联结最为紧密，其办学特征体现在以下方面。

（一）办学主体更加多元

最初民办培训机构的举办者和管理者以退休教师和学校干部居多，他们来自学校，熟悉学校教育，对升学辅导有专长。然而，他们资金有限，缺少办学经费，大多是从“无资金、无师资、无场地”的“三无”起家，规模小、设备简陋，举步维艰，有不少是家庭式经营。多数民办培训教育机构还是靠白手起家，艰苦创业滚动发展起来的。随着外资企业不断进入国内市场，以及留学人数的不断攀升，许多外资培训机构也开始进入中国，与国内培训机构形成了市场竞争。如 1996 年，来自爱尔兰的布莱恩和凯文来到上海，成立了上海第一所由外国人开办的培训机构。进入 21 世纪后，办学主体日趋多样化，有企事业单位、民主党派和社会团体等法人办学，也有公民个人办学，一些留学回国人员也积极加入到民办培训教育的办学行列中，出现了一批年纪轻、学历高的举办者。

（二）办学模式呈现集团化、品牌化

随着市场经济的发展，产业运作、连锁经营等成功应用到培训行业中，原来办班的模式发生改变，不少培训机构开始了对中外合作办学、线上教育培训事业的探索。成立于1999年的某教育集团与40余所知名网院开展合作，最早在国内从事网络高等学历教育服务。成立于美国硅谷的某培训教育机构2000年回到中国发展后，率先倡导"构建中国自己的开放式网络教育平台"，并最早研创出经教育部鉴定并符合国际标准的网络教育平台①。

随着风险投资向教育培训企业注资，民办培训教育机构开始向集团化的方向迈进，靠几万元资金起家，两三名员工，就可以在中小学补课市场生存的散兵游勇，逐渐被发展思路清晰、发展战略明确、有鲜明办学特色的教育企业取代。而且在资本的运作下，培训教育机构已不满足于自己熟悉的领域，甚至开始谋求上市，例如因成人英语辅导见长的某培训教育机构，已经开始向亲子中心、少儿教育及多语种培训方面延伸。随着国内外大型教育机构之间的博弈，教育产业的规模化经营模式已经形成，大型教育培训企业在一线城市站稳脚跟后，开始向二三线城市扩展，新一轮的培训教育行业并购重组悄然进行，如2008年某教育集团在全国收购了20余家各地培训机构②。

（三）教育服务呈现多样化、选择性、个性化

民办培训教育机构的培训内容最初主要是文化补习和基础知识学习，但也不乏一些社会人士审时度势，立足于社会需求办学，培训内容也从单一的文化补习、考前辅导发展到外语培训、技能职业技术培训等。随着培训需求逐渐增多，教育内容呈现出多样化趋势，从幼儿启蒙教育到老年教育、从生涯教育到闲暇教育、从增强身体素质到提高心理素质（健身、减肥、心理、拓展、美容）等全部囊括，形式多样的总裁班、企业管理班和EMBA课程也顺应市场需要相继推出，所开设的课程紧贴市场需求，注重实用性与应

---

① 马燕：《民办教育培训机构文化竞争力研究》，北京交通大学2014学位论文。

② "教育市场后台服务成行业竞争地"，http://www.91cy.cn/dfgjjy/123755.html（检索日期：2017年12月20日）。

用性，适应了不同类型、不同层次人群多样化的精神生活需要，“市场模式”基本形成。

（四）创新力和活力成为民办培训机构的显著特点

创新是培训机构发展的不竭动力和核心竞争力。一些培训机构深刻意识到，如果自身不能根据市场调查创新培训内容或培训方法，就有可能被同质化，而同质化的结果就是变相地把生源赶向大型品牌培训机构。近年来，公众对高质量教育服务需求加大，教育产业借助互联网概念迎来了新的发展浪潮，在线教育逐渐成为资本市场“新宠”，传统培训教育机构开始纷纷转战互联网。2013—2015 年，国内获得投资的教育企业以每年超过 20%的速度增长，平均每天有 2.6 家在线教育公司诞生。《2015 中国教育科技现状蓝皮书》显示，2010—2015 年，国内在线教育投资项目增长了 21 倍，排名前四位的项目类别是：K12 教育在线服务（25%），儿童早教（15%），语言学习（12%）和职业培训（9%）。

互联网对传统产业提出挑战的同时，也创造了大量新的机会。培训机构只有转型，才是应对挑战、抓住机遇的唯一路径。除了给培训教育注入互联网基因，以“免费＋开放”作为“破坏性创新”的市场进攻策略外，培训机构还可以通过“大数据＋流程再造”，改造教育行业。随着互联网教育产业内分工不断地向纵深发展，传统的培训教育价值创造活动逐步由一个机构为主导分离为多个企业的活动，这些企业相互构成上下游关系，各个培训教育机构需要进一步聚焦和打造自己的业务优势，借力于互联网和信息技术，与互联网教育产业链的各类服务提供商合作，共同创造价值。

专栏 2－5

善用资本将助力民办培训教育做强做大

民办培训教育行业，由于具有高成长性、现金流充裕、抗衰退性强和受法规政策管制相对较少等特点，成为继 IT 信息技术行业之后的又一个极具市场发展潜力的行业。据分析，80%的中国教育企业具有股权融资的需求，50%的教育企业有上市的打算。2006 年中国培训教育机构开启了赴境外上市之路。截止到 2010 年底，国内已有 314 家培训教育机构被国内外风险投资机构注资。2013 年底，新南洋重启收购 AL 科技，2014 年 8 月完成资产过户，开启了国内民办培训教育机构登陆国内 A 股市场的新纪元，与此同时枫叶教育香港联交所主板上市、华夏教育网登陆英国三板，标志着境内资本市场以及海外初级市场亦成为国内民办培训教育机构融资的又一途径。

对于没有上市的公司来说，新三板是为非上市股份公司股票公开转让和发行融资的市场平台。2013 年底国务院发文新三板正式扩容，并在之后出台诸多配套政策。2014 年有多家教培机构选择在新三板挂牌，寻求机会转板实现曲线上市。与主板和创业板相比，在新三板挂牌门槛要低很多，在营收、利润和资产等方面并没有硬性指标，但主板和创业板则有严格的财务规定。截至 2015 年 7 月，新三板挂牌企业达到 2 922 家，超过沪深两市总和，已经登陆新三板的培训教育机构也有多家。某培训教育机构目前市值达到 60 亿元。另一家培训教育机构的市盈率则高达 323. 99，市值已达 23. 82 亿元。在这些教育机构中，有的培训教育机构为 K12 服务商。2015 年 10 月 21 日，主营高等教育管理与咨询服务的某数据股份有限公司在新三板挂牌交易，成为又一家在新三板上市的民办培训教育机构。

资本对民办培训教育领域的驱动不仅局限于资本市场与培训教育的结合，还需考虑其他行业企业进入培训教育领域带来的大量资金。互联网企业凭借其在资金流上的优势，利用对用户熟悉和用户行为引导的优势，纷纷进入培训教育行业，与此同时，大唐电信、携程、万科、海伦钢琴等其他行业企业，将教育与公司主营业务相结合，推动原有业务的转型发展，大量资本的涌入必将带来新一轮行业的整合与格局的重组。

相对于学历教育，民办培训行业的产业属性尤为鲜明，新时期的培训机构领军人物在尊重教育规律前提下，需具有善于吸收投资和运作资金、资本的能力，以经济社会发展需求为导向，以促进培训教育的质量品牌特色的提升为战略目标，通过构建科学的投入与产出机制，理顺投资者、经办者和受益者之间的相互关系，建立起促进事业持续发展的新体系、新机制。

资料来源：中国民办教育协会培训教育专业委员会，上海市教科院民办教育研究所《中国民办培训教育概论》，外语教学与研究出版社 2016 年版，第 78 页。

应该看到，近年来中小学课外辅导行业已成长为一个体量巨大的市场，形成了极其复杂多元的办学局面，其价值定位、教育模式、运营特点等均引起了社会各方面的广泛关注。校外培训教育的兴起和发展，在服务学习型城市建设、促进终身教育事业发展和满足人民群众日益增长的选择性教育需求等方面发挥了积极作用。然而，由于受到功利导向影响，不少中小学校外培训机构在发展中也存在诸多问题。一些教育培训机构的不规范办学行为加重了学生的课业负担，增加了部分家长的教育焦虑感，一定程度破坏了基础教育整体生态，冲击了中小学素质教育的有序开展。不仅如此，部分培训机构法律意识不强，内部管理混乱，其在招生及收费等环节上存在不少“黑洞”，严重侵害了受教育者的合法权益；同时，从政府层面而言，目前对面广量大的中小学校外培训机构，尚未建立起一套完善的设立审批及监管机制，也在某种程度上加剧了校外培训教育市场的无序现象。

部分校外培训教育机构所存在的违规办学和超范围经营问题，不仅严重干扰了正常市场秩序，也一定程度上冲击了学校素质教育，受到社会各方面的诟病，影响了民办培训教育的整体形象和良好声誉。对此，2010 年 7 月发布的《国家中长期教育改革和发展规划纲要（2010—2020 年）》，将规范各种社会补习机构和教辅市场作为义务教育阶段减轻中小学生课业负担的重要任务之一。近期，中办、国办《关于深化教育体制机制改革的意见》又明确提出要规范校外教育培训机构，强调要严格办学资质审查，规范培训范围和内容，使以在校学生为主要对象的教育培训机构成为学校教育的有益补充；严查与学校挂钩招生、利益输送以及公办学校教师到教育培训机构任教行为；探索建立负面清单制度和联合监管机制，加强对无证无照教育培训机构的整治。可以预见，随着政府部门培训监管体系的建立健全，我国民办培训机构的发展将更加规范有序，培训教育事业的前景是美好的。

执笔人：李文章、潘奇

第三章

民办教育地方层面的实践与探索

习近平总书记指出，世界每时每刻都在发生变化，中国也每时每刻都在发生变化，我们必须在理论上跟上时代，不断认识规律，不断推进理论创新、实践创新、制度创新、文化创新以及其他各方面创新。创新是引领发展的第一动力。[①] 改革开放以来，随着中央权力的逐步下放和办学体制改革的深入推进，我国民办教育发展同步开启了地方层面的制度创新与实践探索。经历了 40 年的探索与实践，现今我国民办教育发展模式已进入“地方政策主导”的新时代。自从 2003 年前后《民办教育促进法》及其实施条例颁布，特别是 2010 年《国家中长期教育改革和发展规划纲要（2010—2020 年）》推出之后，地方层面的制度创新和实践探索进入了空前活跃期。全国多数地区都开展了形式多样、路径不同、各有侧重的民办教育地方制度创新实践，形成了百花齐放、百舸争流的局面，描绘出一幅地方民办教育改革发展的壮丽画卷。

第一节　地方实践探索的中国图谱

纵观我国新《民办教育促进法》颁布前三十余年的民办教育发展，人们较为关心而又长时间未曾很好解决的政策议题主要包括探索分类管理（涵盖产权归属、法人属性和合理回报等问题）、加大政府扶持与规范管理、加强学校内涵建设、落实学校办学自主权、创新投融资机制等方面。对这些政策议题的研究和实践，成为地方民办教育制度创新和实践探索的重要内容。

一、积极探索民办学校分类管理改革

营利性和非营利性分类管理是我国民办教育政策调整的重要思路，也是新《民办

---

① 习近平：《决胜全面建成小康社会　夺取新时代中国特色社会主义伟大胜利——在中国共产党第十九次全国代表大会上的报告》，人民出版社 2017 年版，第 31 页。

教育促进法》完成修订及其配套制度陆续出台所体现的重大法律精神。分类管理的探索可以追溯到2002年《民办教育促进法》制定过程中有关“合理回报”问题的争论[①]；在2009年《国家中长期教育改革和发展规划纲要（2010—2020年）》制定过程中两种观点再次交锋，最后该规划纲要做出积极探索营利性和非营利性民办学校分类管理和开展分类管理试点的折衷选择，直至2016年11月7日第十二届全国人民代表大会常务委员会第二十四次会议通过《全国人民代表大会常务委员会关于修改〈中华人民共和国民办教育促进法〉的决定》，正式确立了我国民办教育分类管理的法律框架。

在实践层面，与新《民办教育促进法》修法同期进行的是地方分类管理改革试点。综观《关于开展国家教育体制改革试点的通知》（国办发〔2010〕48号）颁布后，上海、浙江、广东省深圳市、吉林华桥外国语学院等试点省市和部分地区开展的分类管理地方探索，基本构建了在法人登记、产权制度、退出机制、会计制度、土地政策、收费机制等方面差异化的民办学校政策支持体系。

（一）登记不同法人类型

法人属性决定着民办学校的社会地位，关系到民办学校的财产来源、税收种类、职工福利等重要方面。法人属性问题在旧《民办教育促进法》的法律框架内一度被认为是困扰民办教育发展的首要障碍和源头问题。关键原因在于“民办非企业单位”的法律地位未能和上位法对接，导致民办学校法人属性模糊和身份的尴尬。根据2001年出台的《教育类民办非企业单位登记办法（试行）》（民发〔2001〕306号），我国的民办学校被统一要求在民政部门登记为“民办非企业单位”。而根据1986年4月12日颁布的《民法通则》，我国的法人类型包括企业、机关单位、事业单位和社会团体等四种法人类型，并无“民办非企业”一说。在国务院1998年颁布的《民办非企业单位登记管理暂行条例》和民政部2001年下发的《教育类民办非企业单位登记办法（试行）》中对“民办非企业”的产权、内部治理等制度要素缺乏清晰的界定，2003年实施的《民办教育促进法》中又根本没有提及“民办非企业”，因此“民办非企业”的法律定位直接导致了民办学校身份“非驴非马”的尴尬局面。地方民办教育立法和出台地方性民办教育政策最

① 教育部发展规划司，上海市教育科学研究院编著：《2002年中国民办教育绿皮书》，上海：上海教育出版社2003年版，第176—178页。

终也总会遇到学校法人定性的障碍，所以迫切需要破解法人属性问题，为民办学校正身。在各地分类管理政策实践中，在明确法人类型及登记方面，主要的政策思路是实施差异化的法人类型登记。大体包括以下四种登记办法：

1. 登记为民办事业单位和企业法人两类。以浙江温州为代表，中共温州市委、温州市人民政府《关于深入实施国家民办教育综合改革试点加快教育改革与发展的若干意见》（温委发〔2013〕63 号）规定，非营利性全日制民办学校按照民办事业单位法人进行登记管理，营利性的全日制民办学校按照企业法人进行登记管理；非全日制的民办学校按照企业法人进行登记管理，如确属非营利性的，也可以登记为民办事业单位法人。

2. 登记为民办非企业单位和企业法人两类。以贵阳、苏州等市的分类登记探索为代表。如《贵阳市人民政府关于加快民办教育改革与发展的若干意见》（筑府发〔2013〕36 号）规定，非营利性民办学校（幼儿园）登记为民办非企业单位。经营性教育机构登记为民办企业单位。

3. 将民办高校登记为事业单位或民办非企业单位和企业法人两类。以福建、陕西和湖北等省为代表。如《福建省人民政府关于进一步支持和规范民办高等教育发展的若干意见》（闽政〔2012〕54 号）规定，非营利性民办高校可按照事业单位法人登记管理或按照民办非企业单位（法人）登记管理，营利性民办高校按照企业法人设立条件登记管理。《陕西省人民政府关于进一步支持和规范民办高等教育发展的意见》（陕政发〔2011〕78 号）也进一步明确捐资举办、出资举办不要求取得合理回报的学校，登记为民办自收自支事业单位，出资举办要求取得合理回报的学校登记为民办非企业法人，营利性学校登记为企业法人。

4. 符合条件的民办学校可以登记为事业单位。以湖南省、宁波市为代表。如《宁波市人民政府关于进一步鼓励民间资本进入教育领域的实施意见》（甬政发〔2015〕109 号）规定，营利性的机构由市场监管部门依法予以登记，非营利性的机构由民政部门按照民办非企业单位法人登记，符合有关规定的，也可按照事业单位法人登记。

（二）构建不同产权制度

民办学校的财产所有权问题是关系到民办教育发展的一个重大而现实的问题。

明确产权主体、清晰产权边界是民办学校长远发展的基础，也是整个民办教育事业健康发展的基本保障。在旧《民办教育促进法》法律框架内，关于民办学校的产权问题，争议较多且难度较大的问题是有关法律法规对民办学校存续期间和终止办学后不同来源资产的产权归属界定不明晰，致使学校资产混乱，办学者积极性受挫，社会资金进入教育领域受限。因此，明确举办者是否享有其出资额及办学积累的财产所有权成为民办学校产权问题最关键和核心的内容。从各地的分类管理政策实践来看，在产权归属问题上主要的政策创新举措也基本上围绕明晰出资财产的产权归属和剩余资产的分配两个方面。

1. 明确出资的产权归属。有些地方明确提出出资财产属于出资人所有，出资人产权份额可以转让。如《浙江省人民政府关于促进民办教育健康发展的意见》（浙政发〔2013〕47 号）规定，出资者拥有实际出资额（含学校存续期间追加的投资额）的财产所有权。中共温州市委、温州市人民政府《关于深入实施国家民办教育综合改革试点加快教育改革与发展的若干意见》（温委发〔2013〕63 号）则进一步明确出资财产属于民办学校出资人所有，出资人产（股）权份额可以转让、继承、赠与，但学校存续期间不得抽回资金。

2. 对剩余资产实施不同退出机制。各地对捐资办学和营利性民办学校的剩余资产处理办法比较统一，捐资举办的学校依照国家有关规定清偿债务后，剩余资产继续用于教育事业；营利性民办学校的剩余资产按《公司法》和学校章程的有关规定处理。对出资举办的民办学校的剩余资产处置办法，各地的政策实践不一，基本上有两种：第一种是按出资人是否要求合理回报实行不同的退出机制。如《潍坊市人民政府关于进一步加快发展民办教育的意见》（潍政发〔2013〕17 号）规定，民办学校终止办学后，出资举办不要求合理回报的学校按投入额度取得补偿后，其余剩余资产用于公益性教育事业；出资举办要求合理回报的学校剩余资产按有关法律、行政法规的规定处理。第二种是不论是否要求合理回报，出资人都拥有实际出资额（包括学校存续期间追加投资）的财产所有权。民办学校终止办学之后，以投入额度为限获得补偿；或依照国家有关规定清偿债务后的剩余资产，返还举办者原始及累计出资后仍有结余的，按办学效益和贡献给予举办者一定比例的奖励，其余部分继续用于教育事业。浙江、温州、丽水、济南和嘉兴等省市对此都作了详尽规定。

（三）构建不同奖励制度

"合理回报"制度是旧《民办教育促进法》的一大亮点。根据相关规定，民办学校在扣除办学成本、预留发展基金以及按照国家有关规定提取其他必需的费用后，出资人可以从办学结余中取得合理回报。虽然"合理回报"制度在落实中遭遇性质不明、缺乏可操作性等问题，最终引致《民办教育促进法》修法作出取消"合理回报"的调整，但回溯《民办教育促进法》出台后各地基于"合理回报"思路建立的举办者产权激励制度，对于今后各地发展民办教育是否保留或吸纳扶持意义上的办学奖励制度不无借鉴意义。在分类管理改革的探索实践中，地方政府构建的差异化奖励制度主要是基于对举办者产权的激励。主要方式有两种：

一是对所有非营利性民办学校的奖励。如中共温州市委、温州市人民政府《关于深入实施国家民办教育综合改革试点加快教育改革与发展的若干意见》（温委发〔2013〕63 号）规定，登记为民办事业单位法人的民办学校，在扣除办学成本、预留发展基金以及提取相关费用后，在办学有结余的前提下，可从办学结余中提取一定比例的经费奖励出资人。年奖励金额不超过以出资人累计出资额为基数的银行一年期贷款基准利率的 2 倍。

二是对要求合理回报的非营利学校的奖励。如《衢州市人民政府关于促进民办教育发展的若干意见（试行）》（衢政发〔2014〕2 号）规定，凡出资人"要求取得合理回报"的非营利性民办学校，在办学有结余的前提下，年奖励金额按不超过以出资人累计出资额为基数的银行一年期贷款基准利率的 2 倍计算。

（四）实施不同土地政策

根据 2003 年前后颁布的《民办教育促进法》及其实施条例的有关规定，民办学校新建、改扩建用地享受公益事业用地的优惠政策。在营利性和非营利性分类管理制度框架下，各地区的实践探索也构建了差异化的用地配套政策。综合来看，对于非营利性民办学校，其用地政策可以享受与公办学校同等的优惠，而营利性民办学校的用地原则上应以出让方式获得。比如《浙江省人民政府关于促进民办教育健康发展的意见》（浙政发〔2013〕47 号）规定，非营利性民办学校的用地可以划拨方式取得，原以有偿方式获得的土地使用权，其土地用途和使用权取得方式保持不变；营利性学校一律以有偿使用方式供地，原以划拨方式获得土地使用权的，可依法办理补缴土地出让手续，或以作价出资（入股）、租赁等方式处置。

（五）构建不同会计制度

在营利性和非营利性分类管理的制度框架下，各地要求两类民办学校执行不同的会计制度。一般而言，营利性民办学校执行企业会计制度，非营利性民办学校参照执行公办学校的会计制度或者执行《民间非营利组织会计制度》。如《陕西省人民政府关于进一步支持和规范民办高等教育发展的意见》（陕政发〔2011〕78 号）规定，捐资举办和不要求合理回报的民办高校适用公办高校会计制度；要求合理回报的学校，在有关部门制定专门会计制度前，参照《民间非营利组织会计制度》；营利性民办高校按规模大小分别适用企业会计准则或小企业会计制度。此外，有些地区专门出台了非营利性民办学校财务管理办法和会计核算办法，如温州市实施的《温州市非营利性民办学校会计制度核算办法（试行）》、《关于非营利性民办学校财务管理的实施办法（试行）》等。

（六）采取不同收费机制

在营利性和非营利性分类管理制度框架下，各地对民办学校执行不同的收费制度。综合各地的分类收费政策，一般是非营利性民办学校的收费项目及标准实行政府指导价管理；营利性民办学校的收费由学校自行确定，报同级价格主管部门备案后执行。在核定非营利性民办学校的学费、住宿费时，行政主管部门一般会考虑学校发展，制定基准价格和浮动幅度。比如中共温州市委、温州市人民政府《关于深入实施国家民办教育综合改革试点加快教育改革与发展的若干意见》（温委发〔2013〕63 号）规定，登记为民办事业单位法人的民办学校，可按不高于当地上年度生均教育事业费 3 倍的标准自主确定（经批准的优质学校，可放宽至 5 倍；特别优质的，可放宽至 5 倍以上）。《丽水市人民政府关于促进民办教育加快发展的实施意见》（丽政发〔2014〕58 号）规定，经教育行政部门认定的优质学校，可在不高于基准价 50％的幅度内自主确定收费标准，其他学校在不高于基准价 30％的幅度内自主确定收费标准。

二、逐步完善公共财政资助方式

政府资助民办/私立学校是世界上大多数国家已经践行的发展思路，也是改革开放以来我国发展民办教育的重要举措。随着民办教育重要性日益增强、办学规模不断扩大，各级地方政府普遍提高了对民办教育的资助力度，在实践中也探索出了多种资助方式，逐步构建了多元化的地方公共财政资助制度。其中，尤以《中共中央关于全面深化改革若干重大问题的决定》提出的政府补贴、政府购买服务、助学贷款、奖励激励机制四项基本制度为主要探索和实践方式。

（一）政府补贴

政府补贴的形式因资助形式、资助对象和资助功能有不同的划分。以对象区分，政府补贴通常包括对学校、教师及学生的补贴。

1. 学校补贴

20 世纪八九十年代我国民办教育发轫之时，民办学校通常是从“无校舍”和“少师资”等一穷二白的情况下发展起来的。不少地方政府为了鼓励社会力量办学，采取了免费提供校舍、减免租赁费等形式对学校予以补贴。这种补贴虽然起了非常重要的作用，但并没有形成制度。如国内较早的扶持社会力量办学的政策文件《北京市私人办学暂行管理办法》（京政发〔1981〕42 号）中没有涉及校舍补贴；随后颁布的《北京市社会力量办学试行办法》（京政发〔1984〕63 号）也未提及补贴，只是规定社会力量办学“借用校舍可合理收费，其收费标准按市教育局、财政局、工农教育办公室联合通知的规定执行”。直至国家鼓励社会力量办学的政策导向逐渐清晰，特别是 2002 年《民办教育促进法》中有关“扶持与奖励”条款作出相应规定后，地方对民办学校的补贴制度才逐步建立并完善起来。

学校补贴根据是否直接以货币形式为支付载体，又可分为直接补贴和间接补贴两种方式。

（1）直接补贴。各地普遍设立的民办教育专项资金是政府直接补贴的主要来源。如 2006 年上海市教委和上海市财政局联合发布了《促进民办教育发展专项资金管理办法》，鼓励扶持民办普通高校和民办中小学发展；此后逐年提高专项资金补贴力度，市级财政从 2005 年的 4 000 万元增至 2012 年的近 7 亿元。2014 年《广州市人民政府关于促进民办教育发展的意见》（穗府〔2014〕12 号）规定，对建成的义务教育阶段标准化民办学校和民办幼儿园，市级财政给予一次性补贴 25 万元和 8 万元；要求各区县级市政府也要根据财力给予一定的补贴。

（2）间接补贴。税收、土地、信贷等政策优惠是政府间接补贴学校的常用方式。浙江、广东、温州、苏州等地政府都规定，非营利性民办学校依法享受和公办学校同等的税费优惠政策，可以划拨方式获得土地使用权，原以出让方式获得的土地，使用权和教育用地功能保持不变，并享受与公办学校同等的建设规费减免优惠；对投资兴办的非营利性民办学校，给予学校基本建设费、贷款利息、租金等一定比例的补贴等。在贷款贴息方面，广西壮族自治区贵港市人民政府《关于印发贵港市促进民办教育发展扶持办法的通知》(贵政办〔2012〕292 号)对贷款贴息制度作了详细规定：自有办学土地和校舍、办学规范的公益性、普惠性民办学校，利用非教学设施及举办者其他资产作质押或有资质的担保公司担保向金融机构贷款用于教学设施建设及设备采购，中小学校、职业学校建设投资 300 万元以上或教学设备采购 50 万元以上，幼儿园建设投资 100 万元以上或设备采购 20 万元以上的，由政府按当年人民银行公布的同期利率计算的贷款实际发生利息全额给予贴息，贴息期最长 5 年。《贵州省人民政府关于促进民办教育大发展的意见》(黔府发〔2011〕25 号)、《云南省民办教育条例》(2012)都有对民办学校新建或扩建项目的贷款贴息给予补助的类似规定。

2. 教师补贴

教师队伍是民办学校办学质量的关键。教师工资补贴、社保补贴、专项奖补等举措是各地创新政府补贴方式、分担民办学校办学成本、稳定民办学校教师队伍的已有实践。

教师工资补贴方面，早在 2001 年《周口市人民政府关于鼓励社会力量办学加快教育产业发展的意见》就规定，对于达到一定办学条件和规模要求的民办学校的教师，由当地财政发放与当地公办学校教师同样的工资，并在《民办教育促进法》规定的其他各个方面享受与公办学校教师同等的待遇。在当时，类似规定创新力度较大，颇为罕见。无独有偶，河南多地也积极实施教师工资补贴制度，如《焦作市促进民办教育发展办法》规定，对资产总额分别达到 2 000 万元(实行租赁办学，租赁资产和实际投入达到 3 000万元以上)、5 000 万元、1 亿元以上的民办学校，根据核定的办学规模，依据上年度公办学校平均工资水平分别拨付 30%、50%、70%的教职工工资，连续扶持 10 年。近年来，为民办学校教师发放长期从教津贴的制度创新举措，从深圳的龙岗区和福田区发轫，已经在深圳、广州、东莞等市普遍实施。

教师社保补贴主要有两种方式。一是给予民办学校社保缴纳部分一定比例的补助，多数补助比例在 50%及以上，有的地区将补助的范畴扩大到医疗保险、公积金和年金单位缴纳部分。如宁波市教育局《关于鼓励和规范我市民办中小学校的实施意见》(甬教计〔2013〕94 号)、《杭州市人民政府办公厅关于对杭州市民办学校、公办幼儿园社会保险单位缴纳部分给予专项补助的通知》(杭政办函〔2013〕155 号)规定,给予民办学校为符合条件的教师缴纳事业单位养老保险单位部分 50%的补助。中共宿迁市委、宿迁市人民政府《关于进一步深化民办教育改革与发展的意见》(宿发〔2015〕8 号)规定,给予义务教育阶段的民办学校为符合条件的教师缴纳社保部分提供 70%的补助,学前和高中阶段的民办学校所享有的补助比例为 60%。二是民办学校教师社保待遇与公办教师差额部分由政府给予保障。如《贵州省人民政府关于促进民办教育大发展的意见》(黔府发〔2011〕25 号)规定,在本地民办学校连续从教 20 年或累计从教 25 年以上并符合一定条件的民办学校教师退休后享受同类公办学校教师退休待遇,基本养老金与同类公办学校退休教师工资的差额部分由同级财政补助。《昆明市突破性发展民办教育整体推进工作意见》(昆办发〔2009〕12 号)规定,未开展事业单位养老保险的县(市)区的民办学历教育机构的教师,参加城镇职工社会保险,退休时养老金待遇的差额部分由同级财政足额补助。

(二) 政府购买服务

政府购买服务在我国已经逐渐形成较为完善的一套制度体系。近年来,国家层面陆续出台了包括《国务院办公厅关于政府向社会力量购买服务的指导意见》(国办发〔2013〕26 号),财政部、民政部、工商总局《政府购买服务管理办法(暂行)》(财综〔2014〕96 号),以及财政部《关于坚决制止地方以政府购买服务名义违法违规融资的通知》(财预〔2017〕87 号)等指导性文件;在地方层面,上海、北京、重庆、天津、浙江、广东等 25 个省市自治区也陆续出台了政府购买服务的管理办法、实施意见等地方性政策法规。

地方政府购买教育服务的早期实践,以浙江长兴县实施的“教育券”制度为代表。作为政府购买学位的一种方式,2001 年 7 月,长兴县教育局《关于教育券使用办法的通知》规定,自 2001 年起,凡就读民办学校的新生可获得一张面额为 500 元的教育券,报名就读职业类学校的新生可获得面额为 300 元的教育券。由美国经济学家弥尔顿·弗里德曼(Milton Friedman)倡导的教育券制度本质在于改变公共教育资金的传统配置路径,使学校由原来从政府手中直接竞争公共教育资源转变为通过吸引学生间接竞争。中国的教育券实践以2001年长兴县发放少额补助性质的"教育券"为发端，到目前深圳、东莞等市实施义务阶段民办学校生均学位补贴制度，已经取得重大进展。如2011年，广东省深圳市光明新区为解决外来人口子女学位问题而施行的教育券制度，向民办学校购买学位，规定向符合"双免"(指免学费和课本费)资质的学生免费发放。相信随着城乡"两免一补"和生均公用经费基准定额资金随学生流动可携带的实现①，教育券制度在中国将有更大的实施空间。

在完善购买服务的制度化建设方面，上海浦东新区2007年就出台了《浦东新区关于政府购买公共服务的实施意见(试行)》。近年来，根据《国务院办公厅关于政府向社会力量购买服务的指导意见》(国办发〔2013〕96号)的要求，各省市政府陆续出台了向社会力量购买服务的指导性目录，如表3-1所示，北京、上海、广东、浙江、安徽、辽宁、四川等七省市的政府购买服务目录均对购买公共教育的种类、性质和内容作出了指导性规定。当前政府购买教育服务虽然还存在诸多问题，如指导目录不健全、中介组织专业化水平有待提升、绩效评估指标体系有待健全等，但作为政府履行公共教育责任的一种有效方式，它在全国普遍实践并取得了显著成效，促进了社会组织的发展壮大，提高了社会力量参与办学的积极性。

表3-1 七省市政府购买公共服务指导目录(教育相关部分)

一级目录	二级目录	三级目录
基本公共服务	公共教育	公共教育基础设施管理与维护(北京、上海、广东、安徽、四川)
		学生伤害事故校方责任综合险(上海)
		公益性教育产品的创作与管理(上海)
		公益性教育活动的组织、宣传与承办(北京、上海、广东、安徽、四川)
		学校后勤及安全管理(北京、上海、浙江)
		教育资源数字化制作及传播(北京)
		教育评估监测(北京、广东、安徽、辽宁、四川)

① 国务院："关于进一步完善城乡义务教育经费保障机制的通知"。http://www.gov.cn/zhengce/content/2015-11/28/content_10357.htm(检索日期：2015年11月25日)。

续　表

一级目录	二级目录	三级目录
		全民终身教育服务(北京)
		公共教育规划和政策研究、宣传服务(广东、安徽、四川)
		公共教育资讯收集与统计分析(广东、安徽、四川)
		公共教育成果交流与推广(广东、安徽、四川)
		教师教育培训(广东、浙江)
		学前教育普惠性服务(浙江、四川)
		公益性义务教育(四川)
		支教助学与扶贫助困服务(四川)
		其他政府委托的教育服务(广东、辽宁、四川)

资料来源：根据各省市政府向社会力量购买服务的指导目录整理。

(三) 助学贷款

我国民办高校学生享受国家助学贷款经历了一个较为漫长的过程。2007 年之前，公办高校达到一定标准的学生就有资格申请国家贷款，而民办高校学生只有少部分省市规定可以享受助学贷款。2007 年，《国务院关于建立健全普通本科高校高等职业学校和中等职业学校家庭经济困难学生资助政策体系的意见》(国发〔2007〕13 号)颁布，规定“大力开展生源地信用助学贷款。生源地信用助学贷款是国家助学贷款的重要组成部分，与国家助学贷款享有同等优惠政策。地方政府要高度重视，积极推动和鼓励金融机构开展相关工作。要进一步完善和落实现行国家助学贷款政策，制定与贷款风险和管理成本挂钩的国家助学贷款风险补偿金使用管理办法。相关金融机构要完善内部考核体系，采取更加积极有效措施，调动各级经办机构的积极性，确保应贷尽贷”。自此，民办普通高校和民办高职院校都被纳入助学贷款体系。

各地随后出台的相关政策开始对民办高校学生予以贷款资助。如湖南、江苏、内蒙古、广西等地都相继规定将民办学校学生的资助纳入到同级同类公办学校学生资助体系。湖南省教育厅要求，民办高校要按照国家有关规定规范办学，每年从学费收入中足额提取 4%以上的经费作为家庭经济困难学生资助经费，专款专用。各民办高校还要成立由学校主要领导负责的学生资助工作领导小组，设置独立的学生资助管理中心，归口管理全校的奖助学金、勤工助学、国家助学贷款等学生资助工作。《江苏省国家助学贷款申请指南》也指出，国家助学贷款是指金融机构在政府主导的政策框架内，面向全日制普通高等学校（含高职、民办、独立学院）家庭经济困难的学生（含第二学士学位、研究生）发放的用于学费和住宿费的商业性贷款。以学生就读学校规定缴纳的学费和住宿费为贷款额度，原则上每人每学年不超过 6 000 元。

（四）实施各种奖励激励机制

给予民办学校各种办学绩效奖励和投入奖励，建立并完善基金激励、捐资激励制度，是地方政府充分发挥财政资金的引导和杠杆作用，吸引民间资金进入教育领域的普遍做法。在具体实践中，主要有以下四种方式。（1）办学绩效奖励。设立专项资金用于民办学校各类评估奖励和表彰为民办教育作出突出贡献的集体和个人。这种基于办学绩效的"以奖代补"机制已经在各地得到广泛实践，有些地区的奖励额度甚至高达百万。如中共宿迁市委、宿迁市人民政府《关于进一步深化民办教育改革与发展的意见》（宿发〔2015〕8 号）规定，民办高中阶段学校凡创建成省三星级、四星级的，由同级财政分别一次性奖励 50 万元、100 万元；民办义务教育阶段学校创建成省级教育现代化学校的，由同级财政一次性奖励 30 万元；民办幼儿园创建成省级优质园的，由同级财政一次性奖励 30 万元。（2）引资引智奖励。如《昆明市促进民办教育发展专项奖励暂行办法》（昆政文〔2008〕21 号）规定，对引进市外资金新建、扩建民办学校形成教育实物量 5 000 万元人民币以下（含 5 000 万元）的引资者，按实际引资额的 3‰给予奖励；引资 5 000 万元以上至 1 亿元人民币以下（含 1 亿元）的引资者，按实际引资额的 5‰给予奖励；引资超过 1 亿元人民币的，按实际引资额的 7‰给予奖励。（3）基金奖励。按照基金会管理的有关规定，地方可以以财政资金为部分出资，引导社会力量共同设立公益性民办教育发展基金，成立相应的基金会，用于对非营利性民办学校及其师生的奖励。如重庆市 2009 年、上海市 2014 年都成立了民办教育发展基金会，开展利于促进民办教育事业发展的项目及活动，为民办学校提供融资支持，为民办学校发展和教师培养提供各类支持。（4）捐资激励。捐资不是我国民办学校办学的主要特征，但多年来地方对此也给予积极的鼓励。如《河南省人民政府关于加快推进民办教育发展的意见》（豫政〔2015〕76 号）规定，对民间资金捐资助学或办学的，按照捐赠额的一定比例拨付配套资金予以扶持；对一次性投入规模较大的，除给予学校一定资金奖励外，为其选派一定比例在编教师予以支持。在捐资助学的税费优惠方面，除了国家税法、捐赠法等法律层面规定的“对企业支持教育事业的公益性捐赠支出，按照税法有关规定，在年度利润总额 12％以内的部分，准予在计算应纳税所得额时扣除；对个人支持教育事业的公益性捐赠支出，按照税收法律法规及政策的相关规定在个人所得税前予以扣除。企业超过年度利润总额 12％的部分，准予结转以后三年内在计算应纳税所得额时扣除”有关优惠外，各地对社会力量捐资办学的税收优惠也在积极探索中。如温州市在民办教育综合改革试点期提出，个人通过中国境内的非营利性机构用于民办教育事业的捐赠支出，按税法规定，在计算所得税应纳税所得额时扣除。出资人将房产设备投入到民办学校，不征营业税、土地增值税，企业所得税、契税地方所得部分由税务部门征缴后按规定给予返还。企业以税后利润在本市投资办学的，其投资额对应的企业所得税地方所得部分，由同级财政予以返还，全额用于办学。

三、大力推进民办学校内涵建设

改革开放以来，我国民办学校经历了从外延扩张到内涵发展的转型，这种转型是千百所学校经历生死存亡、时间涤荡后的自然选择，也是地方政策外部推动的结果显现。在“以质量求生存、以特色求发展”成为业界共识的今天，各地在大力推进民办学校内涵建设过程中也有不少创新举措，主要表现在推动学校特色转型发展和加强教师队伍建设方面。

（一）推动民办学校特色转型发展

首先，积极引导民办本科和高职院校向应用型院校转变。2015 年，《教育部、国家发展改革委、财政部关于引导部分地方普通本科高校向应用型转变的指导意见》（教发〔2015〕7 号）颁布，积极推动我国地方普通本科高校向应用型转变。该意见规定，各地要结合本地本科高校的改革意愿和办学基础，在充分评估试点方案的基础上确定试点高校。试点高校应综合考虑民办本科高校和独立学院。省级改革试点方案要落实和扩大试点高校在考试招生、教师聘任聘用、教师职务（职称）评审、财务管理等方面的自主权。随后，浙江、四川、广东、海南等多个省市相继出台地方实施意见，推动本地区普通本科高校（包括民办本科高校）向应用型转变。如 2015 年 4 月，《浙江省教育厅、浙江省发展和改革委员会、浙江省财政厅关于积极促进更多本科高校加强应用型建设的指导意见》(浙教高教〔2015〕47号)颁布,规定总体目标为在鼓励试点的基础上,争取用5年时间,推动更多本科院校加强应用型建设。应用型专业占所在院校专业数的70%以上,在应用型专业中就读的学生占所在院校在校生的80%以上,前8位应用型专业就读学生占所在学校在校生的30%以上。学校应用型特色鲜明并为社会认同,一批院校应用型建设走在全国同类院校前列。随后,有42所高校提出申请,最终10所高校入选,浙江万里学院、浙江树人学院、宁波大红鹰学院等民办高校位列其中。入选学校应用型建设转型都已相继启动,如宁波大红鹰学院开发了21门应用型课程,覆盖学校60%的现有本科专业,并通过建设实验室、实训基地,购买教学服务等方式优化学生应用型实践。广东省要求大部分普通本科院校(含民办学院和独立学院)要向应用型转变,积极启动转型试点工作,面向全省普通本科高校遴选一批转型试点高校,试点期为4年。截至2016年9月,已有14所民办高校成为普通本科转型试点高校,广东白云学院是其中之一。在积极推动民办本科院校转型发展方面,不少地区对民办高校给予了专项政策支持。如四川省规定,对试点民办高校在转型改革项目和"民办高校重点特色专业提升计划"等专项上给予倾斜支持。

其次,大力促进民办学校特色创建。如《广东省人民政府办公厅转发广东省教育厅关于促进民办教育规范特色发展意见的通知》(粤府办〔2013〕27号)规定,推动民办学校特色发展。支持民办中小学校发挥办学体制、管理体制、投入机制、办学模式等优势,形成素质教育特色。扶持民办高等院校发展特色专业,优先发展工科专业。支持民办中职学校和民办高等院校根据产业转型升级需要,在应用型人才培养等方面形成特色。推动民办高等院校提高办学层次,发展应用型本科和专业学位研究生教育,形成一批有特色、高水平的民办高等院校。各地要在经费安排、科研项目、评先评优、表彰奖励等方面向有特色的民办学校倾斜。扶持民办职业技能培训机构发展,形成富有特色的民办职业技能培训体系。为贯彻文件精神,广州市于2013年和2014年两年已认定14所义务教育民办特色学校,占全市义务教育民办学校总数的4.3%。

(二) 加强师资队伍建设

为进一步促进当地民办学校内涵发展,各地在民办学校教师队伍建设方面不乏基层创新的案例和经验。除上述提高教师工资和社保等财政扶持手段,各地还力图打破公、民办教师"二元"体制,积极实施人事制度改革,实现公、民办教师在职称评审、评优评先、职后研修等方面的同等权益，促进公、民办教师合理流动。

1. 人事政策支持

完善人事代理制度，保障民办学校教师同等权益，促进专任教师在公、民办学校之间合理流动，是人事政策支持的基本创新举措。

人事代理制度直接关系到民办学校教师的职称评审、业务培训、评优评先、社会保险等问题。温州市民办教育综合改革新政对完善人事代理制度、落实民办学校教师同等权益做了比较详细的规定。中共温州市委、温州市人民政府《关于深入实施国家民办教育综合改革试点加快教育改革与发展的若干意见》（温委发〔2013〕63 号）要求民办学校组织教师参加全员人事代理。民办学校教师参加职务评审、业务竞赛、评优评先等，享受同公办教师同等的待遇，实行倾斜政策和指标单列，并且将民办学校教师纳入与公办学校教师同系列、同要求、同待遇的教师培训计划中。

健全专任教师在公、民办学校之间合理流动的机制，关键在于解决好专任教师在公、民办学校之间流动后的人事关系、社会保险、工龄教龄计算等问题。目前，地方政府促进公、民办教师合理流动的政策创新举措主要表现在三个方面：第一，民办学校和公办学校之间、民办学校之间的教师流动，其工龄和教龄均连续计算。这在地方政府出台的民办教育政策文件中普遍得到规定。第二，公办学校的骨干教师被选派到民办学校“支教”的，教师身份、档案关系、社会保险等均保持不变，同时享受民办学校的待遇，交流期满回原单位任教。湖南、陕西、苏州等地方规范性文件中都有类似规定。第三，公办学校教师应聘到民办学校任教的，人事关系保留在原公办学校或转入同级人才交流中心，原档案工资作为调资、晋级、职称评审、计发退休生活待遇的依据，退休时按公办学校退休教师相关政策执行；对本人愿意重新回公办学校任教的公办教师，参加招考在同等条件下优先录用，或由所属教育、编办和人社部门负责安排。贵阳市、吉安市、宁夏回族自治区等政府文件中都做了相关规定。

2. 师资力量扶持

为符合条件的民办学校选派公办教师支教或长期任教是地方政府给予民办学校师资政策性扶持的主要做法，所不同的是各地对选派教师的比例以及公办教师工资待遇的保障主体的规定有所不同。在选派的比例上，如中共恩施市委、恩施市人民政府《关于大力促进民办教育发展的十条意见》（恩市发〔2013〕2 号）规定，对在校学生达

500人以上的民办学校，可按学生数的1%选派公办学校教师支教；对接受政府委托承担服务范围内义务教育的普惠性民办学校，可依据当地编制管理规定选派公办学校教师。在公办教师的工资待遇方面，一般有三种方式：其一，基本工资由原单位发放，绩效工资及其他待遇由民办学校给予保障。（河南周口市）其二，到民办学校支教或任教的公办学校教师的工资、津贴及社会保险费用由民办学校负责。（湖南衡阳市）其三，工资仍由原单位给予保障。（广东广州市）

核增公办教师编制专项用于民办学校或者为优质民办学校核定教师事业编制数也是各地加大师资扶持力度的已有做法。比如《丽水市人民政府关于进一步促进市区民办教育发展的若干意见》（丽政发〔2010〕41号）规定，为符合一定办学要求的民办学校核定事业编制数，事业编制教师由市区教育行政主管部门会同学校组织招聘，参加事业单位社会保险，退休时享受事业单位同类人员相关待遇。《贵港市人民政府关于印发贵港市促进民办教育发展扶持办法的通知》（贵政办〔2012〕292号）规定，在公办教师总编制基础上增设专项编制，用于派出公办教师支教。《嘉兴市人民政府关于深化教育改革促进民办教育健康发展的实施意见》（嘉政发〔2015〕25号）规定，探索在教职工事业编制总量内划出一定数量的特聘教师专项事业编制，实行实名制动态管理，专项用于民办学校聘用的管理层领军人才及核心骨干教师。

四、依法落实民办学校办学自主权

依法管理、自主办学是激发民办学校办学活力和发挥民营机制优势的关键所在。《民办教育促进法》及其实施条例明确国家保障民办学校的办学自主权。《国家中长期教育改革和发展规划纲要（2010—2020年）也强调要依法落实民办学校、学生、教师与公办学校、学生、教师平等的法律地位，保障民办学校办学自主权。近年来，地方在落实和扩大民办学校招生、收费、专业设置自主权方面也有一些积极的实践探索。

（一）扩大招生自主权

《民办教育促进法实施条例》第二十七条规定：“民办学校享有与同级同类公办学校同等的招生权，可以自主确定招生的范围、标准与方式。县级以上地方人民政府教育行政部门、劳动与社会保障行政部门应当为外地的民办学校在本地招生提供平等待遇。”在依法落实民办中小学的招生自主权方面，国家有“各地不得为民办学校跨区域招生设置障碍”的有关规定，在具体执行过程中，依法落实招生自主权与地方维持和规范招生秩序之间常常面临两难困境。但在扩大民办高校招生自主权方面，地方常有一些积极的举措，比如《江西省民办教育促进条例》(2006 年)规定，在招生政策上，每年高招的计划增量分配、省外主要调剂指标、降分录取等政策都向民办高校倾斜，帮助学校完成招生计划。《重庆市人民政府关于促进民办教育发展的意见》(渝府发〔2008〕65号)规定，招生计划管理部门建立随办学条件调整高校招生计划的机制，本专科招生计划增量部分应积极投向办学条件好、管理规范的独立学院和民办高校，形成招生计划激励学校发展的机制。

(二) 扩大专业设置权

在扩大民办高等教育的专业设置权方面，黑龙江、陕西、重庆、湖北、新疆等省区都有积极的探索。比如《黑龙江省人民政府关于促进民办教育发展的若干意见》(黑政发〔2005〕25 号)规定，民办高等学校可在专业目录外(师范和医药类专业除外)按照办学宗旨和培养目标，自行设置专业；鼓励民办高等学校设置实施老工业基地振兴计划所需要的专业。《陕西省人民政府关于进一步支持和规范民办高等教育发展的意见》(陕政发〔2011〕78 号)规定，支持有条件的民办高校在国家专业目录内自主设置专业、调整专业方向、开设课程、确定教学方式。此外，《湖北省人民政府关于进一步促进民办普通高等教育发展的若干意见》(鄂政发〔2013〕61 号)还支持民办普通高校根据经济社会发展对人才的需求和学校办学特色定位建立学科专业动态调整机制。

(三) 扩大学费定价权

在探索民办教育分类管理之前，按照 2003 年实施的《民办教育促进法》规定，学历教育段民办学校的收费实行审批制；非学历教育段民办学校的收费按照市场机制自主确定，实行备案制。在旧《民办教育促进法》的制度框架内，放开民办学校收费是一个渐进的过程。部分地区先行先试，逐步放开收费限制，允许民办学校在政府指导价内收费，或者完全放开收费管制，允许民办学校自主定价，实行收费备案制。比如中共昆明市委办公厅、昆明市人民政府办公厅《关于转发〈昆明市突破性发展民办教育整体推进工作意见〉的通知》(昆办发〔2009〕12 号)就提出，按照补偿教育成本的原则并考虑投资者合理回报等因素，允许民办学校在政府指导价范围内根据招生规模、专业设置、社会需求及社会承受能力等情况自主确定学费收取标准，报价格主管部门备案并向社会公示后执行。贵阳市在《贵阳市人民政府关于加快民办教育改革与发展的若干意见》(筑府发〔2013〕36 号)规定,实行优质优价分级的托底高收费政策,教育行政部门根据管理权限对学校进行分类评估;确定为优质、优良等级的民办学校,其学费标准可按上年贵阳市生均教育事业费的 5 倍以内收取。随着市场化改革的推进,目前江西、山东、云南、宿迁等省市先后全面放开收费,允许民办学校依据自身办学水平合理自主定价;天津、福建、山东、湖北、湖南、广西、贵州、宁夏、陕西等省区已相继放开了民办高校收费。新《民办教育促进法》实施后,根据国家有关法律规定,营利性民办学校收费实行自主定价,非营利性民办学校收费政策由地方政府按照市场化方向根据当地实际情况确定。但就目前各地已经出台或不完全披露的实施意见看,非营利性民办学校的收费也呈积极放开的趋势。

五、不断创新民办教育投融资机制

为解决民办学校融资难等问题,在创新教育投融资机制、多渠道吸引社会资金、扩大办学资金来源等方面,地方政府也有积极的政策举措。主要有以下几个方面:

(一) 拓宽信贷服务项目

为拓宽民办学校融资渠道,地方政府积极鼓励银行等金融机构通过丰富信贷服务项目和品种的方式,为民办学校提供融资服务。如《重庆市人民政府关于促进民办教育发展的意见》(渝府发〔2008〕65 号)规定,金融机构应积极为民办学校提供信贷支持,开发适应民办学校发展的信贷服务项目和信贷品种,拓宽民办学校融资渠道。《广西壮族自治区人民政府办公厅关于促进民办教育发展的意见》(桂政办发〔2011〕84 号)规定,金融部门应根据国家对西部地区、边远贫困地区、少数民族地区的信贷优惠政策,对符合条件的民办学校给予与公办学校同等的贷款支持,开发适应民办学校发展的信贷服务项目和信贷品种,增加民办学校的融资方式和渠道;支持民办学校利用国际金融组织贷款和外国政府贷款发展教育事业。其中,允许后勤资产抵押及收费权质押贷款,是各地比较普遍的政策探索形式。如 2007 年,《江西省民办教育促进条例》规定,允许民办学校用公寓、校办企业等资产抵押贷款。2012 年,《云南省民办教育条例》也明确民办学校可通过投资、合作、贷款等方式筹措办学经费,也可用收费权质押或非教学设施作抵押向商业银行申请贷款,用于改善办学条件。这是以地方立法的形式，规定民办学校可以以学费权质押或非教学资产向银行抵押贷款。

（二）设立民办教育发展基金

2008年，《重庆市人民政府关于促进民办教育发展的意见》（渝府发〔2008〕65号）规定，鼓励企业、公民个人和社会组织为民办教育提供捐赠，设立民办教育发展基金。2009年，重庆市以“推进尊师重教、资助贫困师生、支持教学科研创新、促进各类教育发展”为宗旨成立教育发展基金会。同年，《成都市人民政府办公厅转发市教育局关于大力发展民办教育意见的通知》也提出设立民办教育发展基金，通过政府划拨部分教育经费、社会融资或贷款等方式筹集基金设立基金会，帮助民办学校改善办学条件。2014年8月，由政府倡导、民办学校联合发起、以支持民办教育发展为宗旨的上海民办教育公益性基金会成立。基金会由非营利民办学校利用办学结余捐资发起，原始基金约7 000万元。主要职能是为民办学校提供资金资助，开展有利于促进民办教育事业发展的项目及活动，协助政府回收民办学校终止办学的剩余资产，并扩大基金来源、拓宽筹资渠道，为民办学校发展和教师培养进行支持奖励。

（三）为民办学校融资提供担保

鼓励教育融资担保公司、国有投资公司和社会财团为民办学校融资提供担保的政策实践起步较早。如《贵州省民办教育促进条例》（2005年）第16条规定：“鼓励国有资产经营公司、国有投资公司以及其他企业和社会财团为民办学校提供贷款担保。”2005年初，湖南省常德市政府为了解决民办学校融资难的状况，由市政府拨款1 000万元作为引导资金，邀约5家发起人共同设立全国首家教育担保公司，即芷兰教育融资担保股份有限公司。近年来，重庆、广东、温州等地也成立了类似的教育担保公司。

六、切实加强民办学校规范管理

扶持与规范并举是各地政府基本的民办教育管理方略。在不断加大对民办学校政策扶持的同时，各地也不断加强对民办学校在教育教学、财务管理等方面的规范管理。具体而言，主要包括如下五个方面：

（一）健全政府督导专员制度

2006年中共中央组织部、中共教育部党组联合发布《关于加强民办高校党的建设工作若干意见》，以及2007年教育部出台《民办高等学校办学管理若干规定》（25号令)后,根据要求,地方政府陆续向民办高校委派督导专员。综合各地实践,多数省市基本上都是从高教系统在职的或是刚退休的党政干部中选拔党委书记人选,然后将其先任命为相关民办高校党委书记再明确兼任督导专员。也有一些地方进行了适度创新。如浙江省基于本省民办高校党组织比较健全的实际,并未向学校另外选派党委书记,而是直接将现有的党组织负责人聘任为政府兼职督导专员,同时省政府又专门组织由各方面专家组成的专业督导团,定期对民办高校进行巡视、督察和指导。上海市则是先期向有关民办高校派出党建督察员,经过一定时间的磨合和适应,在取得学校理解和信任后,再按一定程序将党建督察员任命或选举为党委书记,最后再由教育行政部门发文聘任为督导专员。[①]

随着《国务院关于鼓励社会力量兴办教育促进民办教育健康发展的若干意见》(国发〔2016〕81 号)要求"民办高校党组织负责人兼任政府派驻学校的督导专员",以及中共中央办公厅印发《关于加强民办学校党的建设工作的意见(试行)的通知》(中办发〔2016〕78 号)规定民办高校党组书记一般兼任政府督导专员,辽宁、甘肃、天津、云南的实施意见中也都进行了类似规定。地方政府督导专员制度正在日益改进和完善。

(二) 健全年检及违规查处制度

按照国务院、教育部相关规定,各省市都建立健全了年检制度,查处民办学校违规办学行为。年检一般采取自查和复查相结合的方式,先由学校进行自查,再由教育行政部门组织专家逐一核查年检材料和实地检查。如《河南省教育厅关于规范民办学校(教育机构)办学情况年度检查工作的实施意见》(教发规〔2014〕47 号)规定,各地市按照分级管理、分级负责的原则,对各民办学校进行年检,重点审核民办学校举办者的资质和办学资金来源、学校法人与组织形式和决策机构、学校章程和办学宗旨、学校资产和财务管理,以及学校的办学层次、教学设施配置、师资队伍配置和教育教学管理、安全稳定工作等要素,对年检不合格的学校限期整改。对少数乱办学、乱招生、乱收费、乱发文凭等违法违规办学行为,进行严肃查处。年检结束后,一般对年检结果进行公示,对违规办学行为予以惩戒,甚至对多次年检不合格者取消其办学资格。

---

① 董圣足,李蔚:《民办高校督导制度的建立与完善》,《教育发展研究》2008 年第 2 期。

(三) 完善财务会计制度

完善的财务会计制度有利于规范民办学校资金使用行为，防范违规办学风险。在此方面，上海的经验值得借鉴。上海市在政府专项扶持资金的投入上，坚持公共财政的公共性和公益性原则，对申请专项资金的民办学校在规范财务管理、落实法人财产权和建立年金制度等方面提出具体要求。为规范民办学校财务管理，2009 年上海市教委相继印发民办高校和中小学财务管理办法和会计核算办法等 4 个文件；同年 10 月又联合其他相关部门下发《关于加强民办高等学校学费及政府扶持资金账户管理的通知》，将民办高校学费和政府专项资金纳入专户管理。2011 年颁发的《以招收进城务工人员随迁子女为主的民办小学资产和财务管理若干问题的意见》(沪教委财〔2011〕12 号)对随迁子女就读学校的资产和财务管理也做出了一系列具体规定。

(四) 建立风险保证金制度

风险保证金是民办学校按照教育行政部门要求，从办学经费中提取并存入指定账户中的资金，其主要用途是处理学校发生的意外事故或突发事件。各地结合实际情况，出台的风险保证金制度对保证金的数额和比例规定不一。如宁波市《关于贯彻实施〈宁波市民办教育促进条例〉的若干规定》(甬政发〔2007〕58 号)规定，幼儿园风险保证金最高定额为 10 万元。非学历教育学校和成人学历教育学校风险保证金最高定额为 20 万元。全日制民办中小学在校学生为 1 000 人以下(含 1 000 人)的，风险保证金最高定额为 50 万元；在校学生在 1 000 人以上(不含 1 000 人)2 000 人以下(含 2 000 人)的，风险保证金最高定额为 100 万元；在校学生超过 2 000 人的，风险保证金最高定额为 150 万元。2008 年 9 月，天津市教育委员会办公室《天津市民办学校建立办学风险保证金制度管理暂行办法》规定，民办学校要按照办学开办资金的 5%和学校每年学费收入的 3%的比例提取办学风险保证金，直至达到民办学校当年学费收入总额，可不再提取。各级各类民办学校开办资金标准暂定为：民办高校(独立学院)不低于 5 000万元；民办高等教育机构不低于 800 万元；民办高中不低于 600 万元；民办初中不低于 400 万元；民办小学不低于 200 万元；民办托儿所、幼儿园不低于 150 万元；民办非学历培训机构不低于 50 万元。《贵阳市人民政府关于加快民办教育改革与发展的若干意见》(筑府发〔2013〕36 号)规定，凡租赁校舍和没有重要固定资产的民办学校，没有存储风险保证金的，教育、人力资源社会保障部门要督促其每年提取不低于 10%

的办学结余作为风险保证金。风险保证金归学校所有，由学校开专户存储，主要用于学校出现风险时，退还其向学生收取的学费和其他费用。

（五）实行亲属回避制度

1999年，广东省人民政府颁布的《广东省基础教育民办学校管理规定》（粤府令〔1999〕50号）就提出了民办学校财务人员亲属回避制，规定董事、校（园）长或主要行政负责人和担任本校（园）的总务、财会和人事职务的人员，实行亲属回避制度。此制度一经提出就得到多个地市的积极响应，如浙江省宁波市2000年颁布的《民办学校教师管理试行办法》（甬教人〔2000〕168号）第6条规定："担任民办学校的董事、校长或者主要负责人和担任总务、会计、人事职务的人员之间，实行亲属回避制度。"经过地方多年的探索实践，在民办学校实行亲属回避制度上升为国家政策。教育部发布的《关于鼓励和引导民间资金进入教育领域促进民办教育健康发展的实施意见》（教发〔2012〕10号）中提出，"要规范民办学校董事会（理事会）成员构成，限定学校举办者代表的比例，校长及学校关键管理岗位实行亲属回避制度"。

第二节 地方实践探索的典型样本

积极探索基于地方差异的民办教育发展模式，不仅是当前民办教育新法实施和稳妥推进分类管理的现实需要，也是我国较长时期内各地民办教育发展的基本路径。在不同发展时期，我国各地进行着因地而异、形态多样的实践探索，其中，部分地区的改革经验较为成熟、亮点凸显，成为地方民办教育改革和发展的典型样本。探求这些典型样本发生的背景和脉络，总结其基本特点及经验，可以为未来地方民办教育发展提供良好借鉴。

一、浙江：力推国家民办教育综合改革试点

（一）基本背景

浙江是民营经济大省，也是民办教育大省，历届省委、省政府都高度重视民办教育改革发展。2010年，国务院办公厅颁布《关于开展国家教育体制改革试点的通知》（国办发〔2010〕48号）以来，浙江积极承担国家教育体制改革试点工作，并进一步明确宁

波、温州和湖州的安吉、德清两县为试点区域，开展民办教育综合改革，不断突破体制机制障碍，民办教育驶入发展快车道，办学规模不断扩大，为扩大优质教育资源、满足人民群众日益增长的多样化特色化教育需求发挥了重要作用。

浙江省民办教育综合改革试点任务包括：清理并纠正对民办学校的各类歧视政策；完善促进民办教育发展的优惠政策，健全公共财政对民办教育的扶持政策，促进社会力量多种形式兴办教育；积极探索营利性和非营利性民办学校分类管理；保障民办学校办学自主权；完善民办学校法人治理结构，加强财务、会计和资产管理；支持民办学校创新体制机制和育人模式，提高质量，办出特色。

（二）主要举措

2013年，浙江省政府出台《关于促进民办教育健康发展的意见》（浙政发〔2013〕47号）。自民办教育综合改革试点工作开展以来，不到5年时间，几乎所有设区的市都颁发了基于营利性和非营利性分类管理改革思路的民办教育综合性政策文件。不少区县级政府也出台了具体实施意见。综合而言，浙江民办教育综合改革的主要举措包括以下六个方面①：

1. 加强民办教育综合改革组织领导

浙江省教育体制改革工作领导小组多次专门研究民办教育改革工作，多方听取意见和建议，研究并部署民办教育综合改革试点。为增强试点工作的科学性、有效性，依托省民办教育协会举办了“民办教育改革峰会”和多场专题座谈会，广泛听取省内专家学者，市、县（市、区）教育局负责人，各级各类学校负责人，教师，民办学校投资者等社会各界人士的意见建议，做到广集民意、广纳众智。在此基础上，明确改革方向。一是重点推进分类管理改革。构建差别化扶持政策体系，促进民办学校的规范运行和民办教育的科学发展。二是重点加强教师队伍建设和落实办学自主权。增强民办学校活力，全面提高民办学校教育质量和水平。三是重点研究加大财政金融等支持政策。努力为民办教育创造更为有利的发展环境，积极引导社会资源进入教育领域，增强民办学校竞争力。最终达到“基本建立有利于优质资源不断扩大，有利于促进民办学校办优办强、可持续发展的管理和运行机制，有利于形成满足人民群众多层次、多样化教育

---

① 根据浙江省教育厅2014年3月向全国人大民办教育调研组提交的汇报材料整理。

需求的民办教育新局面，构建政府主导、社会参与、办学主体多元、办学形式多样的民办教育体系”的总目标。

2. 确立民办教育综合改革路径

第一阶段为试点期。在自愿报名基础上，选择宁波、温州等二市二县三所高校先行试点。试点地区和学校积极探索，在法人登记、招生收费、教师管理、财税政策、土地供给、财会制度、产权流转以及政府监管等方面，创新体制机制，初步建立起符合民办教育特点的政策新体系。其中尤以温州市改革力度最大，在全国产生较大影响。第二阶段为推广期，在全面总结试点经验基础上，2013 年 8 月，省政府在温州召开全省社会力量办学工作交流推进会，于会后出台《浙江省人民政府关于促进民办教育健康发展的意见》，标志着浙江民办教育改革进入全面推广阶段。2014 年 10 月，省政府又组织开展了社会力量办学工作专项督查，对各设区市民办教育扶持政策和社会力量办学项目推进情况进行全面督查，进一步促进全省民办教育改革不断深化。在改革中强化民办教育规划引领，优化布局，留足空间。全省各地都将民办教育发展纳入本地区经济社会发展总体规划，在制定城乡义务教育布局调整规划时，统筹考虑区域内各类民办学校的布点情况，科学合理配置资源，为民办学校的良性发展留足空间。例如，杭州市鼓励和支持各区、县（市）在新一轮中小学校布局规划中，为民办教育发展预留空间，整体规划民办教育事业发展。温州市制定了《教育设施（学校）布局专项规划》和《民办教育发展规划（2015—2020 年）》，进一步规划了全市民办教育的总量、规模、层次、布局，保障民办教育发展空间。

3. 扩大民办高校办学自主权

在全面梳理省级层面教育部门各项权限和政策的基础上，2012 年 6 月，浙江省教育厅会同省发改委、省物价局研究制定了《关于进一步扩大民办高等学校办学自主权若干意见》。该意见规定，首先，扩大招生计划编制权限。明确民办高校在确保基本办学条件前提下，自主制定年度招生总规模和分专业招生计划，自主确定招生范围和招生方式。其次，扩大收费自主权。明确民办高校可自主选择本校当年专业总数 25%以内的专业，在规定基准价的基础上，学费可上下浮动 50%。再次，改革专业设置管理办法。明确民办高校比较同类公办高校，放宽 20%比例核定专业设置总数。在专业设置总数以内，民办高校可根据教育部修订的学科专业目录及设置管理办法，自主设置除国家和省控制布点外的专业，并自主确定专业方向。

4. 落实教师社会保障待遇

一是创新民办学校教师服务管理模式。各地政府所属人才服务机构要积极做好民办学校教师的人事代理工作，为所属民办学校教师提供职称评聘、户口迁移、劳动关系衔接、社保关系转移等服务，方便教师合理流动。破除教师流动中的体制性障碍，进一步落实单位用人自主权，鼓励教师在公办学校和民办学校间有序流动。

二是提高教师社保待遇。民办学校教师应参加各项社会保险并享受相应养老待遇。积极鼓励民办学校为教师建立年金等补充保险制度，进一步提高他们的退休待遇。民办学校教师在不同养老保险制度间转移养老保险关系，其缴费年限可按规定连续计算。杭州、宁波、温州、绍兴、丽水等地已经分别出台了保障民办学校教师社保待遇的相关政策。比如杭州市规定，民办学校聘用的具有杭州市区户籍、国家规定任教资格，在劳动年龄内、符合事业单位进人条件的教师，为参加市区机关事业单位职工基本养老保险的对象。宁波市规定，实施学历教育和学前教育的民办学校，符合规定条件的具有中级以上专业技术职务的教师，可按规定参加事业养老保险。宁波市还印发了《关于做好民办学校教师参加事业单位医疗保险有关工作的通知》，规定民办学校教师自 2012 年 5 月 1 日起，纳入事业单位医疗补助统筹管理，享受同等待遇。温州市规定，凡取得相应教师任职资格、参加人事代理并从事相应教育教学工作的民办学校教师，均按公办学校教师标准参加事业单位社会保险。参加事业单位社会保险的民办学校教师，享受与公办学校教师同等的退休费、住房公积金、困难救助等待遇。

5. 加大公共财政扶持力度

2013 年 9 月，浙江省财政厅研究制定了《支持市县民办教育发展专项资金管理办法》（浙财教〔2013〕196 号），规定从 2014 年起，设立省级“支持市县民办教育发展专项资金”。省财政综合各市县财政投入民办教育情况、民办学校产出情况和民办教育发展状况三个因素对地方发展民办教育进行资金奖补。2014 年实际安排专项奖补资金 2 亿元。省内不少地方都出台了民办教育财政支持政策，例如，宁波市在市财政性教育经费中，每年预算安排民办教育发展专项资金，同时还制定了市属民办高校补助经费管理办法，将公共财政补助惠及各级各类民办教育。台州市建立并落实了政府财政性经费扶持民办教育制度，市财政每年安排市区不少于 2 200 万元作为政府专项资金，各县（市、区）也相应建立了专项基金。温州市出台《关于公共财政补助民办教育的实施办法（试行）》，确定每年安排 3 000 万元作为温州市民办教育专项奖补资金，用于民办教育各项财政扶持项目支出，并要求各县（市、区）参照执行。

6. *加强社会培训机构管理*

针对非学历教育培训市场中存在的突出问题，2011 年，浙江省教育厅会同工商、民政、公安消防、税务等七部门研究制定《关于对社会非学历教育培训机构开展联合专项整治行动的通知》，按照"谁审批（登记）、谁负责"原则，重点对以中小学、幼儿园学生为服务对象的培训机构开展了为期一个月的专项整治行动。为建立专项管理机制，2013 年 12 月，省教育厅、省工商局联合印发了《关于建立经营性非学历教育培训机构联合检查制度的通知》。目前，教育厅、工商局正在研究制定《关于加强经营性非学历文化课教育培训机构审批登记管理的若干意见》，以期从源头上加强管理与规范，促进教育培训机构更好发展。

此外，浙江省还大胆进行了许多其他探索。一是合理制定收费政策，坚持优质优价、公开透明的收费原则，根据办学水平和办学成本核算制定收费项目、标准。例如，杭州市建立民办学历教育收费动态调整机制，按照补偿教育成本并适当考虑合理回报的原则，及时合理地调整收费标准。丽水市提出放宽收费价格管制，实行分类价格管理，营利性民办学校由学校自主确定收费标准，非营利性民办学校由学校在限定标准内自主确定收费标准。二是探索差别化用地政策。把民办学校办学用地纳入土地和城市利用总体规划。例如，嘉兴市实施全日制学历教育的民办学校，在建校项目审批、土地供给、规费减免等方面享有与公办学校同等待遇，新建、扩建全日制学历教育民办学校按公益性事业用地实行行政划拨并优先安排，民办学校的水、电价格与当地公办学校统一。三是探索建立投融资平台。积极拓宽社会资本进入通道，克服民办学校融资难题。例如，温州市结合该市金融综合改革，出台金融支持和优惠政策实施办法，明确可将民办学校的学费收费权及办学权作质押进行融资，目前，全市共完成 16 笔民办学校向金融机构的贷款，总金额达 5.25 亿元。

（三）主要成效

浙江民办教育综合改革有力促进了民办教育事业持续健康发展。截至 2016 年底，浙江省共有独立设置的民办普通高校 14 所，独立学院 21 所。民办普通本专科招生数为8.51万人，在校生为31.26万人，招生、在校生各占全省普通本专科招生、在校生总规模的29.5%和31.4%，独立学院的本科招生数和在校生数分别占全省普通本科招生数和在校生数的26.2%和26.8%。全省有民办普通高中192所，在校生18.47万人，占普通高中在校生总数的24.1%；民办中等职业学校50所，在校生6.98万人，占中等职业教育在校生总数的13.4%。民办普通初中227所，在校生24.21万人，占普通初中在校生总数的16.1%。民办普通小学155所，在校生47.97万人，占普通小学在校生总数的13.5%。民办幼儿园6 506所，在园学生118.26万人，占在园幼儿总数的61.7%。全省各级各类民办学校专任教师总数14万人，占专任教师总数的23.1%，其中，民办幼儿园6.78万人，民办中小学5.43万人，民办中职学校0.31万人，民办高校1.52万人。

根据浙江省政府统一部署，省发改委会同省教育厅、省卫生厅，积极开展浙江省社会力量办学重点推介项目编报工作。截至2014年3月，在各地上报的基础上，浙江省已筛选汇总形成了47个重点推介项目，总投资约77亿元，包括幼儿园项目9个、小学项目9个、中学项目23个、大学项目6个。

浙江的民办教育综合改革，在完善民办教育发展的优惠政策、健全公共财政对民办教育的扶持政策等方面均有不同程度的实践探索，为其他地区民办教育改革设计提供了试点经验。其中，浙江民办教育分类管理综合改革尤以温州为代表，其改革成效也最为显著。

温州自承担民办教育综合改革试点任务以来，中共温州市委、温州市人民政府于2011年11月出台了《关于实施国家民办教育综合改革试点加快教育改革与发展的若干意见》（温委〔2011〕8号）等配套文件（简称“1+9”）。文件从法人登记管理、财政扶持、融资政策、队伍建设、产权属性、合理回报、税费优惠、土地政策、法人治理、办学体制等方面进行全面系统的制度设计。在实践基础上，于2012年完善了民办学校收费政策补充规定、金融支持优惠办法、最低工资指导线制度、会计核算办法、教师社保补充规定等5个配套政策，初步形成了以营利性、非营利性分类管理为基础的政策体系（简称“1+14”）。2013年又对改革政策作进一步论证完善，对原文件进行删减整合，新增了民办非企业法人学校改制为企业法人学校等办法，形成“1+14”升级版。温州的民办教育改革也被业界引为“制度创新的典范”，认为其至少在法人分类问题、教育投融资体制、出资者产权及回报规定、民办学校鼓励扶持政策、保障民办学校教师平等待遇等五个方面具有较大的突破，被教育部相关领导推介为全国民办教育综合改革试点进程中“改革力度最大，推进速度最快，试点成效最显著”的地区。[①]

二、上海：力促非营利性民办学校特色优质发展

（一）基本背景

上海非营利民办学校特色优质发展的背景主要包括三个方面。第一，上海民办教育经过三十余年发展，各界逐渐认识到“以质量求生存、以特色求发展”是民办学校基业长青的不二法宝。因此，特色优质发展成为上海乃至全国民办教育转型的内在需求和前进方向。第二，近年来上海公共财政逐渐加大对民办教育的扶持力度。市级财政对各级各类民办学校的扶持总额逐年提高，2012 年更是达到 7 亿元。在“分类管理、分类扶持”的原则下，对非营利民办学校更是加大了整体扶持力度。第三，2010 年以来，上海被国务院确定为教育体制改革试点地区，在“改善民办教育发展环境，深化办学体制改革”的每一具体任务中，上海都要有所落实。

（二）主要举措

1. 创建非营利性民办高校示范校

2014 年，上海市教委印发了《上海市教育委员会关于开展非营利民办高校示范校建设工作的通知》（沪教委民〔2014〕12 号），按照“公益性强、体制创新、特色明显、质量领先”的原则，在捐资办学或以国资为主出资办学、出资人和举办者不要求取得合理回报的民办高校中遴选若干所学校，开展非营利民办高校示范校创建工作。该通知旨在通过示范校创建，引导民办高校走非营利办学道路，坚持民办教育公益性原则；引导民办高校开展创新体制机制改革，充分发挥民办体制机制的优势；引导民办高校努力提升办学质量，努力提高水平、办出特色。对纳入示范校创建范围的民办高校，给予政策和资源支持。主要包括：民办教育政府专项扶持资金给予重点投入；民办高校“强师工程”培训、民办高校骨干教师科研等项目，优先给予扶持；协调本市财政、税务等部

① 2013 年 10 月，教育部向全国各省（自治区、直辖市）推介温州民办教育改革经验，时任教育部副部长鲁昕在推介信中如此评价。

门,给予非营利组织税收政策待遇。

2014 年 5 月,非营利性民办高校示范校申报工作启动,符合条件的民办高校可自愿申报。经专家评估,确定了上海杉达学院、上海视觉艺术学院、上海东海职业技术学院、上海济光职业技术学院、上海工商职业技术学院等 5 所民办高校为首批上海非营利性民办高校示范校创建校。杉达学院还经教育与税务等部门协调,获得了非营利组织免税资格。

2. 探索试点非营利性民办中小学

2014 年,上海市教委决定率先在浦东和杨浦开展非营利性民办中小学试点工作。市教委对民办中小学实施非营利制度的基础、可行性及实施路径进行了充分调研,拟定了《上海市教育委员会关于开展非营利民办中小学试点工作的通知》(讨论稿),广泛征求各有关部门的意见;并根据《关于非营利组织免税资格认定管理有关问题的通知》,与税务管理部门进行了多次协调沟通,在非营利性民办中小学认定的条件和程序上与有关委办局达成了初步共识。部分区县也出台了非营利学校试点政策,并在区内部分学校试行,其中以浦东新区最为典型。

浦东新区营利性与非营利性民办学校分类管理试点改革最早可以追溯到 2007 年。当时浦东新区在公共治理结构体系研究的大框架下开展了“民办教育机构营利性与非营利性制度设计”研究,确立了营利性和非营利民办教育机构管理制度的设计思路。2010 年,新区教育局正式出台了《浦东新区开办非营利性学校的若干制度》,对非营利性民办学校的法人治理制度、准入制度、保障制度、监督评价制度、退出制度都进行了详细设计。2014 年,浦东新区教育局拟定了《浦东新区关于民办学校适用非营利制度的指导意见(试行)》,并在全区初步遴选了上海民办福山正达外国语小学、上海民办浦东交中初级中学、上海民办建平远翔学校、上海民办新竹园中学、上海民办进才外国语中学等 5 所民办中小学,作为首批非营利制度试点学校。市教委向试点学校拨付了试点制度经费,引导学校彰显公益性和内涵发展。

浦东新区试点率先界定了非营利性民办学校的三条基本标准:第一,举办宗旨不以营利为目的;第二,营运盈余不能用于成员间的分配和分红;第三,机构资产不能以任何形式转变为私人财产。在配套政策方面,如政府补贴、政府购买服务、基金奖励、捐资激励、助学贷款、发展基金、金融信贷、教师社保等加大对非营利性民办中小学的政策扶持力度。比如,允许非营利民办中小学以非教学设施抵押贷款和以学费收费权、知识产权质押贷款。在教师社保待遇方面,非营利性民办中小学教师享有与公办中小学教师同等社保待遇等。

3. 创建民办中小学特色学校和民办优质幼儿园

2012 年,上海市教委启动首轮民办中小学特色学校(项目)和民办优质幼儿园创建工作。经遴选,34 所民办中小学特色学校、30 个民办中小学特色项目和 40 所民办优质幼儿园进行了为期三年的创建工作。2014 年底,创建工作取得了阶段性成果。2015 年 5 月,在前期工作基础上,上海市教委又启动了第二轮创建工作,评审遴选出 47 所民办中小学特色学校创建校、29 所民办中小学特色项目创建校、48 所民办优质园共 124 所学校和幼儿园参与创建。

为保障创建工作顺利推进,上海市教委出台了《关于开展上海市民办中小学特色学校(项目)创建工作的通知》、《上海市民办中小学特色学校(项目)创建实施方案(试行)》、《上海市教育委员会关于开展上海市民办优质幼儿园创建工作的通知》等有关文件,将民办中小学特色学校(项目)、民办优质幼儿园创建纳入市中长期教育规划纲要市级专项经费支持范围。经区县审核推荐、市教委复核确定为创建学校(项目)、创建园后,给予每个特色学校创建校市级创建资助资金 30 万—40 万元,每个特色项目创建校市级创建资助资金 20 万元,每个园市级创建资助资金 20 万元。区县根据办学规模和层次给予相应配套资助,经绩效评估合格后再由市、区县教育行政部门给予相应的支持。

(三) 主要成效

上海非营利性民办学校、特色优质学校的试点和创建工作,其主要成效主要体现在以下三个方面:首先,为国家整体改革提供试点经验。上海非营利性民办学校的创建,特别是浦东新区部分非营利性民办中小学的建设工作,早于国家教育体制改革试点;在上海成为分类管理试点地区后,其做法和经验为国家分类管理制度框架和非营利性民办学校治理体系的完善提供了地区经验。其次,助推了上海教育综合改革。在上海教育综合改革诸多任务中,“探索实施民办学校分类管理。开展非营利民办高校示范校建设,试点建立民办中小学非营利制度,建立健全经营性教育培训机构登记和管理制度”是其中的重要组成部分。近些年上海在非营利性民办学校特色优质发展方面的探索和实践,对教育综合改革起到了较大的助推作用。再次,催生了一批示范学校。五所非营利民办高校示范校、多所非营利民办中小学试点校、上百所特色优质学校创建校和创建园的诞生和发展，使得一批真正矢志办学的教育者涌现出来，对上海民办教育的发展起到了引领作用。

三、陕西：大力推进民办高校内涵建设

（一）基本背景

陕西是全国民办高等教育发展较早、较快的地区之一。改革开放以来，经历了初创期、快速成长期、规范管理期和健康发展期四个时期，出台了一系列规范和鼓励民办高等教育发展的法规政策，形成了较为健全的民办教育制度环境。在规范管理期，1996年陕西省人大通过了《陕西省社会力量办学条例》，随后相继颁布了《关于进一步办好民办高等教育的决定》、《关于社会力量办学条例（实施细则）》、《关于加强民办高等学校管理的通知》等系列以规范为主的文件。在健康发展期，2004年12月陕西省人大又通过了《陕西省民办教育促进条例》，这是2002年《民办教育促进法》颁布后，地方出台的少数以“促进”为主题的法规。

陕西省委、省政府历来高度重视民办教育。2011年陕西省政府正式印发了《关于进一步支持和规范民办高等教育发展的意见》（陕政发〔2011〕78号），强调民办高等教育的地位和作用，出台了多项扶持民办高校的措施。比如完善发展模式，区分了营利性和非营利性两类办学模式；拓宽筹资渠道，探索建立陕西民办高等教育基金会，引入公益融资机制；完善合理回报制度，明确回报额可占到办学结余的40%；明确职责分工，加大统筹、规划、协调力度；加大规范力度，强调规范办学行为；建立办学风险防范机制，提取1%风险保证金；扩大民办高校办学与招生自主权等。

（二）基本举措与发展成效

陕西省财政从2012年起，每年设立3亿元民办高等教育发展专项资金，重点支持非营利性民办高校开展高水平民办大学建设和改革创新，实施“民办高校能力提升工程”，以项目带动民办高校教学质量、科研能力和教师能力的整体提升。具体措施和成效主要体现在以下几个方面：

1. 教学质量提升

首先，结合陕西民办高校教学改革实际，遵循分类指导原则，重点支持民办高校开

展专业建设、课程建设、教学团队建设、实验教学建设、人才培养模式、创新实验区建设和教材建设等，并给予专项经费支持。其次，支持能够推进民办高校转型发展，注重高素质应用型、技能型人才培养教学效果，整体提升学生专业素质和综合素养，实施促进学生全面发展的教学改革研究项目。第三，支持民办高校实施“专业综合改革试点”项目，对教育观念先进、改革成效显著、特色鲜明的专业或专业链群，给予更多经费支持和政策倾斜。除此以外，对在教学质量评估、大学生创新创业项目建设、开展质量提升综合改革研究等方面成绩突出的民办高校均给予一定数额的资金奖励。陕西民办高校在 2012 年前投入教学方面的资金为年均 2 152 万元；“十二五”期间，有了专项资金的支持，年平均投入 3 135 万元进行教学发展。西安培华学院、西安翻译学院、西安外事学院、西安欧亚学院、西京学院、西安思源学院等六所本科高校接受了教育部新建本科评估；西安科技商贸职业学院顺利转设为普通本科层次学院，更名为西安交通工程学院。

2. 科研能力提升

以科研项目研究和重点研究基地建设为抓手，组织实施“科研骨干培养”、“创新能力提升”、“重点基地建设”和“科研成果服务”四大科研工程，设立民办高校科学研究培育基金、高层次优秀人才科研启动基金和民办高校科研成果奖励基金，引导和支持民办高校积极开展科学研究与学术交流。同时，以提升民办高校重点专业建设和应用型人才培养基础设施建设为主线，有计划地支持民办高校共建一批重点实验室培育基地和人文社科重点研究培育基地，进而改善民办高校人才培养实验研究条件，支撑重点优势专业建设发展。欧亚学院在 2012 年前，平均每年投入科研和实验实训的经费不到 200 万元，2012 年后，在专项经费的支持下，平均每年投入 1 200 余万元，完成 29 个实验室建设，科研项目的数量和质量有了明显的提高，科研支持教学改革的力度也不断加大。西安海棠职业学院 2012 年以前，几乎没有专门的科研经费，实验实训经费年均不到 200 万元，政府专项经费到位后，学校积极拿出配套资金，科研和实验实训经费年均将近 700 万元，开始培育科研校本力量，同时极大地提高了人才培养质量。

3. 教师能力提升

把民办高校教师培训纳入高校教师总体培训计划，划拨专项经费，开展民办高校教师任职资格培训、青年教师培训和专题培训。通过创立“陕西青年教师访问学者项目”，支持民办高校骨干教师开展为期一年的研修访学。进一步提升了陕西省民办高校教师的业务能力和专业水平，培养了一批德才兼备、年富力强的学科带头人和领军人物。西京学院、西安欧亚学院、西安思源学院等都在专项资金的支持下建成了教师发展中心，有规划、有步骤、分阶段地对教师进行了系统的培训，切实提高了教师的教学能力、科研能力、实践能力等。

通过财政专项经费的划拨，带动了民办高等教育举办者办学的积极性，加大了办学投入，17 所非营利性民办高校 2012、2013 两年配套资金共 253 470 万元。很多学校的整体面貌发生了明显的变化，校园环境优美，办学条件显著改善，师资队伍、校园文化、内部管理等软实力大幅提升，教学科研、学科建设、人才培养等方面也取得了重大突破，特别是一些民办高校依靠自身管理体制灵活、改革创新意识强等优势，紧扣市场需求，优化学科专业结构，注重内涵式发展，大胆探索培养高素质应用型人才的有效途径，创新教学方法，不断强化学生实践能力培养，不仅形成了各自的办学特色和优势学科，更为深化高等教育理论研究、促进改革、创新实践积累了成功经验。

（三）陕西民办高校基本办学格局

在陕西省各项扶持政策的推动下，历经多年发展，陕西民办高等教育不仅在全省教育事业中举足轻重，也成为全国民办高等教育发展的高地。截至 2014 年，全省共有民办普通高等学校 30 所，其中普通本科高校 20 所(包括独立学院 12 所)，高职高专院校 10 所;万人以上规模高校 9 所;在校学生 24 万余人。陕西民办高校全日制在校学生数、本科院校数、万人以上学校数、校园占地及校舍面积、科研仪器设备总值和馆藏图书数量等多项指标均居全国前列。

在办学层次日益丰富、办学特色凸显的多元办学格局中，陕西民办高等教育尤以西安民办高校为代表。其中，以西安培华学院、西安翻译学院、西安外事学院、西安欧亚学院等为代表的民办本科高校，以西安交通大学城市学院、西安电子科技大学长安学院、西北大学现代学院等为代表的独立学院，以西安医学高等专科学校、西安高新科技职业学院、西安城市建设职业学院等为代表的民办专科、高职院校，成为不同层次民办高等教育办学实践的典型。

在民办本科高校中，西安欧亚学院作为国家教育体制改革试点中“改革民办高校内部管理体制，完善法人治理结构，建立健全民办学校财务、会计和资产管理制度”的试点高校，在内部管理体制、法人治理和财务管理方面形成了特色。在内部管理体制上，强化战略规划管理，形成由质量、运营、品牌、组织建设及管理体制、信息化建设五大部分构成的战略规划体系；构建新型管理模式，重点实施了基于授权的管控模式调整，将人事、财务等核心权力下放给二级分院，增强分院的自主权，提升办学活力；施行“大部制”改革。在法人治理结构上，完善学院章程，基本形成了具有民办大学特点并体现现代大学制度特征的学院章程；依法完善董事会内部治理结构，董事会下设若干“委员会”，以委员会模式完善并丰富董事会组织形式及议事规则；健全制衡和监督制度，初步建立了以分权制衡为特征的内部法人治理结构。在财务制度上，深化财务管理体制改革，初步建立教学支持型的财务管理模式及基于院系责权利对等并自主运营的业务单元管控模式；推行成本管理，建立了系统的“运营战略管理体系”，推进二级分院“全直接成本”核算模式等。其他民办本科高校，如培华学院走在应用技术型大学转型发展的道路上；翻译学院形成以文、商科为主，以外语为特色的办学模式；西安外事学院的创新创业教育渐成品牌等。

在独立学院中，西安交通大学城市学院作为西安交通大学和西安博通资讯股份有限公司共同举办的全日制本科层次的学校，依托西安交通大学百年名校的办学传统和师资力量，通过改革传统教学计划、加强教师队伍建设、构建新的人才培养方案和模式，逐渐提高了学校育人质量和内涵建设。在育人方面，学校以拓宽知识、强化实践、增强能力、提高素质的人才培养为指导思想，以培养基础好、技能强、素质高的可持续发展应用型人才为目标，坚持四年中学生课堂教学与实践训练相互交叉、从不间断，着力构建按社会需求设专业、按学科打基础、按就业设模块的培养体系。学校形成了电气与信息工程、计算机科学与信息管理、机械工程等 9 个系，数学、体育、物理 3 个教学部、41 个本科专业，拥有各类校外实训基地 104 个。在师资建设方面，学校有教师 500 余名，45％具有高级技术职务，85％拥有硕士以上学历；享有国务院特殊津贴专家 8 人，省级教学名师 4 人，国家级教学成果获奖者 11 人，“双师双能型”教师 150 余人等，从而建立起一支素质过硬、结构合理、专兼结合的教师队伍。内涵发展与师资建设相结合，共同促进学校育人质量不断提高，学生在各类学术竞赛中不断获奖，2012—2015 年获得各类奖项 375 项；招生质量处于全国独立学院前列，就业率达到 95％以上。

在专科高校中，西安医科高等专科学校是经教育部批准设立，陕西省教育厅主管的一所全日制普通高等专科学校。学校以医学为特色，设有临床医学系、口腔医学系、护理系等，开设了多种医学专业。在内涵建设上，学校深化教学改革，构建"知识、技能、素质"三位一体的人才培养模式，即依据"市场需求为导向，职业岗位为框架"设置专业和开设课程；依据"基本知识够用，实践技能达标"安排教学计划，以提升医学学生的"人文素质、职业素质、技能素质"为目标构建"社会人文能力、专业基础能力、专业职业能力"的课程模式；采用问题讨论、案例分析、情境模拟、任务驱动、项目导向、顶岗实习等不同教学模式，提高学生综合素质。经过多年发展，学校办学特色形成，办学成绩凸显。2012 年经教育部、卫生部批准，学校被确定为第一批卓越医生教育培养计划项目试点高校，承担"3 + 2"专科临床医学教育人才培养模式改革试点；护理和口腔医学专业被评为"高等职业院校省级重点专业"；护理（养老服务）专业被确定为"首批全国职业院校养老服务类示范专业点"；护理和临床实验实训基地被评为"陕西省高等职业院校示范性实训基地"。

四、云南：推动公私合作，助力民办教育发展

（一）基本背景

改革开放以来，在党中央、国务院的关心支持下，云南省委、省政府坚持把教育摆在优先发展的战略地位，深入实施科教兴滇和人才强省战略，持续加大投入，着力深化改革，统筹发展各级各类教育，全省教育事业取得了长足进步。在此过程中，民办教育也得到了恢复和发展。省政府出台了一系列扶持政策，为民办教育发展营造了良好环境。2000 年，云南省人民政府印发了《关于加快我省社会力量办学的若干意见》，从土地、税收优惠、收费、招生等方面对民办教育的发展提出政策支持。此后又先后出台了大力发展民办职业教育、高等教育的政策措施；2009 年，云南省人民政府出台《关于加快民办教育发展的决定》，制定了一系列促进民办教育发展的突破性政策，将民办教育作为招商引资重点项目，鼓励社会资金以独资、租赁、合资、合作、项目融资等方式参与教育项目建设，创新民办教育办学体制、投融资机制体制和管理机制。云南的民办教育逐渐驶入发展的快车道，尤其是近五年来，在政府一系列突破性政策的鼓励支持下，全省民办教育规模每年以 18%左右的速度增长，民办教育各项指标从 21 世纪初的西部省区后位攀升到了前列，一系列突破性政策的实施，推动了民办教育发展的"云南模

式”初步形成。

（二）多元办学模式探索及成效

在《关于加快民办教育发展的决定》“凡符合国家有关法律法规，有利于增加教育投入，有利于扩大教育规模，有利于提高教育水平和办学效益的各种办学模式都鼓励大胆尝试”的鼓励下，云南省不断创新办学体制，定期举办招商引资推介会，推动民办教育发展，邀请国内外上百家教育投资集团参加，仅2010年就引入40多亿元资金，涵盖职教、幼教、高教各个层次。在具体实践中，主要有以下几种办学模式：

1. 政府参与，民间办学

这类学校通常是民间出资，地方政府通过提供土地、给教师编制和选派管理干部等方式参与举办，学校按民办机制运行。学校的收费标准通常分为两种：一种是根据学校与地方政府的约定，招收一定数量的“公派学位”学生，其收费标准按照当地同类公办学校的收费标准执行；另一种则根据学校的具体情况，由学校自主确定，报价格主管部门备案并公示后执行，其标准通常要高于当地同类公办学校的收费标准。教师来源通常包括三类：一类是由政府直接从公办学校选派教师到学校任教，其身份、待遇不变；第二类则是由学校公开招聘，但政府给予编制并拨付部分或全部工资；第三类则由学校自主公开招聘，人事关系和档案由政府人事部门人才服务机构代理，工资和福利待遇由教师和学校签订的劳动合同约定。除了招收与当地政府约定的“公派学位”学生外，学校可以在许可范围内自主招生。这类学校主要集中在中小学教育阶段，分布在昆明、曲靖、楚雄、大理、保山等地，由于符合了地方政府增加教育资源供给的需要，因而相对容易获得较多的政策和资源支持，在向优质特色学校发展的过程中，具备较好的基础。

这类学校中，也有少数学校由民营企业投资将学校建成后直接交给政府管理，投资方不要求取得回报的情况。如会泽县茚旺高级中学，该校由企业家一次性投资2亿元创建，投资不要回报，并坚持每年追加投入以提高教师待遇、奖励优秀师生。学校执行公办学校收费标准，教师享有公办学校的身份和待遇。

2. 公办学校参与，民间办学

这类学校主要集中在高等教育和初高中教育阶段，前者主要是独立学院，当前正在按国家有关规定进行过渡；后者则主要是民间资金投入，公办中学通过提供品牌支持等方式参与举办的中学。按照教育部的规定，这类学校要经过清理规范，逐步实现校舍、师资和产权独立，彻底明确学校的“民办”性质。就目前情况来看，公办学校参与举办的民办学校，在按照国家有关规定进行相应的规范后，其此前具备的品牌、师资等资源优势，有助于学校的进一步发展，尤其是这类学校通常都具备了较好的校舍、设施和相对规范的内部运行机制，依然比较容易获得学生和家长的信任，目前仍是家长和学生择校时重要的选择目标之一。

3. 政府建校，民间办学

这是近年来云南新出现的办学模式，主要集中在高中教育阶段。其基本特征是由地方政府投资兴建校舍，委托给省内外知名民办机构管理，学校按照民办学校机制运行。除校舍和设施等固定资产属于国有资产外，其内部管理机制、招生收费、教师队伍、资金再投入方式等方面完全按照民办学校机制运行。在具体运行过程中，地方政府根据辖区内教育资源的分布情况，可能要求学校招收部分按照公办学校标准收费的学生，也可能以委托的形式对在学校就读的义务教育阶段学生拨付相应的经费；另一方面则主要是从当地多样化教育选择需求出发，满足人们的择校需求。这类学校的代表为北京师范大学昆明附属中学，该校的创办源于北京师范大学与昆明市政府实施的人才培养合作战略，由北师大和昆明市西山区联合举办，西山区政府投资 2.5 亿元人民币按云南省一级示范性中学建设标准将学校建成后，与北师大采用“合作举办，委托管理，自主办学”的模式进行办学。其收费、师资、招生、管理均按民办学校机制运行。

4. 股份合作，民营办学

这类学校大致可分为三类：第一类是民间机构或个人以股份合作的方式办学，其运行机制与民间资金独立办学的民办学校几乎完全相同；第二类是有的事业单位（如公办高校）为解决职工子女的上学问题，以股份合作的方式举办学校。学校没有政府财政拨款，在发展初期以招收本单位职工子女为主，其收费标准往往略低于同类公办学校，但随着学校办学品牌的形成，开始扩大规模向社会招收部分择校生，其收费标准也按照民办学校方式执行。这类学校以云南大学附属中学最具代表性，该校前身为创办于 1927 年的东陆大学附中，中途因故停办，1988 年恢复建校。学校没有政府拨款，恢复初期主要是为了解决云南大学及其合作单位职工子女的上学问题，在发展过程中逐渐形成了鲜明的办学特色和品牌优势，成为众多家长和学生争相选择的著名学校。

第三类是民间资金、集体资产和国有资产以股份合作形式办学。通常是将闲置公办学校进行改制，学校原有资产作为国有资产投入，集体资产则通过土地置换等方式形成。学校一般执行公办学校的收费标准，其教师一部分是原有公办学校的在职教师，改制后其身份不变，新增加的教师则参照一般民办学校的教师享受有关待遇。典型代表是曲靖工商职业技术学校，该校系在原曲靖市经济干部培训学校基础上改制而成，原学校资产经评估后作为国有资产占 1/3 股份，民间投资占 1/3 稍多的股份，集体股份则以土地作价的方式投入形成。该校目前在校生已超过 10 000 人，在云南民办中等职业教育阶段具有一定的典型性。

近年来，云南民办教育规模持续扩大，并且发展态势良好。截至 2015 年底，全省民办高校 20 所，在校生 16.71 万人，占全省在校生总数的 27.19%；全省高中教育阶段民办学校 116 所，在校生 18.3 万人，占全省在校生总数的 33.48%；义务教育阶段民办学校 197 所，在校生 14.8 万人，占全省在校生总数的 5.72%；学前教育阶段，全省民办幼儿园 4 284 所，在园幼儿 68.28 万人，占全省在园幼儿总数的 52.77%。民办培训教育机构培训规模不断扩大，已经成为了培训教育的主力军。总体来看，云南现有各种办学模式都有其存在的必要性和特点，体现出公私合作办学的优势。政府参与、民间办学的模式因符合了地方政府增加教育资源供给的需要，相对更容易获得较多的政策和资源支持；公办学校曾经参与办学的民办学校虽然经过清理规范，但因在建校初期就具备了师资和品牌等资源优势，因而更容易得到社会认可；“政府建校、民间办学”模式下的新型民办学校则在起步阶段就具备了较强的竞争优势，凭借较好的基础设施与灵活的办学体制，在满足多样化教育需要方面具备了良好的基础；股份制办学则有利于资源整合，发挥合作各方优势，为学校的发展提供良好保障。

五、江苏宿迁：打好政策组合拳，吸引社会力量办学兴教

（一）基本政策背景

宿迁市地处江苏北部，属于发达省份的欠发达地区，教育经费短缺。因此，发展民办教育、鼓励社会力量办学，吸引民间资金改善学校硬件条件和师资水平就成为政府发展民办教育的主要动因。为此，宿迁市委、市政府出台了一系列促进政策。2000 年 5 月，宿迁市政府出台《关于鼓励社会力量兴办教育事业的意见》，制定了发展社会力

量办学的一系列鼓励扶持政策；同年 7 月，宿迁市政府又出台了《关于加快高中阶段教育发展的意见》，鼓励社会力量兴办高中阶段教育；2004 年 6 月，宿迁市政府出台了《关于进一步加快民办教育发展的若干规定》，在多个方面为民办教育发展提供优惠政策和奖励措施；2005 年 5 月，宿迁市委、市政府召开民办教育工作会议，出台了《关于进一步加快民办教育发展的补充规定》；2006 年 2 月，宿迁市委、市政府又下发了《关于进一步加快民办教育发展的意见》。这些扶持政策为宿迁市的民办教育发展创造了宽松的政策环境。随着近年来《关于推进教育事业改革与发展的意见》（2009 年）、《关于进一步深化民办教育改革与发展的意见》（2015 年）等政策文件的出台，宿迁民办教育发展的扶持政策得到持续和细化。

宿迁的系列政策举措具有创新性和突破性，体现了地方政府的创新智慧和勇气。不少提法和规定在当时的力度和影响丝毫不逊于今天温州民办教育“新政”，并极大地改善了宿迁市的教育投资环境。如对民办教育地位的认识与理解，早在 2006 年，宿迁市在《关于进一步加快民办教育发展的意见》（宿发〔2006〕7 号）中就提出，“民办教育是教育事业新的增长点”，“是深化办学体制改革、拓宽教育投入渠道和推动教育加快发展的重大举措”，比《国家中长期教育改革和发展规划纲要（2010—2020 年）》“民办教育是我国教育事业发展的重要增长点，是教育改革的重要促进力量”的类似提法要更早。此外，在办学体制改革、土地和税费优惠、教师社保及其补助等方面都有较大力度的创新举措。这些举措一定程度上解决了政府教育财政资金不足的困境，改善了学校办学条件，促进了宿迁民办教育发展。

（二）主要改革举措

1. 深化办学体制改革

《关于进一步加快民办教育发展的若干规定》（宿政发〔2004〕96 号）第 3—6 条，对深化办学体制改革提出了突破性的要求：鼓励民间资本和优质教育资源以多种形式创办各级各类民办教育机构或对非义务教育阶段的公办学校进行参股或控股改革；义务教育阶段的公办学校可采取“公办民助”、“公办民营”等形式扩大办学规模；凡非义务教育阶段的公办学校，在扩大办学规模时必须吸纳社会资本实行民营机制，可以试行“国有民办”、股份制改造或整体转制；允许非义务教育阶段公办学校利用非国家财政性经费、土地使用权、知识产权等无形资产及其他财产，单独举办或者参与举办民办学校。

2. 加大用地、税费优惠

《市政府关于印发宿迁市进一步加快民办教育发展若干规定的通知》(宿政发〔2004〕96号)第10、11、12条规定:在民办学校用地方面,可根据投资者意愿,采取"一事一议"的方式确定。划拨供地的,只要其用途不改变,土地可以无限期使用;出让供地的,可以最高获得五十年的土地使用权。土地价格给予省定最低保护价。在税收优惠方面,除享受法定优惠政策外,免收市权范围内的所有行政性收费。次年颁布的《关于进一步加快民办教育发展的补充规定》(宿政发〔2005〕43号)第6、7条又再次强调新建民办学校的用地,以不高于征地成本的价格划拨供给。在学校建设中本着特事特办、急事急办的原则,简化各种相关手续,并免收市权范围内的各项规费。

3. 加强公共财政资助

宿迁市的公共财政资助力度较大,除了各种办学绩效奖励,还包括对民办学校生均公用经费和教师社保费的补助。中共宿迁市委、宿迁市人民政府《关于进一步促进民办教育健康持续发展的意见》(宿发〔2009〕22号)明确省财政转移支付的免学杂费补助和当地财政配套经费,民办学校享受与公办学校相同的补助标准。《关于推进教育事业改革与发展的意见》(宿发〔2011〕15号)提出,对民办学历教育学校和民办幼儿园中具备相应教师资格的教师,按规定缴纳的养老保险费、医疗保险费中学校承担的部分由同级财政支付不低于50%。中共宿迁市委、宿迁市人民政府《关于进一步深化民办教育改革与发展的意见》(宿发〔2015〕8号)再次强调,要给予民办学校部分生均公用经费、教师社保单位缴纳部分补助。其中义务教育阶段民办学校的生均公用经费补助比例为不低于公办义务教育学校标准的50%,普惠性优质园的补助比例为100%,普惠性其他幼儿园为60%;义务教育阶段民办学校的教师社保单位缴纳部分补助比例为不低于70%,普惠性幼儿园不低于60%;普通高中、中等专业学校不低于60%。

4. 健全教师合理流动和养老保障机制

早在2004年,《关于进一步加快民办教育发展的若干规定》(宿政发〔2004〕96号)第18条就提出,公办教师可以流动到民办教育机构任教,教龄连续计算。2005年,《关于进一步加快民办教育发展的补充规定》(宿政发〔2005〕43号)第3条又强调在社保方面,公办改制学校的原有在编教师或原公办在编教师应聘到民办学校任教的,原工龄视同缴费年限，退休时由人事部门核批退休待遇。2006 年，《关于进一步加快民办教育发展的意见》（宿发〔2006〕7 号）第 16、18 条又规定，被选派到义务教育阶段民办学校支教的教师身份不变，在民办学校工作期间，工资由民办学校发放，期满后可回原单位工作。在社保方面可自主选择参加事业养老保险或企业养老保险。

六、河南周口：重点支持民办学校教师队伍建设

（一）基本背景

周口是河南豫东平原的一个农业大市，面积 11 950 平方公里，总人口 1 068 万人，辖 11 个县市区。周口经济基础比较薄弱，历年来虽然教育投入不断增加，但教育供给依然不足，穷市办大教育的市情使得政府推进教育发展的步伐较为艰难。为此，周口决定打破政府包揽办学的单一格局，鼓励社会力量参与办学。2001 年，周口颁布了《周口市人民政府关于鼓励社会力量办学加快教育产业发展的意见》，出台了诸多优惠政策和创新举措，吸引民间资本。2014 年，周口市政府出台了《关于促进民办教育健康快速发展的若干意见》。其中，最具亮点且被公认为最具创新精神的是公共财政支付教师工资的制度安排。它抓住了民办教育长久以来的痛点和关键问题，即教师待遇和稳定性，用财政支付的手段提高教师工资，从而大大缩减了公、民办教师待遇差距，稳定了民办教师队伍，被人们称为“周口经验”。

（二）主要实践

《周口市人民政府关于鼓励社会力量办学加快教育产业发展的意见》明确规定：民办学校的教师享有与公办学校教师相同的权益。公办学校教师应聘到民办学校任教，其工龄可连续计算，正常晋升档案工资、住房公积金等由聘用学校按国家有关法律、法规进行交纳，符合退休条件的，由人事部门办理退休手续，享受退休后的有关待遇；对规模较大、生源较多的民办学校，根据学校要求，可以选派优秀公办教师和管理人员到民办学校工作，工资由财政发放。周口各县市基于当地民办教育发展实际，制定了更具操作性的民办学校教师工资资助政策，有些地区的支持力度更大。比如《太康县人民政府关于加快民办教育发展的意见》（2003 年 8 月 18 日）规定：（政府）向民办学校选派公办教师，实行民办公助。凡在我县一次性投资 500 万元以上，兴办初中以上基础教育的，县政府选派该校核编教师的 30%，投资 1 000 万元以上的，选派

50%;投资 2 000 万元以上的,根据学校需求,县教育局公派教师。选派的公办教师享有国家法规规定的各种待遇。对民办高中招聘的外地优秀教师,重新建立档案,工资实行新标准,并视业绩分别给予 30%—50%上浮,一并列入财政预算,安排二室一厅住房,配偶安排工作。

十多年间,周口仍然保留了选派公办教师和公共财政资助教师工资的制度传统。如《周口市人民政府关于促进民办教育健康快速发展的若干意见》(周政〔2013〕67 号)第 4 条规定:重点扶持发展一批质量优良、特色鲜明、社会反响良好的普惠性和非营利性民办学校,为其选派一定比例的公办教师予以支持,选派教师保留编制并发放基本工资,绩效工资由使用学校解决。

(三) 主要成效

公共财政支付教师工资成为撬动当地民办教育发展的支点,民办教师待遇得到提高,民间办学热情得到提振,大量外地办学者到周口投资办学,如江苏省中英文教育集团在商水、沈丘投资 1.3 亿元创建周口中英文学校和沈丘中英文学校,浙江杭州宝善投资有限公司在太康投资 8 000 万元创办华夏外国语中学等,创造了半年引资近 10 亿元的奇迹,被誉为"周口现象"。

在政策示范效应上,周口公共财政支付民办教师工资、鼓励公办教师到民办学校任教的制度设计,落实了《民办教育促进法》给民办学校和民办教师公平待遇的规定,实践了学生权利本位的教育公共政策准则,对民办教育长期健康发展所需要的政策环境进行了检验,丰富了教育领域公私合作伙伴关系的政策实践,为政府利用国家财政性经费支持民办教育建立了一个公开、透明和相对完备的制度规范。[①] 今天,在营利性和非营利性民办学校分类管理制度框架下,周口经验对政府如何扶持非营利性民办学校也具有借鉴意义。

七、广东深圳:全面加大民办教育公共财政扶持

(一) 基本背景

深圳市作为改革开放前沿城市,经济得到快速发展,外来人口大量涌入。这为深

① 吴华:《关注"周口经验"对中国民办教育长期发展的价值》,《民办教育研究》2007 年第 3 期。

圳公共财政和教育资源供给带来了较大压力，而民办教育的兴起和发展则在一定程度上缓解了这种压力。深圳市从 1990 年诞生第一所民办学校至今，民办教育已经走过了 20 余年发展历程，经历了四个发展阶段。第一阶段为起步探索阶段（1997 年前），出现了大量“棚屋学校”，主要解决“有学上”的问题；第二阶段为快速扩张阶段（1998—2004 年），在国家政策支持和外来人口压力双轮驱动下，深圳民办学校数量快速增长；第三阶段为规范发展阶段（2005—2010 年），面对快速扩张过程中出现的诸多问题，深圳市政府决定对民办教育进行调整和规范；第四阶段（2011 年至今），深圳民办教育步入特色优质发展期，由提供学位向提供学位和选择性教育并重转型。

2010 年，深圳市被国务院确定为“改善民办教育发展环境，深化办学体制改革”试点项目城市。在国务院要求下，根据本地实际情况和民办教育发展特点，深圳市政府出台了系列规范和扶持民办教育发展的政策措施。就各项政策实际进展来看，公共财政对民办教育的扶持政策取得了较大突破，近 5 年财政投入民办学校达 62 亿元，惠及教师 14 万人次和学生 108 万人次，在全国范围内产生了显著影响和政策示范效应。

（二）主要举措和成效

1. 完善整体制度设计

2011 年 1 月，深圳出台了《关于优化深圳义务教育财政投入结构的意见》，确定城市教育费附加的 15%用于扶持民办教育发展。同年，颁布《深圳市民办教育专项资金管理办法》；次年出台《深圳市民办学校义务教育阶段学位补贴试行办法》、《深圳市民办中小学教师长期从教津贴实施办法（试行）》和《深圳市民办教育发展专项资金奖励和资助项目实施细则》3 个配套文件。2014 年和 2015 年又陆续出台《深圳市民办中小学教师继续教育实施办法》和《深圳市民办中小学校设备设施补助经费使用监管办法》，丰富公共财政资助民办教育的项目和方式。这一系列制度设计，完善了深圳市公共财政扶持民办教育发展的相关制度，为民办中小学发展营造了良好的环境。

2. 设立专项发展资金

《深圳市民办教育发展专项资金管理办法》第 2 条规定，专项资金纳入市财政年度教育经费预算，主要由市财政预算和城市教育费附加构成，接受社会捐赠。专项资金的使用范围包括：民办学校学位补助，举办者、管理者和骨干教师培训和进修，教师长期从教津贴，民办教育先进单位和个人的奖励，民办学校教室和信息化建设等。2011

年，深圳全市安排用于扶持民办中小学发展的专项经费达 3.5 亿元，2012 年为 5.3 亿元，2013 年为近 6 亿元。扶持资金助推了民办学校内涵建设和硬件改善，提升了教师收入水平，促进了民办学校发展。

3. 构建多元的财政扶持方式

在《深圳市民办教育发展专项资金管理办法》颁布后，2012 年，深圳市相关部门又出台了三个配套文件，在全国率先推出民办学校义务教育学位补贴、民办学校教师长期从教津贴及民办学校优质办学奖励等财政扶持政策。具体而言，向民办学校符合条件的学生发放每人每年小学 5 000 元、初中 6 000 元的学位补贴；向在民办学校连续从教三年以上专任教师，每人每月发放 300—1 000 元从教津贴；从 2017 年 9 月起，这两项补助标准提高到学位补贴小学每人每年 7 000 元、初中每人每年 9 000 元，教师从教津贴在现有基础上每档提高 50%。除了对民办学校的师生进行补贴外，政府还奖励资助优质民办学校，办学水平评估奖励为每所中学 50 万元，每所小学 40 万元。优质办学奖为每所高中（含完全中学、十二年一贯制学校）60 万元，每所初中（含九年一贯制学校）50 万元，每所小学 30 万元。对通过广东省义务教育规范化验收或市一级以上的民办中小学（不含开办时间不足 1 年的民办学校），补助标准为 10 万元/班。截至 2014 年，政策已惠及 12 万余名义务教育阶段学生、1.4 万名教师、220 多所民办学校。据统计，全市 78.5%的义务教育阶段民办学校中符合条件的学生不需缴费上学，70%的民办学校教师享受到长期从教津贴。①

通过整体的制度设计和扶持举措的落地，深圳市已经建立起了公共财政投入民办教育的长效机制，政策成效显著。缓解了义务教育阶段公办学校学位不足的压力，减轻了家长负担，学生就近入学得到进一步保障，学校学生巩固率大幅提高。目前，深圳市民办学校已成为学位供给的重要渠道，市政府作为重大民生工程予以保障。截至 2016 年 9 月，全市有民办中小学 251 所，在校生 49.98 万人，教职工 3.28 万人，民办中小学的学生数、教师数均占全市同类学校相应比例约 36%。民办中小学占比约 38%，解决了约 47 万个义务教育的学位供给。民办教师待遇不断提升，结构得到优化，教师素质进一步提高，教师流动率显著下降。社会资本参与办学的积极性得到激发，举办

① 王佐书主编：《中国民办教育发展报告（2013—2014）》，科学出版社 2014 年版，第 235 页。

者投入持续增加。民办学校质量也有了明显提升，涌现出一批办学特色鲜明、社会认可度高的品牌学校。

第三节 地方民办教育改革发展的主要经验

经验是世代累积的财富。四十年来，地方为促进当地民办教育发展出台的诸多政策创新举措、进行的多种政策实践探索、呈现的多元典型案例，都为我国民办教育未来的发展贡献了经验和智慧。它们犹如改革浪潮中的粒粒珍珠，是民办教育实践者经过长期努力创造的财产，也是历经时间磨砺、大浪淘沙形成的珍贵财富。

一、解放思想，激发社会力量办学活力

从地方民办教育实践经验来看，往往一项成功的改革都以思想解放为前提。只有解放思想、大胆突破，才能真正激发社会力量办学活力；如果思想不解放、认识不到位，即使民间存在大量办学冲动，其活力也不会被激发，社会多元参与办学的格局就不会形成。解放思想与激发办学活力的上述辩证法，是改革开放以来我国民办教育发展的基本经验之一。

解放思想，激发社会力量办学活力，这主要是由我国民办教育发展的地方现实基础所决定的。首先，我国地大物博、幅员辽阔，地方政治、经济和文化发展极不平衡，这决定了我国民办教育在发展规模和水平、发展类型和模式上存在差异性和非均衡性。总的来说，发达地区民办教育主要是为了解决人民群众"上好学"的问题，欠发达地区则更多是为了解决"有学上"的问题。无论哪种动因，都决定了地方政府具有激发社会力量办学活力、吸引民资进入教育领域的必要性。其次，财政体制改革和激励机制的改变为地方大力发展民办教育提供了可能性。20 世纪 80 年代以来，我国开始实行"放权让利"改革战略和"分灶吃饭"的财政体制，这改变了传统的激励机制，使得地方政府不再仅仅是一个纵向依赖的行政组织，而成为一个能自主决策、具有独立目标的政治与经济组织。所以，无论是持减轻财政压力的务实立场，还是受地方政府竞争或纵向干部任免制度的影响，地方在推动教育政策创新上都应该有更为积极的行动意愿。

纵观我国各地的民办教育政策创新和实际探索，在经济较发达的东部地区，人们

的思想观念更加解放，因而政策创新的频次更多、力度更大。从早期浙江长兴的“教育券”实验、江苏宝应县的公办学校改制、广东的教育储备金模式，到近年浙江温州民办教育综合改革的“1 + 14”制度体系、上海健全民办教育财政扶持和监管制度体系、广东完善农民工随迁子女教育资助制度体系等，都彰显了地方锐意改革、勇于创新的魄力和担当。而在中西部和东北地区的部分省市，由于当地经济快速发展，加上地方政府的积极作为、主动引领和大胆尝试，民办教育迅速崛起，也涌现出诸多创新性改革举措。如吉林省对华桥外国语学院的财政扶持和政策优惠力度空前、河南省周口市公共财政为民办学校教师工资提供保障、湖南省衡阳市赋予民办学校民办事业单位身份、重庆市率先成立教育担保公司，等等。

可以说，没有地方政府的思想解放，就不会犹如雨后春笋般涌现出大量创新性的改革举措；没有破除一些地方政府工作人员的思想禁锢，对民办教育的支持力度也不会如此之大。然而，解放思想、凝聚共识又是改革推进过程中最难的一环。我国民办教育发展历史上，经常存在这样的情况：中央政府思想解放了，地方政府思想还未解放；部分地方政府思想解放了，其他地方政府思想仍未解放；对有些疑难问题有了明确的思想认识和解决思路，而对有些问题的解决却仍然在人们不统一的认识和观念中停步不前。综合各地解放思想的有益经验，至少包括如下五个方面：其一，地方政府主要领导首先要解放思想。这是推动地方民办教育发展、激发办学活力的首要动力。地方主要领导作为灵魂人物，他们的思想认识和创新勇气尤为重要。遍观各地、各校民办教育制度创新实践，这种灵魂人物都会存在并发挥着举足轻重的作用。其二，中央或上级政府给予地方思想解放、政策创新的空间。比如有些地区由于接到上级改革指令或成为改革试点，其政策探索往往就具有较大突破性。其三，向先进地区学习。地方政府间相互交流，落后地区向先进地区学习并模仿制度创新经验，是促使地方政府解放思想的重要渠道。其四，正确看待民办教育若干问题。地方政府对公民办教育的关系、民办教育的地位和作用、政府应负的民办教育发展责任、对民办学校办学自主权等问题的认识和态度，决定了其思想解放的程度。其五，形成解放思想的良好社会氛围。这就需要政府引导社会各界正确认识民办教育，改善民办教育发展的舆论环境，形成社会对民办学校的认同、接纳与支持，改变对民办学校的偏见，鼓励社会各界共同参与办学。

二、因地制宜，重视发挥市场机制作用

“让市场发力，激活社会的创造力”①是我国当前经济社会发展的基本改革取向，也是我国民办教育制度创新和实践探索的重要出发点。四十年发展历程中，让市场发力，给予社会力量更多的可为空间，成为地方政府发展当地民办教育、满足人们多元教育需求的重要战略。综观各地有益做法，重视发挥市场机制，有效促进民办教育发展的制度工具至少包括如下三种：

扩大办学自主权，让学校贴近市场。办学自主权是民办学校发挥体制机制优势、贴近市场需求、激发办学活力的重要保障。各地在依法落实和扩大民办学校办学自主权方面形成了一些典型经验。如专业设置从审批改为备案，让民办高校能够一定程度上根据社会需要灵活调整专业，同时政府建立预警机制进行宏观管理，这是上海经验；招生计划上明确民办高校在达到基本办学条件前提下，自主制定年度招生总规模和分专业招生计划，报有关部门审核备案后面向社会公开招生，这是浙江经验；放开民办高校收费、探索民办中小学收费放开机制，这是目前各地普遍的民办学校收费政策导向。这些典型经验和改革取向为未来各地进一步促进当地民办教育发展提供了有益借鉴。

校企合作，让企业参与办学。校企合作，引入企业资金、人力、智力参与办学，已经成为各地发展民办教育的普遍实践。在中央和国务院相关文件要求下，地方政府也相继出台政策鼓励本地民办学校积极开展校企合作。校企合作形式多样，各地在实践中积累了丰富的经验。如浙江台州市的“椒江模式”，由于产权明晰、利益共享、风险共担，有效调动了社会力量办学的积极性；海南职业技术学院通过政府入股、企业投资形式办学，并按出资比例享有相应权益，兼具政府资源和市场优势，在实践运行中表现出较强的生命力；各种方兴未艾的政府和社会力量合作模式（PPP）已经得到积极实践，等等。这些校企合作模式有效利用了市场力量，激发了学校的办学活力。

购买服务，让社会资本贡献力量。购买服务是政府购买适合采取市场化方式提供的教育服务、转变政府职能、发挥社会资本力量的重要方式，也是被各地普遍证明行之有效的一项制度实践。在国家顶层制度设计不断完善的背景下，各地购买服务实践探

---

① “李克强答记者问”，http://sc.people.com.cn/n/2014/0313/c345167-20770155.html（检索日期：2018年1月7日）。

索也如火如荼。截至2017年，上海、北京、重庆、天津、浙江、广东等25个省市自治区都颁布了政府购买服务的管理办法和实施意见，规定了购买服务的主体、内容、机制、管理、评价和监督等事项，出台了购买公共教育服务的指导性目录。在实践较早的地区，政府购买公共教育服务已经成为一种常态。如上海浦东新区对购买服务进行了整体制度设计、大力培育中介组织；北京选择社会信誉度高的民办培训机构，购买其特色课程、品牌项目或委托其进行专项培训等。这些先行先试的经验都值得借鉴。

三、深化改革，推动民办教育制度创新

习近平总书记指出，抓好试点对改革全局意义重大。要认真谋划深入抓好各项改革试点，坚持解放思想、实事求是，鼓励探索、大胆实践，敢想敢干、敢闯敢试，多出可复制可推广的经验做法，带动面上改革。[①] 地方试点是我国治理实践中特有的创新机制，也是改革开放三十多年来被证明最有价值的经验之一。

地方民办教育制度创新是一项系统工程。2002年《民办教育促进法》颁布之前，我国地方政府进行的民办教育制度创新多是自发的、零散的。如浙江长兴的"教育券"实验、广东的"教育储备金"制度、上海的公办学校转制等。这些由地方政府发起的改革，一定程度上贴近本地实际情况，切合当地人民需求。如"教育券"制度缓解了浙江长兴县财政资金压力，提高了资源配置效率；"教育储备金"制度满足了老百姓对优质资源的需求，筹措了学校办学资金；公办学校转制激发了学校办学活力，满足了百姓多元教育需求。然而，相比自上而下的试点改革，自下而上的制度创新的试错成本也比较高。

2002年《民办教育促进法》实施之后，在国家法令和政策要求下，地方政府进入了制度创新的活跃期，一些国家综合改革试验区和国家教育体制改革试点区的改革力度较大，改革成效也较为显著。如上海浦东新区探索非营利性民办学校建设，浙江推进民办教育综合改革，广东省等省市扩大民办学校招生、收费和专业自主权，深圳建立公共财政资助民办教育的长效机制，上海探索民办学校财务会计制度变革，西安欧亚学院完善内部治理体系等。一大批可资借鉴的试点经验，为国家整体的民办教育制度变

① 习近平："认真谋划深入抓好各项改革试点　积极推广成功经验带动面上改革"，http://cpc.people.com.cn/n1/2017/0523/c64094-29295320.html（检索日期：2017年12月18日）。

迁提供了地方经验。在我国改革进入深水期后，牵一发而动全身，自下而上制度创新成本也越来越高。因此，地方的改革一方面要积极寻找制度变革的策略空间，另一方面要用好用足授权的试点机会，积极稳妥推进当地民办教育发展。

四、坚持双管齐下，做到扶持规范两手抓

扶持与规范并举，在扶持中规范、在规范中扶持，是改革开放以来各地民办教育成功实践的基本经验。“大力支持民办教育，依法管理民办教育”是《国家中长期教育改革和发展规划纲要（2010—2020年）》对各地政府提出的明确要求。规范和支持社会力量办学，也是新时期我国发展民办教育的主要思路。

扶持民办教育发展是政府的法定责任。改革开放以来，国家出台的诸多与民办教育有关的法律法规，都包括具体扶持条款。地方政府也通过优惠政策、专项资金、税收减免等多种方式对民办教育进行扶持。综观全国，民办教育发展较有活力的地区，政府的扶持政策都较为健全。就目前各地的扶持政策体系来看，对民办教育的扶持以公共财政资助为主，但这绝非是仅有的一条政策选择。如果能够在法治建设的基础上为民办教育营造积极宽松、公平有序的制度环境，充分发挥市场机制在教育资源配置中的决定作用和更好地发挥政府作用，其对民办教育的促进将会释放出更为巨大的力量。

立足于规范，是民办学校健康运行和长足发展的前提和保障。改革开放以来，民办教育在增加教育资源供给、提供多样选择、激发教育活力等方面为我国的教育事业作出了重要的贡献，但在其发展和壮大的过程中，也存在一些办学不规范行为。多年来，各地在依法管理民办教育方面也建立健全了多种制度工具，比如各地普遍施行的年检制度、正在完善的督导专员制度、逐步实施的财务会计制度、普遍实施的风险保证金制度、已上升为国家政策的亲属回避制度，等等。这些规范措施在保障民办学校健康运行、加强政府对民办学校良善治理、促进当地民办教育良性发展方面起到了重要作用。因此，在民办学校整体由数量上的规模扩展到质量上的内涵发展阶段，现代学校制度的建设与完善、学校办学品质的提升需要民办学校和政府的合力。坚持规范和扶持并举，既加大扶持力度，创新体制机制，促进民办学校办出特色、办出水平，又规范办学秩序，维护良好教育生态，全面提高民办教育治理水平。

五、加强组织领导，实现各部门协同作战

以地方主要领导支持为保障，协同各部门共同推进民办教育改革，是四十年来民办教育改革实践取得的又一重要经验。特别是当改革进入深水区后，“好吃的肉都吃掉了，剩下的都是难啃的硬骨头”，地方民办教育改革实践就不只是教育内部之事，而涉及财政、发改、人社、编办、国资、金融、税务、工商等各个部门间的协调。因此，成立由地方政府主要领导为组长的领导小组，建立联席会议制度和协调机制，设立常设沟通机构，提高沟通效率，共同推进项目就显得尤为必要。

当遇到重大制度建设，需要各部门经常沟通协调时，由地方人民政府党政领导，特别是一把手出面推进改革进程，政策创新和实践探索就比较容易成功。事实也证明，由党政主要领导牵头施行的地方民办教育改革，推进力度较大、进展较为顺利，成效也较为明显。如为了兑现温州民办教育分类管理政策，取信于民，温州市委、市政府主要领导高度重视民办教育综合改革工作。试点开展以来，两任市委书记作出 10 多次批示，市委、市政府先后召开各类协调会、论证会 40 多次。市委、市政府还成立了教育体制改革领导小组、联席会议制度、市委督查通报制度和专项督查制度。市考绩办还将民办教育综合改革试点推进情况列入全市考核重点，建立月督查通报制度，将责任分解到各部门单位，使改革试点工作得到各级领导的充分重视。可以说，“温州试点”的推进机制就是“领导挑头、部门联动”，把民办教育综合改革试点工作上升为“一把手工程”和“全员工程”。无独有偶，吉林华桥外国语学院作为国务院教育体制改革民办教育改革试点学校，其非营利学校制度建设受到吉林省政府的高度重视。吉林省常务副省长专门召集省编办、教育厅、财政厅、人力资源社会保障厅等有关部门，专题研究学校的改革试点工作，在财政扶持、教师编制、学校法人地位等重大问题上给予政策支持。

执笔人：章露红、刘荣飞

第四章

民办教育学校层面的定位与治理

中共十九大报告指出，建设教育强国是中华民族伟大复兴的基础工程，必须把教育事业放在优先位置，加快教育现代化，办好人民满意的教育；同时强调，要全面贯彻党的教育方针，落实立德树人根本任务，发展素质教育，推进教育公平，培养德智体美全面发展的社会主义建设者和接班人。在建设教育强国的伟大实践中，民办教育不仅大有可为，而且也应大有作为。改革开放 40 年来，我国民办教育法规政策体系逐渐完善，为民办教育事业的改革发展提供了有力的制度保障。历史经验表明，任何宏观教育法规政策，只有通过微观层面的推动，才能转化为学校改革发展的生动实践，落实到人才培养的各个环节。民办教育改革发展既有赖于国家顶层制度设计的不断完善，更需要学校层面的科学定位与良善治理。在宏观制度的引领下，经过长期努力，我国各级各类民办学校已初步形成了以学生（顾客）为中心的办学定位，成功探索实践了更加灵活、高效、多样的人才培养模式，同时逐步构建了富有中国特色、适应自身发展的学校法人治理制度。

第一节　以顾客（学生）为中心的办学定位

办学定位是指民办学校办学者根据社会政治、经济、文化发展的需要及学校所处的环境，从办学条件与办学现状出发，确定学校发展的方向、奋斗目标、建设重点和办学特色。具体而言，民办学校的办学定位包含以下几个方面：总体目标定位、基本职能定位、学校类型定位、学校类别定位、办学层次定位、服务面向定位、发展规模定位、学科专业定位等。民办学校要科学定位，在宏观方面，要坚持社会主义办学方向，考虑民办教育的政策法规和发展趋势；在中观方面，要考虑国家和区域政治、经济、文化发展趋势对民办学校办学的新要求；在微观方面，要找准学校自身在整个教育体系中所处的位置。

国际标准化组织（ISO）所属的质量管理和质量保证技术委员会质量体系分技术

委员会(ISO/TC176/SC2)于2000年12月15日正式颁布了ISO9001：2000标准。在其八项质量管理原则的第一个原则中，就明确提出“以顾客为关注焦点”，即组织依赖于顾客，组织应该理解顾客当前和未来的需求，从而满足顾客要求并超越其期望。进入新世纪以来，以顾客为中心的思想已广泛被企业、组织所接受。从顾客需求出发，提供满足顾客需要的产品和服务，是“以顾客为中心”的基本要求和现代市场营销的本质观念。

准确定位，找准生存发展空间，牢固树立以学生(顾客)为中心的办学定位，是民办学校适应社会主义市场经济体制变革的必然要求，是各类民办学校面向社会自主办学的现实需要，也是由民办教育提供选择性、个性化、差异化教育服务的特定使命和价值追求所决定的。根据以顾客为中心的理念，民办学校在确立办学定位的时候，要坚持以学生为中心充分进行市场调研和预测，识别和把握受教育者目前和未来尚未满足的需求，找准市场机会，明确目标市场，针对不同年龄、不同职业、不同需求的受教育者进行分类设计，分别在办学模式、教学内容、学习方法、学习时间、学习空间等方面，全方位考虑求学者的多样化需求，以适当的教育产品和服务，满足社会各类群体的多元教育需求。民办学校实行以学生(顾客)为中心的办学定位，具体包括市场导向、政策导向、资源导向三种策略。

一、坚持市场导向

市场导向理论认为，一切都要以顾客的需求为出发点，充分了解外部市场环境的发展和变化趋势，及时掌握顾客的喜好和需求信息，进而调整组织或企业的战略布局和决策，整合组织或企业的所有资源包括人力、物力、财力等方面的资源，及时对市场需求做出积极、准确的回应，才能满足顾客的需求，在市场竞争中胜出并取得优异的组织绩效。

我国当代民办教育是随着市场经济体制的逐步建立完善而恢复和发展起来的，经历了经济、社会和教育领域的一系列重大变化，不断面临新的发展环境和发展任务的考验，面临激烈的市场竞争。在教育资源总量相对稳定的情况下，要想从教育市场中获得较多份额的资源，民办教育必须以市场为导向。

现存民办学校，大多经历了激烈的市场竞争，成功之处就在于始终瞄准市场需求，精准服务面向定位。部分民办学校还放眼资本市场，在《民办教育促进法》修订后，积极探索上市之路；一些民办学校积极对接房企需求，实行“地产 + 教育”模式等。

(一) 瞄准市场需求，精准定位服务面向

民办学校因市场而生，因市场而兴，以市场需求为导向。采取市场化发展模式、以教育服务获取市场信誉、以竞争方式争取教育市场份额，是其生存和办学定位的依据所在。市场导向型民办学校在人才培养定位上，着眼于培养市场紧缺的各类人才；在服务面向上，注重服务学校所在地区经济社会发展；在专业定位上，紧贴就业市场需要开设热门专业，这是民办学校以市场需求为导向的最突出特征。民办学校高度重视招生工作，有的甚至以招生工作为中心，这也是市场化发展模式的重要特征。

沿海经济发达地区民办中小学瞄准高端群体接受国际化教育的需求，大力举办国际化教育，提供国际化教育服务。例如，为了满足高端群体的国际化教育需求，上海市民办中小学纷纷开设国际课程、举办国际班，开展多种形式的国际化教育实践。上海外国语大学附属静安小学、大宁国际小学等都进行了单独设班和随班就读模式的实验；上海平和学校着力探索国际化课程驱动模式，引入了 IB 课程等；上海协和双语学校则大规模引进外籍教师，采用国外原版教材，广泛招收国际学生。这些学校的实践，不仅满足了不同群体多元化的国际教育需求，同时也对本土基础教育带来了积极影响。

民办培训教育机构与市场结合最为紧密，尤为注重以市场导向确立办学定位，并不断开拓基于精准市场定位的纵向和横向业务链条。例如，新东方教育集团的办学定位，即从学员的需求出发，不断拓展业务范畴，延伸业务链，提供一站式服务。早期的学员选择新东方的目的非常明确，即掌握托福、GRE 的应试技巧，以便顺利出国留学。但是，这些技巧其他学校也能传授。新东方创办之前，北京已经有三四家同类学校。新东方之所以后来居上，在于其率先延伸了外语培训业务链，准确把握了市场脉搏，进行了精准办学定位。首先，业务链纵向突破，开辟出国咨询业务。在提供考试服务基础上，开辟了出国咨询业务，便于学员就近咨询，获得包括各国对待留学生的区别、基本申请步骤、各大学颁发奖学金的流程和决策等必要知识。在当时出国流程并不为大众所熟悉的背景下，新东方以咨询业务招揽了大批生源。随着办学规模的扩大，新东方又抓住海外学校扩大国际生源的契机，与海外学校合作，将业务延伸至留学服务领域，包括学校选择、奖学金申请等。其次，业务链横向发展，丰富外语培训品种。针对全民学外语热潮，新东方在托福、GRE、雅思等考试培训基础上，推出大学考级、考研英语、新概念英语、精英英语等培训项目，丰富外语培训内容。近年来，新东方还突破外语培训界限，在非语言培训领域不断拓展：推出子品牌“北斗星”进军职业认证培训市场；拆分出“东方标准”从事 IT 业培训；推出学前教育品牌“满天星”，创办幼儿园；收购北京铭师堂和长春市同文高考培训学校，布局高考培训市场。目前，新东方已形成以外语培训为核心，拥有短期培训系统、高等教育系统、基础教育系统、职业教育系统、教育研发系统、出国咨询系统、文化产业系统、科技产业系统等多个发展平台的格局，业务链纵横发展井然有序，品牌内涵得到丰富，办学定位得到拓展，业务链得到延伸，品牌价值得到充分释放，营收渠道和整体抗风险能力双双提升。新东方年度报告显示，2016 年，公司实现营业收入 41 069.49 万元，同比增长 29.22%；实现营业利润 6 441.98万元，同比增长 342.32%；净利润 5 597.88 万元，同比增长 262.63%。

另一个典型的例子是业务范围涵盖了基础教育、职业教育以及企业内训的安博教育。该机构在基础教育领域，以线上、线下结合的模式，通过学校品牌办学服务、国际教育、高考培训、同步辅导培训、爆破学堂等业务来实践“以学习者为中心”的教育理念。职业教育深入整合学生就业需求和企业人才需求，从课程到实训，从线下到线上，匹配职业技能模型，一切从就业实际出发，实现大学生精确就业。安博职业教育涉及软件工程、网络工程、服务外包、影视动画、创意设计、集成电路、外语等多个领域。企业培训着眼于学习型组织的创建，通过帮助企业建立企业大学和渠道大学，结合职业教育服务，构建企业人力资源服务价值链，帮助企业和员工、合作伙伴一同成长。在服务面向定位上，安博在国内外拥有多所直营全日制中小学校，作为安博教育集团进行教育教学研究、国际合作、资源集散、技术与服务创新的基地，它们也都是当地或全国知名的学校。以这些直营学校为圆心，安博教育集团在国内拥有数十所特色共建学校及数百所资源共享中小学校。在面向就业的职业教育和企业培训领域，安博教育集团利用安博云服务平台和应用技术型人才培养体系，在全国范围内与数十所大学合作共建学院、共建专业，依托布局在环渤海、长三角、珠三角等经济发达区域的实训基地为数百所高校提供全方位实训服务，另外，还包括遍布在全国二十多个城市的拓展培训基地每年为数千家企业提供内训服务。

（二）瞄准资本市场，积极探索上市之路

通过 VIE 架构等途径谋求上市，面向社会融资，接受资本市场浪潮洗礼，是民办学校面向市场确立办学定位的又一个重要体现。VIE（Variable Interest Entity），即可变利益实体，又称协议控制，是指被投资企业拥有实际或潜在的经济利益，但该企业本身对此经济利益并无完全的控制权，而实际或潜在控制该经济利益的主要受益人需要将此 VIE 做并表处理。一些民办学校通过 VIE 框架，化境内学校的"利润"为"服务费"，解决了民办非企业不能分红对上市造成的障碍。

一些民办学校较早地瞄准了资本市场，大胆探索上市之路，对中国民办教育走向社会融资产生了示范效应。例如，新东方 2006 年在美国纽约证券交易所上市，是中国大陆第一家在美国上市的教育机构。2016 年 1 月，作为全国第一家全日制学校教育集团，成实外教育有限公司在港交所主板挂牌，正式敲钟上市，股票以中间水平定价，集资净额约 17.24 亿港元。成实外教育共经营五所学前教育至高中三年级学校，分别是：成都外国语学校、成都市实验外国语学校、成都市实验外国语学校（西区）、成都外国语学校附属小学及城外附小幼儿园，另外还有一所高校即四川外国语大学成都学院。其中成都外国语学校是教育部批准的十三所具有保送资格的外国语学校之一，重点本科上线率高达 86.46％。

成功实现上市的案例，对国内民办教育机构谋划并做好上市准备产生了较大影响。尤其是《民办教育促进法》修订后，民办教育机构的上市呈现出了"扎堆"且被资本和金融圈看好的趋势。2017 年，出现了多起民办教育机构上市的个案：

2017 年 2 月，宇华教育集团（06169. HK）在港交所挂牌上市，首发价格为 2.05 港元，接近招股价范围（1.98 元至 2.54 元）的下限。当日盘中一度涨逾一成，最高至2.27 港元。

2017 年 4 月，中国新高教集团有限公司（HK02001）在香港联合交易所主板上市，全球发售 2.86 亿股。新高教集团主要经营两所民办院校，一所是云南工商学院，提供本科及专科教育，有 17 965 名学生；一所是贵州工商职业学院，提供专科教育，有 11 751名学生。新高教集团采用"VIE 架构"运营模式，在内地注册公司担任学校的举办及运营方，负责收取学费等经济利益，然后向境外注册公司支付技术服务及管理咨询服务费，双方签订结构性合约。新高教集团还通过投资、新建的方式布局国内外高

校。2016年新高教集团以3.8亿元收购哈尔滨华德学院，累计投资6.2亿元收购湖北民族学院科技学院，在兰州市投资4.6亿元设立西北工商职业学院，申请在美国加利福尼亚州成立民办高等教育机构。

2017年12月，中国教育集团控股有限公司(简称"中教控股")在香港联交所开始招股，拟全球发售5亿股，每股作价5.86港元至7.02港元，最大集资净额约33.61亿港元。集团旗下经营着三所民办学校，分别是江西科技学院、广东白云学院及白云技师学院，有在校学生共计75 255名。中教控股以VIE架构设计上市，间接控股境内的外商独资企业——华教教育科技(江西)有限公司，华教教育与三所学校签订业务合作协议，通过协议方式控制境内学校，提供技术、管理、知识产权许可服务等，境内学校则需为此支付费用。

民办教育机构谋求上市，机遇与挑战并存，风险与收益同在。一方面，对民办教育机构本身而言，上市意味着可以融资，获得更多资金，从而增加办学投入，改善办学条件，扩张品牌，推动发展，使竞争更加充分。同时，上市后的机构对股东、对运营规范化管理的要求更加严格。因为上市机构必须更加重视教育质量及集团品牌，为受教育者提供更加优质和有价值的教育服务。从宏观上看，这是在为民办教育注入前进的动力及压力。但另一方面，上市融资也要求公司管理部门能够驾驭住风险，驾驭住资本市场带来的变动，应对比如资金链断裂等情况对教育带来的冲击。同时，教育需要稳定、可持续的投入，而部分资本投资却需要短期、快速获利，一快一慢，两者之间的矛盾和冲突需要科学调适和妥善应对。

(三) 对接房企需求，实行"地产+教育"模式

"地产+教育"模式是民办学校与市场接轨，以市场为导向确定办学定位的又一个重要表现。"地产+教育"模式下的民办学校对社会有重要的价值，一方面是楼盘小区重要的配套组成部分，可以提升楼盘的附加值；另一方面可以针对小区业主形成从托儿所、幼儿园、小学、中学到大学、培训机构等各学段、各类教育服务的全覆盖，是民办学校面向市场办学的又一种创新。该模式能够实现地产企业和民办教育的双赢。"地产+教育"模式主要由各大房企在旗下楼盘自主办学或引入民办学校，办学模式包含主办模式、承办模式和合办模式等类型。主办模式是房地产开发商依托社区，自己建立校舍，并聘请专业的教育管理机构管理学校教育教学；承办模式则是房地产开发商建设好学校硬件之后，交由民办学校承办；合办模式则由地产企业与民办学校合作办学，开发商投入地、资金，兴建校舍、购置设备等硬件，学校负责组建师资和管理团队，并负责日常教育教学管理。

中国最大的新型城镇化住宅开发商碧桂园，是“地产+教育”模式的先行者。碧桂园教育集团目前已发展成为中国最大的K12教育集团之一，教育业务涵盖幼儿园、小学、初中和高中。碧桂园教育集团自2014年起开始独立运营，2016年营收已超过10亿元。集团目前在全国7个省份拥有K12国际学校7所，K12双语学校10所，幼儿园34所，各类培训学校15所，总计超过30 000名在校生和3 000余名教职员工。

近些年来，万科、恒大等大型房企也纷纷涉足教育行业。万科致力于将优质的教育、生活、配套服务安放在社区门口，打造整合性社区生活体验，其目标是“共建城市的未来”。万科教育集团旗下的万科双语学校、复旦万科实验学校、万科幼儿学院、三亚教育营地、东莞教育营地等都已成为众多“万科城”的增值配置，形成了知名的民办教育品牌。此外，万科教育还与深圳中学、四川德瑞集团等教育机构联手布局，打造U18教育体系。昆明万科为万科魅力之城引进了官渡区幼儿园、东华二小、官渡六中，配备了由关上一小主导，与当地知名公办小学——中华小学联合办学的金域南郡小学，让业主子女在家门口便可享受优质的教育服务。同时，还联合优质教育机构品牌，如海冬青艺术学校、瑞比儿童会等，打造万科社区营地，提供从幼儿早教早托、托管辅导、音乐舞蹈、书画技艺、兴趣培优、素质拓展、彩虹大学成人学堂等七大领域的全套课程，构建万科自营的家门口一站式教育服务平台。恒大集团则联合皇家马德里和华南师范大学打造了“K12+足球”特色教育模式的“恒大足球学校”。

此外，首控集团与四川省德阳市政府联手打造西部国际教育新城，总投资达300亿元，总占地面积及总建筑面积分别约达15 000亩及1 000万平方米，最多可容纳15万名学生。首控集团在教育新城新建21所学校及数家培训中心，覆盖高端幼儿园、基础教育与现代应用型职业教育等全产业链，全方面满足不同群体的教育需求。在教育地产等配套设施方面，国际教育新城总建筑规模约1 000万平方米，其中学校等教育类建筑面积约300万平方米。

二、坚持资源导向

资源依赖理论指出，一个组织为了生存，需要从周围环境中获取资源，需要与周围环境相互依存、相互作用。从教育社会学的视角来说，我国民办学校创办和发展的过程，就是与外界建立千丝万缕的联系和网络，并从中整合各种资源的过程。民办学校发展所需要的主要资源，如办学经费、场地、生源、师资、设备等是从市场中获得的，因而民办学校要利用市场获得资源，就必须建立相应的机制与市场相适应，其组织结构也必须适应市场的要求。现实中，很多民办学校基本是依靠充分利用社会资源的方式发展起来的。

民办学校发挥自身优势，整合社会资源，充分挖掘品牌资源、管理资源、公办学校资源、产业资源，确立学校发展定位，体现出鲜明的资源导向特征。具体来看，有的依托行业产业确定办学定位，有的实行集团化办学，有的则依托公办学校资源办学。

（一）依托行业产业，服务企业需求

我国民办学校多数是由企业或个人创办的，许多民办学校充分依托和利用企业资源开展教育教学，将办学定位与企业紧密融合。

较为典型的个案是南山集团投资创办的民办本科高校——烟台南山学院。南山集团是大型民营股份制企业，2013 年，集团综合实力位列中国企业 500 强第 160 位，中国制造业 500 强第 71 位。南山集团投资 36.5 亿元兴建烟台南山学院。学校占地3 028亩，建筑面积 76.28 万平方米。南山学院创办 20 多年来，坚持走校企融合之路，按照企业发展需求，创办特色鲜明的民办名校。烟台南山学院之所以能够快速发展，就在于校企双方按照集团发展和社会需求设置专业、组织教学，校企双方共同开展实践教学、共同科研攻关，实现了校企双方全方位优势互补、资源共享和利益共赢。一是校企共同制定培养方案。学校与企业专家通过课程建设研讨会共同制定专业课程大纲，共同进行课程分析、设计教学环节、编制授课方案，建立专业课程教学标准和评价体系。二是校企共建二级学院。南山集团进军航空产业，建设南山学院航空学院、以飞行员培养为龙头，开办飞行器动力工程、测控技术与仪器两个机务工程本科专业。校企共建材料与冶金工程学院，现设有材料成型及控制工程、金属材料工程两个本科专业；模具设计与制造、材料成型与控制技术、建筑材料及检测三个专科专业，在校生1 500 多人。三是校企共同建设教学团队。校企双方共同组建起由高校教师和企业专业技术人员、管理人员共同组成的“双岗双能”组合型教学团队。校企共建航空学院高

素质师资力量，飞行教员达到百名以上，可满足数百名飞行学员同时训练。四是校企共同建设实践基地。南山集团把机械加工中心设在学校，完全按照企业化运行模式，既是学生实训场所，又是生产车间。在校外实践教学基地建设上，学校把南山集团各企业作为学生基本技能操作平台、专业技能训练平台和综合技能应用平台。例如南山旅游景区是国家5A级风景区，集旅游、休闲、娱乐于一体，为旅游管理专业学生提供了实习实践场所。五是校企共同开展实用性科研。南山学院依托南山集团丰富的实验室、技术中心、研发基地、生产车间以及仪器设备等资源，与集团科技部、研究院的研究人员、工程技术人员同台交流、同题研讨、协同攻关。南山学院与南山集团联合研发的"精纺毛织物阻燃与拒水防油复合功能关键技术研究及应用"、"全毛180s/2超薄面料"等三项成果经鉴定达到国际领先水平，另有多项成果经鉴定达到国内领先水平。

（二）整合各方资源，实行集团化办学

目前，民办教育领域已经出现一大批有影响力的教育集团，集团化办学已经成为政府推动质量提升的一种"教育现象"①。例如华东地区的海亮教育集团，华南地区的睿见教育集团，华中地区的宇华教育集团，西南地区的成实外教育有限公司，东北地区的枫叶教育集团等。

民办学校集团化办学，一般以名校校长领衔，由专家顾问、各校区校长组成的决策机构负责学校共同体的整体规划，并形成相应的执行系统、监督反馈系统。名校和各校之间具有统一的协调和管理，以保证同样的教育品质，同时各校之间又相对独立，追求各自的办学特色，实现互惠互助，共同成长。

我国民办学校集团化办学按照办学层次和类别可以分为三种。

第一种是专注于某一层次的民办教育集团。例如，设立于1991年的北方投资集团，除了投资汽车、金融、地产等多个领域外，还专注于民办高等教育领域，投资了温州商学院（原温州大学城市学院转设）等4所民办本科学校和北京工商大学嘉华学院、中国矿业大学银川学院、重庆大学城市科技学院、云南师范大学商学院等8所独立学院，以及云南城市建设职业学院等2所高职院校。广东珠江教育投资集团有限公司投资举办了中山大学南方学院、北京科技大学天津学院、天津财经大学珠江学院3所独立

① 刘莉莉：《集团化办学的理性审视》，《教育发展研究》2015年第18期。

学院。河南春来教育集团举办 2 所民办本科和 3 所独立学院，分别是商丘学院、安阳学院、天津医科大学临床医学院、天津师范大学津沽学院、长江大学工程技术学院。

第二种是涉及不同学段、不同层次的教育集团。例如枫叶教育集团，专注于国际教育学校，在国内外 15 个地区开办枫叶国际学校 56 所，办学层次涉及幼儿园、小学、初中和高中。海亮教育集团致力于中小学学校投资建设、优质和高潜力学校的收购兼并，至今在教育事业的投资累计已超过 7.5 亿美元，办学层次覆盖幼儿园、小学、初中、高中、出国留学预科班等各个类型。

第三种是民办学校与公办学校联合实现集团化办学。以湖南省为例，湖南长沙长郡教育集团以长郡中学为首，相继创办了 13 所分校，在校学生约 3.8 万人，其中民办学校约占 29%。湖南师大附中教育集团以湖南师大附中为首，先后建立了 6 所分校，在校学生约 2.3 万人，民办学校约占 29%。长沙市一中教育集团以长沙市一中为首，先后创立了 8 所分校，在校学生约 2.2 万人，民办学校约占 22%。

实行集团化办学，有利于整合各方资源，形成多重优势。一是可以促进资源共享，发挥规模效应，节省成本和费用。既可以集团内部统一设立课程、教材及教学方法的研究开发，教职工的招聘培训、教学质量的控制等专有部门，为集团各下属学校提供教育业务支持和专业技术保障，又可以在教育集团覆盖的教育产业的全部链条中，进行师资、人力资源、管理团队的统一调配和打造。二是形成品牌效应。民办学校实行"集团化"战略，可以依托优质学校品牌资源，通过输出名校品牌、理念、管理、文化、师资，快速扩充优质教育资源，促进优质教育的均衡化、平民化、普及化，还可以改进学校组织形式，扩大自身影响力，提升办学竞争力。在打造优质品牌的基础上，进行产业链的两向延伸，吸引学生为了进入高阶段的优秀学校而提前就读于其所开办的小学、初中。三是优势互补，促进教育集团下属的学校在各自办学特色的基础上，进行教学方法、教学技巧的交流互鉴，提升教学质量。

（三）依托公办学校资源，开展混合所有制办学

依托公办名校，确立自身的办学定位，开展混合所有制办学，迅速提升办学品牌，是民办学校资源导向办学的重要形式。其主要包括：公办名校办民校，举办独立学院，实行混合所有制办学等。

采取混合所有制办学模式的民办学校以独立学院为典型代表。独立学院是由实施本科以上学历教育的普通高等学校，与国家机构以外的社会组织或者个人合作，利用非国家财政性经费举办的实施本科学历教育的高等学校。独立学院是我国高等教育办学体制改革和创新的产物，1995 年四川师范大学和民办四川电影电视艺术进修学院合作成立四川师大影视学院，是独立学院的起源。20 世纪 90 年代后期，江浙一带的国有民办二级学院造成独立学院数量爆发式增长，2008 年教育部颁布《独立学院设置与管理办法》，使独立学院走上规范发展之路。独立学院与经济领域混合所有制企业有着异曲同工之妙，都是不同所有制形式的交叉融合，其本质是不同产权主体对独立学院的多元投资，互相融合。通过该模式，独立学院的学科专业、教育教学、组织管理都得到了公办高校的支持。

混合所有制办学的模式主要有四种类型：一是公办高校与民营资本合作。这类独立学院的两个举办主体分工明确，公办高校负责教学和管理，民营企业负责投资建设，双方共同运作、分享收益。如，南京理工大学紫金学院由南京理工大学与中国大森鞋业有限公司等三家民营企业联合举办。南京理工大学负责教育教学，推荐院长人选，拥有学院净收益 30%的分配权；三家民营企业负责提供建设发展所需经费，推荐董事长人选，拥有学院净收益 70%的分配权。

二是公办高校与地方政府或国有资本合作。部分经济社会发展水平较高、高等教育资源匮乏的城市，对于引进高校、吸引人才具有强烈的愿望。除此之外，还有很多独立学院因无法满足规范设置要求的 500 亩土地要求，被迫迁往县域城市，而一些经济发达的县市也希望举办高等教育，于是两者一拍即合。例如，北京师范大学珠海分校，由北师大与珠海市政府共同创办。珠海市划拨 5 000 亩土地，不要求投资回报，分校用土地抵押方式贷款 8 亿元。

三是公办高校与国有资本、民营资本三方合作。公办学校以教育教学资源参与办学，国有资本负责提供土地和部分经费，民营资本以实物或者资金投入，各方按出资比例确定股权。如北京航空航天大学北海学院，北海市政府无偿划拨 1 103 亩土地，不占学院股权；北京航空航天大学以无形资产参与办学，占学院 30%股权；民营企业以资金投入，占学院 70%股权。

四是公办学校与外资合作。随着改革开放的深入推进，我国经济的发展使得对外资的吸引力越来越大，一些海外侨胞和港澳同胞投资创办的企业开始关注教育领域，比如广东海洋大学寸金学院即由泰国华人青年商会副会长李敏创办的湛江寸金教育集团投资举办。

值得关注的是，混合所有制办学模式中有一种形式参照现代企业制度，即股份制模式。民办学校法人以发起或募集的方式谋求民间投资，自然人、企业法人等投资主体以其依法可支配的资产认购一定股份，以入股的方式取得股权，成为股东，以所持股份获得股息并承担办学风险。全国首家教育股份制公司——书生教育集团，于 1997 年在椒江地区成立，其主要功能是负责筹集资金，用于举办学校。学校有独立的办学自主权，学校向公司负责，公司向股东负责。

近年来，国家支持职业院校进行多元化办学体制改革，《国务院关于加快发展现代职业教育的决定》(国发〔2014〕19 号)提出，引导支持社会力量兴办职业教育，"探索发展股份制、混合所有制职业院校，允许以资本、知识、技术、管理等要素参与办学并享有相应权利"。一些民办高职学院采取股份制办学，取得一定成效，促进了学校的发展。例如，南通紫琅职业技术学院引入国有资产合作办学，签订协议后，学校得以顺利升格为民办本科高校。

三、坚持政策导向

国家政策是以权威形式规定在一定的历史时期内，应该达到的奋斗目标、遵循的行动原则、完成的明确任务、实行的工作方式、采取的一般步骤和具体措施。政策对民办教育的发展具有直接或间接的引领作用。民办学校的产生和发展离不开特定的政策环境，它们往往以国家和地方相关政策、法规、方针、制度、文件与教育发展规划为指引，结合自身办学条件、办学职能，进行科学分析与比较，准确把握自身角色，确立发展方向、目标、宗旨、使命、价值追求、任务，体现出了明显的政策导向性。

当前，能够鲜明地体现民办学校办学定位政策导向性的现象主要有招收随迁子女为主的农民工子弟学校的快速发展，民办本科高校向应用型转型，公办学校转制为民办学校，民办学校探索委托管理，等等。

(一) 民办农民工子弟学校快速发展

民办农民工子弟学校快速发展，是办学者响应国家政策，为农民工子女提供平等受教育机会的重要保障。《国务院关于进一步推进户籍制度改革的意见》提出，在有需要的地方，可通过购买公共服务，让民办学校承担一部分农民工随迁子女教育任务。对专门的民办农民工随迁子女学校，在师资培训、教育教学研究、学生学籍管理等方面给予支持，提高其办学质量。如中共十八大报告中便有关于“积极推动农民工子女平等接受教育”的内容。在国家的政策文件指引下，各地政府相继出台一批支持民办农民工子弟学校发展的文件。例如，广东省东莞市大胆探索办学体制改革，积极鼓励和扶持社会团体和公民个人创办专门招收农民工子女就读的民办学校，有效地满足了全市大量农民工子女接受义务教育的迫切需求。据统计，东莞市民办学校数量由2001年的27所增至2008年底的237所，流动人口子女入读该市民办学校人数占总人数的比例由2001年的17％增至2008年的73.5％。近年来，接收农民工随迁子女就读的民办学校保持良好发展势头，截至2016年底，义务教育民办学校在校生中农民工随迁子女占比46.3％，东莞市全年共安排8.7亿元，对在义务教育阶段民办学校就读的农民工随迁子女按每生每年小学1 270元、初中2 155元的标准给予补助。

上海市以招收农民工随迁子女为主的民办中小学在办学定位过程中也体现出鲜明的政策导向。上海市教委对审批的以招收农民工随迁子女为主的民办小学，市政府给予50万元办学设施改造经费，并每年按照基本办学成本情况补贴办学经费，含教师待遇和公用经费，2014年达到每生5 500元。到2 014学年，上海市53.86万名农民工随迁子女全部在义务教育阶段公办学校或政府委托民办小学免费就读，其中，在政府购买服务的民办小学就读11.69万人，占21.7％。由于政府的大力支持，民办农民工子弟学校获得快速发展，办学条件明显改善。

（二）民办本科院校向应用型转变

我国目前处于高新技术发展与产业结构调整的重要时期，需要大量应用型人才。但长期以来国内的高等学校由于种种原因，在办学定位上盲目攀比学术型高校，培养了一批学术型或理论型人才，理论型大学毕业生大量涌入就业市场，但需求却较小，这就导致了高校的人才培养不能很好适应产业发展的多样化需求。应用型人才的缺乏已成为我国企业创新发展的瓶颈，应用型人才培养成为大家高度关注的重大课题。《国家中长期教育改革和发展规划纲要（2010—2020年）》明确指出：“引导高校合理定位，克服同质化倾向。”

2014年2月，国务院常务会议明确提出，要“引导一批普通本科高校向应用技术型高校转型”。随后，国务院出台《关于加快发展现代职业教育的决定》，提出引导一批普通本科高校向应用技术类型高校转型，重点举办本科职业教育。2015年，《教育部、国家发展改革委、财政部关于引导部分地方普通本科高校向应用型转变的指导意见》指出，“推动转型发展高校把办学思路真正转到服务地方经济社会发展上来，转到产教融合校企合作上来，转到培养应用型技术技能型人才上来，转到增强学生就业创业能力上来，全面提高学校服务区域经济社会发展和创新驱动发展的能力”，“试点高校应综合考虑民办本科高校和独立学院”。

在此背景下，全国民办本科院校根据国家政策导向，积极向应用型转变，很快掀起了一场转型发展的热潮。目前，全国已有一批民办本科院校被列为应用型试点单位。如，湖北省有武汉生物工程学院等6所民办本科高校被列为转型试点学校，占该省18所试点高校的三分之一；河北省有河北传媒学院等3所民办本科高校为转型试点单位，占全省试点高校的30%；浙江省有浙江树人学院等3所民办本科高校被列为加强应用型建设试点学校，占该省试点高校的7.3%；江西省有南昌工学院等3所入选转型试点高校，约占全省试点高校的33.3%；吉林省长春光华学院等4所民办本科高校被确定为试点高校，占全省试点高校的44.4%；四川、广西、河南、重庆各有1所民办本科高校被列为转型试点学校。

对于民办本科高校而言，转型是抓住机遇实现弯道超越的有利契机，是破解生源危机、赢得社会认可的必要之举。在高等教育大众化的背景下，民办本科院校承担了扩招的主要任务，办学规模急剧扩大，发展势头迅猛，但随着生源高潮的回落，民办本科院校需要从之前的“机遇型竞争”变为“实力型竞争”，通过转型发展应对生源荒，解决继续生存和发展的难题。

转型发展其实也是民办本科院校办学定位的真正落地与正常回归。虽然大多数民办本科院校提出了应用型办学定位，但是仅仅停在概念层面，没有向纵深发展，还有一些民办本科院校办学目标脱离实际。民办本科院校办学历史短、底子薄、基础弱，其中许多位于非省会城市，这些劣势限制了自身发展，亟须合理定位，回归正道，充实内涵，改变戴着应用型的“帽子”而“身子”依然是学术型的状况。

（三）公办学校转制为民办学校

转制学校，也被称为“改制学校”、“民办公助”或“国有民办”学校，是指公办学校经过改革成为“经费自筹、自主管理”的民办学校，或者公办学校举办民办学校。转制的目的是通过改变公办学校的所有制形式，激发办学活力，提高办学效率。公办学校转制为民办学校，是 20 世纪 90 年代中期以后我国教育体制改革过程中出现的一种特殊现象，成为一个时期内得到各级政府大力推动的教育政策。根据国家的政策导向，全国涌现一批转制学校。1992 年，北京市十一中学提出“自主筹集日常办学经费、自主招生、自主用人、自主进行工资分配、自主进行教育教学实验改革”，被认为是我国公办学校转制试点的开始。公办学校转制为民办学校，对教育资源的扩张发挥了重要的作用。与此同时，各地在实施这一政策过程中始终伴随着激烈的争议。

公办学校转制的原因各不相同，任何一类学校都有转制的可能，比如重点学校转制、薄弱学校转制、小区新建配套学校转制、重点中学联合薄弱学校转制、企业子弟学校转制、教育结构调整撤并学校转制等。

例如，宁波市余姚四中、奉化第三职业技校通过整体拍卖改变所有制形式，由国家办学变成民办学校，对公办学校改制进行了全新的探索，在全国引起了极大的关注。此外，浙江树人大学、北京城市学院等民办学校都是由公办学校转制整合而来，这些学校已经发展成为中国民办高校中的翘楚。

（四）民办学校实行委托管理

根据国家政策导向，一些省（县、市）人民政府或其他教育管理机构等将公办学校委托给民办学校管理，形成了一种新的办学类型——委托管理民办学校。委托管理学校，是一种新型的学校组织形式，它是支援学校向受援学校输出优质教育资源、先进办学理念和科学管理制度的一种方式。

民办学校采取委托代理的管理形式，无一例外都要经历办学定位的重大调整，促使受援学校将内外资源结合起来，推动学校内部力量进行变革，对学校各个层面进行改造，从而促进受援学校的发展。委托管理的目的不只是“输血”，而是“造血”，支援方只是点燃被托管学校改革发展的火星，托管学校经过输血后复活，慢慢具备造血功能，最终学会独立行走。该模式的学校出现得比较早。1998 年，齐齐哈尔职业学院受齐齐哈尔市政府委托，接管了八所由国企举办的幼儿园，创设了东亚学团教育改革试验区，探索“委托管理”的办学模式。委托管理的过程，促进了学校核心运行机制的转化升级。2014 年，齐齐哈尔工程学院接受黑龙江省甘南县人民政府委托，管理面临生存危机的甘南县职业教育中心学校。托管取得了显著的效果,甘南县职业技术教育中心学校在规模发展、新型职业农民培养、内部机制改革、教师思想转变、制度建设、教学模式改革、课程建设以及校企合作等方面,都实现了跨越式的发展,发展思路、做法和成果得到了社会各界的高度关注和充分认可。

委托管理的形式按照委托双方的所有制性质可分为三种:

第一种形式是民办学校受托管理公办学校。例如,广东珠海横琴新区管委会与华发教育产业投资有限公司签署教育合作协议,将区内的横琴中心幼儿园、横琴新区第一小学、横琴新区第一中学三所公办学校委托华发教育产业投资有限公司管理。被委托的公办中小学公办性质不变,原有公办教师的编制不变。教学成本依旧由政府承担。新招聘的老师均不再属于公办教师,与华发教育公司签订合同,薪酬机制不与职称挂钩,而与绩效相关。公办教师逐步退休后,学校的老师就全部是民办教师。这种形式的"联姻兴学"既整合了社会优质教育资源,又融合了公办与民办教育的优势。

第二种形式是公办学校管理民办学校。例如,安徽省公办学校红星中学与民办松源培正学校签署合作办学协议,举办马鞍山红星中学秀山实验学校。新举办的学校保持民办学校的性质不变,民办管理体制也不变,实施董事会领导下的校长负责制。由公办学校红星中学依据合作协议进行管理。

第三种形式是民办学校管理民办学校。例如,三亚城市职业学院在面临招生及教师引进等发展瓶颈和教育部人才培养工作评估的内外交困之时,与齐齐哈尔工程学院签订了委托管理协议,开创了地方高校跨省管理民办院校的先例。齐齐哈尔工程学院派驻新的管理团队,为三亚城市职业学院引入崭新的教学服务质量管理体系,成效明显。

第二节 灵活、高效、多样的人才培养模式

民办学校面向市场自主办学,与公办学校有不同的价值追求、办学理念、培养目标、举办体制、管理模式和运行机制,这就决定了其人才培养模式更加富有民办特色,更为灵活、高效、多样。

不同办学层次和类别的民办学校,其人才培养模式也各不相同,各具特点。民办

幼儿园偏重于游戏化教学；民办小学和初中聚焦发展学生核心素养；民办高中倾向于为学生创造适合自身发展的多元化成才通道；民办高等学校则注重实施产教融合校企合作的协同育人模式；民办培训机构则主要着眼于为学生提供量身定制的个性化教育培养模式。

一、民办幼儿园：聚焦游戏化教学

现代幼儿教育研究表明，游戏可以促进幼儿感知、观察能力的发展，可以促进幼儿记忆能力和思维能力的发展。幼儿主要通过游戏提高自身技能，通过游戏认识社会规则，学会与他人相处。游戏是孩子生命的重要组成部分，是孩子的天性。游戏是学前儿童身心发展的需要，而且也可以促进儿童的身体、智力、社会性和情感等各个方面的发展。教育部《幼儿园教育指导纲要（试行）》提出："教育活动内容的组织应充分考虑幼儿的学习特点和认识规律，各领域的内容要有机联系，相互渗透，注重综合性、趣味性、活动性，寓教育于生活、游戏之中。"《国务院关于当前发展学前教育的若干意见》（国发〔2010〕41 号）提出："遵循幼儿身心发展规律，面向全体幼儿，关注个体差异，坚持以游戏为基本活动，保教结合，寓教于乐，促进幼儿健康成长。"2012 年教育部印发的《3—6 岁儿童学习与发展指南》指出："幼儿的学习是以直接经验为基础，在游戏和日常生活中进行的。要珍视游戏和生活的独特价值，创设丰富的教育环境，合理安排一日生活，最大限度地支持和满足幼儿通过直接感知、实际操作和亲身体验获取经验的需要，严禁'拔苗助长'式的超前教育和强化训练。"根据这些规定，民办幼儿园在办学中关注个体差异，以游戏为基本活动，寓教于乐，从自己的"园本"实际情况出发，从园本规划、园本管理、园本课程、园本培训、园本研究等方面切入，从而形成具有自身特色的保教模式。

以儿童为中心是近现代儿童观的基本立场，它要求人们从儿童作为本真生命状态的角度而非从自身需求的角度来认识儿童。这一儿童观反映在教育上，要求幼儿教育不是按照成人的要求塑造儿童，而是一个以儿童为中心，帮助儿童生长的过程；反映在课程上，要求课程不是通过向儿童灌输知识来为儿童的未来生活做准备，而是应该着眼于儿童当下的生活，在此基础上建构儿童的可能生活；并在此基础上创新教学组织形式，提升教学质量。

（一）秉持以儿童为中心的理念

民办幼儿园以顾客为中心的办学定位，决定了其更加关注每一名幼儿，并以此来赢得市场认可与家长信任。游戏是幼儿身心发展的需要，因此，民办幼儿园以游戏为基本活动。种类繁多的游戏可以归纳为三种类型：区域活动，包括角色游戏区和学习建构区；创造性游戏，包括角色游戏、表演游戏、结构游戏；教学游戏，包括语言游戏、数学游戏、科学游戏、音乐游戏、体育游戏、智力游戏等。

民办幼儿园在教育教学中普遍使用游戏化教学，这是教师以游戏为手段来组织、开展教学活动的一种教学方式，旨在摆脱幼儿园小学化倾向，让幼儿在愉快的游戏中完成特定的教育教学目标，培养幼儿的学习兴趣。教学游戏化实质上就是一种在教师指导下的孩子主动学习过程，是教师把外在要求转化为幼儿内在需要的活动，是一种孩子在活动中感到愉悦好玩的活动。游戏化的本质不是将教育活动统统变成"游戏"，而是使教育活动具有动力性，即兴趣性、乐趣性和娱乐性，从而实现幼儿在愉快中获得和谐健全发展的目的。

游戏化教学在民办学前教育领域有着很多典型的例子。如广东碧桂园学校 PYP 国际幼儿园，以"每个孩子都是天才，每个孩子都能成功"为宗旨，以"培养国际型世界公民"为培养目标，致力于为培养"未来的成功人士"打下坚实基础。蒙特梭利幼儿园施行蒙氏教育，提倡以孩子为中心，十分重视对孩子的爱、自由和尊重，通过引导孩子操作五大领域里的蒙氏教具，不断培养孩子的各项能力。上海好时光连锁幼儿园的教育理念是培养"完整儿童"、"现代儿童"，强调让孩子平等接受中国优秀的传统文化价值观和西方积极的文化价值观。强调儿童的学习方式、途径和地点不应该只是在课堂中、在学校里，而应该让孩子们走出校园，到大社会、大自然中去学习，按照自己的兴趣和方法去观察自然、体验社会，构筑新的知识。同时，培养儿童的现代思维，如乐于学习和好奇探索的学习态度、发现和解决问题的能力。金苹果幼儿园自创始之初便主张为孩子提供个性化的素质教育，以美国 DAP 理论为主要理论基础，借鉴与融入了加德纳的多元智能理论、蒙特梭利教育哲学、皮亚杰认知发展理论等精髓，逐渐形成、完善并深化了独到的儿童观、教育观：相信每个幼儿具有发展潜能；为每个幼儿提供均等的发展空间；尊重儿童个性和谐发展；体验优良的国际多元文化；培养具有创新精神和生存能力的主动学习者。

（二）优化课程内容

课程是幼儿园教学的载体，民办幼儿园为了取得更好的教学效果，不断优化各类课程。幼儿园设置的课程大概可以划分为基础课程、游戏课程、特色课程三个类型。基础课程是指幼儿园每天都会安排和组织实施的课程，是幼儿园课程中的主干内容，大多为当地教育部门要求统一实施的，所以每所幼儿园都会开设；游戏课程是指幼儿园针对自己的需求所设置的不同游戏类型，不包括户外活动中的游戏和作为环境创设的区域活动；特色课程是指幼儿园根据自身条件和需要，为凸显自身特色而自主开发或自行选择的课程。

上海海富龙阳幼儿园在十年的办园实践中，运用中英双语，通过生活、学习、运动、游戏、多元文化、家园社区等六项途径来优化课程内容。经过长期探索后，海富龙阳幼儿园确立了“国际化、开放式、支持性”的课程特色：课程融汇东西文化，旨在整合东西方优秀的实践，使得学生们能够有充分的机会探究东西方文化中最有价值的部分，实现真正的双语学习，克服幼儿园小朋友文化和语言背景多元的挑战。课程内容包括Circle Time 圈谈活动、绘画日记、周末活动、睡前故事等。海富龙阳幼儿园的另一个特色是以学业报告的形式对幼儿课程学习情况进行评估。学业报告主要包含了英语、中文、数学、科学常识、艺术、运动、生活等方面。

（三）采用创新教学组织形式（国际化教育形式）

一些民办幼儿园为了促使幼儿熟知中国传统文化和西方优秀文化以更好地适应未来生活，采取融合中外优秀文化的双语教学，使幼儿能较好地使用英语和汉语进行交流，努力营造能够促进不同文化背景的教师与儿童都能实践与体验优质国际化教育的氛围，在日常活动的各环节尝试由中外教师密切合作，共同实施创新教学组织形式。

这方面，海富龙阳幼儿园的探索同样颇具特色。该园采取母语式语言环境合作模式、交互式语言环境合作模式、沉浸式语言环境合作模式等中外合作教学模式。母语式语言环境合作模式，主要针对托、小班幼儿。中外教师在进行带班时，主班教师以自己的母语实施带领全天的活动，配班教师也以自己的母语实施个别化幼儿教育。两名教师在一日活动中，不需要相互翻译，让幼儿处于一个比较自然的类似于母语式的语言环境。交互式语言环境合作模式主要针对中班的幼儿，根据幼儿一日常规活动中的“游戏、生活、运动和学习”四块探讨出有针对性的合作模式。在“游戏”活动中，由于幼儿处于自主活动的环境下，因此中外教师合作分工确定观察与指导的区域，并在此区域内用自己的母语进行指导。在“生活”和“运动”中，活动的内容和要求是一致的，只不过一天用英文，一天用中文来进行。在“学习”活动中，集体活动则采用谁上课就用谁的母语，另外一名教师在旁协助。在该模式下，幼儿一日活动中，有的环节全部用一种语言，有的环节两种语言交替互换，让幼儿能在一定程度上减少对外语的抵触和排斥，同时帮助幼儿理解同一个活动中两种语言的表达。沉浸式语言环境合作模式针对大班幼儿。将一周的活动分成英文日和中文日，中文日由两位中文教师使用中文实施教学活动，而英文日由一位外籍教师和一位具备英语教学能力的中文教师合作使用英语实施教学活动。对于幼儿来说，在中文日，老师和幼儿都用中文沟通和交流；而在英文日，老师和幼儿完全用英语沟通交流，让幼儿完全处于一个沉浸式的语言环境中。

二、民办小学初中：关注核心素养

在民办教育发展早期，民办中小学课程改革未受到足够重视，民办学校往往重智轻德，单纯追求分数和升学率；在培养学生的社会责任感、创新精神和实践能力的环节较为薄弱；课程教材的系统性、适宜性不强，课程资源开发利用不足。随着民办学校办学条件的改善和人才培养改革的深化，民办中小学越来越重视素质教育，摒弃应试教育的做法，侧重培养学生的综合素质，促进学生全面健康发展，为孩子们的终身幸福奠基；注重课程改革，完善课程体系，加强课程建设，遵循教育规律和学生成长规律，坚持德育为先、能力为重、全面发展，聚焦学生核心素养。从培养模式的视角来看，主要体现在注重素质教育、优化课程体系、创新教学方式等方面。

（一）注重素质教育

素质教育，一般是指培养学生发展核心素养的教育，是基础教育领域改革的追求。所谓“学生发展核心素养”，是指学生应具备的、能够适应终身发展和社会发展需要的必备品格和关键能力，是关于学生知识、技能、情感、态度、价值观等多方面要求的综合表现，是每一名学生获得成功生活、适应个人终身发展和社会发展需要的、不可或缺的共同素养。根据《中国学生发展核心素养》研究成果，核心素养以培养“全面发展的人”为核心，分为文化基础、自主发展、社会参与三个方面，综合表现为人文底蕴、科学精神、学会学习、健康生活、责任担当、实践创新六大素养，具体细化为国家认同、理性思维等十八个基本要点。民办中小学从重视“双基”，即基础知识与基本技能，到重视核心素养，更加注重落实立德树人的根本任务。《国家中长期教育改革和发展规划纲要(2010—2020年)》分别从德育为先、能力为重、全面发展三个方面，对学生培养的能力和素养作出了规定。《教育部关于深化基础教育课程改革进一步推进素质教育的意见》(教基二〔2010〕3号)要求：“构建体现先进教育思想理念的、开放兼容的基础教育课程体系，全面提升学生的科学、人文素养。在总结课程改革经验的基础上，进一步完善课程设置方案。”2014年教育部印发的《关于全面深化课程改革落实立德树人根本任务的意见》，第一次提出“核心素养体系”这个概念，强调“研究制定学生发展核心素养体系和学业质量标准。要根据学生的成长规律和社会对人才的需求，把对学生德智体美全面发展总体要求和社会主义核心价值观的有关内容具体化、细化，深入回答‘培养什么人、怎样培养人’的问题”。

许多民办中小学校都在这方面开展了各具特色、卓有成效的探索和实践。例如，创办于2000年的南京苏杰学校，学校的培养目标为：培养学生具备美好的情商、优秀的品德和健康的身体；培养学生养成优秀的学习和生活习惯；培养学生掌握科学的学习方法和思维方法；培养学生的独立思考能力、审美能力和创造能力，让学生成为拥有大爱的积极的终身学习者，为培养未来各领域国际化优秀人才奠定坚实的基础。再比如四川省绵阳东辰国际学校在办学的探索和实践中实施一种以人的发展和完善为最高价值追求和终极目标的教育模式——“东辰新教育”。“东辰新教育”的“新”是对以“应试为本”的旧教育的破中而立，相对旧教育，实现了三大转变：由以考为本的“分数教育”向以人的发展为本的“素质教育”转变；由大一统、流水线式的“塑造教育”向关注个性、发展天性的“成长教育”转变；由“三中心”的“灌输教育”向知识性、个性、创造性结合的“创造教育”转变。再有，深圳市百仕达小学的办学愿景是“携手家庭提供多元化的成长体验，立德养智，健体怡心，培养有中华情怀国际视野的现代绅士淑女；以人为本追求小而美的精致教育，双语并重，求实创新，建设为师生终身发展奠基的美好精神家园”。该校的阅读课程由韵文诵读、童诗欣赏、选文阅读、整本书阅读、图书馆阅读组成，以阅读素养为核心，把语言学习、学科知识与阅读能力、人文精神相结合，内容丰富，形式多样。

(二) 优化课程体系

课程是实现人才培养目标的载体。为了实现培养核心素养的目标，许多民办学校纷纷通过探索学生在数学、阅读、科学等核心学科领域应知应会的知识与技能建立特色校本课程。有的民办学校开设 A-Level、AP、IFY、IB 等多种国际课程项目，供学生个性化选择。很多民办中小学开发出国学、书法、中医、民俗、传统节日、武术、面塑、剪纸、古代文化名人、国画等包含传统文化内容的课程。这些课程开发者能选取传统文化中与学校办学理念和育人目标相契合或关联的内容，并对其进行深入发掘，使课程在弘扬传统文化的同时，很好地展现学校的办学意志，满足学生发展的需求。

上海市协和学校积极探索课程改革，设置面向本土学生的国际化课程，致力于为本土学生提供优质的国际化教育及多元的升学通道。在基础学科方面，如语言（中英双语）、数学等学科，采用本土或国际权威的学科体系与教材；在艺体、科学和探究课程等领域，采用学校自主研发的校本双语课程；在德育方面，采用结合联合国教科文组织推荐的世界通行的美德与中华传统美德，进行主题式、实践性美德教育；除此之外，学校开设了大量的社团课程，以此满足学生个性、兴趣、特长等不同潜能、不同发展领域和不同阶段的自主选择。从课程来源上来看，坚持多元规划、多元开发的理念，国家课程占该课程方案的 40%，校本开发的课程占比达到 30%—40%，外购课程占 10%左右，另有 5%左右的课程为其他社会资源性课程。

深圳龙岗丰丽学校除了国家规定的艺术类课程外，还进行了校本课程的研发，例如国学、武术、跆拳道、古筝、形体等多门课程，包含了音乐、舞蹈、朗诵、绘画、书法等多项艺术门类，补充和丰富了国家课程，保证了学校快速发展的艺术教育的需求。学校从“中国民乐与中国古代诗歌的联系”入手，根据学生年龄特点开展了不同内容的经典诵读，学校民乐团、舞蹈队、合唱团还联合为一些传统经典文本谱曲、编舞并诵唱。各年级每周都开设声乐、形体、书法课，在 1—2 年级开设古筝、葫芦丝选修课，在三、四、五、六年级开设表演唱、小主持人、剪纸等选修课。全校把每天13:45—14:00 的 15 分钟时间用于学生练习书法，按年级统一教材，统一要求，并进行统一评价。

南京苏杰学校课程设置的宗旨是：在充分吸收中国文化精髓基础之上，吸取先进国家在培养学生独立思维、综合学习能力和创造力等方面的精华，让学生学习人类最先进的学习方式、思维方法和人文科学、自然科学与艺术，培养学生的多元文化意识和包容能力。学校建立了一整套高标准的国际化校本课程体系。必修校本课程包括：生活系列（“礼仪与生活”、“演讲与交流”、“一日总结”等）；人文系列（“阅读时光”、“社会博览”、“文学欣赏”等）；艺术体育系列（“艺术设计”、“健美操”、“武术”等）；自然科学系列（“科学”、“数学思维”、“百科博览”等）。2000年，学校就从一年级开始开设了科学课和英语课。学校还设置了丰富精彩的选修课程，例如：植物栽培、艺术与人文、书法欣赏、表演、舞蹈、二胡、扬琴、小提琴、武术、乒乓球、足球、篮球、健美操、合唱等。全校每一位学生都可根据自己的兴趣跨年级选择课程。

（三）创新教学方式

随着教学改革的深入，民办中小学根据学生需要，强化教学方法改革，改变“一块黑板一支笔，一人从头讲到底”的“填鸭式”教学，从以“教”为主转向以“学”为主，打造互动宽松的课堂。倡导启发式、探究式、讨论式、参与式教学，增加与学生的互动交流，不断推广自主、合作、探究的学习方式，让学生主动参与、乐于钻研、勤于动手，提高学习的能力和效果，增强课堂教学的吸引力和感染力。

福建西山教育集团提出以“快乐”为基调的符合自身特点的课堂教学方式，摸索出了“快乐实验法”、“快乐复习法”等教学方法，让学生在课堂中找到快乐。

湖南长沙金海教育集团，探索独具特色的“闪光课堂”教学模式。在教学中，尽可能地创设各种动手操作的情境，优化教学手段，尽可能地让学生的手、眼、脑、口、耳等多种感官共同参与知识的内化过程；采用录音、录像、投影、电视、多媒体及网络等现代技术手段和实物、模型、标本、挂图、实验等直观教学手段，增强教学的艺术性；编写导学案，把静态的知识转化为动态的问题；精心设计提问，创设问题情境。从多个角度全面衡量学生，发掘学生的“闪光点”。

河南省商丘市兴华学校创造的“成功教学法”，课堂教学流程是：自学—量学—示学—用学—思学（学后反思）。教学以“成功导案”为载体，以导案引导、教师指导为主导，学生自主学习为主体，师生共同探究、交流展示，合作完成教学任务。学生根据“成功导案”，首先进行预习，认真阅读教材，了解教材内容；然后，根据“成功导案”要求及设置的问题，探究学习内容，交流、展示学习成果；最后，学生根据“成功导案”上提供的检测题，巩固所学知识，当堂过关。学习过程中，学生可提出自己的观点或见解，师生、生生共同研究学习。

三、民办高中：注重个性化培养

普通高中教育是联系义务教育和高等教育的纽带，对学生个性形成、自主发展具有特殊价值。在应试教育的背景下，普通高中容易呈现“千校一面”的困窘局面，学生的发展模式极其单一，“一把尺子”定成败。民办高中根据经济社会发展需要，针对高中优质教育资源总量不足、“同质化”现象严重、高校选才日益多样化等问题，想方设法突破高中教育“瓶颈”。民办高中从家长的期望和学生的实际状况出发，利用民办学校特有的机制体制优势和条件，在“多元成才”和“个性发展”上下功夫，坚持多元化的价值追求，追求“绿色升学率”，不以牺牲学生的发展为代价，给每一个学生、每一类孩子都提供合适的发展空间。根据每一位学生的兴趣、特长、能力设计个性化的成长计划，“量身定做”培养方案，让高中生走自己的路，发挥自己的个性，满足社会对高中教育的选择需求，在接受市场选择、参与教育质量竞争的过程中立于不败之地。

多元化、个性化、特色化是近年来民办高中教育发展与改革的主要特征，也是实现差异化人才培养的创新路径。民办高中注重在学生全面发展的基础要求下的个性化发展，把学生的差异性充分表现出来，走错位竞争、差异发展之路，创新人才培养模式，改变评价方式，不断深化自主课程、选修课程、“走班”制、学生实践探索，满足高中学生的个性发展需求与学校自主发展需求。人才培养模式走向多样化，如有的偏重升学预备的教育模式，有的偏重出国深造的模式，有的偏重就业预备的模式，有的偏重音乐、美术、体育等特色发展的模式。

（一）为学生个性发展度身定制多元课程

加德纳多元智能理论为民办高中开展多元化培养模式奠定了坚实的理论基础。开发适合学生多元发展的课程，是民办学校多元教育实践创新的核心内容。多元课程体系是民办高中课程建设总的设计原则与基础，也是教育教学活动进行和开展的载体与平台，可以为不同类型的学生提供多种适合自己发展的学习机会。

例如，上海文来高中构建了具有自身特色的学校课程发展网络图，即两大板块（国内、国际）和四个类型（基础型课程、拓展型课程、研究型课程、国际课程）。除了基础课之外，学校共有四大类90多门拓展课程供学生自主选择。研究型课程方面，则建立了高一“学习—研究—学习”，高二“研究—学习—研究”的课程模式。国际课程方面，先后引进加拿大、美国、日本、英国等国家的地方课程，秉承“国际化、中国心”的课程理念，充分利用优质的国际教育资源，创设多元育才渠道，让“多渠道成才”的愿望成为现实。学校尽量为学生创设多途径、多渠道的发展空间，开始逐步形成“多元化教育，多课程选择，多渠道成才”(简称“三多”教育)的办学特色。高考本科率逐年上升，每年约有15％的学生经由多元化教育之路顺利跨入理想的高等学府。

宁波华茂外国语学校秉持“承认差异、提供选择、开发潜能、多元发展”的办学理念，努力使学生在德智体美全面发展的基础上，充分发展优势智能，成为个性鲜明，能力突出，具有家国情怀、社会责任和国际视野的一代新人。“多元化、可选择”是学校的一大特色。高中实行3—3.5年弹性学制，让九年级(初三年级)的部分优生提前进入到高中段学习，实现了义务教育部、高中部学制上的融通。学校开发各类选修课共70多门，其中，市第二层次优秀选修课23门，市精品选修课3门，省优秀精品课程2门，满足学生多样化、个性化选择学习的需要。学校严格按国家、省课程标准开足开齐必修课程，同时坚持开设体育与健康、艺术、技术和专题教育等选修课程，积极推进必修课程校本化(合班选课、走班教学)和选修课程特色化的探索与实践；坚持因材施教、积极开发学生潜能，发展学生个性特长，重视对具有创新潜质的学生的培养。

(二) 基于学生主体地位深化课堂教学改革

一些民办高中的课堂模式，强调学生学习过程的自主、合作、探究，将传统的“授之以鱼”转变为“授之以渔”，要求教师的角色从知识的传授者向学生学习的促进者和引导者转变，在教学中既强调基础知识和基本技能，更强调过程和方法。

石家庄精英中学创造性地推出高效“6＋1”课堂教学改革模式。该模式由两部分组成，第一部分是高效“6＋1”课堂模式中的“6”，是指课堂教学中依次进行的六个环节，包括“导、思、议、展、评、检”6个教学环节；第二部分是高效“6＋1”模式中的“1”，谓之“练”或“做”，这是在课后自习中进行的一个教学环节。高效“6＋1”课堂模式，推动了教师观念与教学行为的转变，改变了强行灌输满堂讲的状况，学生们的学习激情被激发出来，充分尊重了学生的主体地位。

(三) 构建以多元成才为目标的多元评价体系

民办高中课程与教学的开放性与差异性，归根到底来自对传统评价机制的改革，需要变革传统评价体系。

仍以上海市文来高中为例，该校依据加德纳的多元智能理论，系统设计了校本的多元评价体系。该体系分为“教师评价系统”和“学生评价系统”。教师板块涉及三大方面，分别为专业素养、个人特色和师德。学生评价板块则分为学业水平、个人特长和德育修养。尤其是其中的“个人特长”，包括学科特长界定、个人特长界定（音体美等）及成长方向评估（高考专业预测）。

深圳云顶高中则关注每个学生的需求，学生有什么需求，就做什么去满足，根据学生文化基础的差异、兴趣爱好的特点和升学意愿的不同，建立“一进三出”培养模式——普通高考升学、艺术特长高考升学、出国留学深造，让学生通过三年的学习都能有一个比较理想的出路，有机会选择更多元的美好未来，鼓励学生发挥所长，多元成才。云顶高中实施分层教学，根据学生的层次，整合国标教材，编印了《精致教育文化课程实施纲要》、《精致教育特色课程实施纲要》、《精致教育校本教材——文化读本》等重要教改资料。

四、民办普通高校：实行校企协同育人

民办普通高校在发展探索中逐步摒弃办“东方哈佛”的口号，根据社会需求，注重培养应用型、技术技能型人才，注重培养学生的实践动手能力、创新创业能力、岗位胜任能力、综合职业素养，加强校企合作、产教融合，实行校企共同设置专业、共同制定培养方案、共同组织教学、共同培养人才。

（一）构建应用型人才培养体系

为适应民办高校的应用型发展定位，许多民办高校根据经济社会需求，积极创新人才培养模式，构建应用为本的理论课程、能力为要的实践环节、德育为先的素质教育“三位一体”的培养方案，从而实现课程体系从“学科导向”向“应用导向”的转变，在构建应用型人才培养体系方面进行了可贵的探索和实践。

应用型人才培养更加注重应用能力培养，基本上抛弃了以知识传授为主的传统人才培养模式，人才培养更加偏向实际应用和对技术技能的掌握，实践教学得到进一步重视，实践教学和理论教学相互融合。创新创业教育被视为教育教学的重要组成部分纳入整体培养规划，并得到蓬勃发展，以学生的实践能力培养为重点，打通第一、第二、第三课堂之间的联系。

大连东软信息学院以教育创造学生价值为理念，创造性地提出并在全校范围实施

了 TOPCARES - CDIO 一体化人才培养模式，提出了“五元知识结构”(IT 技术、语言与沟通、组织与管理、价值观与态度、终身学习能力)，在此基础上，2008 年引入国际工程教育改革的最新成果——CDIO 工程教育方法学，并将其中国化和本校化，构建了特色的 TOPCARES - CDIO“八大能力”指标体系：一是技术知识与推理能力；二是开放式思维与创新；三是个人职业能力；四是沟通表达与团队工作；五是态度与习惯；六是责任感；七是价值观；八是实践应用创造社会价值。实施“1321”学期设置模式，把一学年分成 3 个学期，前两个学期主要进行理论教学，后一个学期开展实践教学。在实践学期，学生在教师的指导下进行课程或专业综合项目训练。在培养过程中，由学院和企业共同确定课程，共同提供师资，共同完成课程教学，使企业参与到人才培养的全过程，让学生在校学习阶段就能了解企业业务、认可企业文化，提高个人专业技能、职业能力以及沟通交流能力与团队协作能力等，顺利完成由“学生”向“员工”的过渡。在教材开发设计上，学院与企业联手合作开发，既注重了理论上的系统性，又注重了实践上的应用性，充分满足了面向应用、注重实践的教学要求。符合 TOPCARES—CDIO 的教育教学理念，充分保障了学校人才培养能够充分满足企业的需求。适应 CDIO 培养模式，积极构建完善的实践教学环境。学院非常重视学校硬件教学环境建设，构建了完整的与 CDIO 培养模式相适应的教学环境设施，让学生在任何时间、任何地点，以任何方式都能进行课程学习和项目实践。学院与 IBM、英特尔、惠普等国际知名 IT 企业合作，共同建立了包括无线网络实验室、Intel 多核技术实验室、EMC 存储技术实验室在内的十余个联合实验室，专业领域齐全，为全面深入开展实验实训教学和自主实践提供了良好的实验环境。在多年的教育教学实践中，大连东软信息学院没有完全照搬公办高校的优秀教学成果和经验，而是根据自身的办学定位，不断深化教学改革，不断探索用 CDIO 教育模式来改进专业教育，逐步走出了一条属于自己的特色办学道路，成为培养 IT 行业人才的典范。

(二) 创新教育教学方法

伴随着计算机技术、网络技术、移动通信技术、物联网技术的迅速发展，在“互联网 + ”背景下，一些民办高校充分利用网络教学资源，引入微课、慕课、翻转课堂等新型的教育教学方法，并将其与传统的课堂教学方式相结合，收到很好的教学效果。“翻转课堂”对教育教学方法的改革尤其具有重要启示意义。

“翻转课堂”是对“以学习者为中心”教学理念的进一步深化，主要表现为重新调整课堂内外的时间，将学习的决定权从教师转移给学生。传统教学模式中，教师知识传递在课内，知识内化在课外。而翻转课堂是将新知识传递放在了课前，知识内化在课堂，知识补救拓展在课后。在课前，老师针对不同学科特点制作相应视频，短的只有几十秒，长的最多十几分钟。由于学生的注意力高度集中最多只能持续15分钟，故此，短小视频更有利于知识真正地被吸收。

“翻转课堂”对学生学习过程的两个阶段进行了重构。第一阶段是“信息传递”，传统教学模式是通过教师和学生、学生和学生之间的互动来实现的，而“翻转教学”模式则把信息传递放在课前进行，老师不仅提供了视频，还可以提供在线辅导；第二阶段是“吸收内化”，“翻转教学”模式一改课后内化的方式，改为在课堂上通过互动来完成，教师能够提前了解学生的学习困难点，及时在课堂上给予有效辅导。教师课后可将教学视频通过网络平台共享，学生可以自主选择学习进程。该模式充分利用校内外优质教学资源和在线教学优势，深入推进教育信息化环境下的混合式教学模式改革，激发学生学习兴趣，提升学生自主学习能力、独立思维能力和创新意识，满足学生个性化学习需求，从而强化课堂互动，提高学生的课堂参与度，提升课堂教学效能。

宁波大红鹰学院针对传统课堂吸引力不足、师生缺乏互动、学生学习内驱力不足、自主学习能力不够等问题，积极进行“翻转课堂”试点教学改革。学校先后投入600多万元用于传统教室改造，打造支持“翻转课堂”教学模式应用的新型教室42间，支持全自动课程录制，课程直播，以及移动端、桌面端与显示端实时互联，满足学生小组合作、主题研讨、小组演示、多地互动等教学活动需求。课堂以外，无线操控系统、视频矩阵技术支持手机、平板、电脑及显示端，实时、处处互通互联和高效投屏分享，满足学生随时连接在线平台自主学习，实现了移动、碎片化学习。学院开辟“翻转课堂”教学改革示范区，率先在示范区开展课程改革。主要举措包括：加大基于校内优质网络教学资源的“翻转课堂”教学改革的力度，38门课程参与试点，52名教师参与改革，改革课程覆盖各个教学单位，参与学生达3 000余人；大力引进在线课程资源，主动加入各类慕课联盟，学校先后引进尔雅网络通识课程和智慧树课程共142门次，近60名校内教师参与指导。

（三）打造双师双能型教师队伍

实行校企协同育人的根本在于建立双师型师资队伍。教师队伍是民办高校发展的核心要素，是提高教育质量的关键。民办高校发展中面临的重要难题即教师队伍不稳定，整体素质与事业发展存在较大差距。实行校企协同育人，则既需要传统教师教授关键知识，也需要职业人传授行业和企业发展方面的经验，因此打造双师双能型教师队伍成为重心。

从规模化发展步入内涵发展后，民办高校已经逐步加强了对教师队伍建设的重视程度，普遍实施了“人才强校”战略，不断加大人才建设力度，采取各种措施，建立起结构更加合理、数量充足、素质较高的教师队伍。主要采取了以下措施：

一是启动高层次人才引进计划。一些民办高校确立了从外部引进高层次人才的分类标准，制定了科学合理的人才引进规划，面向海内外招聘高层次学科带头人和学术顾问，组建具有创新精神、实践能力和国际视野的高水平教师队伍。例如，西京学院设立陕西省首个民办高校院士工作室——“何积丰院士工作室”，打造高层次人才培育、科技合作交流创新平台。

二是培育校内优秀青年教师。依托教师发展中心等机构，构建师资多元培养体系，加大对青年优秀人才培养和资助的力度，资助青年教师国内外访学、进修和学习培训。促进年轻教师成长为教学骨干，承担起教学科研重任。例如，浙江树人学院引进138名博士，经常组织开展各类培训。

三是积极完善考核激励机制。为吸引人才、留住人才、发展人才，为教职员提供发展空间与平台，民办高校注重提高薪酬的对外竞争力，提高教师福利待遇；同时创新绩效工资制度，提高薪酬的内部激励性，使教职员收入水平与其工作岗位、工作业绩更加紧密地结合在一起。例如，武汉生物工程学院2007年在全国民办高校中率先启动“百名博士引进工程”，采用高薪聘请、建造“博士楼”、提供科研平台等手段，吸引高层次人才，打造一支中青年“博士军团”。西京学院提出2016—2017学年度引进优秀应届博士毕业生200名，建成“西京学院高层次人才特区”：聘期内年薪为讲师25万元，副教授30万元；提供一次性安家费15万元；提供科研启动经费理工科30万元和文科18万元；在校内提供长期居住的140—180平方米精装住房一套。

(四) 加强校企合作和产教融合

随着民办学校向应用型转型,校企合作和产教融合成为民办高校培养应用型技能型人才的必然选择。以学校为单一主体的人才培养模式逐渐转变为以学校为主,行业、企业、地方政府多方参与的人才培养模式,协同育人的广度和深度得到加强,人才培养与地方产业发展的结合更加紧密。许多民办高职院校与企业联合培养高素质技能型人才,通过"订单式"培养、"企业冠名班"、"现代学徒制"等多种形式合作办学;通过共建专业、共建实习实训基地,为民办高职院校学生提供"学中做,做中学"的实践教学环境,双方优势互补、资源共享、共赢发展。

在这方面,黄河科技学院的探索和实践较有代表性。该校通过收购企业、引企入校、创办企业、校企共建四种形式,与中国电信、惠普、苏宁电器等企业合作,建立了校外实践教育基地316个,产学研重点合作基地30个。其中,学校与宇通重工合作建成的实践教育基地被批准为国家级大学生校外实践教育基地。学校收购企业,成立河南华中星科技电子有限公司。河南省西工机电设备有限公司每年可为学生提供工位1 500个。学校与华为技术有限公司合作成立了"华为信息与网络技术学院",引入实用、热门ICT领域技术,对接华为职业认证和人才培养课程,培养高素质技能型人才。

五、民办培训机构:开展定制式培养

民办培训教育机构非常重视因人而异、因材施教,最大程度地尊重和关注受教育者的个体差异,把学生从繁重的课业负担中解放出来,让学生有更多独立思考、独立实践的学习机会,提供量身定制的学习方法,提升素质并发挥潜能,达到提高学习成绩和综合素质的效果,促进学生个性化、差异化发展。

(一) 开展针对性辅导和个性化学习

培训机构非常重视客户体验,许多培训机构都建立了"1对1"的针对性辅导机制,为学生制定合适的学习方案,促进学生个性化学习,以提高培训实效。

例如,优胜教育集团大力创建个性化教育体系,依据布鲁姆的教学目标分类理论搭建目标管理体系,依据加涅的学习层次理论搭建评价管理体系,在教学过程中匹配出最适合孩子们的N套教学策略和方法。由资深学业分析师借助科学的测评系统,从认知因素(即学科模块测评)和非认知因素(即托马斯测评)两大领域进行分析诊断,并辅以观察、访谈等形式对学生进行精准定位。根据学生的学业基础水平，匹配最科学的教学策略，并进一步根据学生的风格倾向、特质类型和能力水平等，为学生甄选最优的教学方法。真正为学生量身定做一对一个性化教学设计，帮助学生提升能力、培养习惯，实现成功应试。

又如，学而思积极开展分层教学，针对不同学习层次的学员，在完成课标要求的基础上进行不同程度培养。基础班型旨在巩固课标知识、达到满分；尖端班型旨在拓展学习、达到杯赛获奖水平。针对在线课堂大班人数无上限，学习效果没办法检验的问题，学而思采用“授课老师+辅导老师”的双师组合模式，让学习更有效。主讲老师专业授课，听课效果有保障；辅导老师全程陪伴，指导学习全流程，负责课后作业批改、及时订正、问题答疑、实时在线等环节，让在线学习更高效。同时，在产品技术与教研层面进行深耕，通过大数据对学员进行精准的专属学习报告个性化推送，比如学员的直播互动题、在线答疑、作业批改等数据都被收集分析，并经过题库更新，完善知识树后再次反馈给学员。学而思发布 IDO 个性化学习体系，该体系是一套多系统协作、多端联动的学习体系，由 124 位教研专家和 80 位软件工程师历时一年研制而成。其全称为辅导个性化（Individualized）、学习数据化（Data-driven）、效果可见化（Observable）。数据中心包括考点知识库、智能题库、教学视频库和学习数据库四个底层数据库，用以支撑教师、学生、家长等多个角色的教学需求，记录和分析学生的学习行为。教师端包括在线教研系统、个性化辅导系统、授课备课系统三大系统，最终实现教学环节的在线闭环。用户端以学而思网校 APP 为运转枢纽，覆盖课前、课中和课后全学习流程。贯穿全程的动态学习报告，帮助家长掌握孩子的学习情况，解读孩子的学习效果，明确下一步学习方案。

（二）职业培训与学历教育结合

职业培训与学历教育结合，是民办教育发展的一个重要而有效的模式，近 20 年来越来越受到重视。

这方面较为典型的例子是成立于 1999 年的北大青鸟 APTECH。秉承“教育改变生活”的发展理念，北大青鸟 APTECH 一直致力于培养中国 IT 技能型紧缺人才，通过特许加盟和院校合作两大经营模式以及先进的 IT 职业教育课程体系，在教育领域广泛开展合作。该品牌 200 余家授权培训中心遍布全国 60 多个重要城市，全国合作院校超过600所，同10 000余家知名企业建立了战略合作伙伴关系，累计培养和输送50余万IT职业化人才进入IT行业，得到了社会各界的认可。为了建立"学员与企业最短招聘通道"，北大青鸟APTECH汇集了10 000多家优秀企业的人才招聘信息和优秀青鸟学员的求职信息；提出"终身职业教育"理念，针对学员的终身职业历程，提供贯穿整个职业生涯的职业规划、指导等服务，使学员的职场人脉关系得到扩展。

鉴于大多数普通院校面临课程开发技术瓶颈的状况，北大青鸟APTECH从企业、学生和院校的需求出发，前瞻性地将职业教育与学历教育有机结合，创造性地把职业课程体系和标准化的教育运营模式与合作院校学历教育资源进行优势互补，将院校现有计算机专业及其他专业的计算机相关课程，全部或部分地替换为北大青鸟APTECH成熟的培训课程，协助部分合作院校建立北大青鸟APTECH精品计算机特色专业。其中，部分课程被教育部推荐为技能型紧缺人才培训蓝本。

(三) 重视课程研发

民办培训机构往往将课程研发视为发展的生命线和核心竞争力。例如，英孚英语研发的幼儿课程包含网课、纸质课程、语音视频课程、实践练习课程等，以及同步的游戏课程。全国各地的英语机构，采用统一的课程。

北大青鸟APTECH在这方面同样具有代表性。多年来坚持以需求为导向，首创了以企业用人要求为基准的逆向课程设计的模式。坚持任何一种IT教育产品的研发起点，都始于围绕用人企业实际需求进行深入调研，调研内容来自不同类型企业的领导人、部门经理、员工代表，更有对大量招聘信息的全面分析，结合岗位工作需求及企业的招聘需求，进行课程的开发与设计，学员在培训期间就能获得丰富的实战经验，摆脱"纸上谈兵"的困惑，提前进入工作状态。北大青鸟APTECH紧跟IT时代变化，结合信息化产业发展趋势和热门岗位，先后研发推出了包括ACCP(软件工程师培训)、BENET(网络工程师培训)、BTEST(软件测试工程师培训)、学士后JAVA、NET、PHP、Android、ios、网络营销以及针对院校合作的课程置换产品等一系列深受学员和用人市场欢迎的培训课程。

安博教育集团则针对学生需求，注重科技研发。2000年，安博教育集团率先倡导"构建中国自己的开放式网络教育平台"并倡议建立中国自己的标准体系，成为全国信息技术标准化委员会教育技术分技术委员会的核心创建成员，也是唯一企业成员。安博于2001年在国内最早研创出经教育部鉴定并符合国际标准的网络教育平台，此平台应用于中国科技大学、国防科技大学、中央电教馆、河北电子政务系统等众多大学、政府、企业等机构，成为中国网络教育平台研发的标杆。2010年，安博教育集团依托自主知识产权技术产品与服务体系的积累，推出具有自身特色的教育云服务体系，安博教育云服务体系的核心是"以学习者为中心"，以业务运营为驱动，为学习服务，实现了线上、线下学习的密切结合和业务的可持续健康运营。2012年，安博教育集团中标教育部"全国教师教育网络联盟公共服务平台建设与应用"项目，开始以"安博教育云服务体系"为基础搭建面向全国千万级教师群体的网络平台系统。2014年，安博教育集团自主知识产权的"自适应优化计算机辅助学习系统与方法"发明专利正式获得美国专利局授权，这是中国教育服务行业首次在学习方法研究领域获得美国专利。"安博网络教学计划及爆破式学习模式的研究和实验"连续进入国家"十五"和"十一五"重点基础教育学科规划课题，有力促进了我国教育领域"信息技术环境下多元学与教方式有效融入日常教学"的研究。以此模式为基础的安博爆破课堂系列产品与服务进入全国上千所中小学校，服务于数十万学生，也成为中国真正的第一款在线教育产品。

第三节　富有自身特点的学校法人治理结构

改革开放之后"美国取代苏联成了新的学习榜样"①，借鉴其现代学校制度，建立完善的法人治理结构，成为促进学校规范运行和健康发展的基础。在发展初期，民办学校普遍存在举办者个人意志取代学校意志、举办者个人决策等于学校决策的现象，以及董事会成员构成不合理、权力制衡不到位、校长不够专业、治理关系不够清晰、监督机构不完善等问题。许多不稳定事件的发生，均与民办学校法人治理结构的不健全有关。如江西服装职业技术学院、赣江职业技术学院发生集体性打砸事件，安徽文达信息工程学院资金链断裂、兰州交通大学博文学院开除患癌女教师、哈尔滨广厦学院在历经六次转让后引发了新投资方抢夺财务印章风波等诸多事件，均暴露出了民办学

① 罗纳德·哈里·科斯，王宁著，徐尧，李泽民译：《变革中国——市场经济的中国之路》，中信出版社2013年版，第118页。

校治理机制不完善的问题。

随着民办学校从外延发展步入内涵建设阶段，民办学校治理模式不能再停留于单一的集中领导模式，而应形成集权与分权有机结合、民主与集中相互协调的管理模式，民办学校内部法人治理结构正从举办者一股独大的家族式管理模式向共同治理模式转变，逐步构建起富有特色的党委发挥政治核心作用、董（理）事会领导、校长负责、民主管理的法人治理结构。

一、加强党的领导和党的建设

民办教育作为社会主义教育事业的重要组成部分，民办学校与公办学校同样承担着培养社会主义建设者和接班人的重任。民办学校党组织是党在民办学校中的战斗堡垒，发挥政治核心作用。加强和改进民办学校党建工作，有利于在民办学校全面贯彻党的教育方针、坚持社会主义办学方向、落实立德树人根本任务；有利于不断提高人才培养质量、为全面建设小康社会提供强有力的人才和人力资源保证；有利于巩固党的阶级基础、扩大党的群众基础，深入推进党的先进性、纯洁性建设。只有不断加强和改进民办学校党建工作，才能从思想上、组织上、制度上为民办教育事业科学发展提供强有力的保证。

20 世纪 80 年代中期至 90 年代初期，一些民办学校根据自身发展、党员师生转接组织关系的需要，在没有专门法规指导的情况下，尝试建立了党的组织，例如海淀走读大学、黄河科技学院、浙江树人大学等。1993 年，国家教委颁布《民办高等学校设置暂行规定》，首次明确提出："民办高等学校应坚持党的基本路线，全面贯彻教育方针。学校要建立共产党、共青团和工会组织。"各民办学校纷纷建立党组织。其中黄河科技学院于 1994 年成立党总支，1997 年成立党委，是全国第一所建立党委的民办高校[①]。学校自建立党组织，特别是成立党委以来，十分重视党建工作，在上级党委的正确领导下，认真宣传和贯彻执行党的路线、方针、政策，积极参与学校教学和行政管理重大问题的决策，发挥了党委的政治核心作用。2000 年，第九次全国高校党建工作会议第一

① 成迎富：《党建工作是民办高校健康发展的保证——黄河科技学院党建工作初探》，《黄河科技大学学报》2005 年第 4 期。

次吸收了民办高校代表参加。从 2003 年开始，西京学院、浙江树人学院、青岛滨海学院、黄河科技学院、北京城市学院等民办高校分别在全国高校党建工作会议作典型发言。

随着民办教育发展的不断深入，如何在民办学校贯彻执行党的教育方针、切实保证民办教育机构的社会主义方向，成为崭新课题，亟须摸索建立和形成学校常规性党建工作体系，探索民办教育转型时期党建工作的新路子。但由于民办教育起步晚，对党建工作认识不到位，重视不够，民办学校党的领导和建设存在许多问题。据调查，2006 年，江西省上饶市民办中学以上具备建立党组织条件的有 57 家，而建立党组织的只有 37 家，占民办学校总数的 45.6%，占应建立党组织总数的 65%；全市民办小学 34 所，民办幼儿园 715 所，分别拥有党员 90 名和 1 203 名，但没有一家建立党组织。

随着 2004 年中共中央、国务院下发《关于进一步加强和改进大学生思想政治教育的意见》，2006 年中共中央组织部、中共教育部党组颁布《关于加强民办高校党的建设工作的若干意见》，2015 年中央办公厅下发《关于加强社会组织党的建设工作的意见（试行）》，2016 年 12 月底，中共中央办公厅印发《〈关于加强民办学校党的建设工作的意见（试行）〉的通知》（中办发〔2016〕78 号），国家对民办学校党的建设愈发重视，民办学校进一步加强党的领导和建设，取得明显成效。

（一）民办高校接受选派的党委书记兼政府督导专员

全国各地先后出台多个加强民办高校党建工作的文件，为加强和改进民办高校党建工作提供了制度支撑，保障了民办高校健康发展。山东省委组织部、省委高校工委先后下发《关于加强民办高校党的建设工作的若干意见》等 6 个文件，对民办高校党组织的建立、职责、工作开展等作了具体规定；天津市委教育工委出台了《关于加强天津民办高校和独立学院党的建设工作的实施意见（试行）》、《选（委）派民办高校党委书记、督导专员暂行办法》等文件，就建立健全民办高校党组织、完善党组织工作机制、加强党组织自身建设等提出了具体要求。

目前已有福建、河北、江西、湖北、陕西、上海、辽宁、广东、云南、湖南、宁夏等 10 多个省、自治区、直辖市挑选德才兼备、熟悉教育工作的党员干部到民办高校担任党组织负责人，兼任政府派驻学校的督导专员。2017 年 2 月，西安工业大学原纪委书记等 5 名陕西公办高校在职领导干部，被分别委任到西安欧亚学院、西安培华学院、西安翻译学院等5所民办高校担任党委书记兼督导专员。目前，陕西已委任7位在职领导干部任民办高校党委书记。2017年4月，山东选派省属公办高校党委书记到民办高校任党委书记，曲阜师范大学、山东理工大学等5名省属公办高校的原党委书记、副书记分赴齐鲁工学院、青岛工学院等5所民办高校任党委书记。此次选派的是首批民办高校党委书记，任期一般为4年，2018年实现全覆盖。2017年6月，湖南省委组织部、省委教育工委从省卫生和计生委、长沙理工大学选派15名干部到长沙医学院、湖南信息学院等15所民办高校担任党委书记。2017年12月，山西省委首次为全省民办高校集中选派了7名党委书记。此外，广西等地也在开展向民办学校选派党委书记的工作。

随着向民办高校选派党组织书记，民办高校的建设和事业发展取得明显成效。一是党委领导班子建设得到加强。贯彻民主集中制原则，积极推进"双向进入、交叉任职"，健全民办高校党委参与学校重大问题决策的体制机制。一些民办高校党组织领导班子成员通过法定程序进入学校决策机构和行政管理机构，学校决策机构和行政管理机构中的党员进入党组织领导班子。一些民办高校逐步建立起党委书记与院长沟通机制、党政领导联席会议机制，学校党委负责人、行政负责人形成工作合力，党组织负责人在学校决策和管理中的作用得到进一步发挥。二是思想政治教育得到加强。民办高校积极建立健全思想政治教育工作机构，逐步形成党组织统一领导、有关职能部门各司其职、密切配合、齐抓共管的良好局面。民办高校重视辅导员、班主任、思政课教师等大学生思想政治教育工作队伍建设，积极践行社会主义核心价值观。为贯彻落实党中央关于加强和改进高校意识形态工作和思想政治教育工作的一系列指示精神，上海建桥学院、南昌工学院、三江学院、福州外语外贸学院、广州商学院、贵州城市职业学院等民办高校率先成立马克思主义学院。三是基层党组织建设得到加强。目前，全国绝大多数民办高校建立了党组织，党组织工作覆盖面不断扩大。如，浙江越秀外国语学院出台《基层党建工作绩效考核办法》，细化制定19项具体考核标准，形成完备的"堡垒指数"指标体系，每年"七一"前后发布考核结果。广东白云学院2013年被省委组织部授予全省民办高校唯一的"广东'两新'组织党建工作示范点"，党建工作特色入选第22次全国高校党建工作会议经验汇编。四是民办高校校园安全稳定局面得到加强，党委维护教职工合法权益，切实解决师生员工工作、生活、学习中遇到的困难，有效维护了校园和谐稳定。

（二）民办中小学党组织政治核心作用加强

在民办基础教育领域，党的建设工作也不断深入发展，党的组织建设、思想建设、作风建设、制度建设进一步加强，党组织政治核心作用加强。

一些民办学校的党组织建设取得了极大的进步。比如，2001 年，泰州市民兴实验中学成立了民兴实验中学党支部。2005 年，改建为党总支，下辖 5 个党支部，党员从最初的不到 10 人发展到现在的 75 人。2011 年，党总支改建为党委，同时，“中共泰州市民兴实验中学纪律监督委员会”挂牌，民兴实验中学成为泰州市第一家也是唯一一家建立党委的民办学校。

一些民办学校通过新媒体开展党组织建设工作。例如，苏州市枫华国际学校、新草桥中学、蓝缨学校、新浒学校、东冉学校、立新学校等民办学校大力开展“三微党建”（“微型党课”、“党建微课题”、“党建微博”）工作，受到中共苏州市委教育工作委员会表彰。

一些民办教育机构在党组织建设审查的促进下取得了成绩。浙江宁波海曙区在区教育局成立民办学校“两新”组织党建工作领导小组。对区内登记办学的所有社会力量办学机构、民办幼儿园等 80 余家民办非企业单位进行全面调查排摸，辅导具备成立条件的单位组建党支部，对已成立的民办教育机构支部进行进一步的组织规范和管理，不断夯实“两新”组织党建工作基础，实行属地管理、归口管理、行业管理、挂靠管理、指定管理等形式。

（三）政府向民办幼儿园选派党建指导员

政府向民办幼儿园选派党建指导员，是促进幼儿园党建工作的有效措施。改革开放以来，特别是新世纪以来，我国学前教育取得长足发展，普及程度逐步提高。由于政府投入不足，教育资源短缺，民办幼儿园获得快速发展，占据学前阶段教育的半壁江山，在有的地区占的比例甚至达 80%以上。民办学前教育在迅猛发展的同时，也存在建筑安全、消防安全、饮食卫生安全、设施设备安全、教师队伍建设、保教行为等不少问题，制约了民办幼儿园的健康发展，损害了人民群众的合法权益。在此背景下，加强民办幼儿园党的建设显得尤为必要。

从调研的情况看，许多乡镇将所属民办幼儿园党员归口于所属村、社区党组织管理，95%的党员坚持定期参加所属党组织的活动，但热情不高、工学矛盾突出、实效性不强。民办幼儿园普遍存在教职工流动性大、党员人数少、党建意识弱、党的宣传教育少、入党申请无方向、没有培养机制等问题。一些民办幼儿园党建工作尚处于空白阶段，必须进一步加强。

近年来，各级党委政府对民办幼儿园党建工作越来越重视，民办幼儿园党的建设得到加强。一是建立组织，理顺管理体系。符合条件的民办园要独立建设党支部，不符合条件的要建立民办园联合支部，统一开展党的活动。二是发展队伍，完善培养机制。党员空白的民办园，实施专项党员发展计划。优先发展民办园园长入党，增加民办园骨干教师发展计划，加强党的教育宣传，开展交心谈心活动。三是加强指导，突出党建引领。重视阵地建设和园所文化中党建元素的设计，要让党的思想、理论、政策和纪律渗透于幼儿园的日常建设与管理中，渗透于育人过程中。一些地区党委和政府明确要求，凡具备单独建立党组织条件的民办幼儿园要100%建立党组织，从业人员30人以上的民办幼儿园100%有党员。对于党员不足3名的，按照“地域相邻、行业相近、方便工作”的原则，采取区域联建方式，100%建立联合党组织。对于暂时不具备建立党组织条件的民办幼儿园，通过组建工会组织、团组织、妇女组织或选派党建工作指导员等途径，先行开展党的工作，推动党的工作有效覆盖。

目前，已有部分地区开始向民办幼儿园选派党建指导员。例如，贵州省雷山县教科局党委从县示范幼儿园党支部选派政治素质好、工作能力强的同志为党建指导员，到县城各民办幼儿园开展党建工作；同时，由各乡镇中心学校党支部选派政治素质好、工作能力强的同志为党建指导员，到辖区内各民办幼儿园开展党建工作。雷山县从县示范幼儿园党支部选派了8位同志到创世纪幼儿园、阳光幼儿园、英才幼儿园、小精灵幼儿园、小博士幼儿园、小太阳幼儿园、喜洋洋幼儿园、和谐家园幼儿园等县城8所民办幼儿园担任党建指导员。

随着党建工作得到重视，已经有一部分民办幼儿园开展特色党建活动，促进了幼儿园的发展建设，让幼儿园在党建工作引领下焕发新活力。比如，云南省澄江县小天鹅幼儿园创办于2001年，共有6个园区，教职员工68名，党员5名。2016年5月，经澄江县社会组织党委批准，联合组建了澄江县民办幼儿园党支部。经过一年多的发展，党建工作取得明显成效并亮点频频。该园在党建工作上下真功夫，把党建工作与教育教学深度融合，做出了自己的特色。幼儿园开设红色小书吧，购置红色经典图书和绘本，开展“党在我心中”绘画活动、红色诗词朗诵，积极争取党员家长支持，将党建工作深层次融入校园家园，让党建文化和校园文化有机结合。在该幼儿园，处处可以感受到浓浓的党建文化气息。操场的几面墙上，分别是“二三四五抓党建，学育共进创先优”党建文化形象墙，“知党恩、跟党走、爱家乡”的澄江十景和“红星闪闪、先锋引领”的小英雄主题墙。幼儿园还在楼梯口特别设计了心愿墙和富有地域特色的文化走廊，将党建文化、传统文化、地域文化、体验活动融入环境设计中，真正做到了让园区每一个角落、每一面墙都会说话，让每一面墙都为教育教学和党建宣传服务。同时，以党建促团建、以党建促业务、以党建带队伍、以党建塑形象，立足实际形成园本特色，成为全市民办幼儿园中党建工作的佼佼者，先后荣获“云南省五四红旗团支部”、“云南省青年文明号”等荣誉称号。

（四）民办教育培训机构逐渐重视党的建设

民办培训教育机构在较长一段时期内，作为非公组织，对党的建设重视不够。但随着不断发展，尤其是近些年来，一些培训机构开始重视党建工作，进行了富有成效的探索，受到社会关注和各界肯定。

金网国际教育管理集团于 2005 年成立党总支，2007 年成立党委，是珠海市第一家成立基层党委的民办高等教育机构（集团党委前身是珠海市外经贸专修学院党委，2014 年经上级党委批准改名）。该集团积极探索保障党委在政治上的领导权、管理上的参与权、行为上的监督权的“三权保障法”，充分发挥党组织政治核心作用，使党建资源转化为发展资源、党建优势转化为发展优势、党建成果转化为发展成果，促进了集团和谐健康发展。目前，集团共有党员 162 名，下设两个党总支、10 个党支部。集团党委在“抓党建促工作”思想的引领下，将党建工作与集团中心工作相融合，将党建工作与集团文化建设相融合，将党建工作与权利保障相融合，将党建工作与教职员工职业生涯发展和个人价值相融合。集团党委在集团总部大楼划定近 100 平方米的专用场地建设党建展示厅，以图文并茂的形式，生动地介绍金网教育集团党委自成立以来党建工作的宝贵经验及取得的一系列重要成果。建设专门的党委网站、制作专门的党建宣传片；在成人教育校区和全日制校区设置了宽敞明亮的党员活动室和多个党务宣传栏及公示栏；设立了专门的党员干部现代远程教育学习终端学习教室。党委通过听、看、读、写等方式，宣传党的路线、方针。

长沙市雨花区思齐培训学校2011年成立党总支，2014年成立党委。党委与董事会实行“双向进入，交叉任职”，党委书记由董事长担任，党委副书记由总裁担任，另外聘任一位曾长期从事教育行政工作的同志担任专职党委副书记。学校在招聘人才时，优先考虑党员，给企业输送新鲜“血液”；同时学校党委注重不断培养发展新党员，为企业发展“造血”。

虽然近年来民办培训教育机构党建工作开始受到重视，但仍然是薄弱环节，仍有一大批培训教育机构尚未建立党组织，党的领导和建设有待进一步加强。

二、健全董（理）事会决策制度

董（理）事会是我国民办学校内部的最高决策机构，是民办学校内部架构的核心，是民办学校建立现代学校制度的基础，对于民办学校的可持续发展起着制度保障的关键作用。但是，大部分民办学校在创立之初，没有通过契约方式将利益相关者的责权利加以清晰界定，学校的发展主要依靠学校管理者的人力资本投入，故这一时期，大多数民办学校并无董（理）事会，即使设有董（理）事会，大多也选择“校董合一”的治理结构，大多数民办学校没有建立起清晰的治理结构。学校的治理主要靠创办者的个人能力，而不是靠组织和制度。

新世纪后成立的民办学校，根据《民办教育促进法》规定的“学校理事会或者董事会由举办者或者其代表、校长、教职工代表等人员组成”，开始重视董事会建设。但是，由于举办者把握对学校的控制权，董事会建设仍然存在不少问题。

许多民办学校董（理）事会运行程序不规范，议事规则不透明，组成人员欠合理，董（理）事会成员名人化倾向严重，不少学校董（理）事会表面上包括教职工代表、举办者、校长等，其实举办方代表占主导地位，具体成员往往为投资人或其亲属，而外部董事很少。很多民办学校的董事构成带有浓厚的家族化色彩。如，某民办高校8人组成的董事会中，包括了6位家族成员。

据统计，2005年，天津市有一半的民办学校理事会或董事会的人数没有达到《民办教育促进法》的要求，在董（理）事会的组成人员上，32.7%的学校没有达到法律规定。许多民办学校的董事会都有1—2名董事是教师代表，吸纳教师代表进入董事会，至少在形式上赋予了教师民主参与的权利。但是，所谓的教师代表一般都是中层管理人员，或者是由董事会直接任命的。教师代表在董事会中的决策权有限，往往很难反映教师诉求或影响学校决策。

由于董(理)事会无法规范运行，影响人事和财务管理等决策的透明性，决策的科学性和民主性得不到保证，导致教职工和学生利益难以得到保证。由于董(理)事会制度的不完善和现代学校制度的缺失，民办学校的发展特别依赖于举办者的个人因素。当举办者具备卓越的管理能力和良好的办学意愿时，学校就会稳定快速发展；反之，学校发展就可能面临重大风险。

2012 年出台的《教育部关于鼓励和引导民间资金进入教育领域促进民办教育健康发展的实施意见》强调，“规范民办学校董事会(理事会)成员构成”，“完善董事会议事规则和运行程序”。随着法律法规的不断健全，政府监管不断加强，民办学校开始重视和加强董(理)事会建设，优化人员组成结构、产生办法、任期、议事规则等，吸收校长和教职工代表进入董(理)事会，防止董事会成为举办者的一言堂。

(一) 优化董事会成员结构

董事会成员结构的合理化是提高民办高校决策质量的基础，是民办高校由“个人治理”走向“制度治理”的必要条件，也是民办学校实现基业长青的根本保证。一些民办学校开始规范董事会的成员构成，限定学校举办者代表的比例，保证董事会的代表性和公开性。完善董事会成员的遴选办法，提高教育、财务、法律、管理等各类专家在董事会中的比例，并赋予其必要的发言权和决策权。

例如，吉林华桥外国语学院理事会由学校举办者、校长、党委书记、教职工代表、教育界知名人士和相关行业专家等 13 至 17 人组成，最大化地吸收了社会各方利益主体，实行民主管理。早在 2006 年，学校创办人就郑重承诺放弃校产所有权，并进行财产处置司法公证，明确学校所有资产属于社会。

上海杉达学院董事会由 13 人组成，设董事长 1 人，副董事长 2—3 人，常务董事 5—6 人，董事 3 人，荣誉董事 1 人。学院董事会成员中举办者代表 5 人，党委书记 1 人，校长 1 人，教职工代表 1 人，社会知名人士 5 人；其中终身董事 5 人，具有 5 年以上高等教育教学管理工作经验的 9 人。学校明确规定了董事会成员的任职条件是：热爱教育事业，自觉遵守国家有关法律法规；个人品行良好、无犯罪记录，具有政治权利和完全民事行为能力；非国家机关工作人员；董事会成员中，三分之一以上人员具有5年以上高等教育管理或教学工作经验；法律、法规规定的其他必须条件。学校首届董事会组成人员及董事长人选由举办者推选产生并报审批机关备案。此后董事产生的办法为：举办者代表5人由举办者推荐产生；党委书记1人由学校党委推选产生；校长1人由董事会聘任产生；教职工代表1人由学校教代会推选产生；社会知名人士由董事会成员推荐产生。经推选产生的董事会成员须通过董事会进行的任职资格审核。

（二）明晰董（理）事会议事规则

明晰和遵循议事规则，是民办学校董（理）事会真正发挥决策作用的重要保障。许多民办学校明确了董事会职责范围，章程明确规定，由董（理）事会为学校制定总的发展战略和政策，确定学校发展方向。一些民办学校制定了董（理）事会议事规则，规定由董（理）事会定期召开会议，董（理）事会会议决议程序采取民主集中制，实行"一人一票制"。同时，民办学校董（理）事会会议将一般日常性事务的决策授权给以校长为首的学校行政班子去处理，自己只保留对重要事项的决策权和监督权，如有关重大政策的制定和重要人事的任免等。

例如，《上海杉达学院董事会章程》规定，董事会每年召开一次会议，遇到特殊情况时经1/3以上董事会成员提议，可召开临时会议，会议由董事长召集并主持，董事长因故不能出席时，应以书面形式委托副董事长召集并主持。董事会会议须有1/2以上董事会成员出席方为有效，董事会对学校重大事项决策须有2/3以上成员通过为有效。董事会成员应出席董事会会议，如因特殊原因不能出席会议时，须事先向董事长提出书面请假或提出委托代理人参加申请，获准后方可缺席会议或由代理人参加。董事会成员如连续三次因自身原因不能参加董事会会议的，作自动退出董事会论处，董事会可建议相应推荐（选举）方予以更换新成员。董事会会议议题由董事会秘书负责征集，并整理成书面材料，于会议召开的前一周连同会议通知一起分发给全体董事会成员，董事会成员收到后应履行签收手续。董事会会议建立出席人员签到、会议记录并存档制度，每次会议记录应载明会议时间、地点、出席人员、议事内容、议事结果，凡涉及学校决策机构人事变动、学院重大事项决策的，董事会会议须形成书面决议，出席会议人员应在书面决议文本上签名。

（三）理顺董事会与校行政的关系

民办学校实行董事会领导下的校长负责制。如何既保障董事会的决策权，又保证校长为首的行政班子的教育教学和管理权，是一个复杂的难题。但一些民办学校在办学中不断探索，逐步形成了一些有益经验。

例如，黑龙江东方学院理事会按照学院章程行使权力，根据事业发展需要和党组织选任干部的标准，加强学院领导班子建设，赋予院长全面实施管理的权力。受聘的院长，同时担任理事会的执行理事，既是理事会重大决策的参与者，也是学院日常工作的管理者，更是落实理事会决策的最高执行者，其权力、责任和义务是相互统一的，从而保证了理事会决策创造性的落实。理事会主要领导对学校的行政执行机构充分信任支持，行政执行机构对理事会各位老领导充分尊重，虚心学习他们的办学经验，遇到问题及时向他们请教。理事会与学校行政执行机构相互默契配合，形成了推动学校建设发展的强大合力。这是黑龙江东方学院上下一心最重要的基础和前提，也是法人治理结构能够顺畅运行的根本保证。

三、推进校长队伍职业化

一个好校长能造就一所好学校。民办学校校长的能力直接决定学校发展的成败。推进校长队伍职业化，是促进民办学校持续健康发展的推动力量。一方面，民办学校校长是一种具有专业精神、专业知识和专业能力的职业，既要求具有较强的行政管理能力和丰富的教育教学经验，更需要前沿的教育理念和适应市场、开发利用教育资源的能力，同时还必须具备经营能力，对学校的发展、办学条件的改善、教职员工福利待遇的提高等负有重要责任。另一方面，民办学校校长是学校最高的行政长官，是一所民办学校能够顺利运转、进步发展的总工程师，既是董事会决议的执行者，又是学校的CEO。相比行政化、人事制度瓶颈对公办学校校长职业化发展造成的影响，民办学校在灵活聘任职业校长方面具有较为明显的体制机制优势。

民办学校发展初期，很多民办学校校长与董事会之间职责不清、关系地位没有明确的界定，董事会领导下的校长负责制不健全，经常发生董事长权力过高，干涉校长权力范围内事务的情况。最严重的是有些民办学校校董合一，权力分配不清晰，董事会干涉学校的事务，使得董事会与校长之间的矛盾恶化，以校长为代表的校行政班子有名无实，校长频繁更换，无法按照教育规律开展教育教学管理活动。同时，由于民办学校校长来源较广，一些民办学校的校长专业化水平不足，导致执行机构实际运行效率不高，影响了学校的长远发展。

《民办教育促进法》及其《实施条例》中有相关条文规定民办学校的校长应当“负责学校的教育教学和行政管理工作”。根据这一要求，民办学校应该理顺内部治理结构，严格划分董事会与校长之间的权限范围，董事会的主要职责在于决策拍板，不直接参与学校微观管理事务；涉及学校内部教育教学和行政管理等活动，都依法交由以校长为中心的学校行政班子独立负责。《国务院关于取消和下放一批行政审批项目的决定》（国发〔2013〕44 号）取消了对民办学校聘任校长的行政审批，进一步扩大了民办学校聘任校长的自主权①。

随着政策法规的不断健全，民办学校逐渐重视校长队伍建设，实行专家治校，聘请经验丰富的公办学校退休领导担任校长，或者从内部体系中培养校长，在学校办学经费使用、人事评聘、重大事件处理等方面予以校长一定的权限，同时明确职权分工与工作规章。

（一）聘请知名教育管理专家担任校长

民办教育发展初期，由于办学历史短，在教育系统中处于补充地位，较难吸引到年富力强的校长。因此，从经验丰富的退休公办学校校长中选聘校长成为无奈的选择。但退休校长群体普遍存在着工作精力不足、创新精神缺乏及对民办机制不适应等问题，不能很好地胜任民办学校校长工作。

但随着民办教育外部政策环境的改善，民办学校吸引力的提升，不少年富力强的知名公办学校校长离职就任民办学校校长。近年来，此类案例并不鲜见。如成都市草堂小学校长蓝继红辞职到民办学校。蓝继红是四川省特级教师、四川省有突出贡献专家、成都市教育专家、成都市“十大教坛明星”、成都市十大杰出青年。又如，百年老校杭州二中校长叶翠微离职，任海亮教育集团总校长，在教育圈引起广泛关注，他担任中国教育学会高中教育专业委员会理事会副理事长、浙江省生物教学研究会副会长、浙

① “国务院关于取消和下放一批行政审批项目的决定”，2014－11－24，http://www.Gov.cn/zwgk/2013-12/10/content_2545569.htm（检索日期：2017 年 12 月 10 日）。

江省杭州市萧山区政府教育顾问，被《中国教育报》评为“全国十大人气校长”。类似案例还有成都市棕北中学校长陈泽芳辞职前往广东担任华南师范大学附属外国语学校校长；四川师大附中校长曾成彬辞职到成都市三原外国语学校履新；泡桐树小学校长杨昭涛辞职后到天立教育集团任职。

《民办教育促进法》新政正式施行后，一些公办学校校长创办了民办学校，并担任校长。例如，北京第二实验小学校长李烈创办正泽学校；南京市二十九中教育集团原校长孙汉洲出任鼓楼实验中学校长。这些公办学校的校长担任民办学校校长，迅速促进了民办学校校长队伍的职业化、专家化。

（二）建立校长准入和遴选制度

随着民办教育规模的扩大，一些民办学校为了建立专业化管理团队，开始健全校长准入制度、遴选制度。公办学校的中青年管理人才、教育管理机构的高级管理人才、产业精英和民办学校内部培养的人才均可以成为民办学校校长的候选人。例如，西安外事学院在国内民办高校中率先突破家族式管理，面向海内外公开招聘校长。经过资格审查，海内外 14 名高校管理界的精英依次走上西安外事学院的面试台，接受来自校方的提问和全方位综合考评以及由教师、学生组成的大众评审的民主评议，最终，来自美国宾夕法尼亚大学的陈爱民教授被学校董事会聘任为校长。

一些民办学校委托本省（市）的民办高校工作委员会面向全市教育系统公开选聘校长。例如，受上海中侨职业技术学院董事会委托，上海市民办高校工作委员会面向全市教育系统公开选聘上海中侨职业技术学院校长，建立挖掘全市教育系统的优质资源和主动引入高素质民办高校校长的机制。公布的校长人选资格条件，除了拥护《宪法》确定的基本原则、思想政治素质好等要求外，参选者可以是以下三种情况之一：现任公办高校二级学院院长及以上（任职满两年以上）行政管理干部；现任教育系统正处级及以上或副处级（任职满两年以上）行政管理干部；公办高校已退休的正处级及以上教育管理干部。

（三）加强校长队伍职业化培训

为了促进学校可持续发展，提升把握机遇、参与市场竞争的能力，民办学校开始重视校长队伍的培养培训，积极探索推进校长职业化，转变观念与思维，民办学校校长从职务观念转变为职业观念、权力为主转变为能力为主、学术方向转变为管理方向，大力提升校长的职业素质和管理水平与能力。

在民办教育发展初期，民办高校校长接受职业培训的机会很少。据2013年的一项调查显示，民办高校校长有机会接受职业培训的仅占26.9%①。民办学校举办者不重视校长的职业培训，教育行政部门的培训、进修、访学等项目亦很少覆盖到民办高校。目前已有不少地区开始对民办学校校长开展培训工作。例如，南昌市举办民办学校校长、园长轮训，首年度轮训500多所民办学校校（园）长。

近年来，国家和地方层面对该问题比较重视。国家教育行政学院根据《全国教育系统干部培训规划（2013—2017年）》精神，于2015年、2016年的上半年分别举办民办高校校长进修班，分别招收120人、110人。一些省也很重视民办学校校长培训。黑龙江省教育厅2010年下发《关于加强民办高校校长队伍建设的意见》，提出建立民办高校校长培训机制，建设民办高校校长培训基地，把民办高校校长培训纳入全省高校校长培训计划，在培训专项资金中按一定比例安排给民办高校，民办教育发展专项资金使用优先安排校长培训。2017年，四川省首批民办职业培训学校校长培训班在浙江大学成功举办。首批参加培训的80名校长全身心投入学习，通过教授讲座、现场观摩、座谈交流和丰富多彩的课余活动，既增强了对民办教育在促进就业、加大高技能人才培养方面的共识，又增进了彼此间的友谊和了解，达到了开阔眼界、更新理念、拓展知识、提升能力的目的。2017年9月，广州市番禺区教育局组织民办中小学校长任职资格培训班。2013年，广西壮族自治区教育厅主办广西民办高校董事长、校长培训班，来自全区20所民办高校的董事长、校长共46名学员代表参加了培训。

（四）建立民办学校校长任期制

明确民办学校校长任期，形成校长任期制，对于增强民办学校校长的职业安全感和进行教育教学改革具有重要作用。但在现实中，民办学校校长普遍任期较短，在办学实践中也不乏两年三任校长而导致学校管理混乱、问题频出的案例。比较有效的做法是为民办高校校长设定较长的任期制度，并把任期制与绩效评估结合起来。民办高校可以设立3—4年的校长基础任期制，根据校长自述的工作目标进行中期考核，然后决定其任期是否延续。有些民办学校建立校长弹性任期制，把任期制与绩效评估结合

① 潘奇，董圣足，刘荣飞：《民办高校校长职业化的推进策略分析》，《浙江树人大学学报》2015年第5期。

起来，给校长较长的任期，以激发校长实施长期办学规划的工作热情。

一些民办高校的举办者也关注到了这个问题，并进行了解决这一问题的积极尝试。例如，上海市民办高校工作委员会决定面向全市教育系统公开选聘上海中侨职业技术学院校长时，规定校长任期为 4 年。

四、完善多元监督机制

构建多元监督机制，对于促进民办学校的持续健康发展具有重要的意义。经过改革开放 40 年的发展，许多民办学校积极探索教职工代表大会制度，近年来一些民办学校建立监事会制度，逐步建立和深化信息公开制度，并引入家长委员会等进行监督，民办学校的多元监督机制初步建立起来。

（一）建立教职工代表大会制度

教职工代表大会制度是我国基层民主建设在教育领域较具代表性的一大创新和实践，是进一步开展我国基层民主建设工作的制度保障①。民办学校发展早期，工会组织建设和民主管理工作没有受到足够重视，以教职工代表大会为基本形式的民主管理制度不健全。教职员工作为受雇方，在学校的决策机构中处于弱势地位，对学校的制度与管理大多有执行权而没有建议权。许多教职工都有“打工者”、“被雇用”、“被歧视”的感觉，对学校事务参与度不高，缺乏归属感和主人翁意识。有的学校形式上设置了教师工会组织，但基本不能有效地行使民主监督和维护教职工权益的职能。

随着办学规模扩大，民办学校教职工队伍不断壮大，根据政策法规要求，不少民办学校开始重视发挥教职工在教育改革与发展中的积极性、主动性和创造性，积极构建师生参与民主管理的渠道，进一步建立健全教职工代表大会制度和监事会制度。充分尊重师生员工民主权利的制度安排和做法，推进了民办学校民主监督管理，调动了教职员工的积极性和创造性，维护了教职工的合法权益，增强了学校的向心力和凝聚力，促进了学校的良性发展。

例如，江苏省海安县紫石中学每学期均要召开 1—2 次教职工代表大会，凡涉及学校重大校务如财务预决算方案、教职工考核奖惩办法、教职工聘用与辞退办法、教职工

① 顾承瑶：《我国高校教职工代表大会制度的实践与思考》，《长春师范大学学报》2017 年第 5 期。

福利的发放办法等，均经过教代会讨论。长春科技学院坚持教代会三年举办一届，每年召开一次，自 2008 年以来，通过教职工代表大会讨论和审议了校长年度工作报告、《长春科技学院章程》、《长春科技学院“十二五”发展规划》、《长春科技学院集体合同》、《女教职工特殊权益保护专项集体合同》和《教职工工资调整方案》，初步建立了工资集体协商制度，通过了一系列有关员工工资制度方面的重大改革事项，健全了员工福利的相关决议。上海建桥学院凡涉及学校发展大局和广大师生切身利益的工作，在决策和方案付诸实施前，都要通过教代会和职代会审议，广泛征求意见和建议。2011 年 9 月，学校工资改革方案在教代会上进行无记名票决，获得 78%赞成票通过；2012 年 9 月，学校《董事会章程》（修订案）在教代会上征求意见并获得通过。西京学院则由校领导在教职工代表大会上做财务工作报告，将财务收支情况以及详实的数字向大会报告，广泛接受教职工监督。

（二）建立健全监事会制度

监事会是独立于董事会，并对董事会成员的决策进行监督的机构，其目的是防止董事会成员行为失范[①]。长期以来，由于国家对民办学校的监事制度并没有明确规定，因此民办学校普遍不重视监事制度的建设，绝大多数民办学校均未设立监事会作为常设监督机构。比如，截至 2011 年底，天津市民办学校有独立行使监督职权的监事会的占 21.8%，没有的占 86.3%。学生、家长、社会的监督力度更为薄弱，家长对民办学校的主要监督方式是“用脚投票”，对其财产、治理结构的内部运转模式往往知之甚少。

但有些地方已经开始在民办学校中探索建立监事会制度。例如，浙江宁波市象山县拟出的《民办学校章程范本》中规定，学校可以设立监事会，监事由出资单位选举产生和更换。监事会由全体监事组成，负责对董事会成员和学校校级管理人员进行监察，防止其滥用职权，侵犯学校及教职工的合法权益，并且详细规定了监事会成员的组成、权利义务、议事规则和日期。

（三）逐步建立信息公开制度

民办学校信息公开，关系到与社会公众利益密切相关的教育公开透明问题，对保

---

① 胡卫：《民办教育需要制度创新》，《教育与职业》2009 年第 4 期。

障学校师生员工和社会公众的教育知情权、提升民办学校社会公信力等具有重要意义。由于与民办学校信息公开相关的政策法规的建设相对比较滞后，无法对民办学校形成刚性约束力，同时民办学校对信息公开存在认知不足，认为这是政府与公办学校的义务，与民办学校没有多大关系，致使长期以来民办学校的信息公开存在着形式化、随意化、非规范化等问题，信息公开系统性不强、涉及面不广、深入性不足。

事实上，大多数民办学校未设立信息公开专栏，未建立校务公开领导小组和监督小组；很多民办学校的网站没有公开学校章程、决策机构成员构成和《教学质量年度报告》，很少有民办学校定期公开自己的财政预算和实际支出情况；有的民办学校介绍的学校名师其实是从公办学校退休的兼职教授。很多民办高校的官网虽然都详细介绍了本校领导班子成员（包括正副校长和正副书记），却没有公开学校章程和理（董）事会成员构成；民办高校虽然每年按照教育主管部门要求编制《教学质量年度报告》和《高校毕业生就业质量年度报告》，但在面向社会公开的官网中却很难找到。例如，2011年，山东第一家因财务困难而倒闭的民办高校——烟台建文学院，在倒闭前一年还在招生，并在官网上宣称自己是“全省唯一一所民航类院校”，招生简章还印有“签订劳动合同，100％保证就业”等虚假宣传信息。

目前，已有一些民办高校建立了信息公开机制，公开了《教学质量年度报告》、《高校毕业生就业质量年度报告》、历年录取的最低分和最高分、决策机构成员构成和所有二级学院教师的介绍等方面的信息。

上海建桥学院入选上海市教育系统信息公开工作试点单位，建立健全信息公开机制，在官网上设立了信息公开专栏，向社会公开发布“文明单位社会责任报告”和“本科教学年度质量报告”等信息。上海杉达学院制定《上海杉达学院推进校务公开实施办法》和《上海杉达学院校务公开责任制》，建立了专门的“信息公开网”，广泛公开学校的各方面信息，做到办事权限、办事依据、办事纪律、办事程序、办事标准、办事结果“六公开”。在校园网上开设了校务公开专栏，及时发布相关校务公开信息；设立了校长信箱，做到有信必复；每周设立校长接待日，学校领导深入一线直接听取教职工意见；设立了监督机制，公开了举报电话和举报信箱。

在民办基础教育领域，各地民办学校的信息公开也有了长足进步，其中以上海市表现最为突出。上海市民办中小学都在学校网站上开辟了信息公开专栏，并根据信息公开标准和目录制定了信息公开制度，对于未主动公开的信息，学校师生、学生家长、社会各界人士均可依据制度，向学校提出申请，要求学校提供有关的信息。

随着新修订的《民办教育促进法》的实施以及民办学校分类登记和分类管理工作的推进，社会对不同类型的民办学校信息公开的真实性和全面性会提出更高的要求，这将促进民办学校进一步提升信息公开的力度和规范性。

（四）家长监督制度不断加强

为了更好地做好学校各项工作，促进家庭教育与学校教育的紧密配合，让家长充分参与学校管理，有效保障家长对学校教育教学工作的知情权、评议权、参与权和监督权，民办学校比较重视建立和发挥家委会等组织的作用，家长对民办学校的监督在不断加强。比如形成学校、年段、班级三位一体的家长委员会架构，每年定期召开家委会座谈会，同时结合互联网的特性，建立家委会微信公众平台等多种联系方式，全面打造健全、畅通的家委会网络机制。

为了充分发挥家长对学校教育活动和管理的参谋、监督作用，为家长、社区支持和参与学校管理搭建平台，办人民满意的学校，许多民办学校都进行了不少有益的探索和实践。如上海民办位育初中部 2016 级预初年级成立了家长委员会，召开家委会会议暨家委会成员聘任会议。潍坊市寿光世纪教育集团建立健全理事会、校务委员会、监事会、家长委员会，充分发挥各类监督机构的作用，特别是在发挥家委会作用上，学校实施“2 + 4”家委会轮值制度，开展家长志愿者活动，开设家长课程培训和家长开放日活动，形成了强大的教育合力。一些民办学校专门制定了家长委员会工作实施方案，指导家委会工作。泰山博文中学构建“学校——家庭—社区”三位一体的教育网络体系，制定了《泰山博文中学家长委员会工作实施方案》，对工作目标、工作方式、工作内容等进行了详细规定。

执笔人：阙明坤

第五章

民办教育发展的机遇与挑战

经过长期努力，中国特色社会主义进入了新时代，这是我国发展新的历史方位。[①]中共十九大的召开，同样标志着我国民办教育发展进入了新时代。新时代背景下，我国社会主要矛盾已经转化为人民日益增长的美好生活需要和不平衡不充分的发展之间的矛盾[②]。民办教育正站在新的历史方位，着眼供需矛盾的新变化，正在为实现教育事业的优先发展，为建设教育强国、办人民满意的教育肩负起新的历史使命。当前，国内外形势正在发生深刻复杂的变化，我国发展仍处于重要战略机遇期，前景十分光明，挑战也十分严峻。[③] 在民办教育领域，一方面，经济新常态、社会新发展、科技新变革为民办教育发展提供了新机遇，有力助推了民办教育的改革和创新；另一方面，外部环境变化也为民办教育发展带来了不小的压力，加之自身建设的诸多短板，使得我国民办教育的持续发展面临着新挑战。只有准确把握发展中的新形势和新机遇，充分认识前进中的新问题与新挑战，我国民办教育才能为社会主义教育事业的新发展贡献新力量。

第一节　宏观环境变化所带来的新机遇

长期以来，在经济、社会、科技等宏观环境因素的影响和驱动下，我国民办教育取得了长足发展。在新的历史时期，这些宏观领域正在发生深刻变化，将进一步推动民办教育的规模和质量迈上新台阶。

---

① 习近平："决胜全面建成小康社会　夺取新时代中国特色社会主义伟大胜利——在中国共产党第十九次全国代表大会上的报告"，http://www. gov. cn/zhuanti/2017-10/27/content_5234876. htm（检索日期：2017 年 12 月 12 日）。

② 同上注。

③ 习近平："决胜全面建成小康社会　夺取新时代中国特色社会主义伟大胜利——在中国共产党第十九次全国代表大会上的报告"，http://www. gov. cn/zhuanti/2017-10/27/content_5234876. htm（检索日期：2017 年 12 月 12 日）。

一、经济转型升级释放新红利

民办教育与我国宏观经济发展联系紧密。从某种意义上来说，经济形势决定了民办教育市场规模的大小、社会力量参与教育领域办学的多寡以及社会民众教育消费能力的强弱。2014 年 12 月 9 日至 11 日，在北京举行的中央经济工作会议指出，我国经济正在向形态更高级、分工更复杂、结构更合理的阶段演化，经济发展进入新常态。在经济新常态下，一方面，我国财政收入由高速增长转为中低速增长，一些地区承受较大财政压力（见图 5－1）。这就要求地方政府充分发挥资金杠杆作用，积极引导社会资本参与办学，充分发挥市场在资源配置中的决定作用，推动民办教育发展理念和模式的转变；另一方面，我国经济转型升级的步伐日益加快，产业结构优化、消费结构升级和创新驱动发展都为民办教育的进一步发展带来利好，经济改革的新红利正进一步释放。

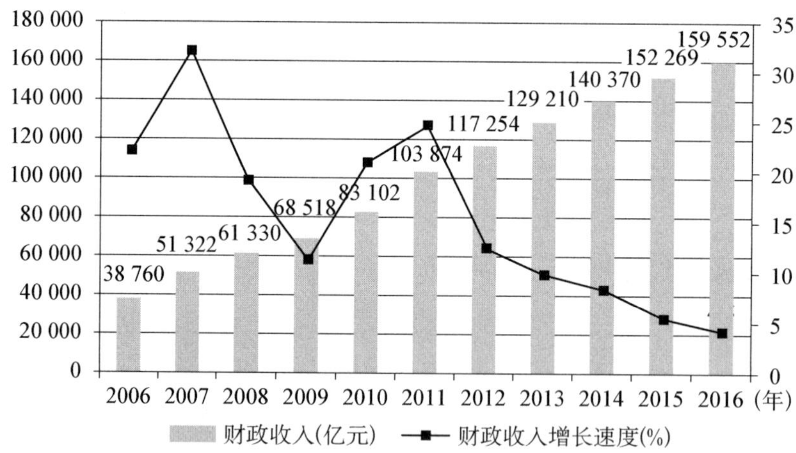

图 5－1　2006—2016 年我国财政收入变化情况

资料来源：国家统计局，《中国统计年鉴 2016》。

（一）产业结构优化升级带来民办高校发展良机

我国经济转型升级的关键在于产业结构优化升级，改变以往粗放式的、低收入高速度增长的产业结构，推动产业链升级。产业结构的快速升级，对劳动者的人力资本水平提出更高要求，经济建设各个领域对人才尤其是高素质应用型人才和高技能型人才的需求不断增长。提高劳动者的人力资本素养依赖于教育，而中国公办学校数量有限，培养出的人才远远不能满足需要，这就给民办教育创造了发展的机会和空间。

1. 产业结构不断优化升级

经济增长结构发生变化是经济转型升级最为显著的表现。生产结构中农业和制造业比重明显下降，服务业比重明显上升，服务业取代工业成为经济增长的主要动力。2013 年，中国第三产业(服务业)增加值占 GDP 比重达 46.1%，首次超过第二产业；至 2016 年，第三产业增加值占比首次超过 50%，达到 51.6%；[①]而且全社会固定资产投资增长比例持续放缓。

从未来发展趋势看，到 2020 年，第一产业增加值占 GDP 比重将下降至 7.8%；第二产业增加值占 GDP 比重降为 37.4%，其中，工业增加值比重从 2015 年 33.8%下降至 29.4%；第三产业比重提高至 54.8%。到 2030 年，第一产业增加值占 GDP 比重下降至 5.1%；第二产业增加值占 GDP 比重持续下降至 32.2%，其中，工业增加值比重下降至 23.0%；第三产业比重进一步提高，达到 62.7%。[②]

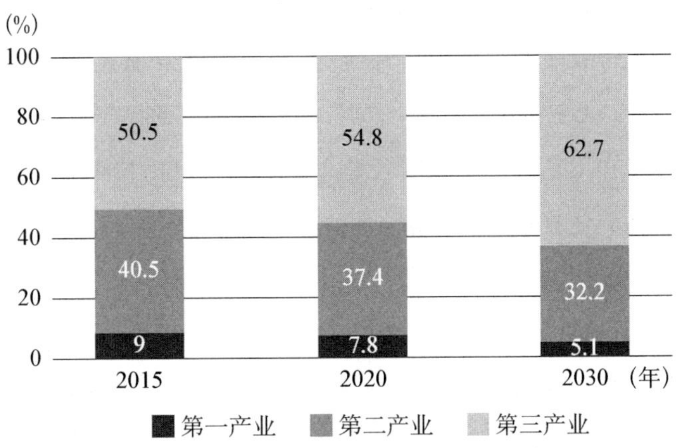

图 5－2 我国产业结构预测

资料来源：清华大学课题组《2016—2030 经济社会发展对教育需求影响研究(征求意见稿)》。

---

① 中华人民共和国国家统计局："中国统计年鉴 2016"，http://www.stats.gov.cn/tjsj/ndsj/2016/indexch.htm(检索日期：2017 年 12 月 13 日)。

② 清华大学课题组《2016—2030 经济社会发展对教育需求影响研究(征求意见稿)》。

到2030年，中国将进一步加强经济结构调整，促进产业集聚、提升国际竞争力；围绕重点行业转型升级和新一代信息技术、智能制造、增材制造、新材料、生物医药等领域创新发展的重大共性需求，形成一批制造业创新中心（工业技术研究基地）；促进高技术产业由装配制造向自主研发、集成创新延伸，提高高技术产业增加值占国内生产总值的比重。

2. 高素质应用型人才和高技能型人才需求大增

产业结构优化升级，加大了社会对高素质应用型人才和高技能型人才的需求。人才一般可以分成三类：学术性、应用型、技能型。① 其中应用型和技能型人才与产业劳动有着极为密切的关联，直接服务于国民经济各个产业部门和岗位的实际需要。高素质应用型人才是综合素质高，掌握基本的基础理论知识，受过系统的专业实践技能训练，能将学到的专业知识和技能用在生产、建设、管理、服务岗位上，从事策划、设计、管理、操作等项工作的专门人才。② 高素质应用型人才具备三个特征：第一，具有较深厚的基础理论知识。第二，具有较强的专业知识和岗位技能。工程实践动手能力和操作技能，是应用型人才区别于其他人才的一个重要特征。第三，具有较强的创新意识和创造能力。而根据国家职业分类大典，高技能型人才可以描述为：在生产、运输和服务等领域岗位一线，熟练掌握专门知识和技术，具备精湛的操作技能，并能够在工作实践中解决关键技术和工艺的操作性难题的人员。主要包括技术技能劳动者中取得高级技工和高级技师职业资格及具备相应水平的人员。

这两类人才既与主要从事理论研究的学术型人才不同，又区别于一般的产业工人，是我国人才队伍的重要组成部分，是各行各业产业劳动大军中的核心骨干。在产业结构不断优化升级的背景下，高素质应用型人才和高技能型人才作为产业人才梯队金字塔中的“中间层”，作用更加突出，需求持续放大。人社部的统计显示，目前中国2.25亿第二产业就业人员中，技能劳动者总量仅为1.19亿人，其中高技能人才约3 117万人，严重缺乏，仅制造业高级技工缺口就达400余万人。

---

① 潘懋元，董立平：《合理分类　正确定位　科学发展　办出特色》，《中国教育报》2009年2月16日，第3版。

② 许志才：《高素质应用型人才培养路径研究》，《国家教育行政学院学报》2010年第6期。

3. 民办高校是培养高素质应用型人才和高技能型人才的主力军

高等教育是科技第一生产力和人力第一资源的重要结合点，是经济社会发展的智力，肩负着人才培养的重要职责。按照人才培养模式的不同，我国高等教育也可以分为研究型、应用型和职业型。对于高素质应用型人才和高技能人才的迫切需求，而公办高校人才培养的数量和结构都远远不能满足，这就给民办教育创造了发展的机会和空间。从民办高等院校的构成看，绝大多数属于应用型和职业型，是我国高等教育体系中培养应用型人才和技能型人才的主力军。因此，民办本科院校和民办高职院校要充分把握产业结构优化升级带来的机遇，以产业需求为导向，调整办学定位、优化人才培养模式、创新教育教学方式方法，满足经济新常态对于高素质应用型人才和高技能人才的需要。

为了尽快满足经济建设对高素质应用型人才的需求，民办本科高校要积极向应用型本科转型，坚持应用为本的办学定位，服务区域、依托产业，主动适应本地区对高素质应用型人才的需求，坚持探索培养高素质应用型人才的模式，走差异化、特色办学的道路，以特色求生存、求发展，以质量立校，通过建设自己的特色学科，最终形成自己的比较优势和竞争优势，带动整个学校健康、全面、协调、可持续发展，并为地方经济社会和产业转型发展提供人才支撑和技术支持，向建设高水平应用型本科院校迈进。

民办高职院校则要主动承担高技能型人才的培养任务，以产业结构调整为导向，不断推进课程体系、教学内容和教学模式改革，从职业岗位需求出发，重新构建专业课程体系。校企合作是加速培养高技能人才的最佳途径，是高技能型人才培养的必由之路，也是民办高职院校独具特色的优势。民办高职院校可以打破与社会间的壁垒，把企业引入院校内部，建立社会广泛参与的合作平台和机制，实现校企合作育人真正“无缝对接”，使高职人才培养由专业学科本位向能力、素质本位转变，促进高技能型人才培养落到实处，让民办高职院校在高等教育和职业教育体系中持续发挥独特作用。

（二）消费结构升级扩张民办教育市场规模

经济转型升级，消费，尤其是满足人民内部需求的消费，成为主要发展动力。在消费结构快速转型的背景下，我国家庭教育消费意愿更加强烈，家庭教育消费支出逐年扩大，人民群众对多元化、个性化、高质量的教育产品的需求日益增长，但是我国现有的教育服务能力尚不能完全满足这一需求，扩大多元化的教育供给成为时代的呼声。

1. 消费结构全面升级

消费结构升级是经济转型升级的另一个重要特征，经济增量规模、国民收入水平和经济需求结构是决定消费结构升级的关键因素。在转型升级下，中国经济增速虽然放缓，但实际增量依然可观。经过 30 多年的高速增长，中国的经济体量已经今非昔比。2013 年一年中国经济的增量就相当于 1994 年全年的经济总量，如果将 2013 年我国经济增量的绝对值单独参加排名，可以在全世界排到第 17 位；同时，国民收入水平也不断提高，到 2015 年，我国人均国民总收入达到了 8 000 美元，属于上中等收入水平。另一方面，在经济转型升级形势下，需求结构中的投资率明显下降，而消费率表现强劲，内需与外需结构发生变化，内需占比较高，消费成为需求增长的主体；2012 年，消费对经济增长的贡献率自 2006 年以来首次超过投资。2015 年消费对我国经济增长的贡献率达到 64. 6%，全年社会消费品零售总额达到 33. 2 万亿元，同比增长 10. 4%，成为经济增长的第一驱动力。①

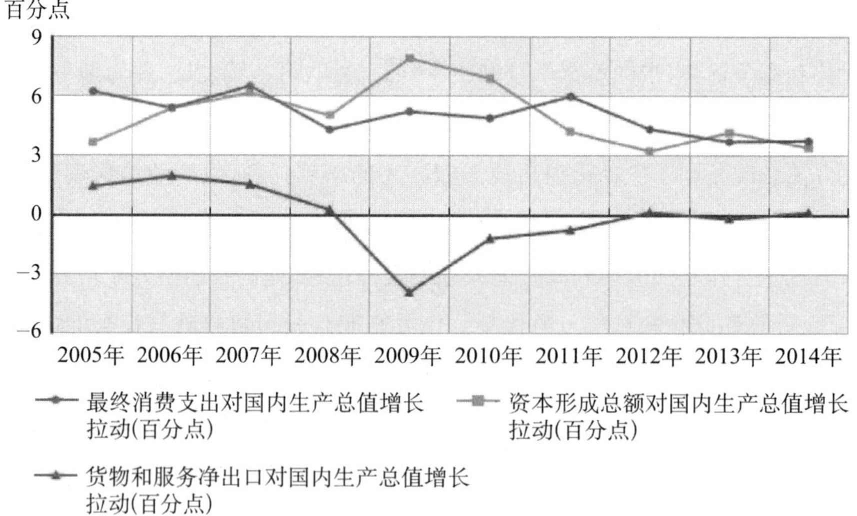

图 5－3 三大需求对国内生产总值增长的贡献率和拉动

资料来源：国家统计局《中国统计年鉴 2016》。

---

① 中华人民共和国国家统计局："中国统计年鉴 2016"，http://www.stats.gov.cn/tjsj/ndsj/2016/indexch.htm（检索日期：2017 年 12 月 13 日）。

在经济增量依然可观、国民收入水平不断提高、消费支出比重逐渐加大的共同作用下，居民消费结构发生了显著变化，特别是以教育、文化等为核心的发展型消费和改善型消费的比重上升，人们由追求数量型满足向追求质量型满足转变，由追求物质消费向同时追求精神消费和服务消费转变。居民对高质量教育需求的支付能力大幅度提升，全社会教育投入潜力巨大，这意味着在教育人口增加不大的情况下，人均教育总经费大幅提高，从而能够支撑更加广泛、更加公平、更高质量、更具个性化的现代教育体系。

2. 家庭教育消费支出增长强劲

随着消费结构的升级，普通家庭教育支出占家庭支出的比例越来越高，1990—2013 年，在城镇居民人均现金消费支出中，文教娱乐比重从 8.8%上升到 12.7%。2013 年城镇居民家庭人均消费性支出为 18 487.50 元，文教消费的支出占 12.41%，为 2 294.3 元；同年，农村居民家庭的人均消费性支出为 6 625.53 元，文教占消费支出的 7.33%，为 485.65 元。从家庭类别来看，根据新浪教育和拓索咨询的调研，子女教育消费约占中国中产阶级家庭收入的 14%，对于低收入家庭来说这个比例还要更高。

2014 年，中国家庭教育支出总计约 1 万亿元。根据国家统计局、教育部的官方数据以及艾瑞咨询、中国产业信息网的统计数据，2008—2014 年，全国家庭教育消费的复合增长率达 8.0%。

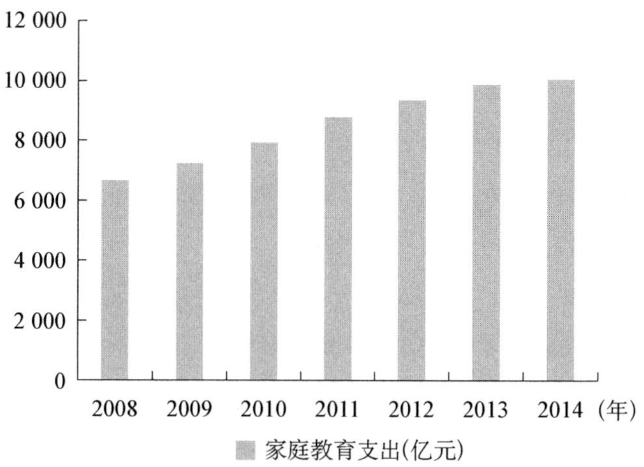

图 5-4 2008—2014 年全国家庭教育消费

资料来源：艾瑞咨询，中国产业信息网。

3. 家庭教育消费支出推动民办教育市场规模扩张

由于公办教育以国家财政经费投入为主，流入到教育消费市场的教育资源比较有限，因此消费类家庭教育支出主要投向民办教育市场。受家庭教育消费支出整体抬升的刺激，民办教育市场规模增长迅速，总量不断增大。中国产业信息研究网发布的《2017—2022中国民办教育行业市场现状分析与发展规划研究报告》数据显示，2014年我国民办教育市场规模约为7 500亿元，到2016年，我国民办教育市场规模达到9 900亿元左右，增长速度较快。按照目前的增长速度，2018年民办教育市场规模有望突破1万亿元。

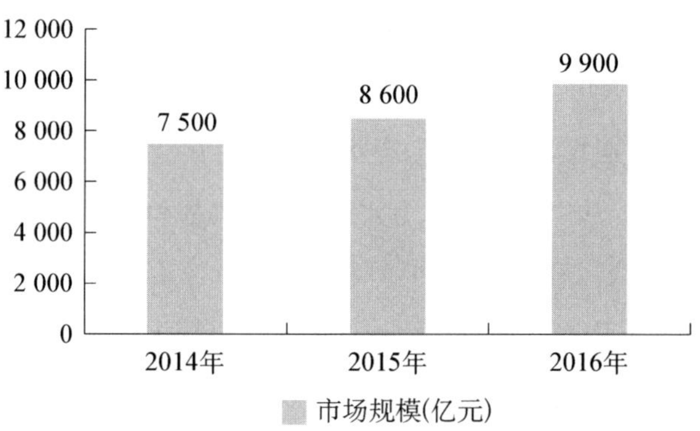

图5-5　2014—2016年中国民办教育行业市场规模

资料来源：中国产业信息网。

从细分市场来说，K12培训教育市场与家庭教育消费支出直接关联，随着家庭子女教育消费支出比例的逐年提高，K12培训教育市场的规模有望进一步扩大。2016年K12教育培训市场保守估计为4 200亿元。根据《国家中长期教育改革和发展规划纲要(2010—2020年)》中提出的教育发展的阶段战略目标，到2020年，在校中小学生总数预计将达到2.12亿人，如果2020年每个学生的课外培训费用较2016年增长10%，前瞻产业研究院发布的《中国K12家教辅导行业市场前瞻与投资规划分析报告》测算显示，2020年K12教育培训市场规模将达到大约7 187亿元。

在职业教育部分，职业技能培训在家庭成人教育消费开支中的比例不断增大，预计2017年非学历职业教育的市场规模将达到5 281亿元。同时，“工匠”精神的提倡与“十三五”期间国家对职业教育发展的大力推动将激发职业教育市场的巨大潜力，至

2020 年中国职业教育市场规模将达 1.24 万亿元。[①] 民办职业教育在“蛋糕”不断做大的背景下，同样大有可为。

在巨大的教育消费市场面前，各类民办教育机构应当牢牢抓住机遇，尤其是各类培训教育机构要充分发挥市场的导向作用，以顾客需要为中心，从单纯的办学条件竞争转移到以顾客满意为目标的竞争，树立服务意识和品牌意识，时时关注顾客行为，研究顾客需求的变化，通过不断创新，提升客户满意度，为顾客提供更大价值的产品和服务，培育客户忠诚度，并围绕品牌的知名度、认知度、美誉度、联想度和忠诚度几个方面，扬长避短，打造优秀民办培训教育品牌。

(三) 创新驱动激发民办教育新活力

经济转型升级形势下，原有靠劳动力、自然资源、货币资本等生产要素密集投入来驱动经济增长的方式已经不适应经济的可持续发展。创新驱动已经成为经济增长的主引擎，市场机制在资源合理配置、要素合理流动的过程中起到了决定性作用。而创新驱动的关键在于人才驱动，基础在于教育驱动。在创新人才的培育过程中，需要民办教育充分发挥办学模式灵活、市场反应灵敏的优势，加强特色建设，建立更加有活力的教育和培训体系，运用市场机制配置资源，让各项要素向人才创新聚集，在创新驱动、万众创新中发挥自己的独特作用。

1. 经济增长模式向创新驱动转换

经济转型升级的第三个特征是创新驱动发展，经济增长模式由过去的要素驱动、投资驱动向创新驱动转换。要素驱动及投资驱动是此前经济增长的主要模式，但这种传统模式无法克服资源约束及环境限制，经济转型调整势在必行。新常态下，经济增长方式发生转变，以市场作为配置资源的主要手段，通过创新克服资源约束及环境限制，加快实现由低成本优势向创新优势的转换，为我国经济可持续发展提供强大动力。

科技创新具有乘数效应，不仅可以直接转化为现实生产力，而且可以通过科技的渗透作用放大各生产要素的生产力，全面提升我国经济增长的质量和效益，有力推动经济发展方式的转变。实施创新驱动发展战略，科技进步对经济增长的驱动作用增强。2013 年，我国研发经费支出占 GDP 的比重首次突破 2%，近年来专利申请数量和

---

① 德勤研究：《迈向新高度：2017 年德勤教育行业报告》。

增长速度明显提升，新的增长动力正在孕育壮大。[①] 经济新常态下，我国大力发展知识经济，通过知识密集型产业带动和推进产业结构和就业结构转型。我国大幅度提高知识密集型产业的比重，2020 年达到 30%，2030 年将达到 35%。知识密集型和高技术产业增加值占 GDP 的比重到时将大体和欧盟 27 国以及日本的水平相当，和美国的差距缩小至 7 个百分点，这也标志着中国由物质要素(资源、劳动力、资本)投入为主的经济体转变为知识要素、创新要素投入为主的经济体。

表 5-1 1995—2010 年四国知识密集和高技术产业增加值占 GDP 比重 (%)

国家＼年份	1995	2000	2007	2010
中国	19.9	21.7	23.3	25
美国	34	36.6	38.4	39
欧盟	26.9	28.8	29.7	30
日本	25.5	28.1	28.2	29

数据来源：IHS Global Insight，World Industry Service database；National Science Foundation(NSF)，Science and Engineering Indicators 2010。

同时，创新不单是技术创新，更包括体制机制创新、管理创新、模式创新。2015 年 6 月 16 日，《国务院关于大力推进大众创业万众创新若干政策措施的意见》正式发布，"大众创业、万众创新"成为新常态下创新驱动战略带来的经济新引擎之一。

创新还意味着开放水平和国际竞争能力的提升。"一带一路"的提出和实施，让中国经济"走出去"的规模不断扩大，对外直接投资将逐步逼近甚或超过引进来的外商直接投资规模，在全球市场范围内配置资源成为创新驱动发展的显著特征。

2. *创新人才需求和"双创"提升民办教育活力*

新常态下，创新和科技成为带动经济增长、促进社会发展的主要驱动力，专业性、综合化的创新人才需求比例将会大幅提高，这对教育质量和人才培养提出了更高要求。同时，"大众创业、万众创新"，则对我国国民的整体素质提出更高要求。因此，《国家中长期教育改革和发展规划纲要(2010—2020 年)》提出，到 2020 年，新增劳动力平

---

① 王一鸣：《全面认识中国经济新常态》，《求是》2014 年第 22 期。

均受教育年限要从12.4年提高到13.5年；主要劳动年龄人口平均受教育年限从9.5年提高到11.2年，其中接受高等教育的比例达到20%以上，具有高等教育文化程度的人数比2009年翻一番。这就要求我国必须构建更有包容性和活力的教育和培训体系。

显然，仅仅依赖公立教育体系无法有效满足这一需求，这就要求民办教育积极参与到创新人才培养当中，发挥自身办学体制和管理机制比较灵活的优势，创新人才培养模式，广泛采用新技术新手段推进教育教学改革，使自己成为培养创新人才的重要力量，以此进一步促进各级各类民办教育的发展。

此外，在创新驱动发展战略的引领下，围绕"创新教育"，一些新的教育内容和形式正陆续涌现。而民办教育机构的市场反应速度更快，教育产品开发周期更短、匹配度更高、服务更个性化，在"创新教育"领域大有可为。

3. "一带一路"建设推动民办教育"走出去"

2016年7月教育部正式印发《推进共建"一带一路"教育行动》文件后，我国民办教育借力政策东风，主动服务"一带一路"建设，在国家政策、企业资本和学校的合力下，凭借民办教育体系的创新优势，基于互联网平台建设和科技实力，提升民办教育输出的商业化程度，以人才交流和人才培训为纽带，积极推进与"一带一路"沿线国家(地区)的人才合作，发挥我国人才的国际竞争比较优势，为国家在"一带一路"沿线国家(地区)推进经贸投资、金融服务、基础设施建设提供人才支撑和智力保障，逐步形成了覆盖各个教育层次的民办教育海外布局。

从主体来看，企业和学校是民办教育输出的"两驾马车"。对企业而言，国外布局既有助于公司构筑自己国际化的企业形象，又能提前探求海外市场，寻找新的利益增长点。对民办学校而言，海外布局是提高自身国际化程度、提升国际声誉、建设教育品牌的有效尝试。

在具体推进模式上，由于中国企业具备性价比较高的技术优势，数字化教育基础设施成为影响力最高的输出模式。科技企业在职业教育、高等教育领域"走出去"的力度最大，形式主要为建设软件平台和输出硬件设施。目标国家覆盖部分欧美国家，但以亚非国家为主体。教育企业的输出重点在K12领域和职业教育领域，方式则主要为收购和投资国外在线平台或相关教育机构，或是直接在当地建设属于自己的平台。

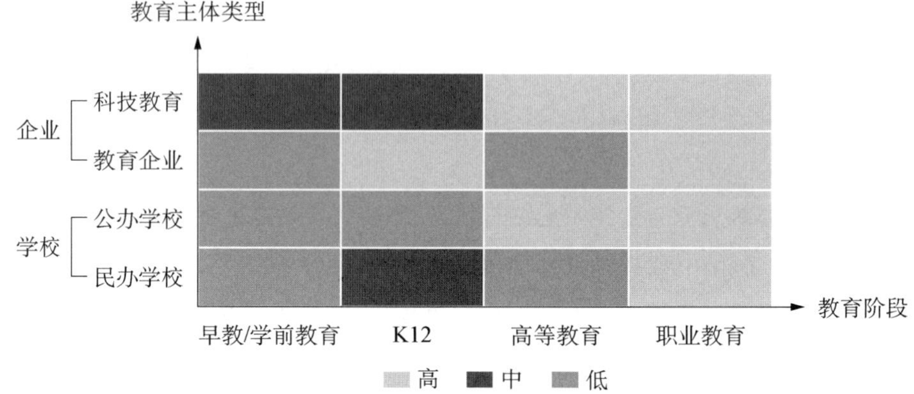

图 5-6 我国教育产业"走出去"的力度

资料来源：德勤研究。

二、社会深刻变革激发新动力

人类发展指标是一个综合性指标，它包括经济、健康、教育三个方面，代表了一个国家总体社会发展水平。我国用了 34 年(1980—2014 年)时间从下中等人类发展水平逐步接近高人类发展水平。1980 年我国的 HDI(人类发展指标)为 0.423，属于下中等人类发展水平；2014 年我国人类发展指数为 0.727，属于上中等人类发展水平，接近高人类发展水平。

表 5-2 1980—2014 年中国人类发展水平指标

	1980 年	1990 年	2000 年	2014 年
极高人类发展水平	0.757	0.801	0.851	0.896
高人类发展水平	0.534	0.592	0.642	0.744
中国	0.423	0.501	0.588	0.727
中等人类发展水平	0.420	0.473	0.537	0.630

数据来源：联合国开发计划署(UNDP)：《2015 年人类发展报告》。

随着中国社会整体发展程度的提高，社会形态开始发生深刻变革，在人口形势、城乡发展和社会阶层结构等方面表现出新的发展趋势。

(一) 人口形势新变化带来民办教育新增长点

从人口发展态势上看，"新婴儿潮"推动我国人口自然增长率开始回升，同时，我国人口总量继续保持高位，加之人口总体素质的持续提升，民办教育仍将受益于“人口红利”。

1. 人口形势发生新变化

新世纪以来，受国家计划生育政策的调控，我国人口增长不断趋缓，从人口结构来看呈现老龄化趋势，劳动年龄人口比例下降，受教育总人口呈持续下降趋势。不过，近年来，人口形势开始出现新的变化。

受“回声婴儿潮”和新人口政策的推动，2014 年我国人口自然增长率从 4.92%回升至 5.21%，新生儿数量出现较大增长。此前，由于计划生育政策的持续实施，我国 0—14 岁人口数量一直在下降。在 2013 年局部开放二胎政策后，随着新生婴儿数量的增长，2014 年 0—14 岁人口数量开始加速增长，增长率达到 1%，比例占总人口的 16.49%，占比为 4 年来最高。

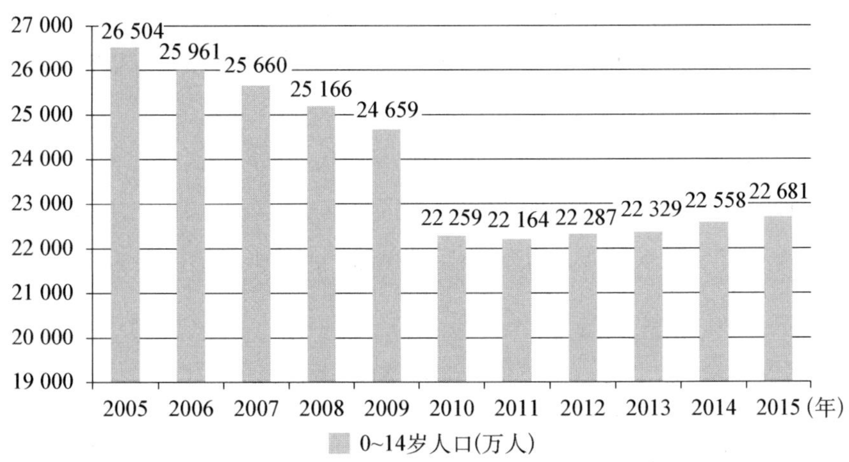

图 5－7　2005—2015 年我国 0—14 岁人口变化趋势图

资料来源：国家统计局。

同时，由于我国人口基数庞大，人口总规模依然保持在高位。截至 2015 年末，中国大陆总人口 137 462 万人，比上年末增加 680 万人，其中城镇常住人口 77 116 万人，占总人口比重（常住人口城镇化率）为 56.10%，比上年末提高 1.33 个百分点。0—14 岁人口为 22 681 万人，7—16 岁人口超过 1.7 亿人。

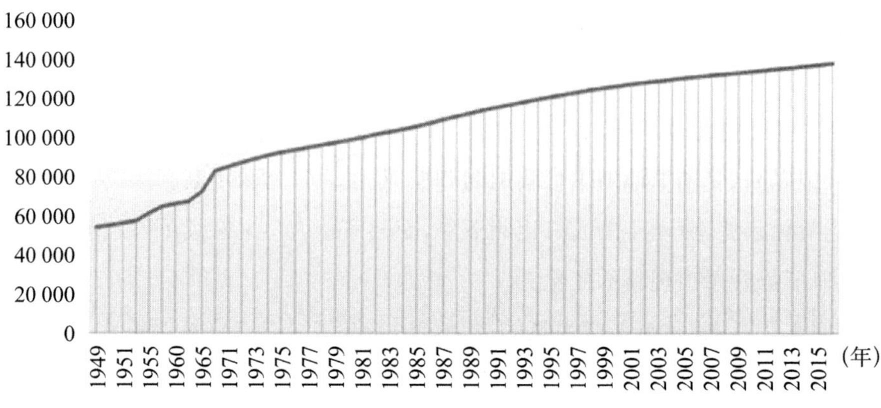

图 5-8 1949—2015 年我国人口增长趋势

资料来源：国家统计局。

而随着社会的不断进步，人口整体素质得到持续提高。据 2010 年全国第六次人口普查数据显示，每十万人中大专以上学历人口数量从 2000 年的 3 611 人，增加到 2010 年的 8 930 人，我国正从人口的“数量红利”时代向“质量红利”时代转变。

2. “婴儿潮”推升教育适龄人口

建国之后我国共经历了三次婴儿潮，出现了三次人口出生高峰，而 80 年代第三次婴儿潮累计带来 2.3 亿新生人口。进入 2017 年，第三次婴儿潮中出生的人口年龄跨度为 27—36 岁；第六次人口普查的数据显示我国女性的平均生育年龄为 28.18 岁，上一

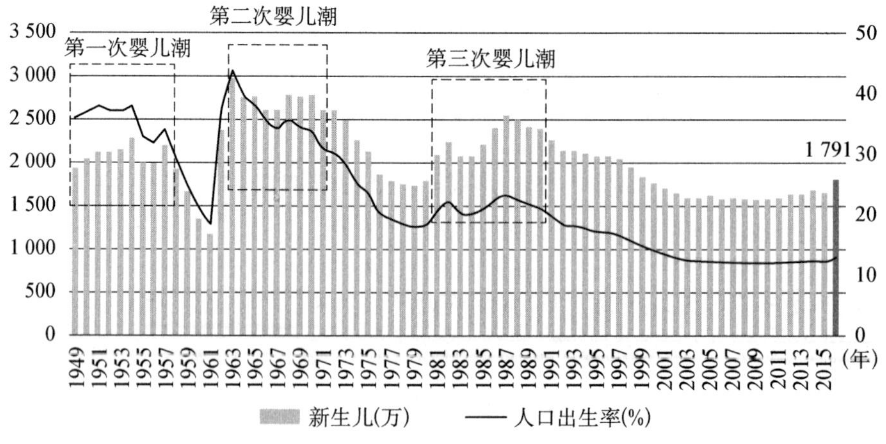

图 5-9 第三次婴儿潮回声潮

资料来源：德勤研究。

轮人口高峰中出生的人口正处于适宜生育的年龄，其中大部分人群都已经成家立业，家庭生活稳定，所以有望迎来第三次婴儿潮的回声潮，对我国新生人口增长带来推动作用，产生新一轮的人口出生高峰。

同时，2013 年末启动的“单独二孩”政策激活了育龄夫妇的生育积极性，带来了明显的人口增量。2014 年以前的近 10 年中每年新增 1 600 万左右的新生儿，甚至有些年份出现了同比下降的趋势，政策调整后的 2014 年新生儿达 1 692 万，自然增长率突破 5‰，达到 5.21‰，同比 2013 年新增 48 万新生儿；2014 年新生儿中二孩及以上的比例也有所提升，超过 40%，其中二孩 607 万，占比 35.9%。2015 年 11 月，十八届五中全会决定，全面实施一对夫妇可生育两个孩子的政策，非单独家庭也将于 2016 年获得二孩许可。2016 年实施全面二孩政策，中国出生人口有所突破，上升至 1 786 万人，二孩及以上出生数量也达到新高，约为 844 万人，预计 2017 年将进一步提高至约 900 万人。

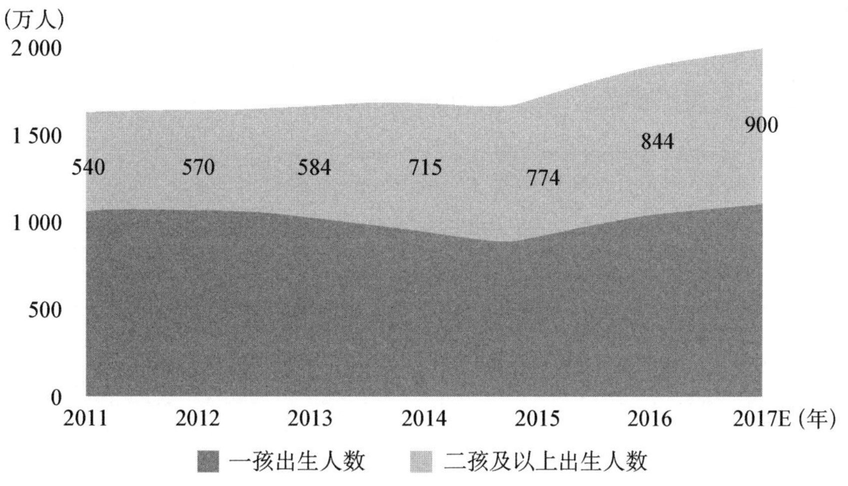

图 5 - 10　二孩政策推出以来人口出生情况(2011—2017 年)

资料来源：德勤研究。

受这一轮“回声婴儿潮”和“事件婴儿潮”的叠加效应影响，虽然我国人口数量的长期趋势仍有待观察，但就民办教育领域来说，直接获益的将是占据市场“半壁江山”的民办学前教育领域，包括民办幼儿园和民办早教机构。据统计，2016 年我国学前教育市场规模约为 3 800 亿元，预计到 2020 年将突破 5 400 亿元。早教市场预计在 2017 年将突破 2 000 亿元。①

此外，如果潜在的教育人口增量保持在一定的水平，将增加公办教育体系的“生源溢出”，在未来有助于民办教育其他领域的生源获得，尤其是受适龄人口下降影响较大的民办高等院校，将有可能在一定程度上缓解生源供给问题。

3. 人口“质”、“量”夯实民办教育需求

中国庞大的人口基数是教育市场蓬勃发展的基石，截至 2014 年底，全国接受各类学历教育的人口达到 2.62 亿。2017 年 1 月 5 日国务院发布的《国家人口发展规划（2016—2030 年）》要求总和生育率逐步提升并稳定在适度水平，2020 年全国总人口达到 14.2 亿人左右，2030 年达到 14.5 亿人左右。可以预期，未来我国人口政策的导向将继续使人口总体规模维持在较高水平，这将在生源供给总量上巩固各级各类民办教育办学基础，持续保持对民办教育资源的总量需求，维持民办教育与公办教育共同发展的良好局面。

随着学前教育、高中教育、高等教育的普及，劳动年龄人口的平均受教育年限不断上升，人口总体素质不断提高。我国正在从“人口大国”向“人力资源大国”进行历史性的转变。

表 5-3 2008—2015 年国家人才发展主要指标

	2008 年	2015 年
人才资源总量（万人）	11 385	15 625*
从事研发全时当量（万人年）	196.5	393.7(2014)
每万劳动力中研发（R&D）人员（人年/万人）	24.8	51.0(2014)
高技能人才占技能劳动者比例（%）	24.4	27*
主要劳动年龄人口受过高等教育的比重（%）	9.2	15.83(2014)
人力资本投资占 GDP 比重（%）	10.75	12.68(2014)

资料来源：2008 年数据引自《国家中长期人才发展规划纲要（2010—2020 年）》；2014 年数据引自国家统计局编：《中国统计年鉴（2015）》；* 系来源于《国家中长期人才发展规划纲要（2010—2020 年）》。

① 德勤研究：《迈向新高度：2017 年德勤教育行业报告》。

教育是劳动力素质提升和人力资源开发的主要途径，教育发展是建设人力资源强国、保持延续我国“人力资源红利”和“人才红利”的基本手段。而人口素质的提高，将进一步提升对教育的需求。一方面，高素质人口比例的升高有利于终身学习观念的普及，非学生群体出于增强职业技能、提高个人素质修养的需要，相关教育需求越来越大，并贯穿其整个职业生涯和全生命周期。这部分教育需求，绝大多数将通过民办教育体系进行消化和吸收。民办教育培训机构要瞄准不断变化的市场需求，有针对性地推出满足个性化需求的教育产品，丰富不断扩大的民办教育市场。另一方面，高素质人群对下一代的教育期望也更高。根据北京大学中国社会科学调查中心的调研，父母学历越高，对子女教育的期望也越大，在子女教育上的经济投入也越多，本科和本科以上的父母对孩子教育的关注程度、准备教育存款的比例和时间都要高于低学历家长。

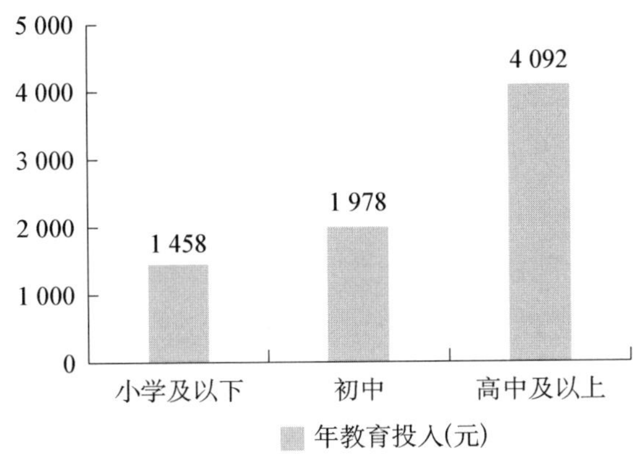

图 5-11　2012 年父母学历与子女教育投入

资料来源：北京大学，中信证券研究部。

目前，新生代家长的学历层次不断提高。从 90 后、00 后，到如今 10 后的儿童，其父母的高等教育毛入学率分别为 3%、15%和 30%，这意味着新一代的家长受教育层次愈来愈高。可以预见，2020 年后的新生儿，他们的父母受过高等教育的比例将达到 45%甚至 50%以上。而随着高等教育的普及，这一比例还将持续提高。因此，如何满足高学历家长对高品质、多元化教育的需求，需要民办教育从业者进行深入思考。

(二)城乡发展一体化均衡民办教育资源配置

城乡发展一体化要求民办教育资源的配置更加均衡。我国社会城乡发展一体化的新进程逐步打破了原有的城乡二元结构,新型城镇化建设促使农业转移人口市民化,衍生出一系列教育新需求;新农村建设的开展则逐步缩小了城乡居民的收入差距,同时农村的基础设施建设和基本服务也进一步完善,对民办教育资源的进一步均衡配置提出了新要求。

1. 城乡发展一体化进程加快

推进城乡发展一体化,就是把城市和农村作为一个有机整体,促进城乡生产要素平等交换和公共资源均衡配置、推动城乡统筹协调和共同发展的过程。[①] 城乡发展一体化的目的就在于打破城乡二元结构,实现城乡统筹发展。目前,我国通过新型城镇化和新农村建设,加速改革户籍制度,促进人口的合理流动,取得了明显成效,城乡收入差距逐步缩小,农村基础建设不断加快,农村社会服务体系逐步完善。

新型城镇化是以城乡统筹、城乡一体、产业互动、节约集约、生态宜居、和谐发展为基本特征的城镇化,是大中小城市、小城镇、新型农村社区协调发展、互促共进的城镇化。2014 年,中共中央、国务院印发了《国家新型城镇化规划(2014—2020 年)》,新型城镇化成为国家战略,我国社会的城镇化步伐进一步加快。目前,我国的新型城镇化建设已经进入快速发展阶段。1978—2013 年,我国城市数量从 193 个增加到 658 个,建制镇数量从 2 173 个增加到 20 113 个。[②] 2016 年进城落户约 1 600 万人,常住人口城镇化率达到 57.35%,户籍人口城镇化率达到 41.2%,分别比 2015 年提高 1.25、1.3 个百分点。[③] 今后,我国仍处在新型城镇化加速阶段。城镇人口规模将从 2015 年的 7.67 亿人上升至 2030 年的 9.91 亿人,年平均增长率为 1.72%;城镇人口占总人口比重将从 2015 年的 55.9%上升至 2030 年的 70%左右。[④]

---

① 陈润儿:《加快推进城乡发展一体化》,《人民日报》2015 年 7 月 21 日,第 7 版。

② 国家发改委:《国家新型城镇化规划(2014—2020 年)》。

③ 国家发改委:《国家新型城镇化报告 2016》。

④ 清华大学课题组:《2016—2030 经济社会发展对教育需求影响研究(征求意见稿)》。

表 5-4　城市(镇)数量和规模变化情况(单位：个)

	1978 年	2010 年
城市	193	658
1 000 万以上人口城市	0	6
500 万—1 000 万人口城市	2	10
300 万—500 万人口城市	2	21
100 万—300 万人口城市	25	103
50 万—100 万人口城市	35	138
50 万以下人口城市	129	380
建制镇	2 173	19 418

注：2010 年数据根据第六次全国人口普查数据整理。
资料来源：国家统计局。

社会主义新农村建设是指在社会主义制度下，按照新时代的要求，对农村进行经济、政治、文化和社会等方面的建设，最终实现把农村建设成为经济繁荣、设施完善、环境优美、文明和谐的社会主义新农村的目标。经过多年的新农村建设，农民收入稳步提高，生活水平显著提升。2015 年，农村居民人均纯收入达到 10 772. 0 元，虽然在绝对数上依然落后于城镇居民，但增长速度连续几年均高于城镇居民，城乡居民的收入差距逐步缩小。

表 5-5　城乡居民人均收入

年份	城镇居民人均可支配收入		农村居民人均纯收入	
	绝对数(元)	指数(1978 = 100)	绝对数(元)	指数(1978 = 100)
2011	21 809. 8	1 046. 3	6 977. 3	1 063. 2
2012	24 564. 7	1 146. 7	7 916. 6	1 176. 9
2013	26 955. 1	1 227. 0	8 895. 9	1 286. 4
2014	29 381. 0	1 310. 5	9 892. 0	1 404. 7
2015	31 790. 3	1 396. 9	10 772. 0	1 510. 1

资料来源：国家统计局，《中国统计年鉴 2016》。

通过新农村建设，农村基础设施建设和基本社会服务也取得了长足进步。在文化教育方面，2016年末，96.5%的乡镇有幼儿园、托儿所，98.0%的乡镇有小学，96.8%的乡镇有图书馆、文化站，11.9%的乡镇有剧场、影剧院，16.6%的乡镇有体育场馆，70.6%的乡镇有公园及休闲健身广场。32.3%的村有幼儿园、托儿所，59.2%的村有体育健身场所，41.3%的村有农民业余文化组织。①

表5-6 乡镇、村文化教育设施 (%)

	全国	东部地区	中部地区	西部地区	东北地区
有幼儿园、托儿所的乡镇	96.5	98.7	98.3	94.0	96.9
有小学的乡镇	98.0	98.7	99.5	97.3	95.2
有图书馆、文化站的乡镇	96.8	96.2	98.0	96.6	95.2
有剧场、影剧院的乡镇	11.9	18.5	14.4	7.9	5.9
有体育场馆的乡镇	16.6	20.5	19.4	13.5	12.1
有公园及休闲健身广场的乡镇	70.6	83.2	73.9	59.4	84.0
有幼儿园、托儿所的村	32.3	29.6	36.5	33.0	25.8
有体育健身场所的村	59.2	72.2	55.5	46.0	62.8
有农民业余文化组织的村	41.3	44.4	40.8	36.7	47.1

资料来源：国家统计局。

2. 新型城镇化引导民办教育新投向

新型城镇化的核心是农业转移人口城镇化，即农村人口真正融入城镇，能够在城镇安居乐业。城镇化的一个关键指标就是保证农业转移人口的稳定就业。然而，目前我国农村劳动力普遍存在着受教育程度低、文化水平和综合素质落后的问题，缺乏职业转换的素质和能力。国家统计局2016年统计数据显示：我国农民工中，只有32.9%接受过农业和非农职业技能培训。其中，接受非农职业技能培训的只占30.7%。②所以，在产业结构不断升级的新型工业化背景下，农业转移人口很难实现稳定就业。因此，加强对农业转移人口的职业教育与培训，提升其职业素养和能力乃当

① 中华人民共和国国家统计局："第三次全国农业普查主要数据公报(第三号)"，http://www.stats.gov.cn/tjsj/tjgb/nypcgb/qgnypcgb/201712/t20171215_1563589.html(检索日期：2017年12月15日)。

② 中华人民共和国国家统计局："2016年农民工监测调查报告"，http://www.stats.gov.cn/tjsj/zxfb/201704/t20170428_1489334.html(检索日期：2017年12月15日)。

务之急。而目前我国的公办职业教育与培训却难以满足这样的需求，这就需要各类民办职业教育和培训机构在承担就业、转岗等方面的教育培训中发挥重要作用。民办职业教育和职业技能培训市场前景广阔。

农业转移人口的市民化是推进人口城镇化的另一个关键。市民化是指作为一种职业和一种社会身份的“农民”在向市民转变的过程中，能发展出相应的能力，学习并获得市民的基本资格、适应城市并具备一个城市市民基本素质的过程。[①] 市民化不仅是农民职业的非农化、居住地域的城镇化，更是包含着思想观念、身份定位、行为方式等内在角色的市民化，也就是要具备包括政治、法律、道德和文化等多方面的知识、规范、行为习惯的现代公民素养。而思想观念的改变和行为习惯的养成唯有依靠教育。因此，发展成人素质教育，提高农业转移人口的市民素养，从而实现其新市民意识、角色的转换及社会融入是民办教育的重要契机。

要让农民工真正融入城市，在城市安居乐业，还必须妥善解决其子女的受教育问题。截止到 2016 年，我国农业转移人口中外出农民工有 16 934 万人，比 2015 年增加 50 万人[②]，他们中大多数人的子女正值接受基础教育的年龄。由于父母的外出务工，这些孩子很多随父母流动到城市。根据《中国 2010 年第六次人口普查资料》样本数据推算，0—17 岁城乡流动儿童规模为 3 581 万，在 2005 年基础上增加了 41.37%，且有继续增长的趋势。在这些流动儿童中，户口性质为农业的流动儿童占 80.35%，据此全国有农村流动儿童 2 877 万。其中，学龄前流动儿童(0—5 周岁)规模达到 981 万，占流动儿童总数的 27.40%，与 2005 年相比，增幅达 38.59%。小学阶段(6—11 周岁)和初中阶段(12—14 周岁)学龄儿童在流动儿童中所占比例分别为 27.89% 和 13.21%，规模分别为 999 万和 473 万，与 2005 年相比，义务教育阶段流动儿童共增加 347 万，增幅为 30.83%。[③] 可以看出，与 2005 年相比，各年龄段的流动儿童规模都在快速增加，以大龄流动儿童增加的速度最快，学龄前流动儿童增加速度较快。

---

① 郑杭生：《农民市民化：当代中国社会学的重要研究主题》，《甘肃社会科学》2005 年第 4 期。

② 中华人民共和国国家统计局：“2016 年农民工监测调查报告”，http://www.stats.gov.cn/tjsj/zxfb/201704/t20170428_1489334.html(检索日期：2017 年 12 月 15 日)。

③ 全国妇联课题组：“我国农村留守儿童、城乡流动儿童状况研究报告”，http://acwf.people.com.cn/n/2013/0510/c99013-21437965.html(检索日期：2017 年 12 月 15 日)。

因此，促进包括学前教育、中小学教育在内的基础教育的公平、有质量发展，保障农业转移人口子女接受足够的有质量的基础教育也是当前教育发展的重要任务。而根据国家统计局发布的2013年《中国儿童发展纲要（2011—2020年）》显示，我国公办学前教育机构数量为19.9万所，其中公办幼儿园仅有6.5万所，还不足幼儿园总数的1/3，使得众多外来务工人员子女无法进入公办幼儿园，这就为民办幼儿园的发展提供了契机。同时，一些地方也相继出台农民工随迁子女在异地参加中考、高考的相关政策，使更多流动儿童在生活城市有接受高中教育的需要，而由于公办学校的学位有限，民办教育将成为吸收随迁子女的重要力量。此外，民办教育机构还可以利用流入地教育资源，建立大龄流动儿童补习教育制度，帮助他们巩固基础知识，培训融入城市所需的基本技能和职业技能。

3. *新农村建设推进民办教育新布局*

随着新农村建设逐步缩小城乡居民的收入差距，农村居民的消费能力稳步提高。同时，农村居民的消费观念也在发生显著变化，从人均消费支出看，教育文化类消费的比例明显上升，比重居于农村居民消费支出的第二位。

表5－7　2015年农村居民人均消费支出　（单位：元）

地区	消费支出	食品烟酒	衣着	居住	生活用品及服务	交通通信	教育文化娱乐	医疗保健	其他用品及服务
全国	9 222.6	3 048.0	550.5	1 926.2	545.6	1 163.1	969.3	846.0	174.0

资料来源：国家统计局，《中国统计年鉴2016》。

农村教育消费支出的扩大，有力推动了农村教育消费市场的成长。长期以来，无论公办教育和民办教育，对农村教育消费市场都缺乏重视。随着农村教育消费能力的持续增强，未来民办教育机构应及早布局、把握先机，提升农村教育市场的产品数量和质量。

从农村教育消费群体来看，2016年本地农民工11 237万人，比上年增加374万人，增长3.4%，增速比上年加快0.7个百分点。本地农民工增量占新增农民工的88.2%。[①]而根据《中国2010年第六次人口普查资料》样本数据推算，全国有农村留守

① 中华人民共和国国家统计局："2016年农民工监测调查报告"，http://www.stats.gov.cn/tjsj/zxfb/201704/t20170428_1489334.html（检索日期：2017年12月15日）。

儿童6 102.55万，占农村儿童数量的37.7%，占全国儿童的21.88%。与2005年全国1%抽样调查估算数据相比，五年间全国农村留守儿童增加约242万。学龄前农村留守儿童(0—5岁)达2 342万，在农村留守儿童中占38.37%，比2005年的学龄前农村留守儿童增加了757万，增幅达47.73%。[①] 五年间，学龄前留守儿童规模快速膨胀。因此，各级各类民办教育机构，也应当高度重视农村本地农民工的职业技能培训需要，以及农村留守儿童在学前教育等方面的迫切需求，合理布局，在职业教育和学前教育领域重点推进，满足农村不断增长的教育需求。

此外，新农村的基础设施和基本服务建设涉及交通、建筑、规划、卫生、环保等方面，需要各方面的人才，民办学校在专业设计和培养目标上，要与新农村建设密切联系起来。民办学校无论是中等教育，还是高等教育的专科、本科，都是以培养应用型人才为目标的，都有自己的优势，完全有能力做好这方面的工作。在人才培养上，可以开办各类短期培训班，为农村培养各类人才。[②]

(三) 社会阶层结构新变化注入民办教育新活力

我国经济社会的发展催生了新的社会阶层。新的社会阶层人士勇于承担社会责任，积极投身民办教育建设，同时，中产阶层也快速崛起，对优质民办教育的需求更加迫切。这些新变化为民办教育的未来发展注入了新活力。

1. 社会阶层结构发生新变化

伴随着经济体制改革进程，我国社会出现了各种不同的经济成分、组织形式和利益群体，社会阶层构成发生了新的变化，出现了新的社会阶层。[③] 按照2015年颁发的《中国共产党统一战线工作条例(试行)》规定，这些新的社会阶层人士主要由"私营企业、外资企业的管理人员和技术人员"、"中介组织从业人员"和"自由职业人员"等组成，集中分布在新经济组织、新社会组织中。

新的社会阶层人士主体是知识分子，他们作为中国特色社会主义事业的建设者，

---

① 全国妇联课题组："我国农村留守儿童、城乡流动儿童状况研究报告"，http://acwf.people.com.cn/n/2013/0510/c99013-21437965.html(检索日期：2017年12月15日)。

② 胡大白：《发挥民办教育优势　自觉参与新农村建设》，《黄河科技大学学报》2006年第2期。

③ 李长明："引导新的社会阶层人士服务'四个全面'战略布局"，http://www.zytzb.gov.cn/tzb2010/s1345/201605/110ca6d105c74285ae7d4afc853f4eae.shtml(检索日期：2017年12月16日)。

在促进共同富裕、构建社会主义和谐社会、全面建设小康社会中发挥着重要作用。根据中央统战部宣传办公布的数据，当前我国新的社会阶层人士的总体规模约为 7 200 万人，其中党外人士占比为 95.5%，约 6 900 万人。中国社科院发布的《2017 社会蓝皮书》显示，北京、上海、广州新社会阶层人士群体占比分别为 8.4%、14.8%、13.6%。

与此同时，经过多年努力，我国贫困人口数量大幅减少，收入差距持续扩大趋势得到扭转，社会“断裂化”得以避免。与此同时，过去数十年经济的高速增长也促成中产阶层人数大量增加。毫无疑问，“中产化”成为社会阶层结构变化的主流趋势。①

传统农业劳动者，即农民，从 2000 年五普的 63.2% 变成了 2010 年六普的 46.49%，也就是说有 16.71% 的农民转到其他阶层中。同期，主要从事第二产业的传统工人阶层的比重也逐年下降。与上述两大阶层萎缩的趋势相反，以第三产业为主的中产阶层不仅是增长最快的阶层，而且逐渐在社会中占据主导地位，成为规模最大的就业群体。

表 5-8 中国职业结构变迁

职业阶层	中国			
	1982 年	1990 年	2000 年	2010 年
各类管理人员	1.56	1.75	1.67	1.84
专业和技术人员	5.07	5.31	5.70	7.10
普通职员	1.30	1.74	3.10	4.45
商业销售和服务业人员	4.01	5.41	9.18	16.66
生产、运输等操作人员	15.99	15.16	15.83	23.27
农、林、牧、渔业从业人员	71.98	70.58	64.46	46.58
不便分类的其他从业人员	0.09	0.04	0.07	0.10

资料来源：国家统计局。

对于中产阶层，社会学历来比较关注收入、教育和职业三种测量②，按收入、教育和职业的不同，可以将其划分为“收入中产阶层”、“教育中产阶层”和“职业中产阶层”。以

① 李春玲：《“中产化”：中国社会阶层结构变化新趋势》，《人民论坛》2017 年第 22 期。
② 李培林：《中产阶层成长和橄榄型社会》，《国际经济评论》2015 年第 1 期。

我国东部地区为例，中国人民大学“中国综合社会调查”的数据显示，从 2005 年到 2013 年，我国东部地区“收入中产”占比从 53.3%上升到 66.65%，“教育中产”从 39.21%上升到 55.91%，“职业中产”从 40.92%上升到 56.17%。中产阶层的崛起十分明显。

2. 新社会阶层人士积极投身民办教育建设

新的社会阶层人士主要分布在体制外，大多数为党外人士，专业素质较高，中高收入者居多；社交方式网络化特征明显；以中青年为主体，主要集中在大城市，职业流动频繁，思想活跃，比较关注社会问题。因此，这些新的社会阶层人士在完成自身本职工作以外，更愿意承担社会责任，投身文化教育事业建设的意愿也比较高。

从当前民办教育举办者的职业背景来看，新的社会阶层人士的比例不断增长，不仅仅有教育工作者的“教育家办学”，“企业家办学”、“专业人士办学”、“创新创业办学”的趋势也越来越明显。而从民办教育从业人员来看，与公办教育不同，除了教师等专职教育人员外，民办教育机构中从事管理、专业技术岗位的非教育类专业人员的比例也比较高。可以看出，新社会阶层人士正积极投身民办教育的建设。

根据调研统计测算，新的社会阶层人士中各群体规模分别为：民营企业和外商投资企业管理技术人员约 4 800 万人；中介组织和社会组织从业人员约 1 400 万人；自由职业人员约 1 100 万人；新媒体从业人员约 1 000 万人（由于各类群体间存在人员交叉现象，上述数据直接加总多于 7 200 万人）。一个如此庞大并不断增长的社会群体，将为民办教育持续输入新鲜血液，不断投入资本和贡献智慧，并打造民办教育的新形态、新观念。

3. 中产阶层规模扩大提升优质民办教育需求

在社会学研究中，白领阶层与中产阶层具有很强的共同属性，大体上是相互重合的。我国历次人口普查数据显示，“白领群体”（即管理人员、专业人员和技术人员、普通办公室职员、商业销售人员）所占百分比例：1982 年为 11.94%，1990 年为 14.21%，2000 年为 19.65%，2010 年为 30.05%。可以预计，在未来 30 多年时间里，随着我国产业结构的调整、产业新体系的构建，白领群体人数还会有很大的增长。中国社会将逐步走向以“中等收入群体”为主体的社会形态，社会学界也称之为中产社会。①

① 李强：《中国离橄榄型社会还有多远——对于中产阶层发展的社会学分析》，《探索与争鸣》2016 年第 8 期。

中产阶层规模的扩大，将拉动整个教育市场规模。中国社会科学院发布的2015年数据表明，80%的中产阶层子女教育支出占总收入的比例约为20%，已经超过韩国的14%。网易金融的报告则显示，新中等收入家庭的消费支出中，子女教育排到了第一位，占比38.76%。教育开销占家庭支出比重大，凸显了家长对教育的重视程度，也表现出家长在孩子教育问题上存在一定焦虑情绪，其中核心问题集中在对孩子教育方式的选择上，他们对现有公办教育体系的教育效果有所顾虑，对个性化、高质量教育的需求更加强烈。因此，民办教育要根据这一社会变化趋势，努力提供个性化、高质量的教育产品，特别是在基础教育领域，创建一批高品质的民办学校，以满足中产阶层家庭对子女教育的更高期望。

三、科技持续创新造就新载体

当前，教育领域呈现出空前的技术革命性。互联网技术、人工智能、数字化技术、虚拟现实技术等创新技术引发了教育领域技术变革新浪潮。科技正优化教育传播、整合教育资源、提升教育研究及促进教育评价科学化，在此基础上力图重塑教育者、受教育者、教育媒介的存在形态及其相互关系，造就教育的全新载体，以达到培养健全人格和核心素养的教育目的。

（一）科技应用塑造教育新形态

成熟科技和新科技的应用正在塑造教育的新形态。互联网技术与教育的深度融合改变着传统教育格局；新技术变革则通过各种方式向教育领域、向课堂进行渗透，并对教育在未来的形态进行重新定义。

1. 科技在教育领域广泛应用

在教育领域，一些成熟科技的应用正在向深度融合发展，比如互联网技术，正以“互联网+教育”的形式改变着教育市场的现有格局。另一方面，新兴科技也正在向教育领域渗透，新科技在教育领域的应用呈现出数字化、扁平化、智能化和立体化的趋势，定义着未来教育的新形态。

“互联网+”由李克强总理在2015年全国人大会议政府工作报告中首次提出。“互联网+”作为互联网的升级版，是在充分利用网络空间的基础上，将信息通信技术与各行各业进行融合创新的一种透明互联的未来趋势。联合国教科文组织将教育信息化的发展过程划分为起步、应用、融合、创新四个阶段。近些年来互联网硬件建设已基本完成，已进入信息技术和教育教学的深度融合和创新阶段，这个阶段重点要推动教育理念创新、人才培养模式创新和教学方法及评价方式创新。2015 年中国从事互联网教育的企业数约为 2 400—2 500 家，拥有数十万门在线教育课程，用户达到了近亿人次。2014 年，互联网教育市场规模 841 亿元，2011—2014 年 CAGR 高达 35%，预计 2017 年将达 2 000 亿元。互联网教育的影响已经不再停留在概念层面，虽然相对于整个 3.5 万亿的教育行业而言渗透率还比较低，但在民办教育的诸多领域，比如职业技能培训和语言培训等领域，已经切实改变了人们的学习方式。

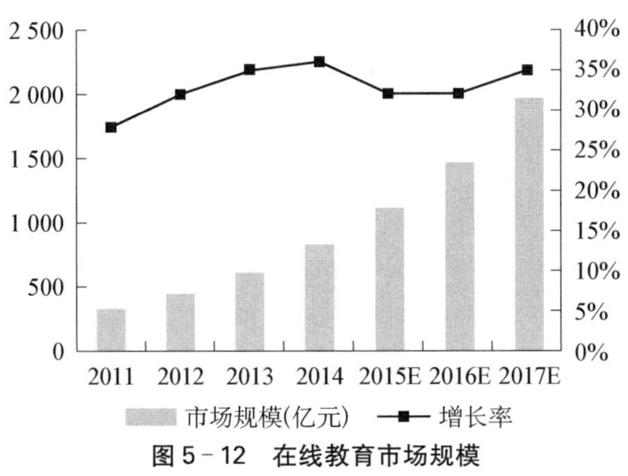

图 5－12　在线教育市场规模

资料来源：易观智库。

未来的教育行业将持续被新科技所革新，人工智能技术的出现将推动教育行业迎来智能化浪潮，与此相伴的还有扁平化、数字化、立体化。未来这四大趋势中，数字化与扁平化的技术较为成熟、成本较低，预计将在近 3 年内基本达到全覆盖。而智能化作为新兴概念，其技术仍需进一步发展，目前还未达到大规模商用的标准，但就目前来看，智能化趋势将会借助资本的不断投入，有可能在未来 5 年内实现大规模应用，并在市场最广阔的基础教育领域得到进一步的应用和发展。而立体化趋势由于现有技术问题短期难以解决，同时还存在教学内容融合难和软硬件成本高等问题，其真正的大规模推广和应用或在未来 10 年内成为可能。①

① 德勤研究：《迈向新高度：2017 年德勤教育行业报告》。

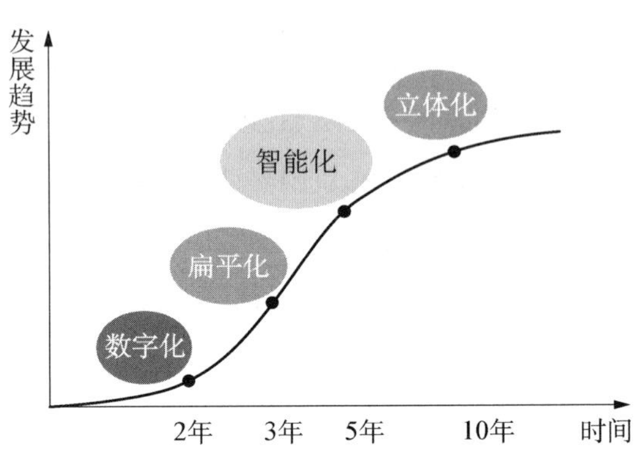

图 5-13　教育科技应用发展趋势

资料来源：德勤研究。

2. “互联网+教育”深度融合改变教育格局

“互联网+教育”在我国“互联网+”战略框架下，将云计算、移动互联网、物联网、人工智能和大数据等新技术与教育深度融合，充分发挥互联网高效、便捷、共享的优势，改变教育供给方式，提升教育治理能力和管理水平，创新教与学方式，向学习者提供优质、灵活、个性化学习服务，以促进我国教育质量的整体提升、形成适应时代发展的教育新形态。“互联网+教育”的发展将极大促进我国教育资源供给与适应性服务能力的提升。互联网与教育的深度融合将在更深刻的教育思维层面上引发大众教育观、公民学习观、学校发展观、课堂教学观的改变。①

随着我国经济社会的快速发展，民众对于教育质量、教育公平及教育综合改革的需求在不断提升，但公共教育的实际供给无法满足民众日益增长的需要的状况并未明显改变。“互联网+教育”跨界融合的深入发展，能够破除教育规模与个性化、公平与质量等教育难题，为社会提供高质量的教育公共服务。包括变革供给内容，实现虚实融合的新型教育服务业态；变革供给方式，实现基于全学习过程数据的精准、个性化教育服务；变革供给形态，实现社会化协同的新型分工形态；变革供给结构，实现共性需求与个性需求包容的平衡结构；变革供给决策，实现多元主体参与的公共治理决策；变

① 黄荣怀，刘德建，刘晓琳，徐晶晶：《互联网促进教育变革的基本格局》，《中国电化教育》2017 年第 1 期。

革供给监管，实现基于数据的实时监管与预警。①

民办教育相对于公办教育而言，办学形式更为灵活，教育教学更为自主，对互联网技术的引入也更具开放性。它可以较好地与互联网技术进行深度融合，创新“互联网 + 教育”的形式，针对民众的教育需求，以开放、平等、协作、共享的互联网精神更为精准、有效地提供教育产品，从而改变整个教育市场的格局。

3. *新科技革新重新定义教育形态*

教育科技革新的四大趋势（见图 5 - 14）体现在不同教育阶段的用户学习过程中，正在重构学习中各方主体联动关系，并提升教育效率和教育规模化程度，提升优质教育资源的可获取度，重新定义我国的教育形态。

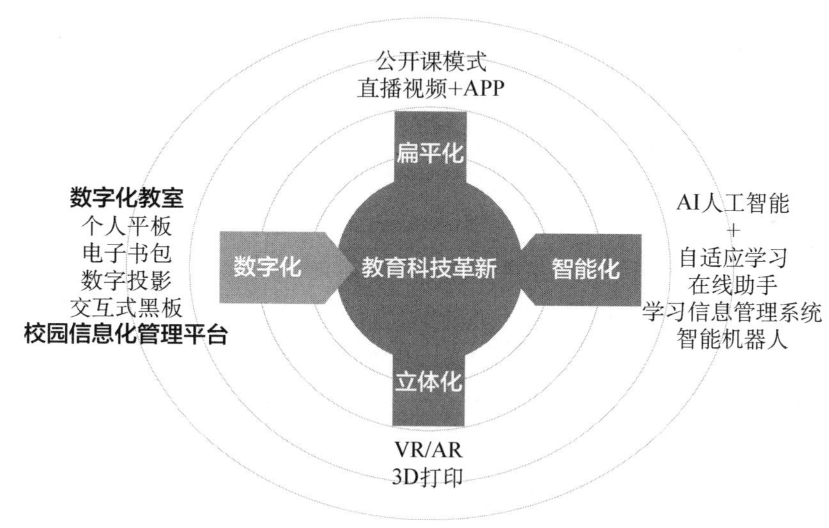

图 5 - 14　数字化四大趋势

资料来源：德勤研究。

教育数字化是指数字技术在教育终端用户中的广泛使用。教育数字化不等同于互联网化，互联网化由互联网企业推进，数字化则依靠科技企业和传统教育机构共同合作，利用数字技术对传统教育机构进行技术改进。教育数字化包括课堂内外两类应

① 余胜泉，汪晓凤：《“互联网 + ”时代的教育供给转型与变革》，《开放教育研究》2017 年第 1 期。

用场景：一是课堂内的传统教学工具，例如黑板被电脑、平板电脑和交互式电子白板取代，信息联通方式被电子化产品取代；二是课外学习材料与学习方式被电子设备改变，包括纸质学习资料被视频、应用程序、网站和游戏等数字设备取代。

教育扁平化主要指通过教育科技，打通各个学习主体之间的壁垒，让学习资源直接从资源供给者到达学习者。教育扁平化有两种模式：第一种模式是公开课模式。该模式在早期借助互联网技术和录播视频技术来实现，但由于线上学习与线下学习的体验差异，公开课模式并未彻底转变用户习惯。第二种则为直播视频与 APP 移动端平台结合模式。直播视频和 APP 的出现，真正提升了学习即时感、互动感，打通了线上线下的学习体验，并结合互联网教育企业的开放数据，将优质教育资源带给学习者，在真正意义上重塑了学习形态。

教育智能化的核心是人工智能技术。人工智能基于大数据采集和多维度识别系统，对数据进行智能处理，并通过互动界面及应用场景与人产生信息交互。人工智能解决的是人脑的外延问题，使人脑的智力和人工智能可以协同作用。机器人、语言识别、图像识别、自然语言处理和专家系统等技术为很多领域带来变化，甚至改变了部分行业业态。人工智能技术应用于教育场景时，能够与学习过程中的“教、学、练、评、测”五大环节相结合，利用其图像、语音等识别功能对问题进行分析，通过对数据的深度学习、自适应和计算，产生适合学习者的个性化解决方案和有效反馈意见。

立体化是指教育科技将扁平化的知识变得生动、立体、可感。通过 VR、AR、3D 打印等技术将文字、图片等教育内容转变为可视、可感的立体场景。①

从现实情况来看，新科技对民办教育领域的渗透率要大大高于公办教育领域，民办教育机构不仅在新科技的运用上更为广泛和深入，还积极参与新科技的推广教育，以外包的方式为公办教育机构提供服务，比如，人工智能和大数据在教育领域的应用，让优质民办教育在科技教研上的优势得以更大发挥。民办教育机构在 IT 基础能力、教师能力及教育产品进行战略合作，实现教育行业标准化能力的主动输出。与此同时，更多在线教育公司也在积极研发新技术教学产品与教学技术模式，实现教育新技术在体制内教育的落地，从而借助新科技的力量，从技术和市场两方面、从形式和内容

① 德勤研究：《迈向新高度：2017 年德勤教育行业报告》。

两个维度重新定义和塑造中国教育的未来形态。

（二）科技驱动民办教育未来探索

在教育未来发展中，科技变革描绘了未来我国教育的新蓝图。科技已不仅仅是教育所依赖的某种使用工具，本质上，教育领域的科技变革是观念和思维的改变，从而产生强大的内生驱动力来推动教育自身的变革。民办教育由于体制环境和自身需要，有着强烈的变革冲动，因此，将能够借助科技变革的力量，寻找突破点，成为教育未来变革的探路先锋。

1. 科技变革描绘教育新蓝图

未来，云计算、大数据、人工智能、虚拟现实等新兴技术快速发展，强力渗透到经济社会各行业，科技对教育发展将产生革命性影响。云计算、大数据和人工智能等技术将极大地改变教育的时空边界，引发教育模式、教学手段和方法的显著变化。云计算技术将显著降低信息化的门槛，使信息化服务越来越傻瓜化，学校可以通过购买服务的方式获取所需的信息化服务，而无需从零开始建设。可以预见，在云计算的支撑下，一校一机房的现象将很快消失。大数据技术能为教学模式创新、个性化资源推送、学生行为的评价和分析以及教学管理的精确化提供重要支撑。教育大数据已成为推动教育改革创新的战略资源与核心资产，是实现国家教育现代化目标的重要一环。

传统的工业时代重点培养知识型、技能型人才，因此传统教育形式难以适应信息化时代对个性化、创新型人才的需求。就目前情况来看，教育生产关系还不能满足教育生产力的要求，传统的教育组织生产方式难以培养出 21 世纪所需要的人才，这使得教育系统的重组与再造迫在眉睫。科技变革将构建适应信息化社会需要的未来教育形态。进入信息时代，信息技术极大扩展了教育的时空边界，使规模化前提下的个性化和多元化成为可能，而这在之前的时代是不可想象的。新兴科技进入教育，打破了传统教育体系的生态平衡，使其开始向信息化教育的新形态迈进。互联网的高速发展给我们再造了一个空间——网络空间，这给传统三维物理空间又加了一个维度，有助于个性化、差异化人才培养。

2. 教育领域的科技变革是观念和思维的改变

科技融入教育的意义不在于技术本身，而在于它促进人们思维方式和价值观的改变。在信息时代，我们看到许多高科技被引进课堂中，造就了许多“未来教室”、“未来学校”。然而,如果新科技只是用在一成不变的传统课堂,那么即使这个教室设计得再“未来化”,也只是旧教育的 2.0 版本,而并不会成为时代呼唤的新教育模式。科技永远无法代替教育最本质的东西,真正给学习和教育带来颠覆性革命的绝不是这些技术本身,而是信息技术所推动的思维方式和态度价值观的转变,即只有将这些转变融入学校的核心教育理念,才有可能带来突破性的变革。

这种思维方式和价值理念的变革就体现在,科技不是消费品,其目的不是被人们当作工具利用,而是作为一股强大的生产力和内驱力推动社会进步。以互联网技术为例,“互联网 + 教育”思维可以解释为,以移动互联网技术的应用为依托,颠覆传统教育模式,包容并整合一切可以利用的教育资源,进而创造新的教育模式,最终形成教育边界开放、教育主体平等合作、知识共享的新教育生态。在“互联网 + 教育”思维中,互联网技术在教育中应用的根本目的在于:通过整合、优化利用所有的教育资源将教育者从知识教学中解放出来,它是未来教育革命的重要推动力量和物质基础,但这并非其核心内容,其核心价值在于利用该思维方式解放教育者的思想,进而促使学校教育通过教育各个构成要素的变革,回归到学生人格成长及核心素养形成的本质上来。

3. 科技变革推动民办教育成为改革先锋

长期以来,民办教育的发展在体制环境和自身条件方面面临诸多困难,因此具有比较强烈的改革意愿和冲动来寻找自身发展的新路径、新方向。教育领域的新科技变革,为民办教育的未来改革探索提供了机遇——新科技在民办教育领域的大量运用,以及在新科技的研发和推广过程中,民办教育的一些传统观念和思维可以得到更新和突破,从而在整个教育领域可以预见的未来变革中先行一步,获得改革的先机,承担起未来教育变革探路先锋的重要使命。

第二节　微观学校发展所面临的新挑战

在新时代,我国民办教育在新的历史起点上正谋求新的进步。从微观的学校层面上看,当前,民办学校的发展在迎来历史机遇的同时也面临着新的挑战。制度变迁带来的压力、生存发展空间受到的挤压和体制机制优势的弱化,都对民办学校的发展造成了较大阻碍。从制度变迁而言,随着我国经济社会的发展,人民群众对公平而有质量的教育的需求日益强烈，制度变迁冲动也愈发明显，而民办学校还无法完全满足这一需求的变化，将承受更大的制度变迁压力，同时民办教育区域政策的不稳定也在制度层面对民办学校的发展造成了一定的障碍；从民办学校的生存发展空间看，教育适龄人口下降、公办学校竞争、行业竞争加剧等因素的多重挤压严重制约了民办学校生存发展的空间；而民办学校原有的体制机制优势也在公益意识薄弱、经费来源单一、办学条件不高和内部治理紊乱等问题的干扰下有所弱化，制约着民办学校的未来发展。

一、制度变迁压力与日俱增

教育需求的变化是民办教育制度变迁的主要动力之一。是否能够敏锐把握教育需求的新动向，决定了民办学校未来对制度变迁能否有效承受和适应。而在宏观环境飞速发展的情况下，也需要制度具有一定的稳定性，尤其是区域政策环境，一旦频繁波动，很可能对民办学校的发展产生不同程度的直接冲击，各级地方政府需要予以足够重视。

（一）教育需求不断升级

中共十九大报告指出，我国社会主要矛盾已经转化为人民日益增长的美好生活需要和不平衡不充分的发展之间的矛盾。这一新的矛盾反映到教育上，就是人民群众接受更好教育的需要与教育发展不均衡的矛盾。[①] 从教育需求的角度看，人民群众对更好教育日益增长的需要，实质上就是对优质教育资源不断增长的需求，从“有学上”全面向“上好学”转变，教育需求正在不断升级。

1. 对优质教育资源的需求不断增长

对优质教育资源的需求，一方面表现为对教育资源的质量要求，即对高质量、个性化教育的追求，提高教育质量的期望持续上升；另一方面则体现在对优质教育资源均衡配置的需要，即在高质量、个性化的前提下，保证教育公平，“努力让每个孩子都能享有公平而有质量的教育”[②]的呼声不断升高。教育需求的不断升级，就是从以前对基本教育的需要，向公平而有质量教育的需求的不断升级。

---

① 蔡继乐：《人民的需要就是教育发展的重点》，《中国教育报》2017 年 10 月 23 日，第 2 版。

② 赵秋丽，李志臣，靳晓燕，耿建扩，王晓樱，王瑟，张勇：《努力让每个孩子都能享有公平而有质量的教育》，《光明日报》2017 年 10 月 24 日，第 1 版。

目前,“有学上”的问题已基本解决,但“上好学”的问题依然比较突出①。从民办学校的发展现状来看,对教育需求的不断升级还表现出不适应,在满足高质量、个性化教育的需求和回应公平而有质量的教育的要求这两方面都存在一定差距,制约了民办学校未来健康可持续的发展。

2. 教育需求向高质量、个性化不断发展

高质量、个性化教育体现了经济社会发展到一定阶段后人们对教育消费的差异化需求。从经济学的角度看,生活水平的提升,必然带动消费品牌化的发展。反映在教育上,就是人们对于高质量、个性化教育的大量需求。而从社会资本和人力资本的角度看,社会的发展,促使人们对社会资本积累和教育收益的期望进一步放大,由此带来对高质量、个性化教育的迫切需要。

首先,教育质量的标准不断提高。过去,许多教育消费者对教育质量的衡量标准以结果导向为主,并且评价教育结果的指标过于简单化,仅以升学和就业这两个指标来判断教育结果的优劣,而对教育的过程质量、受教育者的全面发展和身心健康不够重视。同时,对升学质量和就业质量的要求也偏低,仅仅满足于“有学上”、“有工作”的基本要求。现在,随着教育需求的不断升级,许多教育消费者已经不再把升学和就业看作教育质量的唯一衡量标准,而是更加注重整个教育过程的质量,更加关心受教育者的身心全面发展,在教育活动的功能性、文明性、舒适性、时间性、安全性、经济性和可信性②等方面全面提出要求,同时也对受教育者的升学质量和就业质量提出更高要求,满足“上好学”、“好工作”的更高标准。

其次,教育需求向个性化发展。无论在基础教育还是高等教育中,教育消费者的需求差异日益明显,更加希望能够按照受教育者的个性和特点“因材施教”,对教育教学的方式、人才培养的模式和教育输出的结果都有不同的要求和期望,对教育产品的选择性不断加强。过去那种“整齐划一”,强调标准一致性的“流水线”教育模式的接受度不断降低,而未来注重个性发展的“菜单式”教育模式越来越受到教育消费者的欢迎。

---

① 张烁,姚雪青,何璐:《“有学上”还得“上好学”》,《人民日报》2016年3月12日,第7版。

② 程凤春:《教育质量特性的表现形式和内容——教育质量内涵新解》,《教育研究》2005年第2期。

面对教育需求的高质量、个性化要求，当前民办学校的教育供给显然还无法完全适应需求的变化，办学质量亟待加强，教育产品单一和人才培养同质化亟待解决。具体表现为：民办普惠性幼儿园的质量普遍偏低；民办义务教育和高中教育存在片面追求升学率的倾向；民办高校低水平同质化现象突出；民办培训教育机构良莠不齐，阻碍学生身心健康的情况屡有发生。上述问题如无法及时有效解决，则民办教育供给与教育需求的变化长期错位，一旦民办教育制度层面出现新的要求和导向，许多民办学校将面临被教育市场淘汰的危险。

3. 教育需求对公平性的要求不断提高

教育公平就是教育资源在社会成员中的合理分配。从教育质量的角度看，教育公平是教育质量的内在规定性，也是衡量教育质量的重要指标。判断某一教育体系的质量高低，教育的普及率和普及程度是标准之一。[①] 教育需求的不断升级，促使教育消费者对公平性的需求与日俱增，即对优质教育资源普及率和普及程度的要求不断提高，对优质教育资源均衡配置的呼声不断增强。

长期以来，我国优质教育资源的配置表现出明显的城市偏向、发达地区偏向、重点学校偏向和优势群体偏向，直接扩大了城乡、地区、学校、群体之间的教育鸿沟。近年来，随着经济社会的发展，作为教育需求链中最薄弱环节的农村、欠发达地区、薄弱学校和社会弱势群体的教育支付和容纳能力逐渐增强，教育观念逐步更新，这些教育资源洼地已经不满足于基本教育资源的获得，对优质教育资源的需求日益强烈。

教育需求对公平性的新要求，给民办教育施加了更大的压力。由于民办教育市场导向的特点，虽然民办教育也在一些教育薄弱环节进行“拾遗补缺”性质的投入，但层次不高，质量偏低，仅仅是解决了“有”的问题，优质民办教育资源几乎都集中在投入回报率较高的城市、发达地区、高端学校和精英群体当中。如果不能及时顺应市场需求变化，对优质教育资源进行合理配置，给予教育薄弱环节更多的关注和倾斜，民办教育就会在未来的竞争中面临政策调整和制度变迁的挑战，丧失大量市场份额。

（二）区域政策不够稳定

在民办教育发展过程中，各地区因地制宜，按照本地区民办教育发展的实际状况

---

① 李五一，杨艳玲：《有质量的教育公平：理论分析与政策安排》，《国家教育行政学院学报》2015 第 8 期。

和特点，制定了相应的区域政策。地方政府在落实中央政策法规的同时，也进行着地方政策的创新与探索，这对我国各地民办教育的发展起到了重要的促进作用。然而，在此过程中，地方政策也存在如下若干问题：

1. 法律法规的地方配套还有待改善

为支持和发展民办教育，中央陆续出台了一系列有利于民办教育健康可持续发展的重要方针政策和法规。这些新法新政的贯彻落实，需要各个地方制定和出台相应的地方配套性政策和法规。不过，地方配套措施的推进还存在诸多问题，一些地区对民办教育与公办教育共同构成我国教育发展格局的问题仍存在着认识上的片面性和实践上的滞后性。法律法规的相关规定无法及时出台；一些相关法律和条例规定的具体化和程序化严重滞后[①]。

出于审慎的原则，地方制定新法新政的配套措施往往要经过充分的调研和论证，但如果制定的周期拉得过长，就容易造成相关政策长期"空白"，让民办教育的广大参与者无所适从，只能观望等待，面临机会成本扩大和市场机会丧失的风险。以"分类管理"等新法新政的地方配套为例，一些地区的配套措施就迟迟无法出台，造成了一定的被动局面。

中央在制定相关新法新政时，主要把握一些重要的原则性和方向性问题，考虑到各个地区的差异和特点，一般会将一些具体措施的制定权下放到地方，由各个地区自主制定相关具体措施。而在地方制定具体措施的过程中，出于风险规避的考虑，在一些需要进行具体明确的方面，规定得过于原则化，由此造成政策空间的"模糊"，在具体实施时缺乏可操作性和规范性，给民办教育的相关各方造成新的利益摩擦风险。

2. 一些区域政策对长期性和系统性关注不够

除了制定中央政策法规的地方配套，各个地区还自行制定了一些民办教育相关政策法规。总的来说，这些"自主"政策对民办教育的区域特色发展起到了巨大的推动作用，也为中央相关政策法规的酝酿制定贡献了地方智慧。不过，许多区域政策对政策的长期性和系统性关注不够，造成政策波动，无法发挥政策"稳定器"的作用。首先，政策缺乏长期性。许多地方政策制定往往围绕地方当前出现的问题展开，过于关注眼前

① 陶西平：《抓住新机遇迎接新挑战》，《人民政协报》2010 年 7 月 28 日，第 10 版。

的“热点问题”，虽然有比较好的时效性，但是政策制定的长期意识不够，多为“头痛医头、脚痛医脚”似的救火政策，时过境迁，就凸显出政策与实践的不适应。其次，由于政策制定缺乏系统性思维，无法准确抓住问题的根本原因，政策带有一定的盲目性，陷入“头痛医脚”的监管错位和“政策打架”的政策内耗局面。

3. 政策的落实和变更还存在问题

无论是中央的政策法规还是地方配套政策法规或是地方自主政策，能否有效发挥作用，政策的落实是关键。一些地方在政策的落实上一方面不够充分，执行“打折扣”，无法将民办教育发展的相关扶持政策落到实处；另一方面，政策在落实过程中，由于具体执行部门理解上的偏差，无法较好体现中央政策法规的精神，甚至背道而驰，对民办教育发展产生不利影响。同时，一些地方对政策的变更不够慎重，对政策变更的密度和频度把握不好，造成一些区域政策匆匆出台，又频频变更，尤其是当原有区域政策的适应性和匹配性出现问题时，容易“朝令夕改”，让民办教育从业者疲于应付，进一步加剧了市场波动，无法形成民办教育发展的稳定地方政策环境。

二、生存发展空间受到挤压

从历史发展进程看，民办学校的生存发展空间受到需求总体规模、公办学校规模和行业竞争态势的影响较大。当教育需求旺盛，市场总体规模扩张速度明显大于公办学校规模扩张速度和潜在竞争者进入速度时，民办学校的生存空间将会得到释放；当教育需求萎缩，市场总体规模增长趋缓，公办学校规模扩张加速、行业竞争加剧时，民办学校生存空间就会受到挤压。

（一）教育适龄人口下降导致生源规模萎缩

民办学校生存空间的大小，生源是一个重要衡量指标。生源是民办学校生存的命脉，是教育需求总量的直接反映。当前，随着教育适龄人口的下降，民办学校的生源困境日益突出，生存空间不断受到挤压。

1. 教育适龄人口与生源规模的关系

生源总体规模与教育适龄人口规模密切相关。教育适龄人口规模直接决定了民办学校生源总规模的大小，对民办学校的实际生源和潜在生源的绝对数量都有直接影响。一旦教育适龄人口数量产生波动，教育市场的“蛋糕”也会同步发生变化，民办学校在总体生源规模中所占的绝对份额也会相应受到影响。

2. 教育适龄人口下降导致民办学校“生源危机”

虽然近年来我国人口政策发生了重要变化，“全面二孩”政策开始实施，但人口变化趋势具有较大的惯性，新政策的效应全面释放还需要时间，新政策的实际效果还有待进一步观察。因此，人口老龄化、若干学段的教育适龄人口持续下降等趋势还将持续相当长的一段时间。从我国人口结构变化趋势看，少儿人口比重将持续下降，从2015年的17.2%将下降至2030年的14.8%。（见图5-15）①

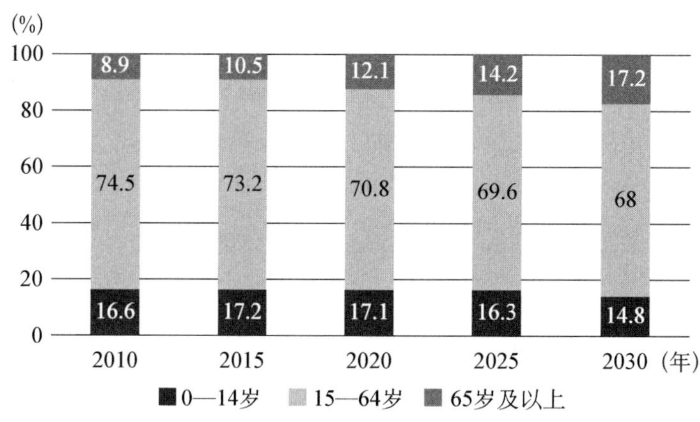

图5-15 我国人口结构变化趋势

资料来源：清华大学课题组，《2016—2030经济社会发展对教育需求影响研究（征求意见稿）》。

从各级各类民办学校的适龄人口看，小学阶段人口在2022年后将逐步下降，2030年降至8 890万人；初中阶段人口峰值年份将出现在2023年，为4 853万人，随后逐步降至2030年的4 651万人；高中阶段人口2030年将降至4 713万人。②

民办高校面临的生源形势最为严峻。就高等教育适龄人口而言，2008年我国高等教育适龄人口（18—22岁）达到最高峰，之后呈现逐年下降的趋势，估计到2018年，高等教育适龄人口仅为2008年的58%。据教育部公布的数据，2009年全国高校招生

① 清华大学课题组：《2016—2030经济社会发展对教育需求影响研究（征求意见稿）》。

② 中国社会科学院课题组：《人口变动与教育供给（初稿）》。

报名人数为 1 020 万，比 2008 年减少了 40 万，降幅为 3.8%。这是多年来高考报名人数的首次下降。2010 年全国高考报名人数比 2009 年又下降 65 万。其中，部分省市下降极为明显，如北京下降 20%，上海下降 19.28%。2016 年，全国 13 个省份的高考报名人数均出现不同程度的下降，其中，北京、辽宁、江苏等省份更是创下近年来的新低。

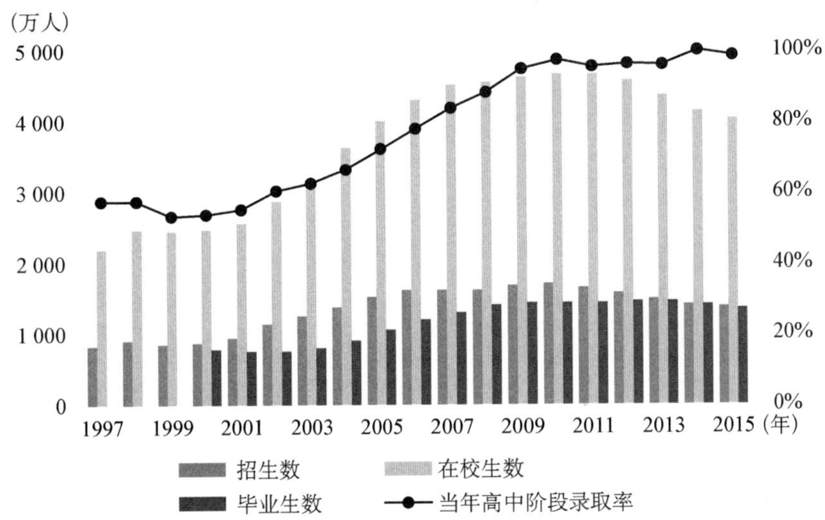

图 5－16　全国高中阶段招生数、在校生数、毕业生数及当年高中阶段录取率(1997—2015 年)

资料来源：根据教育部资料整理。

高等教育适龄人口的减少，使高校之间的生源竞争更趋激烈，民办高校生源减少的问题日益严重，给民办高校带来了巨大的生存压力。义务教育和高中教育阶段同样面临适龄人口下降带来的生源冲击。一些普惠型民办学校，将直接面临生源减少的困境，生存环境恶化；而一些以升学导向为主的民办学校，则生源竞争愈加激烈，尤其是对优质生源的争夺更趋白热化，一旦政策出现波动，将影响这类学校的生存。

(二) 公办学校对生存空间的挤压

虽然改革开放 40 年来，公办学校和民办学校之间基本形成了“共同发展”的良好局面，但不可否认，公办学校和民办学校依然存在竞争关系，在某些领域，替代性竞争还比较明显。民办教育生源的相对规模因公办教育办学规模、办学质量的变化而变化，公办教育对生源的争夺，直接影响民办学校生存空间的大小。

1. 公办学校不断壮大

随着我国经济社会的发展，公共资源投入逐年加大。2012 年国家财政性教育经费支出 2.2 万亿元，占 GDP 的比例达到 4.28%。从 2008 到 2012 年五年，国家财政性教育经费累计支出 7.9 万亿元，以年均 20%多的速度增长，是改革开放 35 年来教育经费增长最快、增加最多的五年。2012 年国家财政性教育经费支出超过 2 万亿元，比 20 年前增加了将近 25 倍[①]，公办学校实力日益壮大。

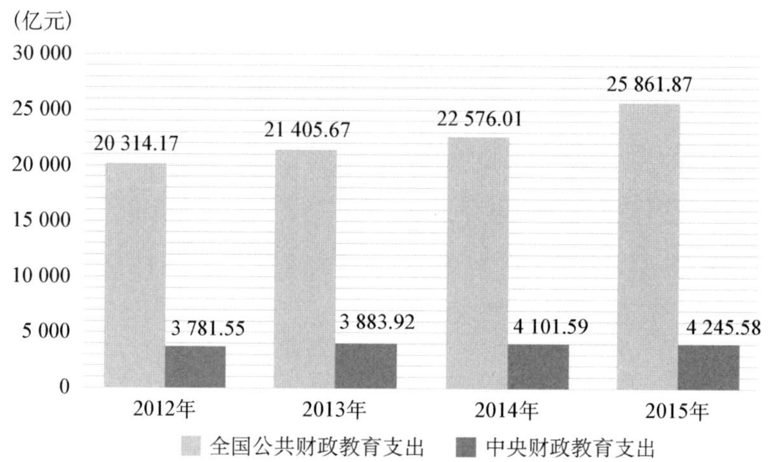

图 5-17 全国公共财政教育支出(2012—2016 年)

资料来源：根据教育部资料整理。

2. 公办学校在规模和质量上不断挑战民办教育"传统领域"

从公办学校的规模上看，总量不断扩张。随着国家优先发展教育、建设教育强国战略的推出，公共财政对公办教育的投入力度进一步加大。2015 年，全国教育经费总投入为 36 129.19 亿元，比上年的 32 806.46 亿元增长 10.13%。其中，国家财政性教育经费为 29 221.45 亿元，比上年的 26 420.58 亿元增长 10.60%。[②] 公办学校的整体

---

① 教育部网站："把教育经费花到最需要的地方——专访教育部党组副书记、副部长杜玉波"，http://old.moe.gov.cn//publicfiles/business/htmlfiles/moe/moe_176/201402/164144.html(检索日期：2017 年 12 月 18 日)。

② 教育部，国家统计局，财政部："2015 年全国教育经费执行情况统计公告"，http://www.moe.edu.cn/srcsite/A05/s3040/201611/t20161110_288422.html(检索日期：2017 年 12 月 18 日)。

规模持续扩张，在生源总规模固定的情况下，各级各类民办学校可能获得的份额相应减少，生存空间面临挤压。另一方面，国家也加大了对教育公平的推进力度，公办教育资源的布局和配置日益均衡，公办教育资源向原本薄弱或者"空白"的领域开始全面扩张和渗透，新增教育经费主要向农村、边远、贫困和民族地区倾斜，向弱势群体倾斜。这对以往利用公办教育薄弱和"空白"地带发展起来的"拾遗补缺"型民办学校产生了挤压，生存空间面临萎缩。

从公办学校的办学质量上看，品质不断提升。随着国家教育改革的不断推进和教育投入的逐年加大，各级各类公办学校的办学质量稳步提高，形成"优势加大"、"短板补齐"的态势，对民办学校形成巨大的竞争压力。在公办教育本来就具有明显优势的高等教育领域，民办高校与公办高校的质量差距被进一步拉大；在民办教育比重最大的学前教育领域，公办幼儿园的办学质量稳定提高，未来还将进一步提升，对民办普惠型幼儿园冲击较大，而一些优秀公办幼儿园的办学质量与民办高端型幼儿园相比差距并不明显，学费却具有明显优势。这些都对民办学校的生源产生"虹吸"作用，生存空间挤压效应明显。

表 5-9　公、民办高校生源变化对比(2010—2012 年)

学校类型	实际报到人数			计划完成率(%)		
	2010 年	2011 年	2012 年	2010 年	2011 年	2012 年
市属高校总计	113 695	110 878	109 501	93.74	91.58	89.30
公办高校	85 591	83 989	83 927	97.23	95.50	93.76
民办高校	28 104	26 889	25 574	84.50	81.14	77.26

资料来源：根据公开资料整理。

(三) 行业竞争日趋激烈

民办学校在某种程度上是市场经济的产物，而竞争是市场经济的基本特征之一。民办学校可以说从诞生伊始，就面临着市场竞争的挑战。近年来，随着民办教育市场的规模扩大，在政策、资本和技术的三重驱动下，行业新竞争者不断涌现，使民办教育市场的竞争格局进一步复杂化，程度更趋激烈。

1. 民办学校的行业竞争关系

从行业竞争的参与者看，根据迈克尔·波特（Michael Porter）的五力竞争模型，民办学校的竞争者主要包括行业内现有竞争者、新竞争者和替代品竞争者。而从买卖双方的竞争关系看，民办学校整体上处于“买方市场”，尤其是在民办高等教育领域，买方市场的特征尤为明显。民办学校在新一轮的市场竞争中面临严峻的挑战，办学风险有所升高。

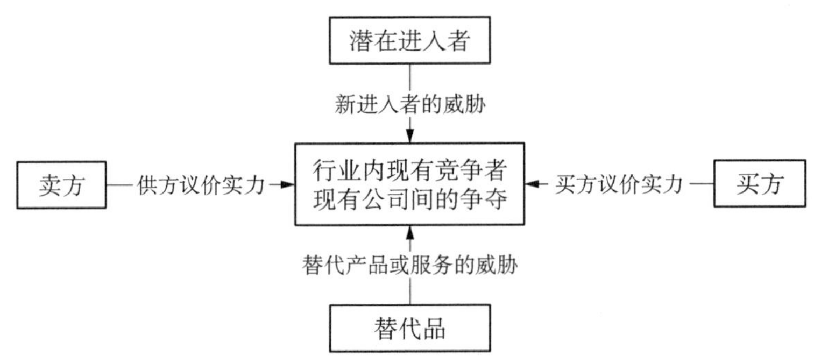

图 5-18 迈克尔·波特的五力竞争模型

2. 现有民办学校竞争加剧

在市场容量一定的情况下，现有民办学校的竞争受到民办学校数量、办学质量和政策等因素的影响较大。从民办学校的数量看，截至 2016 年，全国共有各级各类民办学校 17.17 万所，比上年增加 8 253 所，其中：民办幼儿园 15.42 万所，民办普通小学 5 975所，民办普通初中 5 085 所，民办普通高中 2 787 所，民办中等职业学校 2 115 所，民办高校 742 所（含独立学院 266 所），民办的其他高等教育机构 813 所。另外，还有其他民办培训机构 1.95 万所。[①] 除民办中等职业学校外，其他各级各类民办学校均保持明显的增长态势。

现有民办学校在数量规模上持续扩张，而同期民办教育各个阶段的适龄人口数量却没有明显增长，甚至在某些学段还有明显下降，导致在民办高等教育等领域和一些

① 教育部：“2016 年全国教育事业发展统计公报”，http://www.moe.edu.cn/jyb_sjzl/sjzl_fztjgb/201707/t20170710_309042.html（检索日期：2017 年 12 月 18 日）。

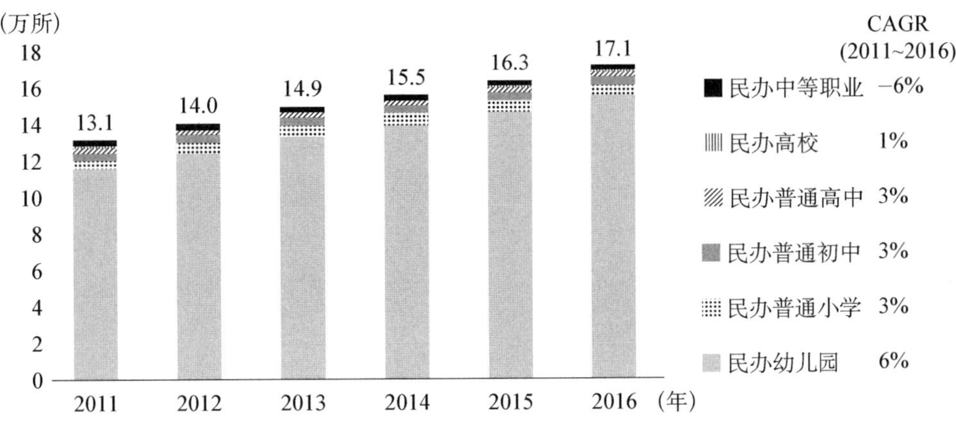

图 5－19　民办教育各阶段学校数量及年复合增长率

资料来源：德勤研究。

民办学校相对集中的地区，出现民办教育资源“局部过剩”，生源竞争更加激烈，相当多的民办学校在愈演愈烈的生源争夺战中面临生存危机。

从民办学校的办学质量看，许多民办学校办学特色不够明显，教育教学和人才培养模式同质化现象比较普遍，在同类民办学校之间无法形成有效的差异化竞争和错位竞争，造成同业竞争进一步加剧，一些民办学校和培训教育机构只能依靠营销战和价格战等手段进行低层次竞争，造成市场竞争更为无序紊乱。

从政策的影响看，政策导向对现有民办学校竞争格局的影响也不容忽视。比如，在实施分类管理制度之后，国家对不同类别的民办学校实行差异化扶持和管理，不同类型民办学校之间的竞争格局因此发生改变，竞争的强度有所增加。又比如，国家正在积极推行普惠型幼儿园的普及工作，民办普惠型幼儿园之间的竞争会进一步加剧，未来办学质量较低的民办幼儿园将面临办园空间受挤压、生源竞争激烈等困难，生存压力较大。

3. 新竞争者和替代品不断出现

随着民办教育行业的发展，原先行业外的潜在进入者纷纷进入民办教育行业，加入到市场竞争之中，成为民办教育行业的新竞争者。同时，伴随中国教育市场开放程度的提高以及科技的快速发展，一些民办教育的替代品也不断出现，对民办教育市场产生外部冲击，成为另一股强大的竞争力量。

首先，跨行业潜在进入者不断进入教育行业，成为市场的新竞争者。跨行业的教育布局成为常态，大量非教育背景的潜在进入者不断进入教育市场，比较典型的是地产机构进入教育领域。上市公司的跨界则更为普遍，跨界教育并购的驱动力主要来自上市企业迫切的转型需求。由于原有的主业呈现下滑的态势，一些上市公司开始转型做教育，希望通过教育资产证券化实现双主业的转型。2016 至 2017 年 139 家并购出资方中，原主业位列前三的分别为制造业、教育业和计算机应用服务业，其中制造业和计算机应用服务业的占比总和已将近 50%。[①]

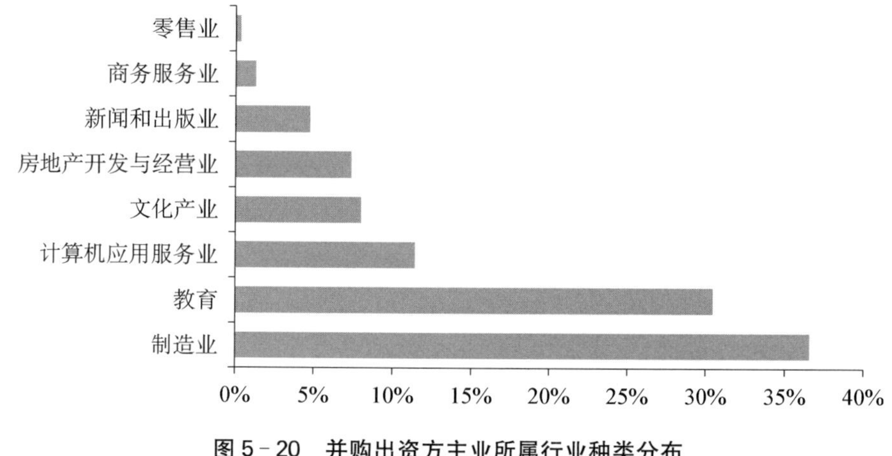

图 5-20 并购出资方主业所属行业种类分布

资料来源：德勤研究。

其次是国外教育资源的冲击。随着我国教育市场对外开放程度的不断加深，教育行业面临国外优质教育资源“引进来”和国内受教育人口“走出去”的双向挑战。《教育法》修订后，国家大力鼓励开展中外合作办学，一些国外资本和教育资源陆续进入中国教育市场，对民办学校形成新的冲击。在一些新兴教育领域，比如 STEAM 教育等，培生、乐高等国际化教育机构积极介入中国市场，行业竞争日趋激烈。与此同时，自费海外留学现象越来越普遍，特别是在高等教育领域，已经成为我国高等教育的重要替代

① 德勤研究：《迈向新高度：2017 年德勤教育行业报告》。

品之一。教育部公布的数据显示，2016 年我国出国留学人员总数为 54.45 万人，较 2012 年增长 14.49 万人，自费留学共 49.82 万人，占出国留学总人数的 91.49%。此外，近年来留学人员低龄化趋势也愈发明显，海外留学已经向基础教育阶段扩展。由于接受国内国际化教育和自费海外留学的人群主要为公立教育系统的流出生源，传统上一直是民办教育系统中国际化教育和"高端"服务的主要生源群体，因此，在当前国外教育资源一进一出的挑战下，民办教育行业中目前定位为"高端"的民办学校的竞争压力会进一步加大。

此外，科技的进步也促使互联网技术等新兴科技在教育领域的应用更为便捷，成本更为低廉。由于这些"科技＋教育"的新兴教育形式在时间和空间上的灵活性以及宽松的门槛，受教育者对教育机构的依赖性明显降低，自学能力和自我教育的能力得到不断提升，受教育者可以摆脱教育市场上教育产品的限制，对教育资源进行自主整合，满足自己的教育需要。因此，受教育者借助科技的力量，不仅在高等教育领域进行"学习革命"，也在基础教育、职业教育和终身教育领域不断进行融合，这对传统教育形式的替代作用正在不断扩大，民办教育的相当一部分教育需求面临被科技替代品外部吸取的风险，竞争形势更趋复杂。

三、体制机制优势有所弱化

除了制度和生存空间的压力，原有体制机制优势的弱化也同样制约着民办学校未来的发展。公益意识不强、经费制约严重、办学条件薄弱、内部治理滞后等现象依然普遍存在，成为民办学校难以发挥体制机制优势的主要障碍。

（一）公益意识有待增强

长期以来，与公办学校相比，民办学校在办学自主权和灵活性方面具有独特的优势。但是许多民办学校举办者和管理者往往在公益性和营利性之间把握失衡，公益意识普遍不强，弱化了民办学校的社会效益，造成民办学校的体制机制优势无法明确体现，甚至出现偏差反而成为"软肋"；同时，我国民办学校办学经费主要来源于学生缴纳的学费，这种资金来源的单一化，导致部分民办学校逐利化倾向严重，弱化了教育的公益属性，对民办学校体制机制优势的充分发挥产生了不利影响。

1. 逐利化倾向比较普遍

随着我国民办教育市场规模体量的不断增大和市场化程度的不断提升，大量的外部资本开始进入教育领域，许多民办学校由起初的慈善捐资办学，逐渐转变为以获取商业回报为主的“投资”办学。以谋取利润为目的使一些民办学校热衷于“圈钱”、“圈地”，追求投资收益最大化。民办学校逐利化当前主要表现在几个方面：

首先，重收费轻培养。许多民办学校在经济利益的驱使下，高收费现象比较普遍，违规收费问题比较突出。从基础教育到高等教育，从学历教育到非学历培训，民办学校和培训教育机构普遍存在高收费的现象，“高收费”似乎已经成为民办学校的代名词。在基础教育阶段，许多民办幼儿园和中小学学费高昂，且有逐年上涨的趋势，让许多经济条件有限又存在“刚需”的家庭负担日益沉重，民办幼儿园和民办中小学“贵族化”倾向严重。在民办高等教育领域，中国校友会网大学评价课题组《2007 中国民办高校评价研究报告》显示，2006 年民办高校本科人均学费理科约为 1.11 万元，文科约为 1.95 万元；专科人均学费理科约为 7 600 元，文科约为 7 500 元；艺术类学费最高，人均可达 2.6 万元。上海、广州、杭州、北京和南京等经济发达城市的民办高校学费较高。本科一般在 1.2 万元以上，专科一般都在 1 万元以上。而在培训教育方面，高收费问题也一直为人诟病，“天价”培训屡见不鲜。在高收费的同时，一些民办教育机构还巧立名目，擅自提高收费标准，想办法多收费、乱收费，违规收费情况比较严重。而许多民办学校在收取高额费用后，通过压缩成本来提高利润率，因此提供的教育服务无法达到同样的高标准，办学质量不高，使得受教育者的投入和回报不成比例，权益受到侵害。

其次，重进轻出。由于民办学校几乎所有的办学经费都来自学费，一些民办学校除了通过高收费、违规收费等手段最大程度地获取经费外，还想方设法招揽生源，因为生源规模直接关系到民办学校的学费收入，生源就是民办学校的生命线。因此许多民办学校将招生作为学校的“第一要务”，在每年的六七月份招生季展开激烈的招生大战，甚至不择手段通过一些违规方式来招揽生源。与“重进”形成鲜明对比的是，一些民办学校“轻出”问题突出。只负责把学生招进来，而不重视学生今后如何“走出去”，学费到手就算“完成任务”，对无法获得直接经济回报的学生升学和就业问题缺乏动力，造成民办学校的毕业生既升不了学也无法很好地就业，严重损害了民办学校的办学信誉。

第三，重扩张轻建设。为了获得更大的市场份额，获取更多的经济利益，一些民办学校一味追求规模的扩张，而忽视自身建设。许多民办学校盲目追求连锁化和集团化办学，扩张速度过快，扩张规模过大，超过了自身实力和市场的容纳能力，内部的管理和教育教学跟不上，导致教育品质下降，损害了受教育者的权利。同时，为了获得市场的定价权，一些学校热衷于兼并整合，在市场上逐渐形成垄断和寡头竞争，教育消费者的议价能力被削弱，教育权益无法得到有效保障。近年来，许多民办学校和教育机构还把“上市”作为办学目标，以资产证券化作为办学目的，以盈利数据的实现来引导学校的运作，寻求在资本市场上获得资本回报的最大化，教育类资产证券化现象激增。民办学校上市后，公益性与营利性的矛盾将更加尖锐，如何处理上市公司营利最大化与教育事业公益性之间的矛盾，将是极大的挑战。

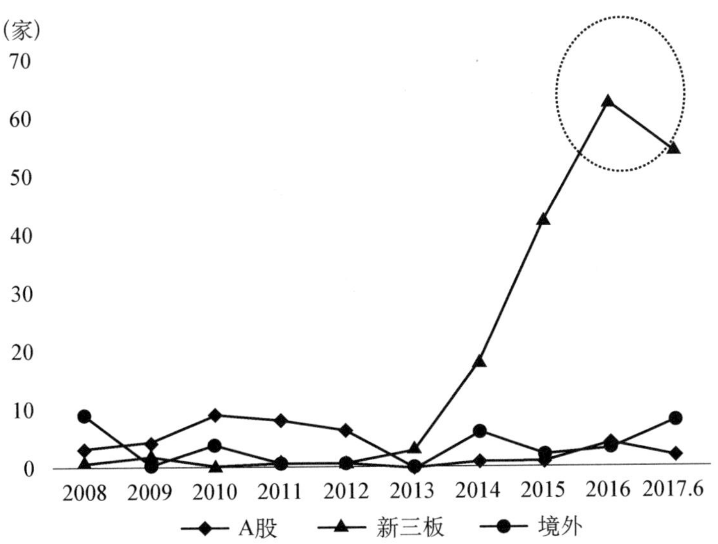

图 5－21　教育类企业上市数量与分布(2008—2017. 6)

资料来源：德勤研究。

2. 对社会效益关注不够

民办学校公益意识的问题还表现在对社会效益关注不够。一些民办学校只注重眼前的短期利益和经济利益，对有利于民办教育可持续发展和社会整体进步的长期投入缺乏动力，急功近利思想严重，办学定位没有以人为本，没有把人的培养放在首要和中心的位置，违背教育的一般规律，忽视受教育者的身心健康，出现了一些损害社会利益的现象。

许多民办学校办学缺乏长远规划，热衷追逐“市场热点”，围绕回报周期短的项目进行办学，一哄而上又一哄而散。比如，许多民办高校竞相开设短、平、快的文科专业，不愿涉足投资大、收益期长的理科专业，虽然短期上看，学校实现了自身的经济效益，但从教育输出和最终办学效益看，长期社会责任则大打折扣。同时，在短期和经济利益驱动下，一些民办学校的经费投入追求资金的快速回报，不愿在优化校园环境、改善学校软硬件条件上加大投入。比如一些民办幼儿园一味降低办园成本，减少教师工资福利、增大班额、购买劣质廉价玩教具、聘请无资格证教师、校车超载运行、降低伙食标准等，从而导致安全事故频发，严重影响保教质量。

一些民办学校在短期效益和经济效益导向下，在教育教学中忽视教育的一般规律，不关心受教育者的身心健康。基础教育阶段的许多民办学校，以升学率作为唯一办学目标，片面、过度追求升学率，全面推行“应试教育”，造成学生学业课业负担繁重。同时德育教育薄弱，体、美等教育被严重压缩甚至取消，“全面发展”沦为一句空话。而一些培训教育机构也推波助澜，校外学科补习盛行，超前学习、超范围学习现象比较严重，学生负担进一步加重，严重影响了受教育者的身心健康。同时，一些民办学校师德师风问题也比较突出，侵害未成年人权益、伤害受教育者身心的事件时有发生，严重败坏了民办学校的整体形象，对民办教育的整体行业形象造成了持久的负面影响。

3. 社会责任感缺失

部分民办学校存在虚假宣传、乱招生、乱收费、滥发文凭等问题。为了抢夺生源扩大招生规模来获取经济利益，一些民办学校向社会发出了各种虚假的招生宣传，任意夸大学校的办学实力，在办学条件、师资等方面夸大其词，利用虚假宣传吸引学生和家长。一些民办学校在学生入学之后，招生宣传中的种种承诺无法兑现，往往以各种理由进行推诿搪塞，诚信严重缺失，对民办学校的整体形象和声誉造成损害，进一步降低了民办学校的社会公信力。

一些民办学校对参与社会公益事业缺乏热心，对学校之外的社会事务采取回避态度，不愿意投入资源参与社会公共事业的建设。还有一些民办学校与所在社区之间的社会联系薄弱，对社区活动和社区建设漠不关心，“事不关己高高挂起”，成为只顾攫取经济利益的“教育公司”，而没有承担起作为“学校”应有的公共服务者的角色。因此，这些民办学校在“逃避”公益活动的同时，也失去了展现自身风采、建立良好社会声誉、树立民办学校新形象的机会。

（二）经费制约依然严重

经费问题一直困扰着民办学校的发展。长期以来，受到举办者初期投入不足、社会融资渠道单一、自营收入渠道狭窄等因素的影响，经费短缺成为制约民办学校可持续发展的一大难题。尤其是在投入较大的民办高等教育领域，经费缺口更大。随着国家对公办教育的加大投入，民办学校与公办学校的经费差距更加明显。在经费问题的制约下，民办学校的体制机制优势往往成为“无源之水”、“无米之炊”，无法发挥应有的作用，民办学校发展空间受到进一步影响。

1. 经费来源渠道单一

我国民办学校最主要的收入来源仍然是学费。尽管我国政府对民办学校也有部分经费扶持，但政府在财政上对民办学校的支持远远不够。同时由于自身问题、经济环境和社会观念等因素的影响，民办学校的外部融资难度比较大，社会捐赠和服务收入比例偏低。因此，我国绝大多数民办学校的经费来源依然比较单一，仍主要是以学杂费为主，教育经费水平总体上还是处于“以学养学”的状态。

以民办高校为例，办学资金从来源渠道上看，进入运营期后的收入主要来自学生缴纳的学费，约占民办高校运营收入的80%以上；企业投入是除学费之外的最重要资金来源，约占7%，但企业投入多为过渡资金，最终仍要从学费收入中予以偿还；政府资助性拨款在我国民办高校发展历程中一直占比不高，只有4%；相比于西方发达国家作为重要收入来源的捐赠和学校自营收入，在我国民办高校的日常运营中所占比例很小，几乎可以忽略不计，约只占0.4%和0.2%。①

① 周海涛，张墨涵：《如何突破民办高校筹资的困境》，《国家教育行政学院学报》2015年第2期。

表 5-10 我国民办高校经费来源构成

年份	数据类别	学杂费	举办方投入	捐赠	政府拨款	学校自营	其他	合计
2008	数值(亿元)	273.11	31.92	1.25	8.64	0.72	8.99	324.63
	百分比(%)	84.13	9.83	0.39	2.66	0.22	2.77	100
2009	数值(亿元)	362.65	30.17	0.96	16.54	1.41	7.22	418.95
	百分比(%)	86.56	7.20	0.23	3.95	0.34	1.72	100
2010	数值(亿元)	425.69	33.10	1.69	18.97	0.86	7.76	488.07
	百分比(%)	87.22	6.78	0.35	3.89	0.18	1.59	100
2011	数值(亿元)	481.60	26.96	1.23	26.74	0.85	8.42	545.8
	百分比(%)	88.24	4.94	0.23	4.90	0.15	1.54	100
2012	数值(亿元)	522.48	33.29	1.65	43.18	0.74	17.08	618.42
	百分比(%)	84.49	5.38	0.27	6.98	0.12	2.76	100

资料来源：周海涛，张墨涵：《如何突破民办高校筹资的困境》，《国家教育行政学院学报》2015 年第 2 期。

另据调查，在抽样的 38 所民办学校当中，学费收入占学校总收入 100%的有 14 所，占 90%的有 9 所，占 80%的有 8 所，占 70%的有 4 所，占 60%的有 1 所，占 50%的有 1 所，占 40%以下的有 1所。由此可见，在我国，大多数民办高校是以学费作为财政的主要支柱。① 在民办教育的其他领域，学费收入在民办学校办学经费来源中的比例同样居高不下，学费收入已经成为许多民办学校的“命脉”。

这种经费来源单一且严重不足的情况使许多民办学校的办学条件一直得不到较大改善，尤其是教学仪器设备、图书资料等硬件极其匮乏，这必然会影响到教学质量的提升，经费上的困难严重制约了民办学校的健康发展。而单一的筹资渠道也存在巨大的资金调度隐患，尤其是近年来民办教育生源危机加大，一旦生源大幅减少，学校的资金链就容易发生断裂，部分学校或将面临无法正常运营的风险。

2. “以学养学”模式问题突出

在无法像公办学校一样得到大量政府资助的现实下，未来很长一段时间内学费仍

① 邬大光：《中国民办高等教育发展状况分析(上)》，《教育发展研究》2001 年第 2 期。

然是我国民办学校的主要经费来源。一些民办学校不得不继续通过收取较高学费的方式维持运转。比如,我国民办高校的学费一直保持快速上升的势头,《2009 中国民办高校评价研究报告》显示,我国民办高校人均学费是公办高校的两倍左右,造成部分民办高校新生报到率偏低。

以学杂费作为最主要的经费来源极易造成民办学校对学杂费的依赖性,一旦出现生源数量下降的情况,学校将不得不面对倒闭的危险。依赖学费收入往往有两条路径:一是提高学费标准,二是扩大学生规模。[①] 学费标准的提高受制于其他学校的竞争或国家政策的调控,既不容易实现,同时又会面临生源流失的风险;而规模扩张至超出自身办学条件的限度,则会带来生源质量的下滑,无异于"饮鸩止渴"。因此,在"以学养学"经费模式下,民办学校在学费收取问题上往往陷入两难:如果学费收取过少,则不能维持高水平的办学和运行;如果学费收取过多,则又要面临提高学费标准或扩大学生规模带来的风险,使得民办高校难以摆脱资金短缺—扩张规模—生源质量下降—教育质量差—招生困难—资金更加短缺的恶性循环局面。经费制约成为民办学校发展过程中一个巨大的障碍。[②]

3. 开辟筹资新渠道困难重重

除了学费收入外,民办学校开辟筹资新渠道面临诸多困难。从民办学校的经费构成看,想要在学费之外的其他来源中挖掘经费潜力的难度比较大。

虽然国家对民办学校的财政支持在逐年增加,但是由于民办学校的社会力量办学性质,注定无法像公办学校一样获得足以维持学校运转的财政经费支持;举办者的追加投入受到其自身财务状况和经济景气度的影响,同时举办者的追加投入还依赖其个人意愿。因此,这部分经费来源不够稳定,不确定性比较大;受到整体公信力偏低这一状况的影响,民办学校寻求外部融资的难度也比较大,银行等金融机构对民办学校的偿还能力存疑,贷款审核比较严格,而负债经营本身的风险也比较大。资本市场融资条件则更为苛刻,无法成为民办学校的普遍选择;受到文化和社会观念的影响,在国外盛行的社会捐赠也不普及,加之相关政策和法律的缺失,社会人士对捐赠缺乏意愿;民

① 陈武元:《中国民办高校如何走出办学水平不高的困境》,《教育研究》2011 年第 7 期。
② 同上注。

办学校的经营和服务类收入则受到民办学校自身能力的制约，无法形成大量、稳定的经费来源；一些非传统集资融资渠道和手段则囿于目前法律法规的限制，具有比较大的法律风险，不适合采用。

因此，目前民办学校在开辟筹资新渠道的过程中面临较大困难，很多民办学校又不得不回到"以学养学"的老路上来。

（三）教育质量有待提升

教育质量是民办学校的生命线和核心竞争力。当前，民办学校教育质量参差不齐，不同教育阶段表现出了不同特征。在基础教育和高中阶段，教育教学质量离散度比较高，不同类型学校之间质量相差悬殊；在学前教育阶段，办学质量良莠不齐的现象也普遍存在，许多民办学前教育机构的教育教学质量亟待提高；在高等教育阶段，就毕、结业生就业状况而言，总体处于较低水平。① 民办学校教育质量的不尽如人意，导致民办学校的体制机制优势难以在办学效益上得到体现。

1. 办学定位有待明晰

办学定位是民办学校开展教育教学活动的立足点和出发点。一些民办学校办学定位不明确，人才培养模式缺乏特色，导致教育教学活动出现偏差，影响了最终的办学质量。

在一些民办幼儿园，虽然推出了所谓特色课程，实际上没有深刻理解和掌握这些先进教育理念的实质，同时又缺乏相应的师资，这种情况下，无法真正实践先进的教育理念，甚至违背幼儿教育的规律。而在许多民办中小学，办学定位简单地围绕升学率展开，导致升学竞争和生源争夺加剧，教育教学活动以"应试"为主，教育教学的结果与"全面发展"差距非常大，毕业生一旦升学失败，对今后的学习生活将无所适从。

民办高校存在的主要问题是不顾自身的办学条件和培养对象的情况，盲目移植公立本科院校的做法和教育质量标准，把精英型人才的培养模式和培养目标稍作简化、修改后套用到专科层次的以实用技术为主的应用型人才的培养中。民办高校人才培养质量提升的核心在于人才培养模式的创新和质量控制，许多民办高校人才培养模式

① 教育部教育发展研究中心课题组："我国民办高等教育发展现状分析"，http://old.moe.gov.cn//publicfiles/business/htmlfiles/moe/moe_408/200412/4744.html（检索日期：2017 年 12 月 18 日）。

整体创新不足，缺乏实质性的改革，培养方案僵化，民办院校之间所开设的专业重复率偏高。以上海地区的高职院校(以民办高职居多)为例，其普通金融类专业重复率为5.0，旅游贸易类专业重复率为8.0，综合通用类专业的重复率为9.2，而信息技术类专业的重复率更是高达16.1，大大超出了业界比较公认的3.5—4.0的适合区间。专业结构趋同，技术含量偏低，办学特色欠缺，既加剧了民办高校之间的恶性市场竞争，也影响民办高校的深入持久发展。同时，部分民办高校专业调整具有盲目性，对专业人才的社会需求趋势、人才培养的时滞性和自身办学条件等专业设置的相关要素论证分析不足，忽视自身特色专业的培育，反而对社会热点专业过度迎合，一旦生源下降或是行业需求饱和，对学校专业建设的长期稳定发展会带来较大风险。

此外，民办高校人才培养过程"重理论、轻实践"，许多高校的课程体系是建立在学科体系基础上的，过分重视知识的系统传授、强调学科严密的系统性，忽视专业性与实践性，忽视对学生能力的培养，而且在学习效果的评价方法上依然局限于纸笔测验；缺乏实践能力强的教师，很多学校仍大量聘请公办学校退休教师授课，教学模式往往照搬公办大学，教学方法单一，很多民办高校兼职教师比例过高，导致学校教学秩序混乱。

2. *办学条件亟须改善*

办学条件是影响教育教学质量的重要因素。当前，许多民办学校的办学条件还不尽如人意，在硬件和软件方面都存在明显的不足，对教育教学质量造成不利影响。

在办学硬件方面，民办学校普遍在校园校舍、设施设备、图书资料等方面投入不足。在民办学前和基础教育阶段，除了一些资金雄厚的"高端"民办学校外，大多数民办幼儿园和中小学与公办学校差距明显，一些学校甚至无法达到基本的办学条件标准，尤其是在办学门槛较低的民办学前教育领域，许多民办幼儿园的硬件设施比较简陋，制约了高质量教育教学活动的展开。

办学条件是衡量高等教育机构发展水平的一个重要指标，在办学条件要求较高、硬件投入巨大的民办高等教育领域，民办高校之间在办学硬件方面的差距比较大。根据教育部2001年的调查，被调查的民办高等教育机构的固定资产总值平均已超过2 000万元，平均占地面积超过5.7万平方米，平均建筑面积超过1.8万平方米，平均教学仪器设备价值达到235万元，图书校均4万多册。其中各项指标的最大值是：固定资产3亿元、自有建筑面积18万平方米、教学仪器设备价值将近2 700万元、图书超过100万册。可以说,目前少数民办高等教育机构的办学条件与公办高校相比也毫不逊色。但是,调查结果显示,在民办高等教育机构之间存在着办学条件上的巨大差异。比如,固定资产最少的机构只有1 600元、建筑面积200平米、教学仪器设备价值5 000元、图书200册。各项指标的标准差和离散度也说明了这一点。可以说,机构间在办学条件上存在着巨大差异,或者说发展水平的不平衡,是我国民办高等教育的一个基本特点。①

表5-11 民办高教机构的办学条件状况

	固定资产(万元)	占地面积(平米)	建筑面积(平米)	自有建筑面积(平米)	租用建筑面积(平米)	教学仪器设备(万元)	图书资料(厅册)
有效样本学校数(所)	(146)	(131)	(145)	(100)	(93)	(137)	(137)
平均值	2 015.59	57 167.03	18 108.63	19 650.5	8 792.09	235.27	4.11
标准差	4 336.02	104 843.9	28 632.34	29 431.12	14 101.25	378.93	12.64
最小值	0.16	400.0	200.0	50.0	80.0	0.5	0.02
最大值	30 000.0	739 200.0	180 000.0	180 000.0	100 000.0	2 696.5	105.0
离散度*	2.15	1.83	1.58	1.50	1.60	1.61	3.03

资料来源:教育部教育发展研究中心课题组:我国民办高等教育发展现状分析,教育部网站,http://old.moe.gov.cn//publicfiles/business/htmlfiles/moe/moe_408/200412/4744.html。

在办学软件方面,民办学校师资队伍比较薄弱。教师是提高教育教学质量的关键因素,由于福利待遇、发展空间等方面的差距,民办学校与公办学校相比,最大的问题是缺乏一支高水平的教师队伍,这已经成为影响民办学校健康可持续发展的突出难题。虽然在一些"明星"民办学校和部分培训教育机构,教师队伍的质量较高,但整体而言,无论从教师的学历层次、年龄还是专业水平来看,民办学校与公办学校之间仍存在不小的差距。特别是在对专业素养和职称条件要求较高的高等教育领域,民办

① 教育部教育发展研究中心课题组:"我国民办高等教育发展现状分析",http://old.moe.gov.cn//publicfiles/business/htmlfiles/moe/moe_408/200412/4744.html(检索日期:2017年12月18日)。

高校与公办高校之间的师资差距还在进一步扩大。民办学校师资队伍的问题主要表现在：

民办学校教师队伍的学历、职称结构和年龄结构不尽合理，教师队伍整体素质有待提高。民办高校的教师主要来源于公办高校的退休人员和大专院校刚毕业的硕士、博士研究生，整个队伍结构呈现明显“中间小，两头大”的特征，中年高学历、高职称的骨干教师极其匮乏。对上海市19所民办高校专职教师的调查发现，只有少数专职教师有正高级或副高级职称，具有正高级和副高级职称的教师分别占民办高校专职教师总数的1.41%和8.09%，与公办高校相比差距非常明显；民办中小学教师队伍中中高级职称的教师较少，骨干教师的年龄偏大；由于民办幼儿园教师的进入门槛相对较低，政策上的监管也存在空白，民办幼教的师资普遍不好，教师学历普遍较低，持证教师比例偏低。2015年11月教育部发布的《学前教育专题评估报告》显示，2014年专科以上学历教师占比66%，农村地区不到50%；有幼教资格证的教师占比61%，持非幼教教师资格证的占比17%，无证教师占比22%，农村地区无证教师比例高达44%。这不仅导致教育教学质量低下，师德师风问题也比较突出。

民办学校教师队伍专业人才缺口大。在薪资普遍不高的情况下，幼师队伍缺口的弥补成为难题。根据国家统计局的数据，2014年在职幼儿教师有约184万人，师生比已经从2010年的1∶27提高到1∶22，但与1∶5到1∶7的目标仍有非常大的差距；在民办高校，除教师总数不足外，一方面很难引进高层次、高水平人才，学科领军人才奇缺，另一方面应用型和“双师型”教师也严重不足。

民办学校教师队伍缺乏稳定性，人才流失严重。由于民办学校在福利待遇、教师编制和上升空间方面存在的问题，教师队伍的流动性比较大，难以留住人才。教育部针对民办高校教师2001年的调查显示，从教师的收入状况看，平均年薪约为12 000元，最高的机构年薪4万元，最低的只有3 000元。这一年薪水平低于全国公办高校的平均水平。可见除少数工资较高者外，民办高教机构的教师工资水平与公办高校相比，不具竞争力。除工资外，民办学校为教师支付各种社会保险的机构很少。①

① 教育部教育发展研究中心课题组：“我国民办高等教育发展现状分析”，http://old.moe.gov.cn//publicfiles/business/htmlfiles/moe/moe_408/200412/4744.html（检索日期：2017年12月18日）。

表 5-12 教师工资福利状况

	平均年薪(120)	养老保险(35)	住房公积金(20)	医疗保险金(26)	失业保险金(19)
平均值	11 932.1	2 350.9	1 158.4	1 454.7	932.3
标准差	6 589.5	2 799.0	1 275.3	2 447.3	2 247.8
最小值	3 000	80	100	20	56.8
最大值	40 000	10 000	3 570	10 000	10 000

资料来源：教育部教育发展研究中心课题组：我国民办高等教育发展现状分析，教育部网站，http://old.moe.gov.cn//publicfiles/business/htmlfiles/moe/moe_408/200412/4744.html。
注：表格括号内数字为样本校数(所)。

因此，民办高校很难留住高水平高层次人才，中青年骨干教师也不断被同类公办高校持续增长的物质待遇和相对较好的发展环境所吸引而陆续流失，这使得民办高校更加难以构建起合理的教师团队和学科人才梯队，影响了教师队伍整体素质的提高，教师的高流动性也直接影响了教学质量。

3. 办学过程亟待管控

拥有较高办学自主权的民办学校，办学过程中的管理亟待加强。许多民办学校的办学定位已经明确，办学条件也能达标，但办学的管理效益却远不如预期。主要存在以下问题：第一，学校规章制度不健全、不符合实际情况，许多学校规章制度流于形式，形同虚设；第二，受传统教育管理模式影响，管理的规范性和程序性差，随意性比较大，管理中的“人治”现象还比较普遍；第三，缺乏有效的管理考核机制，不注重日常的质量预防和控制。

从教育过程的设计上看，许多民办学校没有从起点和源头、从“顶层设计”上提高日常教育过程的管理质量，教育过程设计不科学不合理，教育活动的规章制度不符合实际情况，无法得到具体落实。同时，许多民办学校在按照合理的规章制度运行后，缺乏相应的跟踪监控系统，不能及时发现问题，大多数民办学校的内部质量管理和监控体系建设比较薄弱，引入全面质量体系来进行办学过程控制的学校比例还比较小，造成民办学校在传统的办学管理体系下无法对办学过程进行有效管理和监控。

从教学的角度来看，问题主要有以下几个方面：首先，缺乏日常教育教学管理活动顺利开展的保障体系，没有突出教学的中心地位，在教学方面没有建立符合学校实际的教学过程监控和教学效果评价体系；其次，缺乏经费保障和人才保障。在缺少广泛的融资渠道的情况下，教学资金的投入有限，教学骨干教师培养和引进缺乏力度，无法形成教学质量与社会口碑的良性循环体系；第三，没有构建现代教学管理制度。许多民办学校在办学定位明确后，没有在办学定位的基调上及时建立科学、规范的教学管理制度，在课程和教学中无法有效突出办学特色。

此外，过程管理还受到很多非过程性因素的影响（比如领导因素、人力资源因素、文化因素、管理理念等），在目前民办学校的管理思想和质量管理体系下，高质量地进行办学过程管理和控制具有一定的难度，必须加大投入，搭建科学的过程管理体系，进行全面、系统的管理体系建设和改革，才能对办学过程进行科学有效的管理，一般很难通过局部改良来完成。

（四）内部治理问题突出

民办学校因为缺乏完善的现代学校制度体系，所以其内部治理问题就变得比较突出。表现在比较容易出现家族化管理的倾向，学校的相关管理制度也不规范，造成民办学校体制机制优势反而成为"野蛮生长"的"劣势"。

1. 家族化管理倾向比较严重

由于私人办学的原因，许多民办学校的家族化管理倾向比较严重，无法建立健全法人治理结构。内部治理家族化主要有三种形式：一是"夫妻老婆店"式。这种形式的民办高校以夫妻双方并肩创业、共同管理为基本特征，一般是其中一人为学校法定代表人，主管学校全局，另一人则掌控学校财务、采购、基建等关键业务。二是"老爷父子兵"式。即现有的学校（尤其是少量投入、滚动发展起来的学校）创办人，为不使学校控制权旁落，往往以培养自身接班人为目的，安插自己的子女进入学校关键领导岗位，分兵把守，掌控大局。三是"同宗血缘式"。这种类型的民办高校，其高层领导的亲属化范围更广，对学校内部管理事务的渗透程度也更深。

家族化管理的弊端主要表现在以下几个方面：第一，家族化管理容易导致家族利益或举办者利益最大化。由于缺乏内部监督，加之举办者通常都是成功的企业家或曾经的创业者，经验积累和思维定势促使他们习惯于把企业治理经验和方法运用在办民办学校管理上，这就不可避免地将经济利益最大化作为主要目标。第二，家族化管理的人治色彩浓厚。主要体现在办学决策上，举办者的决策依赖于举办者个人或家族力量，因而决策的科学性就难以得到保证。第三，家族化管理使举办者对学校拥有绝对控制权。家族化管理对民办学校的绝对控制权主要表现在对"用人权"和"财权"的绝对控制上。在民办学校的关键管理岗位设置和任用上，往往是任人唯亲而非唯才是举，严重影响民办学校的长远发展。

2. 决策、执行和监督机构建立滞后

许多民办学校的决策、执行和监督机构建立滞后，同时在实际行使职权过程中受到的干扰较多。根据教育部 2001 年的数据，在机构内部的管理体制上，样本机构中实行董事会领导下的校长负责制的机构有 106 所，占全体样本机构的 66.7%；实行校长负责制的 44 所，占 27.7%；实行其他管理形式的机构 9 所，占 5.7%。从机构的性质看，国家承认学历的高校、文凭考试试点学校和自学助考机构实行董事会管理的机构所占比例分别为 78.3%、71.2%和 60%。[①] 同时，多数民办学校还没有设立监事会等监督机构。

尽管国家陆续出台法律法规，要求完善民办学校的法人治理结构，实行董事会（理事会）领导下的校长经营负责制以及相应的监督机制，但是在具体运作过程中，一些民办学校的董事会（理事会）要么为举办者及其家族所把持，要么沦为摆设，被学校的实际控制人"架空"，无法成为代表各方利益的集体决策机构；而作为执行者的校长，往往也有名无实，学校的日常管理依然掌握在举办者的手中；监督机构的内部监督也流于形式，无法起到真正的监督纠正的作用。

民办学校的党组织建设也比较薄弱，没有很好地体现党对民办学校的领导。由于民办教育起步晚，对党建工作认识不到位，重视不够，许多民办学校党的领导和建设存在许多问题。突出的表现是民办学校党组织的覆盖面还不够广，党组织建设的规范性还有待提高，许多民办学校虽然建立起了党组织，但组织生活的开展缺乏制度化。此外，党组织在民办学校决策、执行和监督机构中的参与力度还不够，没有切实贯彻"双向进入、交叉任职"的要求。

3. 学校的规章制度建设还有待加强

首先，依法办学意识缺乏，学校的章程建设不被重视。民办学校的自主管理权应

---

① 教育部教育发展研究中心课题组："我国民办高等教育发展现状分析"，http://old.moe.gov.cn//publicfiles/business/htmlfiles/moe/moe_408/200412/4744.html（检索日期：2017 年 12 月 18 日）。

该建立在尊重学校章程、依法依章办事的理念之上，实现管理活动、办学活动有法可依、有章可循。然而相当数量的学校还没有认识到制定学校章程是为了实施章程，而实施学校章程的最终目的是为了保障学校的办学自主权，实现依法治校。不少学校将学校章程与学校一般的规章制度画上了等号，没有把学校的章程建设放到重要的位置。

其次，日常的学校规章制度不系统、不规范、不合理，缺乏可操作性。建立学校规章制度，目的是调节教育行为，规范师生关系，形成稳定的学校秩序，促使学校教育的持续健康发展。从现有的学校制度文本来看，突出问题是规章制度设计不系统；制度的语言表述缺乏规范，条款的规定比较笼统。由于缺乏可操作性，因此规章制度的执行效果不能令人满意。

此外，许多民办学校的财务公开机制不够健全。主管部门对民办学校办学经费的使用管理目前尚不健全。虽然目前我国把对民办学校的监督引入了年度检查及教育督导制度，但是对许多民办学校目前的财务监督实际效果并不理想。

执笔人：黄河

第六章

民办教育宏观政策走向及其应对

经过40年来的改革发展，民办教育已经成为我国教育事业发展的重要增长点和促进教育改革的重要力量。实践表明，民办教育在扩大教育资源、优化教育生态、激发教育活力、提升教育消费等方面，已经发挥并正在发挥至关重要的作用。按照中共十九大所作出的战略部署，未来一个时期，我国要加快建设教育强国，为此必须深化教育改革，推进教育现代化，办好人民满意的教育。从教育长远发展来看，单一的公办教育难以满足国家和人民群众的需要，只有同时吸引社会各界力量发展教育，建立并形成民办教育与公办教育共同发展的格局，才能实现教育现代化战略目标，把我国建设成为人力资源强国和教育强国。这就需要从宏观和微观两个层面同时着力，多管齐下，推动民办教育实现又快又好发展。

第一节　未来民办教育宏观政策走向①

总的来看，根据《全国人大常委会关于修改〈中华人民共和国民办教育促进法〉的决定》（简称“新法”）和国务院《关于鼓励社会力量兴办教育促进民办教育健康发展的若干意见》（简称“新政”），按照举办者是否要求取得办学收益，对民办学校实施非营利性和营利性分类管理、分类扶持，是当前和今后一个时期民办教育宏观治理的一项基础性制度安排，目的在于调适法律架构，明晰法人类属，破解长期制约民办教育改革发展的最大瓶颈。可以预见，未来民办教育宏观政策也将在分类管理总体框架下，围绕着“促进”和“规范”两大主题展开。

---

① 本书部分内容参考了董圣足的《新法新政下民办学校的定位与治理》，《教育发展研究》2017年第3期，以及董圣足的《新政之下地方民办教育制度调适与创新的若干思考》，《浙江树人大学学报（人文社科版）》2017年第2期。

一、稳步推进民办学校分类管理

对民办学校实施营利性与非营利性分类管理，无疑是我国民办教育宏观治理制度的一次重大创新，同时又是一项极为复杂的系统工程，涉及方方面面的利益调整和制度重构。围绕着营利性和非营利性民办学校分类管理改革，根据国家层面的授权和要求，在 2017 年 9 月 1 日新的《民办教育促进法》生效后，各地已经或正在紧锣密鼓进行深入调查研究，制定出台省级层面的实施意见及相关配套措施。从我国基本国情出发，出于更好吸引社会力量办学、促进民办教育健康发展考量，当前和今后一个时期，各地在制定相关配套制度、实施民办学校分类管理时，需要正确把握并妥善处理一系列敏感问题。

（一）妥善处置存量学校剩余财产归属

产权问题事关举办者（出资人）的核心利益，需要谨慎处置。根据新法授权，各地在研究制定现有民办学校终止清算剩余财产的补偿奖励办法时，应紧密结合现阶段具体国情，综合考虑初始出资、资产增值及行业属性等多种因素，作出既有利稳定又有利发展的规定，以保护和调动举办者的办学积极性。与此同时，在建立最低注册资本金及风险保证金制度的前提下，借鉴民办医疗和养老机构分类管理改革的做法及经验，在非营利性民办学校存续期间，应允许非营利性学校以“融资租赁”、BOT 等方式，适当租赁（借入）部分土地、校舍、设备以及必要的流动资金，降低办学成本，提高办学效益。

（二）全面理清两类学校配套政策体系

无论是否营利，民办教育和公办教育一样都具有正向的外部性。因此，在制度层面，对于营利性和非营利性民办学校要一视同仁，都应有鼓励措施，当然政策可以各有侧重。就目前情况看，相关法律规定及政策文本，对于非营利民办学校政策问题作了较为清晰的规定，有利于促进真正非营利民办学校的发展，而对于营利性民办学校的鼓励措施则需要进一步明确和具体化。如按现行税收政策，营利性学校完全按企业标准纳税，则未来税负将相当沉重；而对于营利性学校建设用地问题，如果完全采取“招拍挂”方式取得，也将导致办学成本大幅攀升。对此，各地在制定配套制度时应有具体回应并作出恰当安排。

（三）建立健全行业准入及退出机制

总的来看，宏观政策导向更多的是鼓励和引导民办教育走非营利性办学道路。这个方向是对的，必须坚持。但是，无论从“法无禁止皆可为”角度讲，还是从教育服务现实供需情况看，在大力鼓励和扶持非营利性学校优先发展的同时，也应该开放相应领域，允许并鼓励营利性民办学校适度发展，给予其合理的生存空间。出于特殊国情考虑，不论举办者是否主张办学收益，对于修法前成立的民办学校，依据章程及法律规定程序，还应准许其进行举办者变更、资产置换乃至启动终止清算，以促进要素流动，盘活教育资源。此外，对于面广量大的各级各类培训教育机构全面实行“先证后照”，既无可能，也无必要。为此建议，国家相关部门进一步修订涉及民办教育的法律法规时，只对面向在校生实施学科类或学科延伸类文化补习活动的培训机构，明确实施前置行政许可制度；而对其他各类实施素质（素养）教育及技能培训的机构，实施“先照后证”制度，只要法无禁止，就可直接注册登记。

（四）适度加强对民办学校的行政规制

教育是育人的活动，教育服务是一类特殊的“商品”。对各级各类民办教育机构的举办及运营，都不能放任自流，随其自生自灭，而应建立起相应的行政监管措施。不同于一般工商企业登记注册实行“先照后证”制度，对各级各类民办学校包括针对未成年学生开展学科类培训的教育机构的设立，都应依法实行前置行政许可制度，也即实施“先证后照”。同时，考虑到对民办学校实施分类管理后，大量营利性学校将应运而生，这既增加了新的市场活力，也带来了新的办学风险。为此，既要加强行政许可的前置管理，更要强化日常运行的事中事后监管工作，包括分级建立民办学校最低注册资本金和风险保证金制度，切实加强民办学校举办者变更管理等。在充分保障学校依法自主办学的前提下，相关政府部门要切实加强对民办学校办学活动的有效监管，完善民办教育质量评估督导制度，建立健全民办学校危机预警及干预机制，最大程度规避并管控好可能出现的各类办学风险。

（五）稳妥做好存量学校转设及过渡工作

我国地区差别很大，各地民办教育发展阶段、特点、水平各不相同，很难用一把“尺子”加以统一规范和调整，故对民办学校实施分类管理也不能搞齐步走、一刀切。在营利性与非营利性民办学校分类转设问题上，应按“新校新办法，老校老办法”，在法律授权下，允许存量学校实施长期过渡（一般以5—10年为宜）。在民办学校法人类型选择上，应充分尊重举办者意愿，并尽可能简化相应的转设程序，最大程度地降低制度性交易成本。同时,应根据各地实际情况,采取变通办法,允许现有十二年或十五年一贯制民办学校(教育集团),对其中的义务教育学段进行业务分拆。此外,有条件的地区或可对现有部分存量学校,实施政府(国企)赎买制度,探索混合所有制办学,尝试建立教育资产信托(基金会)制度,盘活教育资源,优化生产要素。

二、积极促进民办教育健康发展

随着社会需求不断变化升级,今后一个时期,全国大部分地区的民办教育必须也只能走创特色、提质量、塑品牌的内涵发展道路,才能更好地生存发展。除了少数区域、个别学段对民办教育尚有一定补充性需求外,多数地区、多数学段的民办学校可能都要从满足补充性需求为主转向满足选择性需求为主上来。为此,除了学校层面的意识自觉和不懈努力外,迫切需要政府层面的积极引导和大力扶持。

(一) 拓宽社会力量办学投融资渠道

除法定的负面清单即义务教育阶段禁止举办营利性学校外,按照法无禁止皆可为原则,各地应当全面放宽办学准入条件,采取相应措施鼓励社会资金进入教育领域,举办学校或投入项目建设。在风险可控的前提下,鼓励金融机构为各级各类民办学校提供多样化的金融服务,允许民办学校以非教育资产向银行申请抵押贷款、以收费权等出质贷款。探索营利性民办学校以有偿取得的土地、设施等财产进行抵押融资,或根据自身发展需要而进行股权质押等投融资改革。在基础设施建设和公共教育服务提供上,稳步推广政府和社会资本合作(PPP)模式,提高教育投入产出效率和效益。在有条件的地区,还应鼓励公办学校与民办学校间的相互购买服务,探索举办混合所有制职业院校,激发公办学校的办学活力,进一步提升公共教育服务水平。

(二) 明确两类不同学校的税收政策

税收问题事关学校运行成本,影响教育教学投入。对于分类后新设的民办学校,建议比照《国务院办公厅关于促进社会办医加快发展若干政策措施的通知》的相关规定,对于社会力量兴办的教育机构所提供的教育服务免征营业税(增值税);对于经过免税资格认定的非营利性民办学校其合法收入免征企业所得税。对于非营利性学校免征行政性事业费,对营利性学校减半征收行政性事业费。在实施分类时,对于现有存量学校维持非营利性办学,在对其进行免税资格认定时,应当实施特殊免税政策,不以放弃投入资产的最终产权为前提。否则，按财政部、国家税务总局《关于非营利组织免税资格认定管理有关问题的通知》（财税〔2014〕13 号）的有关规定，要获得免税资格认定，则须满足“投入人对投入该组织的财产不保留或者享有任何财产权利”，如此将导致按新法新政规定选择维持非营利性办学，但出资人在学校终止时要求从剩余资产中获得补偿或奖励的民办学校，被排除在免税资格之外。此外，对于营利性民办学校具体可享受哪些优惠政策，也不是地方配套政策能够决定的，还需要在国家层面加以明确。

（三）建立健全政府财政扶持长效机制

按照新法新政的相关规定，各级政府都应尽快建立民办教育发展专项资金，各级财政要按照“财权与事权对等原则”，逐年加大对民办教育的扶持力度，将支持民办教育发展资金列入同级财政预算，并做到与总体教育经费增长幅度保持基本一致，使民办教育财政投入与本区域民办教育的发展规模和客观需求相适应。同时，落实十八届三中全会要求，有关部门尽快研究制定在民办教育方面“健全政府补贴、政府购买服务、助学贷款、基金奖励、捐资激励等制度”的具体办法，明确财政支持的对象、项目、标准。可以考虑专门针对民办教育设立若干专项，通过启动和实施民办学校“学科优化工程”、“特色创建项目”、“教学卓越计划”等举措，引领和支持民办学校夯实发展基础、提高办学水平，促进民办教育内涵提升、转型发展。此外，还可以通过一定的财政、税收和金融手段，鼓励和引导民办院校之间加强横向联合，引进战略投资者进行资产重组，以优化教育资源的配置，提升民办学校的办学实力。

（四）着力推动民办学校提升师资水平

教师是教育教学的主体力量，师资匮乏是民办教育发展的瓶颈所在。各地制定民办教育政策，还应立足破解民办学校发展瓶颈，突出教师主体地位，多管齐下、多措并举，提升民办学校教师社会保障水平，增强民办学校教师职业发展能力。一是深化教师身份管理制度改革，参照公办学校教师“局聘校用”方式，将符合规定条件的民办学校教师纳入统一身份管理平台，使其从“单位人”变为“社会人”，从源头上彻底解决民办学校教师与公办学校教师的平等待遇问题。二是建立政府、学校和个人合理分担的社会保障机制，以财政奖补方式，鼓励有条件的地区和学校通过补充养老保险方式，改善教师退休待遇，逐步建立民办学校教师从教津贴制度。三是保障和落实民办学校教师在资格认定、职称评审、科研申报、评优评先、奖励激励、培训培养等方面，与公办学校教师享有同等权益。鼓励公办学校与民办学校开展教师双向交流，支持民办职业院校与行业企业建立合作联盟，加快“双师型”（双师质）教师队伍建设。

三、大力创新民办教育宏观治理

按照中共十八届三中全会的总体部署，推进教育治理体系和治理能力现代化，以构建政府、学校、社会新型关系为核心，以推进管办评分离为基本要求，以转变政府职能为突破口，着力建立系统完备、科学规范、运行有效的教育制度体系，加快形成政府宏观管理、学校自主办学、社会广泛参与的教育治理格局，不断促进民办教育宏观治理朝“清单管理”方向迈进。

（一）坚持市场先导与适度管制相结合

本着“使市场在资源配置中起决定性作用和更好发挥政府作用”相结合的原则，加快制定“负面清单”，逐步开放准入领域，适度放松市场管制，以更好地激发各类市场主体办学的积极性、能动性，增强各类教育资源配置的针对性、有效性。但凡市场这只“无形的手”能够有效发挥作用的地方，政府这只“有形的手”就不能伸得太长，要尽可能防止和杜绝越位、错位现象。同时，要以恰当的方式方法，在恰当的时间地点，管好、管对应该由政府管理的事务，做好“补台”和“堵漏”工作。其一，全面做好民办教育发展规划、办学条件、质量标准等制定工作，与公办教育统筹考虑、同步进行、同时落实。其二，在义务教育阶段和其他基本公共服务领域，切实履行好政府对民办教育的投入扶持责任，建立健全政府补贴、购买服务、学生贷款、基金激励、捐资奖励等制度。其三，针对民办教育发展中存在的诸多失范行为，建立起必要的规范化管理制度，明确工作分工，确保监管到位。

（二）全面落实民办学校办学自主权

充分的办学自主权，是民办学校体制优势和机制活力所在。总的原则应该是，凡是学校自主自治范围的事项，都应放权、还权于学校。具体而言，在收费定价方面，放松对各级各类民办学校学费标准的管制，逐步由市场自行调节；考虑到一些学段可能存在资源供给不足和“行业寡头垄断”现象（如学前教育），辅以必要的政府指导价管理；对营利性民办学校则应随行就市，允许其自主确定收费标准。在招生管理方面，允许民办学校与所在地公办学校同期面向社会自主招生，对于一些优质学校甚至可以提前招生，相关部门及辖区不应对民办学校跨区域招生设置障碍；支持民办高校参与高等学校招生改革试点，并视生源情况调整招生批次，在核定的办学规模内自主确定招生范围和年度招生计划。在专业设置方面，进一步扩大民办高校和中等职业学校专业设置权，鼓励和支持学校按照区域产业发展需求，突破专业目录，自主设置和调整学科专业。在合作办学方面，适当降低门槛，鼓励和支持民办学校多渠道引进国外优质教育资源，包括引进国际教师、开设国际课程、研发双语教材等，优先审批民办院校与境外院校的合作办学项目。

（三）加快培植社会组织及中介力量

加快推进政府机构改革和职能转变，深入厘清“权力清单”和“责任清单”，进一步上移民办教育管理重心，将一些不该管、管不好的事项逐步转移出去，赋权或让渡给行业协会等社会组织。如，对民办学校审批标准的制定、办学资质的审核、办学质量的评估以及对学校的分等评级等专业性很强的工作，可以也应该交由独立的中介机构来承担。借鉴国外经验，联系我国实际，今后要重点加强三类教育中介组织建设：一是研究咨询型中介组织。主要功能是为教育决策提供服务，接受政府或学校委托开展办学状况调研，对民办学校的设立组织评议工作，提出咨询意见。二是鉴证型中介组织。主要功能是评估教育机构或个体是否达到既定标准，并授予合格机构或个体鉴证证明，可按相关规定接受委托，制定民办学校鉴定与评估标准，开展具体评鉴工作。三是行业协会型中介组织。主要功能在于通过制定同业守则，促进行业自我协调、自我约束和自我管理，致力解决学校共性问题，避免彼此恶性竞争，维护行业共同利益。

（四）依法规范民办学校办学行为

从维护行业整体利益角度讲，规范也是一种促进。就现实状况而言，通过一定的制度性安排，确保民办学校依法诚信办学和良性稳健运行，是十分必要的。一要完善民办学校法人治理结构。督促民办学校切实加强党的领导和党的建设，建立健全理事会或董事会决策机制，逐步推进监事制度，完善民主管理，保障校长依法行使职权，加快建立现代学校制度。二要落实民办学校法人财产权。在尽可能减免资产过户所涉规费和帮助学校解决必要融资需求的基础上，监督民办学校举办者依法履行出资义务，将出资用于办学的土地、校舍和其他资产，足额过户至学校名下，防范办学风险。

三要规范民办学校财务管理。督促民办学校严格执行相应会计制度，规范资金资产管理，并将民办学校财务规范管理的成效作为财政补助的重要指标和依据。四要强化行业自律约束。鼓励和支持各类民办教育行业协会、社会中介机构和其他非营利性联盟组织，参与民办教育共同治理，维护民办教育行业秩序，强化民办学校自我约束能力。需要指出的是，对民办学校采取任何行政规制，都应依法、合规、循序进行，注意把握好分寸，不应损害学校办学自主权，更不能干扰学校正常运行及教学秩序。只有这样，才能真正保障民办学校健康有序发展。

第二节 民办学校未来发展的应对策略

经过 40 年改革发展，当前我国民办教育站在了新的历史起点上。面对新的机遇和新的挑战，已经成为教育事业重要组成部分的众多民办学校必须进行深入思考，主动谋求未来发展新对策。一方面，要顺应经济发展、社会变革和科技进步，充分把握民办教育发展的新领域、新空间和新增长点，把民办教育做大做强；另一方面，也要看到外部不断增大的压力和自身建设的短板，妥善应对来自需求变化、空间挤压、区域政策变动和行业竞争加剧带来的挑战，并积极改进自身在公益意识、经费来源、办学条件和内部质量方面的不足和短板，为自身健康可持续发展减压补短。

一、树立科学办学理念

办学理念是民办学校进行一切办学活动、开展教育教学的思想基础，如果在办学理念上出现偏差，将导致民办学校的运行偏离教育活动的本质，将使民办学校的办学成为纯粹的经营活动和商业行为，无法体现教育的公益属性。只有从一开始就端正办学理念，才能获得经济效益和社会效益的平衡，充分反映民办教育的社会价值。

（一）牢牢把握立德树人根本任务

民办学校树立科学办学理念，首先必须将立德树人作为办学的根本任务，才能培养出德智体美全面发展的社会主义建设者和接班人；同时，也要坚持党对民办学校的领导，保证民办教育事业的社会主义方向。十九大报告提出要落实“立德树人”这个根本任务，抓住了教育的本质要求，明确了教育的根本使命，符合教育规律和人才培养规律，进一步丰富了人才培养的深刻内涵。民办学校要把立德树人作为办学的根本任务，围绕立德树人，进一步提升办学理念。

首先，坚持德育为先。要从课程德育、社会实践和学校文化三方面进行建构，把德育渗透于教育教学的各个环节，创新德育形式，丰富德育内容，不断提高德育工作的吸引力和感染力，增强德育工作的针对性和实效性。其次，促进学生全面发展。要全面实施素质教育，坚持文化知识学习与思想品德修养的统一，理论学习与社会实践的统一，全面发展与个性发展的统一，促进德育、智育、体育、美育有机融合，着力培养学生的社会责任感、创新精神和实践能力，提高学生综合素质，使之成为德智体美全面发展的社会主义建设者和接班人。第三，培育学生健全人格。要培养学生积极的心理品质和乐观向上的品格，学会创造幸福，分享快乐。关注学生的内心世界，塑造学生纯真美好的心灵。加强学生心理辅导，注重对学习困难学生、贫困家庭学生、单亲家庭学生、留守儿童、流动人口子女等特殊群体学生的关怀和帮助。认真发掘学科中所蕴涵的健全人格教育资源，将显性教育与隐性教育结合起来，使学生在获取知识的同时，得到人格的滋养与涵育。要高度重视对学生的人文关怀，营造良好的师生关系、同学关系，为培育学生健全人格提供良好氛围。要焕发学生的生命活力，把学生发展从知识层面提升到生命发展层次。

（二）始终坚持社会主义办学方向

民办教育是社会主义教育事业的重要组成部分，承担着培养社会主义建设者和接班人的重任，为此必须坚持社会主义办学方向。新修订的《民办教育促进法》增加一条内容："民办学校中的中国共产党基层组织，按照中国共产党章程的规定开展党的活动，加强党的建设。"这为民办学校党的基层组织开展活动提供了法律依据。实践表明，无论公办还是民办学校，都要在党的领导下办学；无论体制内还是体制外的学校，贯彻党的教育方针都不例外。必须按照全面从严治党要求，加强党对民办学校的领导，坚持社会主义办学方向，加强社会主义核心价值观培育，确保民办学校按照党的要求办学立校、教书育人。这是民办学校确保正确办学方向的根本保证。民办学校只有在党的领导下，保持社会主义办学方向，才能让办学理念不产生偏差。

具体而言，民办学校加强党的领导，要做好以下几项工作。第一，要切实加强民办学校党的建设。民办学校要完善党组织设置，强化思想引领，牢牢把握社会主义办学方向。第二,要加强和改进民办学校思想政治教育工作。民办学校要落实立德树人的根本任务,把理想信念教育摆在首要位置,形成全员全过程全方位育人的工作格局。第三,要健全党组织参与决策制度。民办学校要积极推进学校党组织领导班子成员和决策机构、行政管理机构“双向进入、交叉任职”。①

(三) 始终秉持教育事业的公益属性

公益性是教育事业的本质属性,也是民办教育的本质特征。民办学校提供的教育服务属于准公共物品,其公益性正是源于提供的服务具有正外部性。无论非营利性民办学校,抑或营利性民办学校,其根本宗旨是立德树人,都是为社会主义事业培养建设者和接班人,与公办教育在人才培养宗旨、目标、内容、方法方面并没有实质性的区别。虽然民办学校的举办形式和办学模式与公办学校不同,表现为自负盈亏的法人实体,但民办学校同样需要维护自身经济利益以外的公共利益和社会效益。即便是营利性学校,也有与非营利性学校共同的职能。为此,《营利性民办学校监督管理实施细则》明确,即使营利性民办学校也应当坚持教育的公益性,始终把培养高素质人才、服务经济社会发展放在首位,实现社会效益与经济效益相统一。

坚持教育公益性,一方面要求民办学校举办者在办学过程中,始终把社会效益放在首位,全面贯彻党和国家的教育方针,坚持以学生为中心的发展理念,以满足社会多样化的教育需求为出发点,自觉地维护受教育者的权利,最大限度地满足家长和学生的要求。另一方面,要求民办学校举办者信守承诺、讲究信誉,依法办学、诚信办学、规范办学,不断加大教育投入,切实改善办学条件,努力提高教学质量。只有这样,才能克服短视行为,杜绝急功近利,办好人民满意的教育,树立良好的社会形象。

二、优化整体发展战略

民办学校在确立办学理念之后,还必须将理念具体化,通过办学定位将理念落实到教育教学活动中,体现在教书育人的每个环节上。同时,民办学校也要根据自己的办学定位,从全局和战略角度,逐步理清发展思路,不断优化发展策略,努力重塑发展

---

① 国务院:“关于鼓励社会力量兴办教育促进民办教育健康发展的若干意见”,http://www.gov.cn/zhengce/content/2017-01/18/content_5160828.htm(检索日期:2016年12月29日)。

优势,从而在市场竞争中增强自身核心能力。

(一) 调适学校办学定位

民办学校要以需求为导向进行办学定位,根据社会需求和民办学校自身的资源条件与优势去确定人才培养的层次类型和方向目标。民办学校与公办学校相比,具有不同的教育品质、不同的育人模式、不同的教育服务、不同的特色和质量,其核心就是要充分体现和满足需求方的核心利益。对民办学校发展目标的合理定位,要结合社会需求和民办学校自身的主客观条件来确定。一方面,民办学校应着眼整个国家教育发展的宏观形势,掌握社会人才需求的信息。另一方面,民办学校要参照教育体系中公办学校和民办学校的情况,来合理确定民办学校的具体办学类型和层次。民办学校的办学类型层次的最佳定位点,就是社会人才需求和民办学校优势的交汇点。在专业(课程)定位上,民办学校应根据自身的发展定位,综合考虑师资、教学等基础条件进行专业设置,而不是像以往那样从固定的专业目录(课程体系)中选择专业(课程)作为自己的办学方向,避免各民办学校专业(课程)设置的雷同,逐步形成不同于公办学校和其他民办学校的办学特色,形成民办学校多样化发展的格局。在顾客即培养对象定位上,应聚焦顾客需求,民办学校应从自身为中心转变为以顾客需求为中心,时时关注顾客行为,研究顾客需求的变化,通过不断创新,为顾客提供更大价值的产品和服务。

(二) 优化市场竞争策略

从市场竞争的角度看,民办学校与一般企业有所不同,主要体现在民办学校面临的是生源市场、升学和就业市场的服务和竞争。为了争夺生源,民办学校需要通过优秀的办学水平、高质量的产品以及一系列推介活动,树立良好的社会形象,增强吸引力;不仅如此,还要树立服务意识,向学生提供高质量的教学和后勤服务活动,增强学生及其家庭的满意感。为此,民办学校可以也应该借鉴市场营销理论,采取“组合式”竞争策略。一是低成本竞争发展战略,又称为成本领先战略。其整个战略目标是追求低于竞争对手的成本,但同时也不可忽视质量、服务、需求和其他方面的管理。二是差异化竞争发展战略。是指民办学校在行业中,把选择用户视为重要的一种或几种特性,并且使自己在满足这些需要方面处于独一无二的竞争地位。例如塑造产品(毕业生)的差异性,即通过专业、课程设置以及办学过程与手段的改革与创新,使培养的学生具有明显的个性特征和差别优势;提供服务的差异化,即通过为即将入校的高考生、在校生、应届毕业生以及社会用人单位提供优质的服务，塑造在行业中的差异化形象；追求人事差别化，即学校通过聘用、培养比竞争对手更优秀的员工，引进在行业内或国内外知名的教授、学科带头人，建立有利于吸引人才的人力资源管理机制等，来赢得强大的竞争优势。三是集中化竞争发展战略。就是把学校的培养对象和顾客目标集中在某一类特定的群体或成员身上，充分集中和利用自己的优势资源为特定目标提供特定的服务。实行集中战略的学校可以抓住顾客未满足的需求，提供更好的服务，从而确立自己的竞争优势，获取高于平均水平的收益。

（三）拓展多元发展渠道

为了拓展发展渠道，重塑发展优势，民办学校可以基于自身的资源整合能力及管理水平，交错采用多种发展模式，从而实现自身更好更快发展。一是密集型发展模式。也即在学校现有资源和条件下，充分利用学校管理和办学资源的协同效应，更好实现“范围经济”和“规模效益”。这一发展模式的具体形式包括：市场渗透、市场开发、产品开发等。民办学校可以在现有生源和就业市场上，按照市场需求，通过改革办学方式和课程设置等手段，改进原有“产品”的质量水平和培养目标或增加新产品（新专业的毕业生），以此达到增加收益、促进发展的目的。二是一体化发展模式。又称为整体或联合化发展模式，是学校有目的地将相互联系密切的办学经营活动纳入学校体系中，组成一个统一的办学组织进行全盘控制和调配，以求共同发展的战略方式，具体形式包括后向一体化、前向一体化、横向一体化等。实施一体化发展模式，民办学校应在办学要素上具有较大的协同性、互补性，并能综合利用资源，且具有相应的办学能力和管理水平。三是集团化发展模式。亦称多角化或多元化发展模式，即向本行业以外发展，扩大业务范围，向其他行业投资，通过跨行业经营促进学校发展，实现教育产业与其他产业的相互支撑和良性互动。

三、加强办学能力建设

长期以来，办学能力不足，尤其办学基础条件薄弱，始终是民办学校发展的短板。未来一个时期，无论从校园校舍、设施设备来看，还是就师资力量和管理水平而言，各级各类民办学校都要加大投入，缩小差距，弥补不足，以办学条件的改善、办学能力的提升，促进教育教学质量的持续改进。

（一）切实改善办学硬件条件

民办学校的硬件建设，主要包括校园校舍、设施设备等，这也是民办教育长期投入不足的部分。虽然硬件建设不能带来直接和短期的经济效益，却是“教书育人”不可或缺的一环，在无形中会带来教育活动的增值，需要引起民办学校的足够重视。要加强校园校舍建设。一是全面配备体育运动场地及设施。新建或改造学校运动场地，配备必要的体育设施，保障学生体育锻炼的空间和条件，配置桌椅、音体美器材等，标准足球场、篮球场等学生运动场地及设施齐备，满足基本教学需求。二是提高教育信息化水平。加大对数字教育资源、计算机、多媒体远程教学设备信息化的投入，特别是农村地区民办学校要实现宽带网络、数字教育资源、网络学习空间的全覆盖。三是改善教育教学设备条件。民办学校在完成原始积累后，应瞄准提升质量、争创一流的目标，进一步重视改善教育教学设备条件。民办高校一般办学时间不长，藏书量无法和老牌的公办高校相比。现代科技发展的速度越来越快，知识更新的要求也越来越高，仅仅靠原来的藏书已经无法满足广大学生特别是自然科学、应用科学专业学生的需求。在这种情况下，民办高校要加强电子图书系统、数据库、信息化建设，为学生提供方便快捷的信息文献资源。

（二）大力加强师资队伍建设

民办学校的办学水平，主要体现在教师队伍的素质和能力上。教师是一所学校的核心竞争力，是学校建设和发展的战略人力资源，是决定教育教学质量的关键因素。一流学校离不开一流师资。民办学校发展中面临的主要难题即教师队伍不稳定，整体素质与学校事业发展存在较大差距。为此，必须多管齐下，不惜代价，全方位推动师资队伍建设。首先，要加强师德师风建设。教师是人类灵魂的工程师，所以师德必须放在首位。教师是具有崇高理想和崇高道德的职业，也是一个神圣的职业，和很多为了谋生的职业不同。其次，培养核心骨干教师。按照“稳定，培养，引进，借智”的人才队伍建设思路，以全面提高师资队伍素质为中心，以优化结构为重点，优先配置“骨干教师”资源，重点提升青年教师的素质。再次，健全管理体制，以业绩和能力为评判标准。制定科学规范的师资建设规划和管理制度，加强对教师教育教学工作的管理和质量监控，进一步完善教师考核评价标准，鼓励优秀人才脱颖而出。

（三）全面提升运营管理水平

随着民办学校的竞争与分化日益加剧，在市场竞争的激烈博弈中，只有积极凭借市场机制的调节作用,牢牢树立市场观念,有效把握竞争机制,才能应对瞬息万变的教育市场竞争形态,体现出民办学校自身的独特优势。一是坚持以顾客(受教育者)为导向。面向市场,开门办学,适应需求变化,致力于创造更优质的教育服务和更多元的教育产品,在专业设置与学制管理上体现民办学校灵活多变的办学特点,为各类求学者提供更加灵活便捷的交流平台和丰富多样的课程产品。二是以经营理念取代管理理念。在分类管理背景下,新型营利性民办学校应该把传统的管理理念转变为经营理念,将市场机制和理念引入到办学体制中,以企业经营的敏锐眼光和市场竞争意识进行招生营销和专业设置。三是注重成本核算和成本效益。与公办学校不同,民办学校是自负盈亏的法人主体,尤其是在分类管理的背景下,选择营利性的民办学校将承受经营成本的巨大压力。在收费放开政策尚不明朗的情况下,民办学校必须自行消化办学成本。四是提升资本运营能力。在当前资金来源渠道还比较单一的情况下,民办学校应根据实际需要,借助金融资本市场的力量,对存量资金加强资本运营,优化资本的结构,通过战略联盟、股权交易、信誉贷款、依托上市公司等多种渠道进行资本经营,提高现有资金的运营效益。

四、深化教育教学改革

教育教学是民办学校最重要的本职工作和任务,深化教育教学改革,能够有效提升民办学校的核心竞争力,实现学校的创新发展。民办学校要进一步深化教育教学改革,创新教育教学方式方法,开展创新实验,通过改革课程教学体系来实现民办学校的优质特色发展。

(一) 逐步完善教育教学体系

高质量的教育教学体系不是简单地围绕教学来做文章,办学目标的贯彻和实施需要通过科学合理的教育教学体系来实现,涉及教师、学生、课程与教学四个方面。只有在这四个方面按照教学卓越计划加以改进,民办学校的育人和人才培养的质量才有保证,才可能吸引更多的生源,扩大规模,增强社会对民办学校的信心。第一,骨干教师队伍的培育。良好的师资队伍是保证教育教学的关键,建设一支既有理论又有实践技能与经验的师资队伍是民办学校师资队伍建设的长远目标。民办学校一方面要用优厚的条件公开招聘高端人才、名师名教,另一方面要择优录用具有优秀教师潜质的毕业生，同时在日常教学工作中，大胆任用青年教师，并鼓励有经验的中年教师对其进行指导，形成年龄结构、职称结构相对合理的教师队伍。第二，薄弱学生学习能力的提高。整体而言，民办学校的生源质量无法与公立学校相比较，除了少数情况外，绝大多数学生都存在着基础薄弱、学习动机过弱、学习方法不正确等一系列学习障碍。在教学过程中，教师要采取切实有效的措施解决这一问题，有的放矢，因材施教。第三，特色课程体系的完善。完善而有特色的课程建设是卓越教学计划的保证，课程改革是提高民办高校教学质量的核心问题之一。民办学校要想提高课程设计的质量，必须从改革课程模式入手，规范课程组织，完善课程设计过程，加强课程设计结果的评估，形成具有自身特色的课程体系。第四，教学监控体系的建立。民办学校教学质量的提高是一个复杂长期的过程，要想保障卓越教学计划的有效进行，必须在内部管理上下功夫，建立有效的教学监控体系，通过教学监控体系的建设，保证和提高教学质量。

（二）不断优化人才培养机制

民办学校面向市场自主办学，与公办学校有不同的价值追求、办学理念、培养目标、举办体制、管理模式和运行机制，这就决定了其人才培养模式要更加富有民办特色，更为灵活、高效、多样。首先，课程和专业设置以市场需求为导向。在基础教育方面，民办学校要根据受教育者的个性特点和实际需求制定相应的课程体系。民办高等教育在专业设置上应树立市场意识，搞好市场调查，与市场相联系，市场需要什么样的人才就设置相对应的专业，这样才能满足市场的需要，也才能保证充足生源。同时在专业设置范围上拓宽思路，将行业部门和区域经济的需求进行有机结合。其次，课程建设以能力培养为本位。基础教育的能力培养应围绕“关键能力”展开，从培养学生核心素养的角度进行课程设置。而对于民办高校，为保证毕业生具备相关职业或岗位群所要求的知识和技能，就必须在课程设计上体现“宽基础、活模块”的特点，突出实际能力的培养，以实践创新能力培养为核心，重构课程体系。第三，实践教学在基础教育阶段要紧密与社会生活相联系。民办高校应进一步加强校企合作、产教融合，完善实践教学体系，在企业中建立实训基地，提高学生的操作和理论应用能力，使毕业生将来能很好地适应市场经济发展趋势。

（三）广泛开展教学创新实验

创新是教育发展的灵魂和动力，更是民办学校发展的生命之源。教育教学的改革，应当围绕课程和教学的创新展开，开发新课程，创造新的教学手段和方式。民办学校要持续发展，必须根据社会的变化、家长的需求、教育的发展，不断创新理念和文化，创新模式和方法。在课程方面，民办学校可以细分教学领域，建立教学流水线，创新教学模式。传统的课程模式中，教师的角色贯穿教学研发与实际教学两个环节，教师功能被最大化。有效拆分传统环节既可以弱化教师功能，又可以提升标准化程度。细分教学领域，可以使每个教师只负责一个细分领域的教学，降低教师全能性，同时提升教学针对性。建立教学流水线，将教研和教学环节分离，建立专业的教研团队，可以提升教学科学性，同时削弱教师角色。创新教学模式，有效提升其课程的不可替代性和学生的学习效果，促进品牌构建。

五、建立现代学校制度

建立现代学校制度是我国教育改革发展的重要内容和必要条件，其核心要义是依法办学、自主管理、民主监督、社会参与，规范政府与学校、学校与教师、学校与学生、学校与家庭之间的关系。民办学校建立现代学校制度，要摒弃家族式、家长式、经验式管理模式，充分发挥学校章程在规范内部管理中的作用，健全法人治理结构，完善董事会、监事会制度，规范董事会、监事会的职责、组成和运行。同时，要基于学校章程的建设，建立健全各项规章制度，规范办学行为。

（一）建立健全民办学校法人治理结构

法人治理结构是现代学校制度的核心内容。民办学校要建立健全决策机构、执行机构和监督机构，形成决策、执行、监督相对独立、相互制衡、相互协调的法人治理结构。同时，要全面考虑和充分发挥党的基层委员会、学术委员会、教职工代表大会、学生代表大会、校友会等利益相关者组织的作用，协调多元权力与利益主体间关系，促使民办学校法人多边治理机制的形成。

一要健全科学民主的决策制度。民办学校的决策机构一般为董事（理事）会，其职权主要集中在经费筹措、宏观管理、使用监督以及重要人事任免、重大事项的决策方面。理论和实践表明，建立民主科学的决策制度，重点在于推进民办学校董事会制度建设，关键是要优化董事会的人员结构，明确董事会的职能权限，完善董事会的议事规则，形成一个内外结合、多方参与、程序规范、运行高效的决策体系。这是当前和今后一个时期，推进民办学校内部法人治理制度建设的重点和难点。董(理)事会工作的开展，要坚持专业治理和亲属回避的原则，加强程序意识，严格按程序办事。董(理)事会作为民办学校的决策机构，并不能“包办”一切事务。其中，特别重要的一点是，董事会实行的是集体民主决策制度，而不是董事长一人负责制。依据新《民办教育促进法》的规定，民办学校的举办者只能根据学校章程规定的权限和程序参与学校的办学和管理，而不能随意干涉“校政”。

二要建立专业高效的执行制度。建立健全董事会领导下的校长负责制，推动校长队伍职业化发展，提高以校长为核心的行政管理团队的执行力和战斗力，是维系民办学校稳健运行和科学发展的重要载体，也是构建民办学校法人治理制度的重要内容。在普遍存在“委托—代理”关系的现实条件下，加强民办学校执行机构的建设，关键是要依法保障校长独立行使教育教学和行政管理权。依据新《民办教育促进法》第二十五条的规定：“民办学校校长负责学校的教育教学和行政管理工作，行使下列职权：(一)执行学校理事会、董事会或者其他形式决策机构的决定；(二)实施发展规划，拟订年度工作计划、财务预算和学校规章制度；(三)聘任和解聘学校工作人员，实施奖惩；(四)组织教育教学、科学研究活动，保证教育教学质量；(五)负责学校日常管理工作；(六)学校理事会、董事会或者其他形式决策机构的其他授权。”能否充分保障校长依法独立行使以上权力，事关民办学校能否实现稳健永续发展。在这方面，不能单靠学校举办者自身觉悟，还需借助外部相关规制加以稳步推进。

三要建立多元制衡的监督制度。监督制度的作用，旨在通过逆向控制和行为约束，增强组织自我控制、相互制衡的能力，引导和规范组织行为朝着目标机制指引的方向高效运行。对民办学校任何权力的配置和运用，也应建立起相应的监督机制(监事会或监事)。借鉴境外做法，民办学校监事会或监事的主要职权可以作如下设定：(1)检查学校财务；(2)对董事(理事)和校长履职、学校依法办学情况进行监督；(3)对违反法律法规、学校章程的董事(理事)、校长提出免职建议；(4)当董事(理事)和校长的行为损害学校的利益时，要求董事(理事)和校长予以纠正；(5)监事会主席列席董事会(理事会)会议，并对决议事项提出质询或者建议。除了建立专门的监事会外，民办学校还要建立以教代会为基本形式的学校民主管理制度，依法保障教职工参与民主管理和监督的权利。

（二）切实加强民办学校党组织建设

无论非营利性还是营利性民办学校，在建设现代学校制度过程中，必须保证党组织在学校中发挥政治核心作用，实现党对民办学校政治领导权、决策参与权、办学监督权。要坚持党的领导与依法治校有机统一，推动民办学校把党组织建设有关内容纳入学校章程，明确党组织在学校法人治理结构中的地位，保证党组织在重大事项决策、监督、执行各环节有效发挥作用。推进党组织班子成员进入学校决策层和管理层，也即党组织班子成员应按照学校章程进入行政管理层，党员校长、副校长等行政领导班子成员，可按照党内有关规定进入党组织班子。健全党组织参与决策和监督制度。涉及民办学校发展规划、重要改革、人事安排等重大事项，党组织要参与讨论研究，董（理）事会在作出决定前，要征得党组织同意；涉及党的建设、思想政治工作和德育工作的事项，要由党组织研究决定。建立健全党组织与学校董（理）事会、监事会日常沟通协商制度，以及党组织与行政领导班子联席会议制度；强化党组织对学校重要决策实施的监督，定期组织党员、教职工代表等听取校长工作报告以及学校重大事项情况通报。①

（三）深入推进相关管理制度建设

民办学校要建立现代学校制度，在不断完善学校章程基础上，还必须依据民办教育新法新政的相关规定，深入推进相关重要规章制度建设，其中包括健全资产管理和财务会计制度，自觉规范学校办学行为，切实落实安全管理责任等②。

一要健全资产管理和财务会计制度。民办学校应当明确产权关系，建立健全资产管理制度。举办者应依法履行出资义务，将出资用于办学的土地、校舍和其他资产足额过户到学校名下。存续期间，民办学校对举办者投入学校的资产、国有资产、受赠的财产以及办学积累享有法人财产权，任何组织和个人不得侵占、挪用、抽逃。民办学校要进一步规范会计核算，建立健全第三方审计制度，按照学校所登记的法人属性，根据国家有关规定执行相应的会计制度，并要明晰财务管理，依法设置会计账簿。民办学校应将举办者出资、政府补助、受赠、收费、办学积累等各类资产分类登记入账，定期开

① 中共中央办公厅："关于加强民办学校党的建设工作的意见（试行）"，http://zwzx.tzjyxx.gov.cn/d/file/contents/2017/06/594b558de1c32.pdf（检索日期：2017年12月29日）。

② 国务院："关于鼓励社会力量兴办教育促进民办教育健康发展的若干意见"，http://www.gov.cn/zhengce/content/2017-01/18/content_5160828.htm（检索日期：2017年12月29日）。

展资产清查，并将清查结果向社会公布，同时做好民办学校年度财务、决算报告和预算报告报备工作。

二要自觉规范学校办学行为。民办学校要诚实守信、规范办学，办学条件符合国家和地方规定的设置标准和有关要求，在校生规模控制在审批机关核定的办学规模内。按照国家和地方有关规定做好宣传、招生工作，并将招生简章和广告按时依规报审批机关备案。民办学校要严格学籍管理，根据不同办学性质、类型、层次，按相关规定对所接受教育服务的学生，分别颁发毕业证书、结业证书或其他学业证书；对符合学位授予条件的学生，颁发相应的学位证书。各类民办学校对所招收的非学历教育学生，只能发给结业证书或者培训合格证书。

三要切实落实安全管理责任。民办学校应遵守国家有关安全法律、法规和规章，重视校园安全工作，确保校园安全技术防范系统建设符合国家和地方有关标准，学校选址和校舍建筑符合国家抗震设防、消防技术等相关标准。建立健全安全管理制度和应急机制，制定和完善突发事件应急预案，定期开展安全检查、巡查，及时发现和消除安全隐患。加强学生和教职员工安全教育培训，定期开展针对上课、课间、午休等不同场景的安全演练，提高师生安全意识和逃生自救能力。建立安全工作组织机构，配备学校内部安全保卫人员，明确安全工作职责。

四是依法保障师生合法权益。民办学校应建立保障教师合法权益的规章制度：完善规范教师的职务聘任、继续教育和奖惩考核等；制定的聘任合同应权利义务均衡、目标任务明确，具有可操作性；在教师队伍管理过程中应尊重教师的意愿和合理诉求。民办学校应尊重和保护学生的基本权利：保护学生的人格尊严，保障学生的人身权、财产权和受教育权不受到非法侵害；杜绝体罚或者变相体罚、限制人身自由、违法乱收费等侵权行为；对学生进行处分，应当做到事实清楚、定性准确、依据充分、程序正当，重教育效果，做到公平公正。民办学校应完善争议处置机制：要便于教师与学校及有关职能部门之间发生纠纷时，能及时进行调处；要有利于对违反学校纪律的学生处分时，积极教育挽救给予悔改机会。①

展望未来，面对新时代、新形势、新矛盾，我国民办教育发展将迎来新的机遇和挑

① 张铁明编著：《抉择——民办教育分类管理新起点新挑战》，广东人民出版社 2017 年版，第 320 页。

战。未来一段时期，西部地区和农村地区教育资源供给不足的问题较为明显，普惠性民办幼儿园和民办中小学有较大发展空间；发达地区人们对个性化、选择性教育服务需求更加旺盛，呼唤高质量、有特色、品牌化的民办学校。随着民办教育新法新政的稳步实施，外部环境趋好，非营利性民办学校有望享受更多利好政策，在土地划拨、自主收费、税收优惠、财政补助、师生待遇等方面获得更多政府支持，从而为社会提供更多优质化、多元化、可选择的教育服务。今后一段时期，各地具体政策将会陆续出台，民办教育从国家主导走向地方主导，不同区域的民办教育由于政策导向不同而会呈现不同的发展态势。随着教育“放管服”改革推进，政府将进一步转变职能，改进政府管理方式，健全监督管理机制，规范学校办学行为，民办教育治理体系和治理能力将逐步走向现代化。

执笔人：董圣足、黄河

参考文献

一、专著

[1] 陈桂生:《中国民办教育问题》,教育科学出版社2001年版。

[2] 董圣足:《民办院校良治之道——我国民办高校法人治理问题研究》,教育科学出版社2010年版。

[3] 董圣足等:《民办高校特色发展与机制创新:理论、实践及上海探索》,科学出版社2018年版。

[4] 董圣足等:《寻找职业校长——民办高校校长职业化问题研究》,科学出版社2014年版。

[5] 方芳,钟秉林等:《我国民办高等教育财政支持制度研究》,北京师范大学出版社2016年版。

[6] 顾建民,叶宏:《中国民办高等教育发展战略研究》,浙江大学出版社2004年版。

[7] 顾明远主编:《教育大辞典》,上海教育出版社1998年版。

[8] 何东昌主编:《当代中国教育》,当代中国出版社1996年版。

[9] 何国伟:《我国非营利性民办高校公共财政资助问题研究》,西南师范大学出版社2016年版。

[10] 胡卫,何金辉,朱利霞主编:《办学体制改革:多元化的教育诉求》,教育科学出版社2008年版。

[11] 胡卫等:《民办教育的发展与规范》,教育科学出版社2000年版。

[12] 黄清云:《教育多样化》,上海交通大学出版社2009年版。

[13] 黄藤主编:《中国民办教育研究》,华东师范大学出版社2016年版。

[14] 教育部发展规划司,上海教育科学研究院编著:《2002年中国民办教育绿皮书》,上海教育出版社2003年版。

[15] 卡诺依主编:《教育经济学国际百科全书》,高等教育出版社2000年版。

[16] 李清刚:《公共管理视域下的民办教育政策研究》,暨南大学出版社2014年版。

[17] 李维民:《民办教育的问题与对策》,陕西人民出版社2007年版。

[18] 李宣海,高德毅,胡卫主编:《上海民办教育发展的实践探索与理论思考》,科学出版社2015年版。

[19] 李宣海,高德毅主编:《上海民办教育发展报告(2005—2012)》,科学出版社2013年版。

[20] 李延保主编:《中国独立学院调查报告》,中山大学出版社2013年版。

[21] 刘莉莉:《中国民办高等教育发展的研究》,吉林人民出版社2002年版。

[22] 罗纳德·哈里·科斯,王宁著,徐尧,李哲民译:《变革中国——市场经济的中国之路》,中信出版社2013年版。

[23] 戚德忠,卢志文,董圣足主编:《温州民办教育发展报告(2010—2015)》,科学出版社2016

年版。
[24] 上海成人高等教育志编纂委员会:《专业志——上海成人高等教育志(1863—1990)》,上海交通大学出版社 1997 版。
[25] 佘宇等:《路在何方——促进民办教育健康发展研究》,中国发展出版社 2015 年版。
[26] 孙爱月:《当代中国幼儿教育》,福建人民出版社 1991 年版。
[27] 唐淑,钟绍华主编:《中国学前教育史》,人民教育出版社 1993 年版。
[28] 陶西平,王佐书主编:《中国民办教育》,教育科学出版社 2010 年版。
[29] 陶西平,王佐书主编:《中国民办教育发展报告(2003—2009)》,上海人民出版社 2010 年版。
[30] 王文源:《中国民办教育:在理想与现实之间》,北京出版社 2007 年版。
[31] 王佐书主编:《中国民办教育发展报告(2013—2014)》,科学出版社 2014 年版。
[32] 文东茅:《走向公共教育——教育民营化的超越》,北京大学出版社 2008 年版。
[33] 吴霓等:《中国民办教育发展报告》,教育科学出版社 2013 年版。
[34] 习近平:《决胜全面建成小康社会 夺取新时代中国特色社会主义伟大胜利——在中国共产党第十九次全国代表大会上的报告》,人民出版社 2017 年版。
[35] 徐绪卿:《教学服务型大学:理论研究与制度框架》,中国社会科学出版社 2014 年版。
[36] 张铁明,王志泽:《中国民办教育法治及制度建设》,广东高等教育出版社 2010 年版。
[37] 张铁明编著:《抉择——民办教育分类管理新起点新挑战》,广东人民出版社 2017 年版。
[38] 张永俊,刘祥:《民办学校经略:教育市场中新标准下的准绳》,九州出版社 2011 年版。
[39] 赵树凯:《农民的政治》,商务印书馆 2011 年版。
[40] 中国民办教育协会培训教育专业委员会,上海教科院民办教育研究所:《中国民办培训教育概论》,外语教学与研究出版社 2016 年版。
[41] 周海涛等:《民办学校分类管理政策研究》,经济科学出版社 2016 年版。

二、期刊

[1] 安杨:《我国民办教育政策法制建设 60 年》,《北京教育学院学报》2009 年第 6 期。
[2] 别敦荣:《论民办教育发展的第三条道路》,《华中师范大学学报(人文社会科学版)》2012 年第 3 期。
[3] 曹勇安:《我国民办教育的历史、现状与未来》,《浙江树人大学学报(人文社会科学版)》2013 年第 2 期。
[4] 柴纯青:《关于地方民办教育制度创新的思考》,《教育发展研究》2011 年第 22 期。
[5] 陈桂生:《人民共和国“民办教育”的历史透视》,《集美大学教育学报》2001 年第 2 期。
[6] 陈国定,吴重涵:《我国民办教育“合理回报”政策变迁及其研究综述》,《教育学术月刊》2012 第 6 期。
[7] 陈俊瑾:《财政扶持民办学前教育现状、问题及对策研究——基于浙江调查》,《上海教育科研》2014 年第 5 期。
[8] 陈武元:《中国民办高校如何走出办学水平不高的困境》,《教育研究》2011 年第 7 期。
[9] 成迎富:《党建工作是民办高校健康发展的保证——黄河科技学院党建工作初探》,《黄河科技大学学报》2005 年第 4 期。

[10] 程凤春:《教育质量特性的表现形式和内容——教育质量内涵新解》,《教育研究》2005 年第 2 期。
[11] 邓晓春:《关于民办教育改革与发展的若干思考(之一)——论民办教育的“补充效益”和“溢出效益”》,《现代教育管理》2009 年第 7 期。
[12] 丁艳丽:《留学低龄化何以来势汹汹》,《中国人才》2013 年第 3 期。
[13] 董圣足,李蔚:《民办高校督导制度的建立与完善》,《教育发展研究》2008 年第 2 期。
[14] 董圣足:《“分类管理”,破解民办教育发展难题》,《人民教育》2016 年第 23 期。
[15] 董圣足:《民办学校分类管理的制度构架:国际比较的视角》,《教育发展研究》2013 第 9 期。
[16] 董圣足:《温州新政:区域民办教育制度创新的典范》,《教育发展研究》2011 年第 22 期。
[17] 董圣足:《新法新政下民办学校的定位与治理》,《教育发展研究》2017 年第 3 期。
[18] 方建锋:《民办学校分类管理宏观制度设计的基本走向》,《复旦教育论坛》2017 年第 2 期。
[19] 冯淑娟,徐绪卿:《关于我国民办高校家族化管理的若干思考》,《教育发展研究》2009 年第 12 期。
[20] 高妍芳:《关于完善民办学校内部管理体制的思考》,《陕西师范大学学报(哲学社会科学版)》2007 年第 S2 期。
[21] 顾承瑶:《我国高校教职工代表大会制度的实践与思考》,《长春师范大学学报》2017 年第 5 期。
[22] 郭建如:《多样与趋同:我国民办高等教育发展特征研究》,《教育发展研究》2008 年第 8 期。
[23] 郭建如:《我国民办教育发展背景、发展特征、发展机制及问题探析》,《清华大学教育研究》2003 年第 5 期。
[24] 国家教育发展研究中心专题组:《教育产业化不是教育政策的方向》,《求是》2006 年第 7 期。
[25] 韩巍:《教育服务合作供给视角下的民办学校:角色定位与政策支持》,《现代教育管理》2016 年第 9 期。
[26] 何金辉,张继玺,邱国华:《中国民办教育回溯:1992—2004》,《教育发展研究》2005 年第 10 期。
[27] 胡大白:《发挥民办教育优势　自觉参与新农村建设》,《黄河科技大学学报》2006 年第 2 期。
[28] 胡卫,董圣足:《立足国情　正视问题　积极稳妥推进民办学校分类管理试点》,《教育发展研究》2011 年第 8 期。
[29] 胡卫,董圣足:《我国民办教育发展的回顾与展望》,《教育发展研究》2011 年第 1 期。
[30] 胡卫,谢锡美:《〈民办教育促进法〉对中国教育改革发展的影响》,《民主》2003 年第 9 期。
[31] 胡卫,谢锡美:《困境与选择:社会转型期的我国民办教育》,《教育发展研究》2007 年第 2 期。
[32] 胡卫:《民办教育需要制度创新》,《教育与职业》2009 年第 4 期。
[33] 胡卫:《上海民办教育:面临的机遇和挑战》,《教育发展研究》2007 年第 12 期。
[34] 黄洪:《支持学前教育的税收政策研究》,《财经论丛》2011 年第 4 期。

[35] 黄荣怀,刘德建,刘晓琳,徐晶晶:《互联网促进教育变革的基本格局》,《中国电化教育》2017 年第 1 期。
[36] 黄崴,李文章:《民办高校分类管理改革的“中间路线”: 基于举办者视角的分析》,《中国高教研究》2017 年第 2 期。
[37] 黄勇:《教育治理视野下的民办高校股权激励机制研究》,《中国高教研究》2014 年第 8 期。
[38] 贾建国:《我国民办教育发展的制度非均衡分析》,《教育学术月刊》2012 年第 10 期。
[39] 雷芳:《制约民办学校合理转型的四大认识误区》,《教育发展研究》2007 年第 6 期。
[40] 李春玲:《“中产化”: 中国社会阶层结构变化新趋势》,《人民论坛》2017 年第 22 期。
[41] 李连宁:《对〈中华人民共和国民办教育促进法〉修改决定的重要思考》,《教育与职业》2017 年第 5 期。
[42] 李培林:《中产阶层成长和橄榄型社会》,《国际经济评论》2015 年第 1 期。
[43] 李强:《中国离橄榄型社会还有多远——对于中产阶层发展的社会学分析》,《探索与争鸣》2016 年第 8 期。
[44] 李清刚:《民办教育公共治理的缺失与重建》,《教育理论与实践》2015 年第 11 期。
[45] 李望国:《资本的逐利性与教育的公益性——民办高校的“非营利性”探讨》,《中国高教研究》2010 年第 10 期。
[46] 李维民:《中国民办高等教育回顾与展望》,《西安欧亚学院学报》2009 年第 4 期。
[47] 李五一,杨艳玲:《有质量的教育公平: 理论分析与政策安排》,《国家教育行政学院学报》2015 第 8 期。
[48] 李莹莹,潘奇:《民办高校探索“小规模,高质量”发展模式的路径与策略》,《中国高等教育》2015 年第 12 期。
[49] 李钊:《论民办高等教育公益性实现中的政府责任》,《中国高教研究》2009 年第 7 期。
[50] 刘蕾,石猛:《扶持即干预: 民办高校转型发展中的政府责任悖论》,《高校教育管理》2017 年第 1 期。
[51] 刘胜男:《我国民办教育制度演变中的路径依赖困境及出路——从制度变迁的视角分析》,《现代教育管理》2013 第 5 期。
[52] 刘扬,孔繁盛,钟宇平: 我国高中生自费出国留学意愿调查研究——基于 7 个城市的抽样调查数据》,《教育研究》2012 年第 10 期。
[53] 刘珍:《营利性民办学校制度建设的探索——以温州民办教育改革为例》,《中国教育学刊》2015 年第 12 期。
[54] 柳斌:《依靠人民群众把教育事业推上一个新台阶》,《人民教育》1992 年第 11 期。
[55] 卢威,李虔:《民办学校分类管理标准的反思与重构——“营利性—公共性”融合的视角》,《教育学术月刊》2014 年第 4 期。
[56] 陆涓:《民办教育发展的政策制约与调整》,《教育发展研究》2011 年第 22 期。
[57] 吕贵珍:《北京民办学校特色创新的成就》,《教学与管理》2008 年第 6 期。
[58] 吕武,刘益东:《推进民办幼儿园分类管理的现实困境与政策应对》,《中国教育学刊》2017 年第 3 期。
[59] 南旭光:《职业教育公私合作伙伴关系的理论审视与现实对策》,《中国职业技术教育》2015 年第 30 期。

[60] 潘昆峰,蒋承:《我国大学生留学选择的影响因素分析》,《中国高教研究》2015 年第 3 期。
[61] 潘懋元,罗先锋:《民办高校机制优势研究》,《浙江树人大学学报(人文社会科学版)》,2014 年第 9 期。
[62] 潘奇,董圣足,刘荣飞:《民办高校校长职业化的推进策略分析》,《浙江树人大学学报》2015 年第 5 期。
[63] 潘奇:《对我国民办教育政府扶持体系建构路径的分析》,《复旦教育论坛》2015 年第 4 期。
[64] 屈潇潇:《我国民办学校内部治理的政策与制度分析》,《高等教育研究》2011 年第 9 期。
[65] 阙明坤:《独立学院混合所有制办学模式研究》,《高等教育研究》2017 年第 3 期。
[66] 阙明坤:《推进民办教育分类管理需处理三大关系》,《教育发展研究》2017 年第 3 期。
[67] 任红:《民办学校章程规范的理论与实践》,《教育学术月刊》2008 年第 6 期。
[68] 任铭越,黄冬艳,江凯峰,李云波:《关于黑龙江省民办高校内部运行机制相关情况的调研报告》,《教育探索》2013 年第 6 期。
[69] 沈剑光:《民办教育发展的历史轨迹和政策取向——以宁波地区为例》,《教育发展研究》2008 年第 Z4 期。
[70] 沈剑光:《民办教育发展的战略转型与政策应对》,《教育研究》2009 年第 8 期。
[71] 石猛,王树青:《我国民办高等教育的社会责任剖析》,《教育发展研究》2011 年第 2 期。
[72] 宋广伟:《论我国营利性民办高校"社会抵触现象"的突围策略》,《黑龙江高教研究》2017 年第 4 期。
[73] 宋广伟:《论营利性民办学校创新驱动发展的战略选择》,《教育理论与实践》2017 年第 17 期。
[74] 孙杰夫:《论民办教育发展环境的营造》,《辽宁教育研究》2005 年第 12 期。
[75] 孙绵涛,康翠萍,朱晓黎:《改革开放以来中国就近入学政策的内容分析》,《教育理论与实践》2009 年第 9 期。
[76] 孙霄兵,翟刚学:《中国教育法治的历史回顾与未来展望》,《课程・教材・教法》2017 年第 5 期。
[77] 覃红霞:《民办高校与政府关系的反思与重构》,《江苏高教》2015 年第 6 期。
[78] 汤保梅:《中国民办高等教育发展的历史与现状》,《黄河科技大学学报》2006 年第 1 期。
[79] 陶西平:《让人民选择——引导与服务选择性教育需求》,《人民教育》2014 年第 3 期。
[80] 田立强:《关于民办高校战略路径的新思考》,《国家教育行政学院学报》2016 年第 10 期。
[81] 田晓伟:《教育产品供给 PPP 模式的治理逻辑与发展路径》,《经济问题》2017 年第 4 期。
[82] 涂端午,魏巍:《什么是好的教育政策》,《教育研究》2014 年第 1 期。
[83] 万祎,阮庆生,董德刚,周继庭:《民办院校的转型之路》,《教育与职业》2008 年第 22 期。
[84] 汪睿:《试论民办高等教育公益与营利的对立统一》,《高教论坛》2003 年第 3 期。
[85] 王邦永,黄清云:《民办教育政府扶持的政策工具分析》,《教育发展研究》2013 年第 11 期。
[86] 王烽:《影响民办教育"新政"实施效果的关键因素》,《教育发展研究》2017 年第 3 期。
[87] 王寰安:《民办学校有效治理研究——以温州翔宇中学为案例》,《首都师范大学学报(社会科学版)》2016 年第 6 期。
[88] 王建:《民办学校分类管理——从"四分法"到"二分法"》,《北京大学教育评论》2012 年第 2 期。

[89] 王军:《从行政监管到多元治理——“社会教育培训机构的综合治理”研讨会综述》,《教育发展研究》2017 年第 10 期。
[90] 王磊:《“十一五”首都民办教育发展形势分析与对策》,《教育发展研究》2006 年第 16 期。
[91] 王庆如,司晓宏:《民办高校发展面临的“高原现象”探析——以陕西民办普通高校为例》,《高等教育研究》2011 年第 11 期。
[92] 王庆如:《民办高校办学效益探析:以陕西高校为例》,《高教探索》2014 年第 3 期。
[93] 王善迈:《民办教育分类管理探讨》,《教育研究》2011 年第 12 期。
[94] 王伟:《论民办教育的制度环境》,《民办教育研究》2003 年第 4 期。
[95] 王文源:《民办教育顶层制度设计之争》,《高教发展与评估》2014 年第 4 期。
[96] 王文源:《深水区教育改革背景下的民办教育顶层制度设计》,《北京师范大学学报(社会科学版)》2014 年第 4 期。
[97] 王文源:《优化政策环境　促进民办教育合理转型》,《民办教育研究》2007 年第 3 期。
[98] 王旭,黄元维:《现阶段民办教育发展的新向度及其改革思路》,《中国成人教育》2014 年第 13 期。
[99] 王一涛,徐绪卿,宋斌,邱昆树:《非营利性民办学校举办者权益的合理保护》,《中国教育学刊》2017 年第 3 期。
[100] 王一涛:《论我国民办高校的公益性》,《教育发展研究》2010 年第 18 期。
[101] 王义宁:《制约民办教育发展的主要问题及对策研究》,《教育导刊》2013 年第 6 期。
[102] 魏建国:《“非营利”内涵的立法界定及其对民办教育发展的意义——从〈慈善法〉出台到〈民办教育促进法〉修改》,《华中师范大学学报(人文社会科学版)》2017 年第 1 期。
[103] 翁伟斌:《民办学校特色建设发展思路探析》,《中国教育学刊》2015 年第 12 期。
[104] 邬大光,柯佑祥:《关于高等教育产业属性的理论思考》,《教育研究》2000 年第 6 期。
[105] 邬大光:《我国民办教育的特殊性与基本特征》,《教育研究》2007 年第 1 期。
[106] 邬大光:《中国民办高等教育发展状况分析(上)》,《教育发展研究》,2001 年第 2 期。
[107] 邬大光:《注重市场办出特色促进发展》,《浙江树人大学学报》2002 年第 8 期。
[108] 吴华,王习:《营利性民办学校应该享受税收优惠》,《中国教育学刊》2017 年第 3 期。
[109] 吴华,周谷平,陈健:《西部地区民办教育发展及其对策建议》,《教育发展研究》2010 年第 Z2 期。
[110] 吴华:《地方实施民办教育新政要坚持市场取向的变革方向》,《教育发展研究》2017 年第 3 期。
[111] 吴华:《关注“周口经验”》对中国民办教育长期发展的价值》,《民办教育研究》2007 年第 3 期。
[112] 吴华:《我国民办教育发展的地方政策主导模式分析》,《教育发展研究》2009 年第 8 期。
[113] 吴华:《有益的探索——评齐齐哈尔职业学院产权制度改革》,《教育与职业》2006 年第 22 期。
[114] 吴开华:《民办教育地方立法:实践与反思》,《教育发展研究》2007 年第 12 期。
[115] 吴丽仙:《分类管理背景下福建民办幼儿教育发展探究》,《教育评论》2015 年第 10 期。
[116] 肖萍,刘梦仁:《新民促法后我国民办职业教育法律体系的完善》,《职教论坛》2017 年第 6 期。

[117] 谢蓉:《基础教育的公私合作供给模式与治理:基于珠三角的案例研究》,《南方经济》2016 年第 12 期。

[118] 徐绪卿,王一涛:《论我国民办高等教育政策从“规范”向“扶持”的转型》,《高等教育研究》2013 年第 8 期。

[119] 徐绪卿:《把握六大区别,消除六大误区,贯彻落实〈新法〉》,《教育发展研究》2017 年第 3 期。

[120] 许家云,刘廷华,李平:《海外留学经历是否提高了个人收入?》,《经济科学》2014 年第 1 期。

[121] 许志才:《高素质应用型人才培养路径研究》,《国家教育行政学院学报》2010 年第 6 期。

[122] 薛二勇,徐友礼:《教育督导的制度创新与实施路径——山东省潍坊市教育政策执行过程研究》,《中国教育学刊》2017 年第 4 期。

[123] 闫海,孟娜:《民办教育发展的财政责任——以政府购买教育服务为中心》,《现代教育管理》2013 年第 9 期。

[124] 严毛新:《独立学院:一种过渡样态的高等教育办学模式》,《浙江社会科学》2011 年第 3 期。

[125] 阎凤桥,张莉娟,于洁,李虔:《民办教育在农村城市化进程中所扮演的教育供给者角色》,《北京社会科学》2013 年第 4 期。

[126] 阎凤桥:《从制度演进视角探讨私立教育的营利与非营利属性之区分》,《教育与经济》2014 年第 5 期。

[127] 阎凤桥:《民办教育政策推进为何缓慢?——基于组织行为决策视角的考察》,《华东师范大学学报(教育科学版)》2017 年第 6 期。

[128] 杨敏:《杭州市民办幼儿园现状调查》,《学前教育研究》1998 年第 5 期。

[129] 杨仁毅:《中国民办学校发展历程的历史性思考》,《河南师范大学学报(哲学社会科学版)》2003 年第 4 期。

[130] 杨卫安:《教育公益性的持守与营利性教育的界限》,《教育理论与实践》2008 年第 1 期。

[131] 尹后庆:《教育服务的制度架构与民办教育制度创新》,《教育发展研究》2008 年第 22 期。

[132] 尹文剑,任一明:《复兴中国民办教育事业——从历史的角度审视建国六十年中国民办教育的发展》,《科教文汇》2009 年第 5 期。

[133] 尹晓敏:《民办教育地方立法特色论——以〈陕西省民办教育促进条例〉为例》,《中国教育学刊》2007 年第 2 期。

[134] 余广寿:《适合民办学校学生的特色教育初探》,《教育发展研究》2005 年第 14 期。

[135] 余胜泉,汪晓凤:《“互联网+”时代的教育供给转型与变革》,《开放教育研究》2017 年第 1 期。

[136] 袁振国:《发展我国教育产业的观念创新与政策创新》,《教育研究》2002 年第 4 期。

[137] 曾超群:《试论湖南近代民办教育发展的社会环境》,《湖湘论坛》2005 年第 1 期。

[138] 曾新:《范先佐与教育经济学研究》,《华中师范大学学报(人文社会科学版)》2010 年第 6 期。

[139] 张铁明:《关注阻碍民办教育发展的新倾向——兼谈教育利益国家化是民办教育新制度安排中最核心的理念》,《教育发展研究》2005 年第 8 期。

[140] 张铁明：《中国民办学校举办权的现实诠释与突破》，《教育发展研究》2008 年第 Z2 期。
[141] 张彤，李云娥：《民办学校教师人力资源管理问题探讨——温州市民办学校教师选聘与配置的调查分析》，《教育研究》2007 年第 10 期。
[142] 张雪蓉：《新中国成立 60 年来民办教育发展的历史变迁与反思》，《教育与职业》2009 年第 30 期。
[143] 张紫薇：《从"趋同现象"中反思我国民办院校办学特色建设》，《现代教育管理》2015 年第 12 期。
[144] 赵静：《农民工子弟学校的现状分析及发展建议》，《现代教育科学》2008 年第 10 期。
[145] 赵应生，钟秉林，洪煜：《积极稳妥地推进民办教育分类管理——我国民办高等教育改革与发展探析(三)》，《中国高等教育》2011 年第 5 期。
[146] 郑杭生：《农民市民化：当代中国社会学的重要研究主题》，《甘肃社会科学》2005 年第 4 期。
[147] 钟秉林：《民办教育发展步入新阶段》，《中国教育学刊》2017 年第 3 期。
[148] 周凤华：《民办职业教育的现状分析与策略研究》，《中国职业技术教育》2017 年第 6 期。
[149] 周海涛，景安磊：《民办教育将获得多重正效——聚焦新〈民办教育促进法〉》，《中国教育学刊》2017 年第 3 期。
[150] 周海涛，张墨涵：《如何突破民办高校筹资的困境》，《国家教育行政学院学报》，2015 年第 2 期。
[151] 周海涛，张墨涵：《完善民办学校税收分类优惠政策的思考》，《教育与经济》2014 年第 5 期。
[152] 周海涛：《国际私立教育发展动向和我国民办教育应有作为》，《清华大学教育研究》2017 年第 3 期。
[153] 周海涛：《民办学校分类管理改革如何推》，《教育发展研究》2015 第 Z1 期。
[154] 周海涛：《清除民办教育参与公平竞争的阻碍》，《中国高等教育》2017 年第 5 期。
[155] 周海涛：《以深化综合改革增强民办教育发展活力》，《教育研究》2014 年第 12 期。
[156] 周桃茂，雷培梁：《论我国民办高职教育发展历程、趋势与对策》，《职业技术教育》2011 年第 28 期。
[157] 朱虹：《论江西民办教育的改革发展》，《教育学术月刊》2014 年第 7 期。
[158] 朱开轩：《积极支持正确引导——关于民办学校的几个问题》，《人民教育》1993 年第 Z1 期。
[159] 宗艳霞，王世涛：《民办高校分类管理制度创新思考——兼论陕西省政府〈关于进一步支持和规范民办高等教育发展的意见〉的不足与完善》，《河北法学》2014 年第 5 期。

三、电子文献

[1] "李克强答记者问"，http://sc.people.com.cn/n/2014/0313/c345167-20770155.html(检索日期：2017 年 12 月 28 日)。
[2] 阮煜琳："中国民办学校已达十万所每年吸纳学杂费超千亿"，http://edu.163.com/09/1121/07/5OKI5NVT00293L7F_mobile.html(检索日期：2017 年 12 月 28 日)。
[3] 习近平："认真谋划深入抓好各项改革试点　积极推广成功经验带动面上改革"，http://

cpc. people. com. cn/n1/2017/0523/c64094-29295320. html(检索日期：2017 年 12 月 28 日)。

[4] 中华人民共和国国家统计局："第三次全国人口普查公报"，http://www. stats. gov. cn/tjsj/tjgb/rkpcgb/qgrkpcgb/200204/t20020404_30318. html(检索日期：2017 年 12 月 28 日)。

[5] 中华人民共和国国家统计局："关于 1988 年国民经济和社会发展的统计公报"，http://www. stats. gov. cn/statsinfo/auto2074/201311/t20131105_455929. html(检索日期：2017 年 12 月 28 日)。

[6] 中华人民共和国国家统计局："关于 1997 年国民经济和社会发展的统计公报"，http://www. stats. gov. cn/statsinfo/auto2074/201311/t20131104_455222. html(检索日期：2017 年 12 月 28 日)。

[7] 中华人民共和国教育部："2017 年全国高等学校名单"，http://www. moe. edu. cn/srcsite/A03/moe_634/201706/t20170614_306900. html(检索日期：2017 年 12 月 28 日)。

[8] 中华人民共和国教育部："历年教育发展统计公报"，http://www. moe. edu. cn/jyb_sjzl/sjzl_fztjgb/(检索日期：2017 年 12 月 28 日)。

四、报纸

[1] 蔡继乐：《人民的需要就是教育发展的重点》，《中国教育报》2017 年 10 月 23 日，第 2 版。

[2] 陈润儿：《加快推进城乡发展一体化》，《人民日报》2015 年 7 月 21 日，第 7 版。

[3] 潘懋元，董立平：《合理分类　正确定位　科学发展　办出特色》，《中国教育报》2009 年 2 月 16 日，第 3 版。

[4] 陶西平：《民办培训教育：繁荣背后隐忧尚存》，《人民政协报》2011 年 11 月 30 日第 10 版。

[5] 陶西平：《抓住新机遇迎接新挑战》，《人民政协报》2010 年 7 月 28 日，第 10 版。

[6] 张烁，姚雪青，何璐：《"有学上"还得"上好学"》，《人民日报》2016 年 3 月 12 日，第 7 版。

[7] 赵秋丽，李志臣，靳晓燕，耿建扩，王晓樱，王瑟，张勇：《努力让每个孩子都能享有公平而有质量的教育》，《光明日报》2017 年 10 月 24 日，第 1 版。

图书在版编目(CIP)数据

从有益补充到共同发展：民办教育改革发展之路/董圣足等著. —上海：华东师范大学出版社，2018
(教育现代化的中国之路. 纪念教育改革开放 40 年丛书)
ISBN 978-7-5675-7765-7

Ⅰ. ①从… Ⅱ. ①董… Ⅲ. ①社会办学—教育改革—研究—中国 Ⅳ. ①G522.74

中国版本图书馆 CIP 数据核字(2018)第 155374 号

教育现代化的中国之路——纪念教育改革开放 40 年丛书
从有益补充到共同发展
——民办教育改革发展之路

著　　者　董圣足等
组稿编辑　张俊玲
项目编辑　袁梦清
审读编辑　徐曙蕾
责任校对　时东明
装帧设计　高　山

出版发行　华东师范大学出版社
社　　址　上海市中山北路 3663 号　邮编 200062
网　　址　www.ecnupress.com.cn
电　　话　021-60821666　行政传真 021-62572105
客服电话　021-62865537　门市(邮购)电话 021-62869887
地　　址　上海市中山北路 3663 号华东师范大学校内先锋路口
网　　店　http://hdsdcbs.tmall.com

印 刷 者　杭州日报报业集团盛元印务有限公司
开　　本　787×1092　16 开
印　　张　20.5
字　　数　325 千字
版　　次　2018 年 7 月第 1 版
印　　次　2018 年 7 月第 1 次
书　　号　ISBN 978-7-5675-7765-7/G·11143
定　　价　78.00 元

出 版 人　王　焰

(如发现本版图书有印订质量问题，请寄回本社客服中心调换或电话 021-62865537 联系)